岩溶隧道安全施工技术与管理

主编 王 凯 孙德环 王丛泉 刘 刚

内容提要

本书从岩溶的成因入手，对岩溶发育的成因、分布及特征等进行分析，结合岩溶围岩工程特性与相关隧道施工技术，详细阐述岩溶隧道安全处置施工技术要点、岩溶隧道施工过程中风险评估以及灾害防治要点。全书共分八章，内容包括绪论、岩溶发育及岩溶水文地质特征、岩溶隧道地质预报与监控量测、岩溶隧道施工技术、岩溶隧道安全处置、岩溶隧道施工风险处置、岩溶隧道施工期高压突水灾害防治、岩溶隧道安全施工实践。

本书可供从事岩溶隧道工程安全施工与管理的人员参考。

图书在版编目（CIP）数据

岩溶隧道安全施工技术与管理 / 王凯等主编.
上海 ： 上海交通大学出版社，2024.9 -- ISBN 978-7-313-31527-4

Ⅰ. U458.1

中国国家版本馆 CIP 数据核字第 2024JV4997 号

岩溶隧道安全施工技术与管理

YANRONG SUIDAO ANQUAN SHIGONG JISHU YU GUANLI

主　　编：王　凯　孙德环　王丛泉　刘　刚

出版发行：上海交通大学出版社　　地　　址：上海市番禺路 951 号

邮政编码：200030　　电　　话：021-64071208

印　　制：苏州市古得堡数码印刷有限公司　　经　　销：全国新华书店

开　　本：787 mm×1092 mm　1/16　　印　　张：14.5

字　　数：348 千字

版　　次：2024 年 9 月第 1 版　　印　　次：2024 年 9 月第 1 次印刷

书　　号：ISBN 978-7-313-31527-4

定　　价：88.00 元

编 委 会

（以下编委会成员均来自中交一公局第三工程有限公司）

前言 | FOREWORD

随着我国西部大开发的快速推进及“一带一路”倡议的实施，交通和水利水电工程建设重心明显向地质条件极端复杂的西部山区和岩溶地区转移，上万千米的交通隧道工程和世界级的大型水利水电工程正在或即将投入建设，将出现一批具有“大埋深、高应力、强岩溶、高水压、大流量”等显著特点的高风险深长岩溶隧道工程。

我国现阶段岩溶隧道工程施工过程中依然存在许多安全问题，岩溶隧道修建过程中经常遇到突水、涌泥等地质灾害，轻则冲毁器具、贻误工期，重则造成人员伤亡和重大经济损失。因此，重视岩溶隧道安全施工，规避岩溶突水、涌泥等风险成为岩溶隧道工程施工中面临的重大技术问题，具有重要的理论意义和工程应用价值。

本书从岩溶发育及岩溶水文地质特征出发，全面揭示隧道沿线岩溶发育特征，基于隧道施工的基础探究了岩溶隧道安全处置技术与岩溶隧道工程施工过程中的安全风险与灾害，并且结合重庆渝武高速公路金屏山隧道工程案例，将岩溶隧道安全施工技术与管理深入实践，希望能帮助相关从业人员清晰了解岩溶隧道安全施工与管理要求，持续攻关岩溶隧道工程建设难题。

本书引用了大量相关专业文献和资料，在此对相关文献的作者表示感谢。限于编者的理论水平和实践经验，书中难免存在疏漏和不妥之处，恳请广大读者批评指正。

目 录 | CONTENTS

第一章

概　论

第一节　岩溶发育的成因、分布及特征

一、岩溶发育的成因、影响因素与发育形态

（一）岩溶发育的成因

岩溶也称为喀斯特(Karst)，是水对可溶性岩石(即碳酸盐岩、石膏、岩盐等，其中碳酸盐岩分布最广，是岩溶发育最常见的岩层)进行以化学溶蚀作用为主，流水冲蚀、潜蚀和崩塌等机械作用为辅的地质作用，以及由这些作用所产生现象的总称。岩溶发育的对象为可溶性岩，以碳酸盐岩为代表，主要形成于海相沉积古环境，厚度可达上千米；后期因地壳运动，岩层抬升出露地表且裂隙发育，岩层表面和裂隙处主要受水流的化学溶蚀、物理冲蚀等共同作用而形成。

喀斯特一词来源于两个典型的喀斯特地区：意大利东北部边界一带的卢布尔雅那(Ljubljana)区到伊斯特里亚(Istria)区和斯洛文尼亚(Slovenia)。这两个地区有许多种名称：Carso(意大利)、Kras(斯洛文尼亚)以及 Karst(德语国家)，其中 Kras 使用最为广泛。以属于其中的一部分的意大利的蒂里亚斯特(Trieste)为例，在大约 200 多年以前，这个地区的地形特点是在比较崎岖、石灰岩露头面上可以看到交错出现的凹槽以及尖锐的凸起、沟谷、洼地等地貌，尤其在碳酸盐岩裸露区域更为常见，当地人就以"喀斯特"为名称谓该地区。称谓此地的地表特征的名字"喀斯特"便因此成为一个专有的地理名词。

（二）岩溶发育的影响因素

从岩溶的成因可以看出其形成的地质基础为裂隙发育的可溶性岩以及具有溶蚀性的动水。对上述两个地质基础有影响的因素都将影响岩溶的发育，主要包括以下各项。

(1) 可溶性岩结构特征。可溶性岩地层的不同组合特征影响岩溶发育的空间分布格局：在均匀状可溶性岩分布区，岩溶发育区呈片状分布，且发育良好；在互层状可溶性岩分布区，岩溶呈带状分布；在夹层状或透镜状可溶性岩分布区，岩溶呈零星分布。对应的溶蚀程度按由强至弱的顺序排列：均匀状可溶性岩→互层状可溶性岩→夹层状可溶性岩。岩层产状对岩溶的发育程度及方向构成影响：水平岩层中岩溶多水平发展，岩溶均匀发育，形成单一的岩溶地貌景观；在直立地层中，岩溶可发育很深；在倾斜地层中，由于水的运动扩展面大，最有利于岩溶发育。

(2) 地质构造。地质构造控制岩层的分布，决定地下水的循环和运动特征，影响岩溶发育。在地台区，岩性稳定，岩层常大片出现且厚度变化不大，有利于岩溶均匀发育，易形成大面积的岩溶地貌；在地槽区，由于褶皱构造发育，岩性的均一性受到影响，岩溶发育不均匀。

在断裂构造发育地区，断层往往成为地下水的良好通道，所以沿断裂带的岩溶特别发育。在褶皱的背斜轴部，裂隙发育有利于地下水向下渗透，岩溶发育程度常较其他部位更高，形成一系列沿轴向分布的岩溶地貌形态；在向斜轴部，岩溶作用较弱，岩溶地貌以峰林和溶蚀洼地等地表岩溶形态为主；在两侧岩层急剧转折的地段，岩溶作用强烈，常形成狭长的坡立谷、开阔的溶蚀洼地和溶洞。在向斜构造区，地下水富集于轴部，沿轴向排水，可形成暗河，因而岩溶作用强烈；如果向斜轴部有非溶性盖层，则地下水具有承压性质，向地表河流的谷底汇聚，缺少垂直循环带及相应的各种垂直岩溶地貌，往往以岩体孔穴化为其特征。

(3) 气候。气候对岩溶发育的影响主要表现在降水量、气温的变化和植被的生长上，从而影响溶蚀作用。在温湿气候区，植被生长茂盛，植物根系的活动和微生物对有机物质的分解，可以产生大量的有机酸，增强了水的溶蚀能力。

(三) 岩溶的发育形态

岩溶在形成过程中，其形态类型大致分为以下几种。

(1) 地表水沿可溶性岩内的断裂面及节理构造发生溶蚀，形成溶沟(或溶槽)，原有的裂隙逐渐扩大，被分割成石柱、石笋。

(2) 随着地表水沿裂缝纵向深度发育超过 100 m 后，形成落水洞。

(3) 当地下水沿着落水洞下渗遇到不可溶性岩时，在可溶性岩和不可溶性岩交界处发生横向流动，逐渐侵蚀形成大小不一的溶洞群，呈漏斗形、鸡窝状等。

(4) 随着溶洞越来越大，当溶洞上方顶板支撑力不足时就会发生塌陷。塌陷的深度大、面积小，称为塌陷漏斗；塌陷深度小、面积大，则称为陷塘。

(5) 地下水继续沿断裂面发展，就会形成另外一个溶洞，若溶洞之间有通道贯通，则称为串珠状溶洞。在地下水溶蚀和塌陷长期作用下，形成岩溶盆地和天生桥等形状。

(6) 具有一定地表及地下汇流面积，地下水沿着形状如串珠的落水洞，或者是树枝状分布的落水洞流动时，在出口处形成岩溶泉，这样就形成了暗河。当地面上升时，原有的溶洞和地下暗河将会出露成为干谷和石林，而地下水将会继续往下侵蚀岩层。

由此可见，岩溶的发育形态直接反映了其发育程度，最终反馈到地貌上。岩溶地貌按照埋藏条件可分为三类：① 裸露型，岩层主要出露地表，第四系覆盖层厚度不超过 10 cm；② 覆盖型，岩层绝大部分被第四纪覆盖层覆盖；③ 埋藏型，可溶性岩层被不可溶性岩层覆盖，地表看不到岩溶景观，地下水与地表水联系不大。

二、我国岩溶分布情况及发育特征

(一) 我国岩溶分布情况

我国是世界上碳酸盐岩分布面积最大且岩溶发育最为典型的国家之一，总面积 $3.48\times10^6\ km^2$ 以上。

(1) 西南地区：碳酸盐岩分布面积达 $1.65\times10^6\ km^2$，其中贵州省东部、重庆市东南部、昆明市东南部等大规模分布有成片的纯碳酸盐岩地层，面积约达 $1.98\times10^5\ km^2$，是中国纯碳酸盐岩地层分布面积最大区域，同时也是纯碳酸盐岩夹层分布面积最大区域。该区被公认为中国最为典型的岩溶发育区，岩溶发育形态齐全，我国著名的岩溶景观城市大多集中在该区。

(2) 华南地区：碳酸盐岩分布面积约 $1.68\times10^5\ km^2$，此区域的碳酸盐岩基本上与西南地区碳酸盐岩分布范围连成一片，可视为西南地区碳酸盐岩分布区域的外延部分。主要集中在广东、广西，其中广西大规模分布有纯碳酸盐岩地层，也是我国著名的岩溶景观省；广东也具有较大的岩溶发育面积。

(3) 华中地区：碳酸盐岩分布面积约 2.95×10^5 km^2，纯碳酸盐岩地层分布面积占有一定比例，主要集中在湖北、湖南及其靠近广西、重庆的地方，其余以互层、间层为主。

(4) 华东地区：碳酸盐岩分布面积约 2.46×10^5 km^2，纯碳酸盐岩地层分布范围很小，仅约 2.20×10^3 km^2，主要以碳酸盐岩间层为主，属含碳酸盐岩地层。

(5) 华北地区：碳酸盐岩分布面积约 2.67×10^5 km^2，纯碳酸盐岩地层分布所占比例也较大，主要分布于北京西南区域至山西太原市的狭长地带，其余以间层为主。

(6) 西北地区：碳酸盐岩分布面积约 7.61×10^5 km^2，其中新疆分布面积最广，主要类型为碳酸盐岩夹层。

(7) 东北地区：碳酸盐岩分布面积约 8.8×10^4 km^2，纯碳酸盐岩地层分布面积小，集中在沈阳，其余以碳酸盐岩间层为主，岩性纯度不高，属含碳酸盐岩地层。

（二）我国岩溶发育特征

1. 南方岩溶发育特征

南方碳酸盐岩不仅分布较广，而且涵盖震旦系到三叠系的全部地层，除志留系以砂岩、页岩为主外，均以碳酸盐岩为主。其中以泥盆系、石炭系、二叠系及中三叠系、下三叠系的岩溶程度最高，但泥盆系在四川、湖南等地区缺失碳酸盐岩。同时，南方降水充沛，地层受造山运动影响较大，大部分褶皱、断裂发育，形成平行的条带状构造；岩溶发育以裸露型或浅埋型岩溶为主，地表水或第四系含水层一般与下伏岩溶含水层存在紧密的水力联系，岩溶具有明显富水性特点。

2. 北方岩溶发育特征

北方岩溶地层虽然分布不广，但是比较集中，主要分布在山东沂蒙山区及河北、山西等华北地区。华北为比较典型的地台构造，形成宽阔的台向斜，地层倾角平缓。由于气候条件的影响，岩溶地貌不显著，岩溶化程度远逊于南方，特别是以管道水为主的暗河水系远不如南方发育。岩溶多为埋藏型或覆盖型，且埋深较大。

第二节　我国岩溶隧道地质灾害

一、隧道地质概况

我国正处在经济社会加速发展的大背景下，现在国内工程建设速度远远超过世界其他国家，特别是地下工程的快速发展，其工程类型多、规模大，甚至不乏世界之最的特大型工程。与此同时，由于我国幅员辽阔，南北纬度跨度大，各种复杂地形给地下工程带来威胁。特别是在岩溶区，地质条件更为复杂，施工难度进一步加大，危险因素也不断增多。其中涌水是岩溶隧道施工时最常见的灾害之一。

我国岩溶区域面积约占国土总面积的 1/3，特别是西南岩溶地区，富水程度高，西部大开发基础道路建设工程数量多，大量工程处在复杂岩溶地段，施工过程中容易出现涌水现象，且有突水的危险。因此涌水在工程事故中占有很大的比例。

除此，突泥等地质灾害也会导致设备的严重损失、人员的重大伤亡事故和工程期限延误。据统计，在各工程建设过程中因为出现突泥涌水等地质灾害所导致的停工时间大约占总工期的30%。由于长大隧道等地下工程埋深的不断加深，施工地质条件的日渐复杂以及生产机械化程度的不断提高，突水、突泥所带来的经济损失、设备损失及人员伤亡不断增长。因此，施工突泥地质灾害对地下工程建设安全提出了严峻挑战。

二、岩溶隧道诱发的环境地质灾害

1. 引起岩溶地面塌陷和地面沉降

隧道涌水突出的地质环境效应是岩溶地面塌陷，它一般具有突发性强、发展速度快波及范围广、危害性大等特点。通过对铁路系统全路段岩溶塌陷分布规律及其和岩溶水关系的分析研究表明，岩溶塌陷的根本原因是隧道涌水引起的上覆松散土层内有效应力的改变和动水压力的增加。塌陷产生的敏感区一般是地下水位急剧变化带和强径流带，而产生岩溶塌陷的主要诱导因素是水动力条件的改变，这些已经被很多实际资料所验证。

2. 造成水资源减少和枯竭

隧道开挖使得充水围岩暴露而导致地下水被动流出，使地下水不断地流入施工隧道中。这会导致地下储存量不断减少，致使降落漏斗恶性扩展，从而使得其范围内的补给增量受到影响，引起地下水补排关系和渗流场的显著变化，进而引起地表井泉的干涸，河溪的断流，甚至直接影响一定范围内工农业生产及人民的正常生活。

3. 导致水质污染

隧道涌水导致的水质污染主要体现在两个方面；一是隧道涌水量大，使围岩充水被疏干，加快了水的循环速度，有助于氧化作用的完全进行，以至于造成地下水当中的一些金属元素(如铁、铜、铅、锌等)含量增加或 pH 值发生明显的变化；二是将别的受污染的水体用作补给或在隧道施工过程中被污染的地下水没有经过净化处理或处理不善就直接排入周围环境中，从而造成地下水和地表水二次污染。

在岩溶地层建设隧道时，有时会发现涌水初期的地下水没有腐蚀性，但是到涌水后期就逐渐出现腐蚀性的地下水，并且酸性会慢慢增强。造成这种现象的原因：大量的持续涌水，导致含水围岩疏干，含水空隙水量流出后形成巨厚包气带，增加了氧化面积，氧化作用的效率增加，从而酸性水的产生速率更快。在岩溶区域，地表水可以直接渗入地下水循环系统中。因此，在岩溶区域的交通、水利等工程设施的建设，极易造成工程附近溶洞及地下水资源的污染与破坏，一旦破坏，将很难治理恢复，因此对于工程规划和施工时，要特别注意环境保护，并应进行慎重评估。

4. 恶化生态环境，促进石漠化的蔓延

据相关资料表明，对于灰岩地层而言，其风化的速度为一万年大约 1 cm 的土层，在自然状态下，风蚀、水蚀都很难保持，因此在山区，能够常见到裸露灰岩体，由此可见灰岩区域土层的宝贵性。隧道施工常常会导致的灾害：① 施工过程导致的水土流失。有资料粗略统计过，衡广复线南岭隧道在 1981—1986 年这 6 年的施工中造成流失的泥沙不低于 1.5×10^4 t，按照对应的坍陷面积 0.44 km^2 进行计算，该区域平均下降总量为 3.5 cm，平均每年下降约 0.58 cm。② 隧道投入运营后的水土流失。对大瑶山隧道涌水中泥沙含量进行检测，其泥沙含量为 0.33%～1.5%，南岭隧道涌水中的泥沙含量为 0.13%～0.5%，最大时为 1.23%，广渝高速公路华蓥山隧道泥沙含量为 0.7%～0.9%。以大瑶山隧道斑古坳岩溶段坍陷区大约为 1.86 km^2 估算，对 4—6 月这 3 个月雨季和涌水含泥沙量低值以 0.33%粗算，平均每年造成水土流失约 5.4 cm，水土流失速度是风化速度的 5.4 万倍。水土流失导致生态环境恶化以及人们生活质量下降，任其长期恶性发展会导致区域水源丢失、失去活力、成片的石漠荒山，成为一片不毛之地。人民被迫迁移，引发很多社会问题。

第三节 岩溶隧道处置技术研究现状

岩溶隧道的处置是一项非常复杂的技术，根据国内大量岩溶隧道施工经验和运营过程中出现的问题，并参照国外有关岩溶处置技术的文献资料，隧道岩溶处置应遵循“先探测、再处置”的原则。

为了避免在隧道开挖过程中突然遇到岩溶，就需要对隧道岩溶情况进行提前探测，即隧道施工至岩溶发育地带时，采用一定的地质超前预报技术，对掌子面前方的岩溶发育情况进行探测，根据探测结果采取相应的措施，提前制定处置方案。

按处置对象的不同，岩溶处置大致可归纳为岩溶水的处置，岩溶洞穴的处置，洞穴堆积物的处置以及围岩及支护结构变形、开裂和坍塌的处置四大类。治理这四类危害的工程措施中，有些措施既可以处理岩溶水，也可以处理洞穴和洞穴堆积物，因此，应结合工程实际，根据岩溶对隧道的不同影响及具体施工条件，采取不同的综合整治措施。

1. 隧道岩溶地质超前预报技术研究现状

进入 21 世纪以来，随着人们对岩溶地质预报技术的不断探索和了解，隧道施工在岩溶地质预报和探测方面已成功发展了多种方法，主要是综合地质分析法、超前钻孔法、现代物探法的综合地质预报和洞身岩溶探测系统。

2. 岩溶水处置技术的研究现状

多年来隧道工程界进行了多方面的试验研究，对岩溶隧道涌水的治理原则和方法有了重新认识和新的想法，而且研究了新的技术。在治理岩溶水方面，因地制宜地提出了“以堵为主、堵排结合”的治理原则，其中，预注浆封堵这项技术已在多个岩溶水极为发育、涌水量很大的新建隧道中应用，取得了较好的效果。云南大理老青山隧道采用预注浆堵水处理方法，注浆前涌水量达 8.57 m^3/d，注浆后检查孔出水量只有 1.18 m^3/d，恢复了施工，而且效果较好；又如，成渝高速公路缙云山隧道也采用了以堵为主的处理原则，开挖前对可能涌水部位进行了预注浆处理，开挖时未出水，达到了理想效果。

3. 溶洞处置技术的研究现状

根据溶洞的大小、位置、有无岩溶水、充填物及充填物的性质，采用不同的处置措施。

目前，“引、堵、跨、绕”是处置溶洞较为常见的方法。对于有水的溶洞，根据水量的大小，多先引流岩溶水再采用相应的措施进行处理；对于停止发育、无水的小溶洞，根据其位置及充填情况，多采用堵的形式通过；对于不宜做堵塞处理的大溶洞，或者因溶洞充填物松软，不宜在充填物上做道路路基，或线路穿越溶洞中的暗河时，则采用跨的形式通过；对于处理费工费时的溶洞，则采用绕的形式通过。

4. 岩溶处置技术存在的问题

近年来，我国已在隧道岩溶危害普查、勘察、研究与处置等方面投入了大量的人力、物力，积累了丰富的隧道岩溶危害资料。随着科技进步和社会生产力的快速发展，隧道岩溶处置技术也得到了相应的发展，在保证工程进度和质量的同时，也保护了自然生态环境，给国家节约了巨额资金。

但是，由于岩溶的隐蔽性、复杂性和不可预见性，仍然存在以下问题亟待解决。

(1) 隧道岩溶形状、大小和填充情况直接影响隧道工程的设计、施工和造价，地质超前预报成为迫切需要解决的问题。

(2) 大部分的处置措施只是从结构安全的角度考虑，缺乏保护环境的意识，因此部分隧道建成后对周围的环境产生了严重威胁，如地表塌陷、地面沉降变形、水塘井泉干涸、农田缺水、林木枯死等，降低了隧道建设的社会效益。

(3) 当隧道遇到溶洞、地下暗河等岩溶不良地质时，为使其安全通过，设计人员一般均提供了处置预案设计，但与其相关的合理性评价却少有提及。

(4) 注浆技术虽然在岩溶处置中广泛应用，但仍然存在很多的问题，如选择何种注浆方式还未有明确标准等。

(5) 溶洞处置经验虽多，但针对溶洞的不同类型、不同规模和不同位置进行分类处置的方法还不明确。

第二章

岩溶发育及岩溶水文地质特征

第一节　碳酸盐岩溶解理论

一、岩溶动力系统理论

袁道先提出的岩溶动力系统概念模型清楚地描述了气相(二氧化碳 CO_2)—液相(水 H_2O)—固相(碳酸钙 $CaCO_3$)三相体系动态平衡机制,如图 2.1 所示。

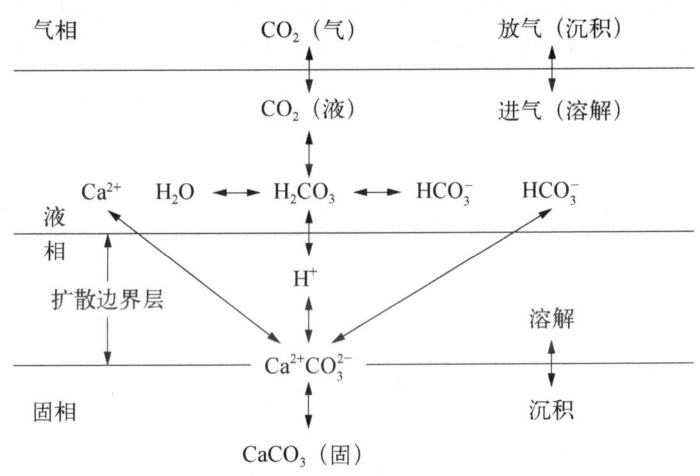

图 2.1　岩溶动力系统概念模型

根据岩溶动力系统概念模型,可以得到如下认识。

(一) 岩溶发生与发育最活跃的因素

$CaCO_3$ 在含 CO_2 的水溶液中溶解作用的实质是 $CaCO_3$ 电离产生的 CO_3^{2-} 与 CO_2 和 H_2O 作用后产生的 H^+ 结合,形成新的 HCO_3^-,从而降低了 $CaCO_3$ 电离生成物 $Ca^{2+}+CO_3^{2-}$ 的浓度,破坏了 $CaCO_3$ 的电离平衡,于是,就进一步促使 $CaCO_3$ 继续电离,亦使其继续溶解。只要水中有超过平衡量的多余的 H^+,就能导致 $CaCO_3$ 的不断溶解。水是极弱的电解质,常温时,可以解离为 H^+ 和 OH^-(1 L 纯水中约含 10^{-7}g 的 H^+)。不过,因为 H^+ 的数量很少,所以 $CaCO_3$ 在纯水中的溶解度也不高。

$CaCO_3$ 饱和溶液中 pH 值与 $CaCO_3$ 含量的关系如图 2.2 所示。这里明显地反映出 H^+ 对碳酸盐溶解的作用,水溶液中 H^+ 含量增加(即 pH 值减小),$CaCO_3$ 的溶解度也相应增大。理论研究表明,当 pH 值小于 6.36 时,水具有强烈的侵蚀性;当 pH 值从 6.36 上升

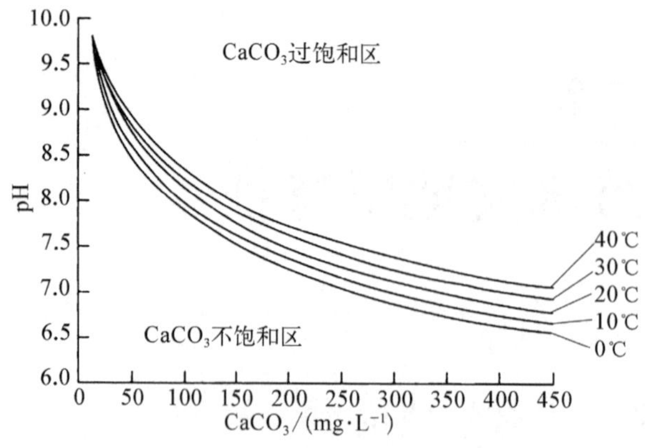

图 2.2 平衡状态时水中 $CaCO_3$ 含量与 pH 值关系曲线

到 8.33 时，水的侵蚀性由强变弱；当 pH 值接近或超过 10 时，水中 H^+ 含量已极少，水溶液也逐渐失去对碳酸盐的侵蚀能力。

几乎所有的大气中都含有 CO_2。由 CO_2 在水中导出的 H^+，在各种来源的 H^+ 总数中一般占绝大多数。因此，CO_2 仍是岩溶作用的最重要因素，而且由于它分布的广泛性和深入性，对岩溶发育的影响具有普遍意义。在自然界的开放系统中，气候分带宏观上控制了气温、降水、植被等因素。中国南方岩溶发育比北方岩溶发育强烈，这是由降水多和气候炎热所致，这两个因素影响岩石的溶解度，因为它们使可溶岩更易风化和被溶蚀，易促进细菌繁殖；分解碳水化合物和碳化物，产生大量 CO_2 和水中的其他酸类，易促进扩散和溶解。潮湿热带地区，较高的土壤温度和繁茂的植物释放 CO_2 的速度则更快。在这些地区的土壤和空气中，生物成因的 CO_2 浓度比大气中的浓度高 30～100 倍。渗过土壤层的地下水，具有较高的侵蚀性，所以，湿热地区岩溶发育也更强烈。

（二）流速场效应和浓度梯度效应

岩石的溶解作用总是首先在岩石和水接触面上开始的，岩-水界面处的状态环境对溶解作用的进行起重要的控制作用。

碳酸盐离解生成的 Ca^{2+} 和 CO_3^{2-} 在岩-水界面处达到一定浓度，它们的乘积接近或等于饱和溶解度时，该处的溶液就达到了对 $CaCO_3$ 溶解的饱和状态。这些离子如果不能转移稀释，则将在岩-水界面附近形成一个密集的离子层或局部饱和层，阻止 $CaCO_3$ 的继续溶解。

不仅如此，自然界中，碳酸盐岩并不是单一矿物的绝对均质体，组成岩石的各种矿物的溶解特性也存在差异。实验观察表明，大多数碳酸盐岩经过一定溶解作用后，表层的易溶矿物被溶解带走，岩石表面残留的不溶或难溶物微粒构成一层膜，这也将阻碍溶液对岩石的溶解作用向岩石深部继续进行。

岩-水界面附近的密集离子层或局部饱和层主要在两种情况下被转移疏开。如果水溶液是流动的，这些密集的离子或分子微粒将被水流携带疏开，同时在流动过程中，由于水动力作用，溶质微粒还要在水流路线上向四周扩散开去，这种现象称为水动力弥散，亦称流速场效应。显然，水流速越快，溶质的弥散迁移越显著，使溶质的局部浓度被冲淡；如果水溶液的流动极其缓慢，那么溶质微粒在其离子或分子活性动力影响下，也将从高浓度区沿浓度梯度向低浓度区运动，直到浓度梯度消失为止，这种现象称为离子或分子的自身扩散，亦称浓度梯度效应，这也可以使岩-水界面处的密集离子层或饱和层自动缓慢疏开。

二、灰岩与白云岩溶蚀差异性研究

刘再华等对灰岩和白云岩溶解速率控制机理进行了实验和理论分析，认为在条件相似的情况下，白云岩的初始溶解速率不仅只有灰岩的 1/60～1/3，而且灰岩和白云岩的溶解呈现出不同的速率控制机理。对灰岩而言，在实验中加入能催化 CO_2 转换反应的生物碳酸酐酶(carbonic anhydrase, CA)后，溶解速率增加出现在 CO_2 分压大于 1 000 Pa 的区域中，最高可达 10 倍，而对白云岩而言，溶解速率增加出现在 CO_2 分压小于 10 000 Pa 的区域，且增加仅 3 倍左右。

此外，虽然两类岩石的溶解均受水动力条件(旋速或速率)的控制，且主要出现在 CO_2 分压小于 1 000 Pa 的区域里，但灰岩的溶解对水动力条件的变化比白云岩更敏感。这些差异进一步表明白云岩的溶解特征是由其具有更复杂的表面反应控制机理造成的。

上述发现在解释和揭示自然界灰岩和白云岩岩溶发育及其相关资源环境问题的差异方面具有重要意义。

首先，尽管碳酸酐酶对碳酸盐岩溶解速率的显著催化作用是室内实验获得的结果，但它对自然界的碳酸盐岩溶解具有重要的启示意义，因为碳酸酐酶在自然界中普遍存在，即在动物、植物和某些微生物中都有发现。因此，实验结果表明，化学风化(包括碳酸盐岩溶解和硅酸盐岩风化)作用在大气 CO_2 沉降和在全球碳循环的重要性需要重新评价。无疑，以往的研究由于未认识到 CA 在风化中的催化作用，因此低估了风化作用的速率，同样也低估了风化作用对大气 CO_2 沉降的贡献。另外，这个发现也表明了研究自然界不同水体中 Ca^{2+} 分布及其活度和 Ca^{2+} 在自然界风化作用中的必要性。

其次，白云岩溶解速率远远低于石灰岩溶解速率，它解释了自然界白云岩岩溶发育强度弱于石灰岩岩溶发育强度的现象，而白云岩溶解更复杂的表面控制机理和灰岩溶解更显著的 CO_2 转换控制与溶质传输控制机理，则说明灰岩的溶解主要以受流速和碳酸酐酶控制的差异性溶蚀为主，但白云岩以受表面控制的均匀溶蚀为主，因而白云岩岩溶发育和含水性更均匀。

三、岩溶分异作用

岩溶分异作用是指可溶岩体中，大型洞穴、溶蚀管道和细微裂隙并存，这是裂隙扩大和水循环加剧相互作用的结果，即裂隙扩大，增加渗透性、侵蚀性，形成管道，从而加速了水循环；水循环的加剧又进一步扩大管道，这样结果必然使一部分岩体岩溶化超前，另一部分滞后，从而使岩溶介质具有高度不均一性，形成双重介质或三重介质，并在同一水流系统中产生渗流及湍流不同的流态，这种岩溶分异作用在石灰岩与白云岩中截然不同，在石灰岩中表现得最为强烈，原因主要体现在以下几个方面。

(1) 溶蚀动力学机制为碳酸盐类岩石发育大型溶洞提供了有利条件。碳酸盐成岩矿物，如方解石为动力溶解盐类，地下水沿灰岩管道或裂隙流动时，侵蚀性(方解石容量)衰减(呈双曲线)较扩散溶解矿物石膏和石盐(呈指数衰减)缓慢，相比之下方解石达到同一饱和度需花费的时间比石膏和石盐多。当裂隙张开宽度为 1 mm，水流速度为 1 cm/s(864 m/d)，水温为 20℃时，石膏 99.9%饱和流程为 13.2 m，大理岩为 4.05 km，相差 300 余倍。因此，在石膏层中地下水很快达到 $CaSO_4$(硫酸钙)饱和，不利于溶蚀分异进行。

(2) 在灰岩中流动时，地下水的方解石侵蚀性因环境 CO_2(如土壤 CO_2)不断扩散补充而得到恢复，石膏和石盐不具备这一条件。

(3) 碳酸盐成岩矿物的溶解过程因有 CO_2 的参与，即使没有外界 CO_2 扩散补充，地下水也会因两种不同矿化度水流混合而出现混合侵蚀性，这一现象被认为是碳酸盐类岩石岩溶在深部发育的一种重要机制。

(4) 泥质和白云质碳酸盐岩分布广泛。碳酸盐矿物溶解过程的上述一系列特点，是碳酸盐岩溶发育深度大、分异性强的基本原因。但是上述优势只在纯质厚层灰岩中得到充分展现，而在含泥质和白云质等杂质的碳酸盐类岩石中受到抑制，岩溶介质分异强度减弱，深度减小。

(5) 纯质灰岩是地质剖面中的汇水和输水刚性地质体。纯质灰岩有两种：一是礁类建造，沉积期即为固结岩石；二是生物碎屑灰岩，早期被次生方解石胶结，成岩期固结。在成岩后期至后生和风化期，两者在碳酸盐岩地层剖面中均扮演刚体角色。流体在地层压力的驱动下，从柔性地层不断进入刚性的灰岩层，并经过它们排泄，加强了纯灰岩层内岩溶反馈环的分异作用，导致强烈的介质分异，这应是灰岩岩溶分异特别强烈的一个至关重要的原因。它也是刚性含水层在地下水盆地中往往起导水作用这一更普遍规律的原因，只是碳酸盐类岩石较其他岩石有更大的溶蚀性，使得这一规律更加突出。

(6) 白云岩溶滤不是集中在裂隙表面，即不是在有对流水活动通道的边壁上，而是通过扩散溶滤分散到整体岩石之中。在没有水流的地方，同样有溶滤作用存在，从而一定程度上破坏了岩溶发育和水循环互相加剧的法则，遏制了岩溶分异作用的进行。

白云岩溶蚀破坏一方面产生白云岩粉(溶余物质)，另一方面形成次生方解石脉(经搬运后重新沉淀的次生物质)。产自白云岩溶蚀破坏的溶余物质和次生物质与灰岩相比大幅度增加，有效地充填和堵塞了水循环通道，从而阻碍和抑制了岩溶通道超前扩大的分异作用。

(7) 由于分异作用弱化，白云岩地层较少形成大型空洞，主要发育一些小型形态结构(晶孔、溶孔、孔洞和蜂窝状结构等)。但当岩溶分异作用发生条件特别良好时，或者促使岩石岩溶分异弱化的原因(扩散溶蚀、残余和次生充填物的堵塞作用等)受到某种遏制时，在白云岩中仍能形成大型地下空洞，只是要求一些特殊条件的组合：① 优越的裂隙张开条件；② 白云岩粉的冲刷和搬运条件。这些条件组合在水平循环带和垂直循环带中出现的机会较多，在水平循环带以下同时出现机会极少。这可以解释为什么在水平循环带和垂直循环带内可见到一些简单形态的白云岩溶洞，在水平循环带以下的虹吸带及更深处溶洞并不发育。

(8) 白云岩区总体溶蚀强烈。白云岩岩溶虽然分异作用较弱，但是岩石的化学剥蚀速度比灰岩快，这一点首先可从白云岩地下水矿化度大于灰岩得到证实。它还可以解释白云岩区地形发育的一个宏观特点，即灰岩洼地的负地形只占灰岩总面积的35%～40%，白云岩区负地形占65%～70%，这提供了白云岩层总体溶蚀强烈的宏观证据。

第二节　硫酸盐岩岩溶发育特征

一、硫酸盐岩的分布

硫酸盐岩中石膏和硬石膏的形式在世界各地广泛分布，据估计，石膏、硬石膏及共生盐类(NaCl)的分布面积占陆地面积的25%，约有6×10^{7} km^{2}。此外，据计算，陆地石膏和硬石膏单独分布的面积约有7×10^{7} km^{2}，两者数据是很接近的。

在前寒武纪及整个古生代，石膏和硬石膏在全球就有广泛的沉积。

硫酸盐岩主要分布在北半球，特别是美国，占国土面积的35%～40%有硫酸盐岩分布，俄罗斯及其周边地区也有较多分布，石膏和硬石膏的分布面积约 5×10^6 km²，比碳酸盐岩分布面积大。

我国石膏与硬石膏分布也很广泛，硫酸盐岩岩溶极具特色，在水文地质、工程地质、环境地质方面有重要意义，已日益引起重视。华北地区的奥陶纪海相石膏，西北地区的新近纪—第四纪湖相石膏及古近纪湖相石膏，华南的寒武纪海相石膏，三叠纪海相石膏，白垩纪湖相石膏及古近纪湖相石膏都广泛分布。

二、硫酸盐岩溶蚀作用

硫酸盐岩岩溶与碳酸盐岩岩溶的不同之处，首先在于硫酸盐岩可直接被水所溶解，而碳酸盐岩却要借助溶剂 CO_2 的作用产生溶解。

例如，石膏本身就可由固体转变为固液两相，即 $CaSO_4\cdot 2H_2O \xleftrightarrow{H_2O} Ca^{2+} + SO_4^{2-} + 2H_2O$；硬石膏 $CaSO_4$ 被水溶解为 $CaSO_4 \xleftrightarrow{H_2O} Ca^{2+} + SO_4^{2-}$。

硫酸盐岩石膏被水所溶解的溶解度也随着温度、压力而变化。在20℃时，石膏的溶解度为2.531 9 g/L，约为盐(NaCl)的溶解度360 g/L的1/140。所以，硫酸盐岩石膏的可溶性介于碳酸盐岩和盐岩之间，应为中溶盐岩。

石膏本身硬度较小，所以在自然界中除了遭受化学溶蚀作用之外，也易于遭受机械物理方面的破坏作用。由于石膏等硫酸盐岩的易溶和软弱的力学性质，所以其岩溶发育的特性与自然界中碳酸盐岩岩溶有差别。

石膏被水直接溶解，溶解度比碳酸盐岩大得多，碳酸盐岩(石灰岩、白云岩等)虽然也可被水溶解，但溶解度较小，主要借助于溶剂 CO_2 的作用而增大溶解量。

我国石膏、硬石膏多产于碳酸盐岩地层中，以厚层状、薄层状或透镜体状夹于白云岩层或石灰岩层中，在陆棚海相沉积旋回中，往往是石灰岩类先沉积，接着白云岩类沉积，最后沉积的为石膏岩盐，而新的沉积旋回又以石灰岩类开始沉积。因此石膏层的底板多为白云岩类，而顶板多为石灰岩类。因此石膏往往与碳酸盐岩混合产生溶蚀作用。大量的试验和野外观察说明石膏的溶蚀作用(膏溶作用)大大加速了其顶底板碳酸盐岩的岩溶作用。这是因为石膏溶于水后生成 SO_4^{2-}，即使没有其他来源的 CO_2，也会产生 H_2CO_3 溶蚀二次效应，增大了对碳酸盐岩的溶蚀量。

三、硫酸盐岩-碳酸盐岩复合岩溶作用——以中国华北地区为例

中国与世界各地的硫酸盐岩石膏主要形成于古生代碳酸盐岩地层中，如我国西南地区下三叠统嘉陵江组，即为厚达600～800 m的碳酸盐岩-硫酸盐岩混合建造，共含4～6层石膏层，每层厚10～30 m，局部可达50 m。

华北地区中奥陶世地层中普遍有石膏夹层，主要含膏层位于各组的底部。原始沉积为一套潟湖相泥晶白云岩-泥质碳酸盐岩-石膏及硬石膏岩混合建造。由于岩溶作用的破坏，地表及浅层部位的石膏少见，常见的是大量层次不清的膏溶角砾岩，它们被认为是原来含石膏层溶蚀后的产物。仅在石炭系—二叠系覆盖区的深孔岩芯中才能见到保存完好的石膏和

硬石膏。山西及太行山东侧等地的勘探中都有石膏层。据太原西山几个石膏矿区勘探和开采资料，峰峰组(O_2f)含膏层厚 100～150 m，矿带厚 50 m 左右，矿体多为层状和似层状，部分呈透镜状。

碳酸盐岩-硫酸盐岩混合建造作为统一的地质体，在形成后经历了复杂的地质过程，包括地质构造作用过程、地球化学过程、岩溶发育过程等，由于石膏与碳酸盐岩化学成分、水理性质、物理性质等差异性很大，在上述各种作用过程中，两种岩体的岩溶化过程相互影响，形成特殊的碳酸盐岩-硫酸盐岩岩溶作用及岩溶现象-膏溶作用和膏溶现象。

（一）石膏的后生变化和破坏

根据本区地质历史和膏溶特点分析，原生石膏沉积后，经历了复杂的地质过程，具体如下。

(1) 构造作用：区域构造作用，特别是中生代燕山运动的褶皱断裂，是促成一系列膏溶作用的条件之一。区域性褶皱断裂一方面加大了石膏层的盐丘状聚集，同时又形成了节理裂隙网，成为地下水向深部循环运动的通道。而后期断块运动使山西高原及太行山区大幅度抬升，地表河流迅速下切，加速了地下水的深循环和膏溶作用的发生与发展。

(2) 硬石膏水化膨胀作用：随着地下水不断向深部循环，逐渐影响到硬石膏层，使其水化变为石膏。在此过程中它的体积会增加 67%，并产生极大的体积膨胀力，从而在含膏层本身和上覆岩层中造成强烈的挤压变形与破碎。这种水化学作用首先是沿着节理裂隙和层面进行，因此常形成马尾状、树枝状、条带状和网状水化作用带。随着水化作用的扩展，几个水化带相互沟通，硬石膏大部变为石膏，仅在局部残留孤岛状硬石膏岩带。

(3) 石膏的溶解破坏：据娘子关地区试验资料分析，石膏（含少量硬石膏和白云石斑块）的溶解速度是石灰岩和白云岩的 5～10 倍。常温常压下石膏的溶解度约 2 g/L，又比石灰岩和白云岩高 5～20 倍。因此，夹于碳酸盐岩中的石膏总是最先溶解，并导致碳酸盐岩层的一系列破坏作用。

（二）膏溶作用对碳酸盐岩岩溶发育的影响

根据膏溶作用过程及其特点，对全区中奥陶统碳酸盐岩岩溶发育的机理、强度和形态特征有着极大的影响，主要特征如下。

(1) 形成特殊的似层状膏溶破碎带。这种破碎带包括上下两部分。下部在含膏层位中，为膏溶角砾岩和强烈揉皱破碎的薄层泥晶白云岩及泥质碳酸盐岩等。上部为发育在上覆灰岩段中的挤压破碎带和裂隙密集带。挤压破碎带在剖面上常显示为一系列倒锥状破碎岩体，厚 10～30 m，多见密集的节理破碎，由杂乱的灰岩块石组成，并常有溶洞发育。裂隙带中大量张裂隙由下向上呈放射状延伸，各处厚度不一。

这种膏溶破碎带全区普遍可见，上下两部分在水文地质方面却有着不同的作用。下部的膏溶角砾岩和泥质碳酸盐岩揉皱带通常透水性很差，具相对隔水性质。而上部的灰岩破碎带岩溶都较发育，在地下水的径流及排泄区常形成相对均匀而又稳定的似层状富水带，在开发利用过程中，这些部位常可遇到丰富的岩溶水。

(2) 形成特殊的岩石类型——膏溶角砾岩。这种角砾岩在中奥陶统中普遍可见，它的分布、成分和结构等有 4 个突出特点：① 在该区有固定层位，都与含膏地层紧密相关。沿同一角砾岩层追索和钻探可以发现膏溶角砾岩在地表可以沿走向变为泥晶白云岩和泥质碳酸岩层，在地下则逐渐过渡为含膏层；② 角砾和胶结物的成分与含膏层及上覆地层岩性相同；

③ 角砾大小混杂，无磨圆，没有搬运的迹象；④ 角砾岩层本身及顶板岩层都非常杂乱破碎，底板岩层却非常完整，层面平整清晰。上述特点说明这些角砾岩不是由原生沉积或构造作用形成而应是膏溶作用的产物。

(3) 形成特殊的岩溶现象——古岩溶陷落柱。此类形态常见于中奥陶统岩层裸露区及其上覆的石炭系—二叠系中，据霍县煤矿区一些地段的调查统计，平均分布频率为 37 个/km^2，最高达 72 个/km^2。它的平面形态多呈圆形，直径数十米至数百米不等，主要特征是由上覆地层成分组成的岩体突然呈柱状体杂乱地进入下伏地层中，与围岩明显不同。陷落深度常达百米以上，地表可见弧形岩壁。一些煤矿坑道中所见的“无煤柱”实际上也是古岩溶陷落柱。综观全区陷落柱的分布和发育特点可以看出：① 地表所见的陷落柱都始于含膏层位；② 陷落体内的成分虽然杂乱，但大都具有由下而上、由老变新的顺序，某些大型陷落柱尚保存着较正常的地层层序；③ 陷落柱在剖面上往往下大上小，与一些在剖面上所见的倒锥状破碎体形状十分相似。

古岩溶陷落柱无疑是膏溶作用的产物，在山西高原及其形成过程中，首先是盐丘状聚集的硬石膏水化过程中的巨大膨胀力将上覆岩层挤碎；继而因大量石膏及其周围岩石的溶蚀形成大的地下空洞；在此基础上破碎的顶板岩层不断崩塌、陷落及至冒顶，从而形成常见的陷落柱。事实上，尚有大量的古岩溶陷落柱还没有发展到地面，成为隐伏的陷落柱，在煤炭开发中经常遇到的“无煤柱”，即是这种隐伏的陷落柱。

古岩溶陷落柱的形成经历了漫长的地质历史时期。在太行山东侧发现的陷落柱，有的柱体是倾斜的，而与地层保持垂直关系，说明该陷落柱与地层一起受到中生代地壳运动的影响，该陷落柱很可能是中生代早期形成的，现已停止塌落。

开滦范各庄煤矿中导致煤矿涌水的古岩溶陷落柱显示了更为复杂的情况。该陷落柱的根部大约在中奥陶统上部的含膏层位，向上伸延到中奥陶统灰岩顶面以上 280 m 左右，为一弯曲柱体。在煤系地层第 14 层煤层以下大致与地层层面垂直，柱体呈倾斜状。在第 14 层煤层以上柱体呈垂直状。由于地层软硬相间，柱体断面也大小不同，在软弱地层中，断面达 3 647 m^2，在硬岩层中为 1 312.5 m^2。柱体顶部具有 3～32 m 高的空间，且该陷落柱还在发展中。柱体内破碎岩块十分松散，导水性良好。在奥陶系含水层高压水头作用下，成为向矿井涌水的通道，造成灾难性的突水。突水高峰时，涌水量达 2 053 m^3/min。

第三节　岩溶含水层中溶隙-管道-通道系统的发育理论

一、溶隙-管道-通道系统形成演化模式研究

(一) 岩溶结构面的概念及其作用

任何一个岩溶水系统(如岩溶泉域、岩溶地下河域等)都是由各种边界(如隔水层、隔水岩体、地下分水岭等)所圈闭的可溶岩地质体。该地质体主要是以碳酸盐岩建造为主，同时可能含有石膏、岩盐及非可溶岩夹层。碳酸盐岩是岩溶发育的物质基础，在其形成过程中经历了建造和改造的复杂地质过程，从而使该岩体具有复杂的内部结构。一方面，从岩体的总体结构来看，岩溶水系统内的岩体是由岩溶结构面和结构体两部分构成。岩溶结构面是指

不同成因、不同规模，但有利于岩体中地下水流运动和溶蚀作用的地质界面和切割面；结构体是由不同产状的岩溶结构面相互切割而形成的形态各异、大小不一、岩层种类不同的块体组合。由于岩溶结构面的不均一性和不连续性、空间组合的复杂性以及结构体性质和形态的不同，造成岩溶地质体水文地质、工程地质性质的差异性和复杂性。另一方面，由于结构面的成因及后期的地质应力作用的规律，使我们可以对其不断认识，进而更好地去探讨岩溶水系统内三维水流分布及运动规律。

通过大量的洞穴探测、矿井及隧道工程揭露及地质勘探工作，可以确定地下岩溶管道的发育和分布主要是沿着各种岩溶结构面组合形成的，如图 2.3 所示。

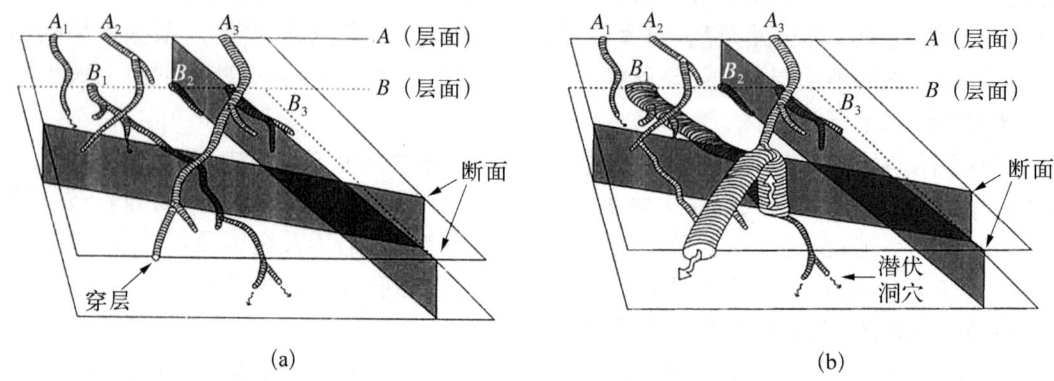

(a)　　(b)

A_1、A_2、A_3—层面 A 的不同管道编号；B_1、B_2、B_3—层面 B 的不同管道编号。

图 2.3　在多孔道补给条件下潜水带溶蚀孔洞形成特征示意图

图 2.3(a)中表示初始洞穴沿层面 A 和 B 延伸；A_3 管道先突破排泄边界。图 2.3(b)中 B_1 经由竖井与 A_3 连通，该处有裂隙穿透上下层面；B_1 袭夺了大部分水流并扩展了管道，向下游不断延伸，除非被淤积物堵塞，否则它将进一步在 B 层延伸并产生袭夺作用。

（二）岩溶结构面类型及其特征

岩溶结构面是在各种地质结构面基础上溶蚀发育而形成的。按地质成因，可分为原生结构面、构造结构面及次生结构面，在其基础上溶蚀形成的岩溶结构面特征如表 2.1 所示。

表 2.1　岩溶结构面类型及特征

成因类型	地质类型	岩溶结构面特征
原生结构面	可溶岩界面	形成层面裂隙水，当与断裂带交叉时形成管道
	可溶岩与碎屑岩界面	往往形成强径流带及岩溶管道
	可溶岩与火成岩界面	多形成强岩溶带，岩溶富水带
	沉积间断及不整合面	经常形成似层状溶蚀带
	碳酸盐岩与石膏岩界面	形成强岩溶结构面或膏溶带
	石灰岩与白云岩界面	多形成岩溶富水带

续　表

成因类型	地 质 类 型		岩溶结构面特征
构造结构面	断层节理	张性	岩溶管道多沿张性断层带发育
		压性	断层面往往隔水，但断层上盘可富水
		张扭性	沿张扭性断裂面，形成追踪或溶蚀裂隙
		压扭性	具有相对阻水性、隔水性
	层间错动	同岩性间层面错动	往往形成岩溶裂隙富水带及岩溶管道
		不同岩性间层面错动	往往形成强富水带并发育岩溶管道
次生结构面	岸边卸荷裂隙		形成平行岸边的强径流带或岩溶管道
	岩溶塌陷裂隙		形成同心圆状岩溶裂隙富水带
	风化裂隙		表层岩溶裂隙水

(三) 岩溶结构面组合及其对洞隙系统发育的导向作用

任何一个岩溶水系统(泉域或地下河流域)，都处于某种形态的地质体中，任何一个地质体都经历了建造和改造过程，而现今我们所见的任何一个地质体都经过地质构造作用改造，形成了规模不等的各种构造形态，如单斜、褶皱、断裂带、断块、断陷盆地等。与这些构造形态相伴形成的各种地质结构面的分布是受地质构造力学原理控制的，是有规律可循的。我国传统地质构造学和地质力学都重视地质结构面配套组合的分析，这种分析为研究岩溶洞隙系统分布规律提供了地质基础。

但是岩溶洞隙是由水流溶蚀形成的，含有 CO_2 水流的溶蚀作用是洞隙形成的动力。根据伯努利方程，水流动力来源于补给区与排泄点之间的总水头差。岩溶地下水总是由不同的补给点向排泄点汇集流动，但具体流程是曲折复杂的。结构面之间的完整岩体是不能通过水流的，只有那些可以通过水流、保持水流连续性，并且水头损失最小的结构面才能形成水流通道。具体的水流通道可能是很复杂的，在三维空间里，局部水流通道可以沿结构面各方向发育，水流运动方向不能简单根据位置的高低、流速大小来决定，应根据水流总水头沿流程的变化规律来判别。

二、典型地质构造条件下岩溶管道裂隙系统发育特征

(一) 复式褶皱带岩溶裂隙-管道系统发育特征

在地质构造上以复式褶皱带为特征的高山峡谷岩溶山区在国内外都有分布，如欧洲的阿尔卑斯山脉、喀尔巴阡山及狄纳尔山脉等；北美洲的阿巴拉契亚山脉；亚洲土耳其的托罗斯山脉、伊朗的扎格罗斯山脉等；我国川陕交界处的大巴山脉，是典型的复式褶皱构造高山峡谷岩溶山区。地层产状直立或倒转，并伴随大量走向冲断层。穿越大巴山的隧道工程及水电工程等的地质勘察和工程实践为我们揭示了岩溶管道-裂隙系统的发育特征。

大巴山在地质构造上为北西向的复式背斜褶皱，由震旦系到三叠系组成。地层总厚度约 3 000 m，其中碳酸盐岩地层占 70%。大巴山铁路隧道穿过整个山体，最大埋深达 800 m。该区为侵蚀性裸露岩溶山区。地形陡峻，沟谷发育。地层近于直立，可溶岩与非可溶岩相间分布，呈狭长条带顺山体方向延伸，与隧道直交。地表岩溶形态，除大量季节性干谷外，落水洞、竖井及溶洞普遍分布，特别是地下暗河管道系统，成为隧道的主要威胁。

该区属亚热带季风气候，多年平均降水量约 1 500 mm。区内地表水、岩溶管道裂隙水系统的三维空间均显示了岩溶地质结构面的控制作用。对该区岩溶地质结构面的研究，显示了不同性质的岩溶地质结构面的分布及其配套关系。

隧道的涌水部位受深部岩溶分布的直接控制。深部岩溶发育极不均一，在长 100～200 m 可溶岩含水段上，只有一个或两个岩溶发育带，每带一般不超过 10 m。因此隧道在含水段掘进时，并不是到处涌水，恰恰相反，涌水只在局部地段。

深部岩溶分布均与结构面有关。隧道几次大中型涌水均发生在一定的结构面或其影响带。洞内大量观察可见，深部岩溶主要与某些较大的走向冲断层、岩性界面及横张断裂有关。前者具有双重性，断层面和界面本身往往阻水，但在其破碎影响带中则集中发育岩溶。而横张断裂本身往往含水，形成串珠状管道涌水。含水结构面也并非普遍含水。当坑道揭露含水结构面时，水只从个别出水口涌出。由此可见，岩溶沿结构面向深部发育时，主要是形成管道系统。这为隧道在通过含水结构面时，绕避较大的溶洞提供了有利条件。

根据本隧道的实践经验，认为这种大型通道在当地排泄基准几百米以下出现并不是偶然的。一般要求如下的条件：① 在水文地质部位上，处于地下水排泄区，水量丰富，水循环交替迅速，岩溶发育深；② 构造条件要有一定的含水结构面，导引岩溶水向深部循环；③ 岩性条件，大而集中的溶洞主要发育在纯质灰岩中，在相同条件下，白云岩多为分散管道状。在某些大型背斜的核部，发育大型纵向和横向张性断层，导致岩溶发育深度达到数百米至千米以上。

（二）向斜构造岩溶裂隙-管道系统发育特征

向斜核部在中性面以上受挤压，中性面以下受到拉伸，因而易形成上压下张的二级纵张节理，由于向斜汇水条件好，当核部埋深不是很大时，岩溶发育成为重要的富水构造。

褶皱翼部岩层倾斜的程度，在一定情况下反映了翼部岩层受力的强弱与变形程度。一般来说，岩层倾角越缓受力越弱，变形较轻微；岩层倾角越陡，受力越强，变形越强烈。

各种不同的向斜构造对岩溶管道裂隙系统模式的形成影响也不同。

(1) 大-中型平缓开阔向斜：地层倾角小于 20°，当其褶皱规模为大-中型时，往往有较大的补给区。如当碳酸盐岩厚度较大时，使得岩溶地层在水平或垂直方向上都有较大的连续性，故岩溶地下水的分布可以基本上不受非碳酸盐岩隔水层的影响，它是大中型地下河系形成的有利条件，常形成网格状、平伸状、树枝状的地下河系。

(2) 中常-紧密向斜：在平面上构成长轴或线状，两翼地层倾角大于 30°，当与许多非碳酸盐岩的间隔层组合时，形成若干相互平行、彼此间隔的岩溶地层条带。由于补给区范围较窄，使地下河具有明显的方向线，形成锯齿状、树枝状、侧羽状的地下河系。

（三）背斜构造岩溶裂隙-管道系统发育特征

背斜核部在中性面以上受拉伸，中性面以下受挤压，因而易形成上张下压的二次纵张节理以及背斜轴部的 X 型共轭节理。岩石较破碎，易于遭受剥蚀，在地形上形成沟谷，有利于岩溶的发育及岩溶水的富集。

在野外见到的各种背斜，往往是不同阶段应力场形成的构造形迹，其对岩溶及岩溶水系分布的影响也不同。

以背斜构造为基本骨架的岩溶含水层溶隙-管道-通道系统在我国广泛分布，其边界条件及含水层溶隙-管道-通道网络都受其岩溶结构面的控制。大量调查及勘探工作证明，岩溶裂隙水的分布主要受背斜构造内的北东向和北西向两组交叉断裂及裂隙系统控制。北东向的结构面发育强烈，多形成断层，沿断层带发育北东向岩溶水强径流带，北西向裂隙带多见岩溶裂隙脉状水流，靠近泉口也可发育成强径流带。在整个泉域内北东向断裂带与北西向裂隙带两组岩溶结构面构成了岩溶裂隙水网络，岩溶大泉的泉口均与强径流带相连。

第四节　岩溶的埋藏类型

岩溶的类型按埋藏条件岩溶可划分为裸露型岩溶、覆盖型岩溶、埋藏型岩溶。

1. *裸露型岩溶*

裸露型岩溶是指可溶岩裸露地表的地区所发育的岩溶，地表缺少植被和土层覆盖，我国西南石山区多是典型的裸露岩溶区。那里石灰岩裸露，溶沟溶槽发育，落水洞及洼地遍布，植被稀少。地表缺水，岩溶水埋藏在地下分布不均。从工程地质角度，裸露岩溶山区往往地表水缺乏，多为贫困石山区，修建地表水库的最大问题是渗漏问题。铁路及公路隧道穿越裸露岩溶山区分水岭经常遇到洞穴坍塌及地下河涌水问题。

2. *覆盖型岩溶*

覆盖型岩溶是指被松散堆积物覆盖的岩溶。我国与世界上很多城市一样，都部分或全部处于覆盖岩溶区，如山东济南市、河北邢台市、山西太原市、广东广州市和佛山市、深圳市龙岗区、云南昆明市、广西柳州市和桂林市等。覆盖岩溶区是人类工程活动强度最大的岩溶地区，也是岩溶工程地质问题最普遍、最严重的地区，其中包括工程地基问题、岩溶塌陷问题、城市地下空间的涌水与洞穴稳定问题等。

3. *埋藏型岩溶*

埋藏型岩溶是指已成岩的非可溶性岩层之下的可溶岩层中所发育的岩溶，这种岩溶一般不反映于地表。根据它埋藏深度及其对工程地质的影响，可将埋藏型岩溶分为深埋藏岩溶和浅埋藏岩溶。岩溶层顶面埋深在地面 100 m 以下，其上的非可溶岩盖层厚度在 50 m 以上的称为深埋藏岩溶，从工程地质角度看，深埋藏岩溶对各种工程建设，其中包括深基础、城市地下空间等的影响较小，如中国北方的鄂尔多斯盆地、华北黄淮海平原、中国西南部四川盆地的大部分地区都属于深埋藏岩溶区。

岩溶层顶面埋深在地面以下不足 100 m，且非可溶岩盖层厚度较小，或有断裂破坏，使其不能起到大面积封盖岩溶层的作用，这种情况下的埋藏岩溶称为浅埋藏岩溶。从工程地质角度看，浅埋藏岩溶对各种建设基础的城市地下空间等都有一定影响，必须认真考虑。如我国北方山东济南、淄博，太行山东南侧邢台、邯郸、焦作，山西太原，辽宁大连、本溪等地；我国南方广州广花盆地、深圳龙岗、湖南娄底一带，云南昆明等地均有分布。

第五节 深岩溶问题

对于深岩溶的含义，学术界尚未达成统一认识，主要是对深岩溶的上界问题存在争议。在水文地质与工程地质界普遍把当地河流、湖泊的最低排水面以下的岩溶称为深岩溶。但大江大河水系都是分级的，如长江水系及珠江水系流经云贵高原，其二三级支流多形成深切峡谷，如乌江及其支流六冲河、猫跳河、三岔河等；红水河及其支流南盘江、北盘江等。在这些大河峡谷两侧发育了大量的地下河，实际构成长江和珠江水系的四五级支流，这样我们就把各支流排水基准面作为当地深岩溶的上界。这种方法虽然不尽完美，但有一定实际意义，因为地表水流主要受地形控制，上下游河水有水流及水能关系。但地下岩溶主要是由地下水溶蚀形成的，而地下水的运动和地下岩溶的形成更主要的是受地下岩性及地质构造的控制，不可能形成与大流域统一的水动力场和深岩溶。实际上深岩溶的研究只能在小流域内结合具体的岩溶地质结构和岩溶发育机理进行研究。下面结合工程地质的实际情况介绍几种深岩溶类型，每种类型都是在岩溶发育的基本条件下，由某种特殊条件或因素促成了深岩溶的强烈发育。

一、蓄水构造与深岩溶

（一）向斜深岩溶蓄水构造

向斜构造裂隙具有上压下张的性质，向斜轴的下部张性、扭性裂隙发育，岩溶水常沿两翼岩层中的溶蚀裂隙向轴部汇集，富水性较好。岩溶含水层与隔水层相间排列，或有隔水断层存在，在较低部位还可形成承压自流盆地。如北京延庆西海向斜，由侏罗系火山岩和中上元古界灰岩组成，向斜槽部的岩溶水沿轴部的断裂上升，高出河床数米，形成美丽的珍珠泉，流量为 1 500 m^3/d。又如北京平谷茅山向斜，构造上具有承压条件，在槽部所凿机井均获得大水量。上营村北面井位于茅山向斜轴部南侧，揭露杨庄组弱含水层，但当孔深达 149.7 m，仍可获得 860 m^3/d 的水量，可见，这个部位岩溶是较发育的。

重庆市东南部渝怀铁路圆梁山隧道全长 11.068 km，隧道标高 500～550 m，穿越北东走向的圆梁山，隧道最大埋深超过 1 000 m，低于当地岩溶排水基准面 300 m。隧道穿越由三叠系及二叠系碳酸盐岩岩层组成的向斜构造，岩溶发育，形成地下河岩溶水系统，排泄口标高 850 m。圆梁山隧道穿越毛坝向斜段揭露了 3 个溶洞，给施工带来了巨大的困难和灾害。隧道在向斜轴部揭露 3 个大型充水充泥溶洞及岩溶管道，宽度为 20～30 m，形成高压突水、突泥，最大涌水量达 1.0×10^5 m^3/d，总突泥量达 6.0×10^4 m^3，造成重大施工事故。深岩溶主要沿向斜核部张性断层及层间滑动面发育。经测定，深部洞穴中的粉质黏土充填物的沉积年龄为 1.8 万～2.2 万年。以上证明深岩溶是经过数万年溶蚀而成，因此我们在判断岩溶发育时，不应忽视古岩溶问题。

（二）背斜深岩溶蓄水构造

当背斜构造为分水岭时，地表及地下水均由核部流向两翼形成分流型的地下径流。当背斜轴部为谷地时，地表水向谷地汇聚的同时，也向地下渗流。

如北京西山红庙岭—玉泉山的隐伏背斜，位于八宝山断裂带西侧，由奥陶系灰岩、下侏罗统辉绿岩、石炭系—二叠系砂页岩组成，背斜轴向北东。奥陶系灰岩地下水接受西南部山区大气降水入渗补给，排泄于玉泉山。在补给区和排泄区之间的水头差作用下，地下水沿背斜轴部裂隙破碎带运动和溶蚀，形成背斜轴部强岩溶带。据调查位于该背斜轴部附近的水井，孔深 788 m，涌水量 1 500 m^3/d 以上；香山植物园供水井，井深 816.73 m，涌水量 919.3 m^3/d，北京整形医院供水井，井深 1 617.3 m，涌水量 54.07 m^3/d，水温 12℃。

（三）单斜深岩溶蓄水构造

单斜岩溶蓄水构造一般在岩溶含水层倾向下游，与地下水流向一致，并在排泄区有上覆防水层或火成岩体阻挡，溢流成泉，在排泄区深岩溶发育强烈。

济南单斜岩溶系统，在泰山北麓由平缓的单斜构造组成。岩层总的趋势倾向北东，倾角为 5°～20°。背斜轴部为泰山群变质岩系，翼部为寒武系—奥陶系巨厚石灰岩、泥灰岩、白云质灰岩和页岩以及石炭系—二叠系，北部有燕山期辉长岩和闪长岩侵入体。地貌形态自南向北由中低山过渡到低山丘陵。地下水自南部露头区接受大气降水入渗和地表水下渗补给，沿着层面裂隙和近南北向的构造裂隙或断裂破碎带自南向北运移。因北部有火成岩体和石炭系—二叠系碎屑岩层，地下径流受阻，具承压性质的岩溶水溢流成泉。由于岩性变化和水动力条件的影响，深部岩溶的发育遵循从补给区到排泄区由浅到深、由弱到强的规律，由无压水变为承压水。因此沿含水层运动的地下水会使岩溶发育到地下很深的部位。据统计，岩溶深度自南往北标高为－450～－100 m。

（四）断裂带深岩溶

我国北方和南方都分布有大型断裂构造盆地，如北方汾河流域的太原盆地、临汾盆地，陕西渭河流域的渭河盆地，山东莱芜盆地等；南方的昆明盆地等。这些盆地多为断陷岩溶盆地，盆地周边碳酸盐岩岩体呈阶梯状向盆地下跌，沿断层发育深岩溶，并出露岩溶大泉，有时形成深岩溶温泉，其发育深度可达 1 000～1 500 m。太原盆地西侧的兰村泉、晋祠泉，渭河盆地北侧的袁家坡泉、温汤泉都是沿断裂带形成。由于过量开采断裂带岩溶地下水，使区域地下水位下降，泉水干涸，可能会引发环境地质问题，如发生地裂缝和地面沉降等。

二、倒虹吸深岩溶

岩溶区河流作为区域岩溶地下水的排水基准，河谷两侧经常有地下河和岩溶大泉集中排泄地下水。由于补给区与排泄区的巨大水头差及洪水期巨大的排泄量，形成极强的溶蚀及侵蚀能力，在一定的地质构造条件下可形成倒虹吸管式深岩溶，其发育深度可达当地排水基准面（如海平面、江河水面、岩溶大泉口等）以下 100～200 m。这种深岩溶对水电地下厂房防渗、隧道工程涌水防治、海港工程地质稳定都有很大影响。

乌江渡水电站坝址是一个比较典型的实例。坝址区分布三叠系玉龙山灰岩，左岸有一条向河床深部倾斜的 F_{20} 断层，如图 2.4 所示。

由于早期地下水的溶蚀作用，断层带充填大量黏土，使本来透水强烈的断层带成为一条阻水带，形似一条向河谷倾斜的“帷幕”，由于断层左侧强大地下水动力压力，在断层带某些黏土充填较薄弱的部位及其分支断层相交的部位，充填的黏土被击穿，形成几处“天窗”，致使地下水形成深部循环和集中渗流，从而在河水面 105 m 以下发育大型溶洞，给深部岩溶渗漏造成了隐患。

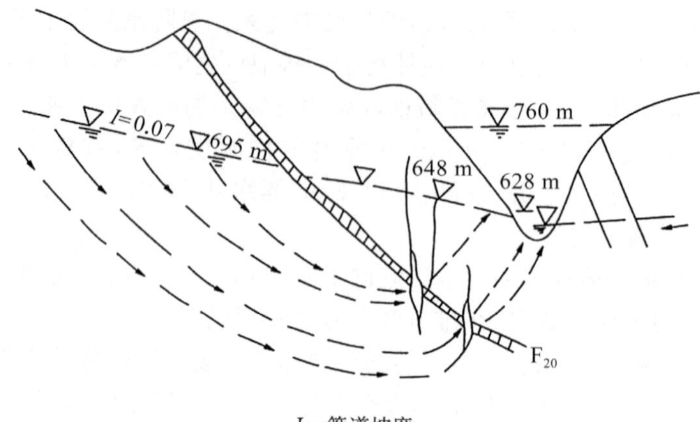

I—管道坡度。

图 2.4　乌江渡深循环地下水及深岩溶发育示意图

襄渝铁路大巴山隧道进口段在麻柳坝地下河的排泄区，在地下河排泄口以下 114 m 深处，遭遇倒虹吸管状溶洞，发生灾害性高压突水涌泥，将平行导坑变成一条深约 1.2 m 的排水沟，最大涌水量达 1.4×10^5 m^3/d，涌泥达数十万立方米。涌水岩溶管道直径为 0.9～1.6 m，通向斜上方的地下河出口，具有明显的倒虹吸管道形状。

三、岩溶含水层与岩溶含水层系统

岩溶含水层与岩溶含水层系统是岩溶水文地质学的基本概念，也是岩溶工程地质学的重要概念。

岩溶含水层是饱水并能传输与给出相当数量水的岩溶化可溶岩层（主要为碳酸盐岩）。

隔水层是不能传输与给出相当数量水的岩层。在岩溶区，隔水层一般为碎屑岩层（砂页岩、泥岩）、火成岩等。

弱透水层是本身不能给出水量，但在垂直层面方向能传输水量的岩层。在岩溶区，泥灰岩、白云岩夹泥灰岩、泥灰岩夹薄层灰岩等弱岩溶层都能成为弱透水层。

与非岩溶区相比，岩溶地区上述定义具有很大的相对性和不确定性。例如，华北地区巨厚的中奥陶统灰岩为区域性强岩溶含水层，下伏的下奥陶统白云岩层一般情况下可以形成隔水层，使中奥陶统岩溶含水层与中寒武统、上寒武统岩溶水成为两大独立的岩溶含水层，但在上述两大含水层系统排泄点高差很大的情况下，前者向后者补给，使隔水层成为透水层（山西晋城三姑泉域）。此外，岩溶地区与松散层地区不同，作为基岩地层，地质构造因素，特别是断层、节理等破裂结构面对隔水层和弱透水层的影响是不能忽视的。

从供水的功能方向来说，同一岩层在不同情况下可能归为含水层，也可能看作隔水层。例如，华北地区的下寒武统馒头组以碎屑岩为主夹薄层灰岩，一般均作为区域性隔水层，但在山区找水工作中，却可以把该层中的灰岩夹层作为找水目的层。在华南地区中寒武统高台组、覃家庙组等以泥灰岩为主，一般作为区域隔水层，但在山区找水工作中，该地层中的泥灰岩及薄层灰岩出露众多小泉水，成为高水位的农村水源。

岩溶含水层系统与岩溶水系统（或泉域、地下河流域）是不可分的。所谓含水层系统，首先必然是由几套含水层、隔水层、弱透水层组成的系统；其次在该系统中各含水层之间有水力联系。与松散沉积岩含水层不同，基岩含水层之间的水力联系不可能全靠隔水层或弱透水层之间的越流补排关系来维持。实际的情况是岩溶含水层之间的水力联系除通过弱透水层之外，更多是靠裂隙和断裂构造来实现。例如，华北地区主要的岩溶含水层为中奥陶统石灰岩（厚为 500～700 m）和中寒武统、上寒武统的石灰岩及白云岩层（厚为 300～400 m），其间有厚为 200～300 m 的薄层含燧石白云岩，一般为相对隔水层，当该层没有受到断裂破坏时，中奥陶统岩溶含水层的泉水排泄带可占全部岩溶水排泄量的 70%～90%。例如，山西沁河排泄带，其中下奥陶统白云岩层顶板上的中奥陶统灰岩含水层出露的延河泉等 5 个较大泉水，其流量占整个沁河岩溶水排泄带的 90%，而出露于中—上寒武统的黑水泉流量仅占 10%，而且上下两套含水层的水质也有明显区别，在这种情况下，只能作为上下两套含水层系统来处理。相反在丹河排泄带中，由于断层切割了下奥陶统白云岩相对隔水层，使中寒武统出露的泉水占丹河排泄带总排泄量的 90%。在断层带处打出的自流井涌水量达 10 000 m^3/d，完全证实了断层的导水作用，上下两套含水层水质也近似，可以认为是统一的含水层系统。

在中国南方贵州、湘西、鄂西等扬子地台区下三叠统的大冶组灰岩、嘉陵江组灰岩与上二叠统的长兴组灰岩，下二叠统的栖霞组、茅口组灰岩等含水层之间有泥灰岩及煤系地层作为相对隔水层，由于岩相变化，有的地方厚度较大，可以做隔水层处理，但在断层破坏情况下，可能失去隔水作用，使上述含水层组成统一的含水层系统。

在广西与广东大部、贵州南部、云南东部的华南地区，自中泥盆统至下二叠统，碳酸盐岩分布广泛，其厚度为 1 200～1 500 m，其重要特征是岩相变化大。无论是横向还是纵向，同一时代地层碳酸盐岩的岩性都变化很大，有时碳酸盐岩可演变为碎屑岩。

第三章

岩溶隧道地质预报与监控量测

第一节　岩溶隧道地质超前预报

隧道及其他地下工程的设计和施工的主要依据就是地质勘察资料，而隧道施工方案的制定主要依据设计文件。在工程施工图设计时已经完成了初勘和详勘工作。虽然详勘的工作重点就是查清隧道穿越的主要工程地质和水文地质情况，然而由于铁路线路是线条型的建筑物，要想把线路沿线所有的地质情况在开工前完全勘察清楚要花费的代价是极其高昂的，限于目前的技术条件也几乎是不可能的，因而隧道工程也就有了"动态设计，动态施工"理念。实际上，一些局部的、分散的、随机的不良地质地段往往是隧道施工较大的安全隐患。这些安全隐患主要表现为在隧道施工过程中出现岩爆、坍塌、突水、突泥、有害气体逸出等地质灾害。由于这些灾害有时是在施工人员无防备的条件下出现的，具有突发性，给隧道施工带来难以预料的危害和困难，轻者影响工期，使工程投资增加，严重者可能会造成施工人员的伤亡和施工技术设备的损毁。

一、岩溶隧道地质超前预报的内容

对于岩溶区的隧道，地质超前预报的主要内容如下。

1. *掌子面前方地层的岩性预报*

主要预报掌子面前方地层的岩性，根据岩体反射波的纵波波速预报岩体的围岩级别，及其变化范围。

2. *地质构造的预报*

地质构造对隧道的结构设计、施工方案及工程造价等都有显著影响，因而隧道施工中的地质超前预报的重要内容之一就是地质构造的预报。预报断层破碎带的位置、规模、走向、倾角、地下水发育情况，岩溶发育情况等。

预报岩层褶皱的位置及褶皱核部与两翼处节理、裂隙的发育情况，岩溶的发育情况，地下水的富集情况等。

预报岩性差异较大的不同岩层接触面，尤其是可溶岩与非可溶岩之间、硬岩和软岩之间的接触界面，预报其位置及产状。

预报岩体中软弱夹层或透镜体等的位置、范围及产状。

3. *各类溶洞预报*

预报各种溶腔(洞)与隧道的位置、大小规模、形态及充填特性；预报岩溶管道、岩溶竖井、地下暗河的位置、高程、走向等。预报溶洞的充水情况，并预测可能发生突水突泥地质灾害的可能性、风险等级及危害程度。

二、岩溶隧道地质超前预报的方法

岩溶区修建隧道进行地质超前预报的主要任务，是预报岩体中发育溶洞的位置、大小规模、形态和充填类型，并进行风险评价，而查找充填型的溶洞和暗河为重中之重。

（一）地质素描法

地质素描法就是通过隧道现场踏勘地表、地形、地貌及岩层出露情况，获得各种出露岩层的岩性及产状信息，以及洞内开挖后揭露出的新鲜岩石，观察记录岩层的岩性及其岩层的产状参数、节理裂隙发育情况、地下水渗流情况、软弱夹层等信息，从而利用地质学理论，进行类比、论证、推断和预测隧道掌子面前方的断层破碎带、褶皱、软弱夹层、岩溶发育及充填情况、地下水发育情况等地质信息。

地质素描法是在宏观上把握不良地质体在隧道掌子面前方出现的可能性，是进行地质超前预报的基本方法，不管是物探方法还是超前地质钻孔法，都是地质素描方法向前延伸的手段。另外，对物探方法成果的解释，也离不开地质素描方法，如果没有地质素描方法的宏观把握，任何超前探测方法都很难得到很好的预报效果。

地质素描的主要步骤如下。

(1) 研究和分析勘察设计单位提供的隧道工程地质与水文地质资料，初步分析判断隧道施工过程中可能出现地质问题的类型、规模和危害性大小，以及可能出现的隧道地段，并研究初步应对技术措施。

(2) 由地质专业工程师到隧道工程区地表进行踏勘和查看隧道开挖揭示出来新鲜岩石，记录地表出露岩层的岩性（岩石岩性、岩层厚度、产状、节理裂隙发育特征及风化程度等）、岩层层序（是否存在翻转）、构造（断层、褶皱等）、滑坡等不良地质现象，并将现场查勘情况与区域地质及隧道施工设计资料相对照，分析验证设计资料的准确性，推测隧道施工可能遇到的地质问题。

(3) 针对隧道工程区岩溶发育的特征，重点查勘地表岩溶形态：岩溶洼地、峰林、岩溶漏斗、落水洞、岩溶泉、暗河出口等，判断工程区地下水分带类型，结合洞内外查勘信息，预测岩溶的发育区段、岩溶规模、溶腔填充类型等，重点分析在隧道施工中遇到岩溶突水突泥等地质灾害可能发生的地质区段，以便与隧道施工过程中的其他探测方法成果相结合并相互印证，提高预测重点及精度。

（二）TSP 法地质超前预报

1. 基本原理

隧道地震探测法（TSP），是一种利用地震波在岩体介质中传播遇到界面发生反射的特性，对隧道前方地质情况进行探测预报的一种物探方法。TSP 法地质超前预报的基本原理，是在靠近隧道掌子面附近的隧道单侧壁或两侧设置多个人工激发的震源，采用高灵敏度的谐振器接收震源激发的地震波在岩体中的传播及反射特性，确定反射界面的位置，同时计算地震波在岩体中的传播速度，结合已知的工程地质情况，来推测开挖面前方地层中不良地质体的位置、产状及范围，以及岩体的破碎程度等地质信息。

TSP 超前地质预报属于长距离探测方法，其预报距离一般为 100～150 m，有效预报距离一般约为 120 m，若围岩条件好，预报距离可以适当延长。由于 TSP 预报距离较长，一方面可以为短距离预报方法(如地质雷达法)提供重点预报段落;另一方面可以为施工单位制订相对长期的施工计划提供一个科学的依据。TSP地质超前预报技术最早由瑞士的安伯格公司(Amberg Group)公司提出,国内最早由石家庄铁道大学和中铁隧道局集团引进,在渝怀铁路武隆隧道和歌乐山隧道中应用,积累了初步经验。

TSP法是利用波在介质中传播遇到界面发生反射的原理开发的。利用高精度的传感器接收到地震波信号,通过分析地震波信号来判断不良地质体所处位置、规模、类型等信息。由于利用炸药爆炸激发的地震波的能量较大,可以在岩体中传播较远的距离,所以利用爆破激发地震波的TSP法的探测距离可达150 m。两种介质性质差别越大,反射信号也就越强烈,因而TSP对裂隙面、大的节理面、岩溶溶腔、暗河、软弱夹层等的不良地质体效果较明显。地震波是利用在靠近隧道掌子面(距开挖面1~3 m)开始,在隧道的一侧壁上打设20~24个向下倾斜的炮孔,并在孔内灌水作为耦合剂,放入100 g乳胶炸药起爆激发地震波。利用孔内的传感器记录各孔激发的地震波数据。

对TSP采集的数据利用专用软件进行处理,可以获得隧道掌子面前方的P波(P-wave,地震纵波,又称胀缩波)、SH波(SH-wave,水平偏振横波,质点在垂直于入射平面的方向上振动的波)和SV波(SV-wave,垂直偏振横波,质点在入射平面内且与传播方向垂直振动的波)的时间剖面、深度偏移剖面、岩石的反射层位、物理力学参数、各反射层能量大小等中间成果资料,同时还可得到反射层的二维和三维空间分布,根据上述资料预报隧道掌子面前方的地质情况,如溶洞、软弱岩层、断层、裂隙及富水情况等不良地质体。

2. TSP法的仪器组成

以TSP203 Plus仪器为例说明TSP法地质超前预报的仪器组成。

(1) 三分量检波器。三分量检波器(也称拾振器)主要用来接收震源产生的地震波信号和传播到掌子面前方遇到地质界面后反射回来的地震波信号。

(2) 记录单元。记录单元,即TSP主机,其功能主要是将三分量检波器接收到的地震波信号进行放大、模数转换和数据记录,同时还进行测量过程的控制。

(3) 起爆装置。起爆装置则用于引爆电雷管和炸药,人工激发地震波。

(4) 数据处理设备。一般利用安装在笔记本计算机上操控软件将记录单元采集到的数据进行存储、显示、滤波、分析等,然后根据软件分析结果,再结合地质工程师的地质素描工作对掌子面前方的地质情况进行预报。

3. TSP法实施要求

TSP地质超前预报的相邻两次重叠长度应不少于10 m。在采用TSP法进行隧道地质超前预报时,应满足以下要求。

(1) 地震波激发炮孔的位置选择。为了激发地震波,需要在隧道侧壁打设炮孔。地质预报人员在分析施工区的地质资料和隧道已开挖段的岩性、地质构造、岩体等工程地质特征的基础上,根据现场环境情况,确定TSP超前预报探测系统震源孔是在左壁还是右壁。

(2) 布置震源孔。在隧道侧壁上打设20~24个炮孔(震源孔)(见图3.1)。炮孔布置在隧道断面内,向下倾斜约15°,孔深为1.5 m,孔直径为40~42 mm,孔间距为1.5 m。孔口距底板高度约为1 m,保证所有孔口在一条平行于隧道轴的水平线上。靠近掌子面的1号孔距掌子面距离控制在1~3 m。

(3) 传感器钻孔。传感器钻孔布置在与炮孔同侧隧道壁、同高度的延长线上,距离最外

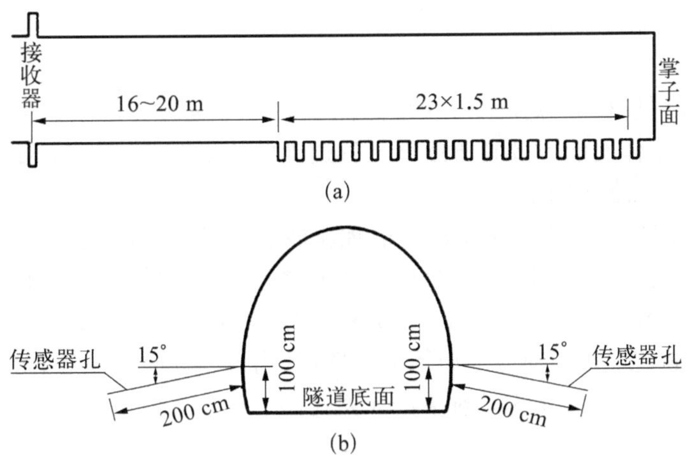

图 3.1 震源炮孔布置示意图

(a) 震源炮孔布置平面图；(b) 炮孔布置断面图

一个震源炮孔 16～20 m 处。传感器钻孔与爆源孔相同，孔深为 2.0 m，直径为 50～60 mm。

(4) 炸药及雷管的选择。炸药选用岩石乳化防水炸药，每孔使用 150 g 或 200 g，雷管选用瞬发电雷管。

(5) 炮孔耦合。为了保证炸药在爆炸时产生的地震波能量能够尽可能地向地层中传播，需要在孔内灌满水作为耦合剂，排出孔内空气。

4. TSP 法数据处理与解释

将现场采集的资料传输至计算机，利用时间序列分析软件(TSPwin 软件)对其进行处理，TSPwin 软件主要由数据库、处理器、计算反射界面三部分组成。

(1) 数据库。编辑现场采集的数据和定义观测系统。

(2) 处理器。对原始数据进行放大、能量均衡、滤波等流程的处理。

(3) 计算反射界面。在波形处理后，从地震波形记录中拾取纵波波长和横波波长，根据爆炸点与检波器的距离可分别计算各段围岩的纵波速度 v_p 和横波速度 v_s。

v_p 和 v_s 值的大小综合反映了围岩的物理力学性质，根据 v_p 和 v_s 值可直接计算动力学参数，即计算动弹性模量 E_d、动剪切模量 G_d 和泊松比 ν_d 计算式见式(3.1)～式(3.3)：

$$E_d = \frac{\rho v_s^2 (3v_p^2 - 4v_s^2)}{v_p^2 - v_s^2} \tag{3.1}$$

$$G_d = \rho v_s^2 \tag{3.2}$$

$$\nu_d = \frac{v_p^2 - 2v_s^2}{2(v_p^2 - v_s^2)} \tag{3.3}$$

式中：ρ 为围岩的密度。

根据绕射重叠法原理(与常规地震反射资料处理中偏移流程的原理类似)计算反射界面与隧道的相对位置，即与隧道轴线的交角或至掌子面的距离。

根据 TSP 法的原理和工作经验，把距离隧道轴线近、能量大的反射波组判释为围岩异常区，并综合地震波速、反射波相位、泊松比和动杨氏模量等参数对围岩异常区的类别进行划分。

（三）TRT 法超前地质预报

1. 基本原理

隧道地震波反射层析成像技术（TRT）采用空间分布震源和检波器采集空间波场信息，用来构建描述隧道工作面前方及高于或低于隧道走向的不同地质状况（如异常岩体、岩性和岩溶发育特征等）的三维结构图。

TRT 的工作原理是，当人工锤击产生的地震波遇到声学阻抗差异（密度和波速的乘积）界面时，一部分信号被反射回来，一部分信号透射进入前方介质。声学阻抗的变化通常发生在地质岩层界面或岩体内不连续界面。反射的地震信号被高灵敏地震信号传感器接收，通过分析，可以了解隧道工作面前方地质体的性质（软弱带、破碎带、断层、溶洞、含水构造等）、位置及规模。正常入射到边界的反射系数计算式如下：

$$R=\frac{\rho_2 v_2-\rho_1 v_1}{\rho_2 v_2+\rho_1 v_1} \tag{3.4}$$

式中：R 为反射系数；ρ_1、ρ_2 为界面两侧岩层的密度；v_1、v_2 为地震波在相应两种岩层中的传播速度。

地震波从一种低阻抗物质传播到一个高阻抗物质时，反射系数是正的；反之，反射系数是负的。因此，当地震波从软岩传播到硬的围岩时，回波的偏转极性和波源是一致的。当岩体内部有破裂带时，回波的极性会反转。反射体的尺寸越大，声学阻抗差别越大，回波就越明显，就越容易探测到。通过分析，可以了解隧道工作面前方垂直面和横向面的不同地质状况，用于发现岩体、裂隙、断层和地下水等的空间信息，包括位置、形状和大小。

TRT 采用层析扫描成像技术，形成立体、直观的三维立体图，立体图中的反射边界每一点离散图像是由空间叠加所有地震波形计算得来。TRT 探测原理如图 3.2 所示。

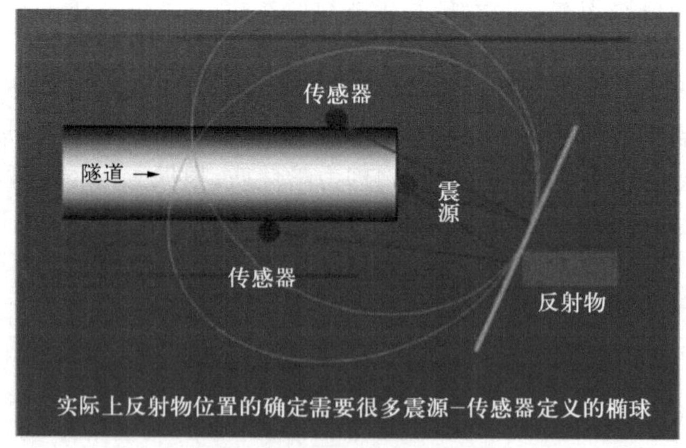

图 3.2　TRT 法探测原理

TRT 的探测范围长度约为 140 m，宽度为中心线左右各 20 m，高度为 40 m，掌子面宽度为 40 m，主要预报掌子面前方约 140 m 范围内的岩溶、断层、破碎带及节理裂隙发育等情况，推测地质异常体的位置、形式及规模。

2. 仪器组成

以 TRT7000 为例说明 TRT 法隧道地质超前预报系统的仪器组成。由于 TRT 法也是利用地震波的传播特性来预报掌子面前方地层的地质情况的，因而两者的仪器组成基本是相同的。区别就在于 TSP 法的地震波是由钻孔内的炸药爆炸激发的，而 TRT 法是由一定重量的锤击激发的。

（1）检波器。检波器是用来感知锤击产生在岩体中传播和由前方界面反射回来的地震波数据，由于 TRT 是三维成像，因而在掌子面后方需要布置多个检波器。

（2）主机。主机是用来采集由检波器感知到的地震波数据，并加以存储。

（3）带触发装置的敲击锤。TRT 法所利用的地震波是由锤击掌子面岩壁激发的，激发锤带有激发装置，在每次锤击时触发主机进行数据采集。

（4）笔记本计算机。TRT 采集到的地震波数据需要专用解译软件进行分析处理。在计算机上安装专用的 TRT 解译软件，对采集到的地震波数据进行分析，得到掌子面前方地层的相关信息，从而判断地层的地质特性，给出预报结果。

由于 TRT 法地震波是采用锤击激发的，因而省去了 TSP 法打设激震孔及安放炸药起爆的工作，前期准备工作较为简单。为了实现三维成像，需要在隧道掌子面后方的隧道壁上布设多个检波器。

3. 现场实施

（1）检波器的安装。由于 TRT 系统需要得到的是地质情况的三维图，需要安装的传感器较多，在不同的部位共安装 10 个传感器（见图 3.3）。安装过程简捷方便，由技术人员到现场安装即可，不需要提前打炮眼（较 TSP 法预报系统更节省人工费用）。在距离最后一个震源点

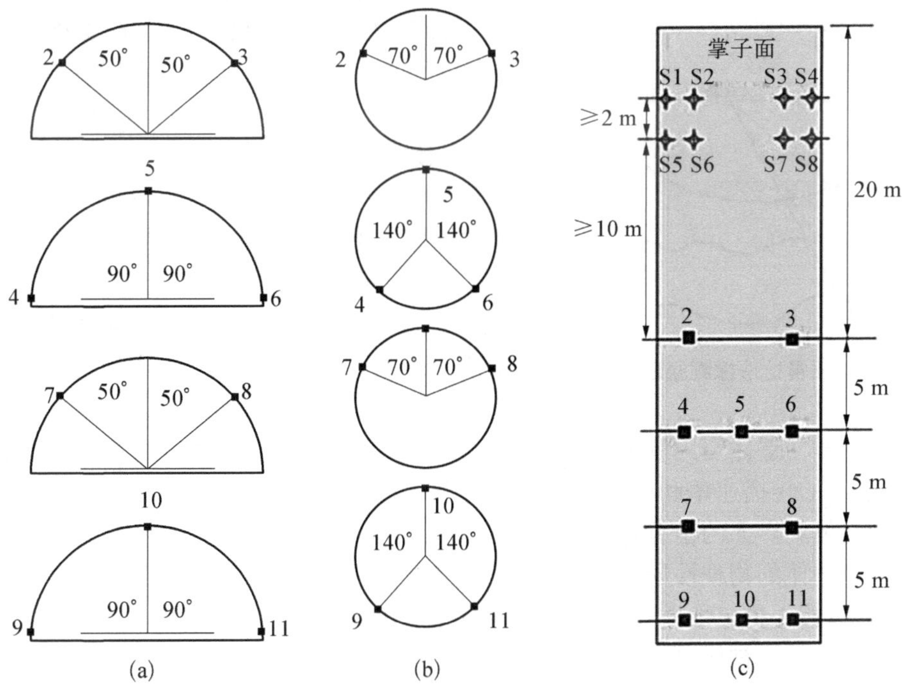

2、3、4、5、6、7、8、9、10、11—传感器安装部位；S1、S2、S3、S4、S5、S6、S7、S8—震源点；TBN—全断面隧道掘进机（tunnel boring machine）。

图 3.3　震源及检波器布置示意图

（a）钻爆法施工隧道隧道轴向视图；（b）TBN 施工隧道隧道轴向视图；（c）平面展开图

10 m 处开始布置传感器，左右边墙各 4 个，每隔 5 m(里程方向)布置一个，隧道中心线拱顶处布置 2 个。可以用 6 mm 的钻头打设 35 mm 深的孔，在固定块上抹上快干水泥，把固定块固定在隧道边墙及洞顶表面。检波器通过螺丝安装在固定块上，从而实现检波器与岩体的紧密耦合。

(2) 震源布置。在掌子面两侧布置震源，两侧各布置两组，每组沿竖向布置 2 个震源点，每个震源点相差约 1 m，两组间隔 2 m(里程方向)。击震点布置(见图 3.3)在掌子面后的裸露的岩体或已到强度的初期支护上，采用锤击即可。

(3) 接收检波器与孔壁的耦合必须紧密，施测时隧道测试系统附近应没有其他振动源。

(4) 数据处理与判读。采集的数据采用 TRT6000 专用软件进行处理。成像图采用的是相对解释原理，即确定一个背景场，所有解释相对背景值进行，异常区域会偏离背景区域值，根据偏离与分布多少结合地质资料解释隧道前方的地质情况。

TRT 法的探测范围长度约为 140 m，宽度为中心线左右各 20 m，高度为 40 m，主要预报掌子面前方约 100 m 范围内的岩溶、断层、破碎带及节理裂隙发育等情况，推测地质异常体的位置、形态及规模。

(四) 地质雷达法

1. 基本原理

地质雷达，也叫探地雷达，是利用岩土介质对广谱电磁波($10^7 \sim 10^9$ Hz)的不同响应特性来确定介质的分布特征。由于电磁波也是一种波，因而在介质中传播时仍然遵从波的传播和反射规律。地质雷达的发射天线向地下岩体介质内发射宽频带的高频电磁波，当高频电磁波传至两种不同岩体的分界面时，由于两种介质的介电常数不同而使电磁波发生反射、折射。入射波、反射波和折射波的传播遵循反射定律和折射定律，反射波反射回被检测岩体的表面，并由地质雷达的接收天线所接收，形成雷达图像。当地质雷达在发射接收电磁波的过程中向前移动，就可以接收到地质体的空间信息，对雷达图像进行解译分析，实现对被探测地质构造体的预测。地质雷达的探测原理如图 3.4 所示。地质雷达的应用范围很广，涉及铁路、公路、输水洞、煤矿巷道、矿产资源普查及考古等。在岩溶区修建隧道时，需要对隧道周边，特别是仰拱底部探测隐伏溶洞时常采用地质雷达法进行探测。

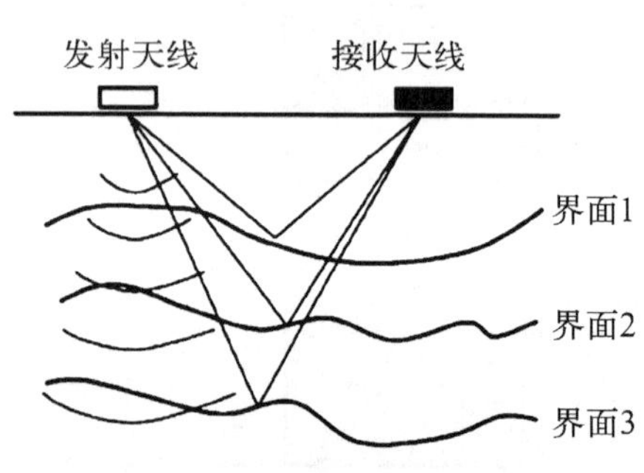

图 3.4　地质雷达法探测原理

当目标地质构造体与周围岩体的物理性质相差越大，接收到的地质雷达图像信号异常越明显，电磁波的传播速率和反射强度相差越大，也就越容易根据地质雷达图像判释出该地质体与其他岩体间界面的位置，从而更容易识别出该地质体。

不同材料物体的物理性质不同，然后根据波的传播时间和波速来确定前方不同材料物体的具体位置，相邻物体性质差异越大，反射界面越明显。

雷达图像包含了被检测体的丰富信息，根据雷达图像特征对被检测体(如不密实带、空洞、反射界面等)进行定性判释。根据测得电磁波在岩体中的单程传播时间及传播速度等信息，可以利用式 3.5 确定地质构造体的界面位置：

$$h = v \times \frac{t}{2} \tag{3.5}$$

式中：h 为构造体表面(或不同介质分界面)深度；v 为电磁波在介质中的传播速度；t 为电磁波从岩体表面传播至检测构造体界面(或不同介质分界面)后反射回表面的双程时间。

探地雷达的电磁脉冲在岩体介质中的传播速度如式 3.6 所示。

$$v=\frac{c}{\sqrt{\varepsilon}} \tag{3.6}$$

式中：c 为电磁波在空气中的传播速度；ε 为岩体的介电常数。

电磁波在传播过程中穿透不同介质时，会在界面处产生反射波和透射波，反射波能量由反射系数 r 决定，反射系数如式 3.7 所示。

$$r=\frac{\sqrt{\varepsilon_1}-\sqrt{\varepsilon_2}}{\sqrt{\varepsilon_1}+\sqrt{\varepsilon_2}} \tag{3.7}$$

式中：ε_1，ε_2 为界面两侧介质的相对介电常数，介电差异越大，界面反射系数越大，振幅也随之增强。

常见介质的相对介电常数如表 3.1 所示。

表 3.1　常见介质相对介电常数

介　质	相对介电常数
粉质黏土	6
干砂	3～5
湿砂	20～30
金属	300
PVC 塑料	3.3
混凝土	6.4
空气	1
水	81
灰岩	4～8
花岗岩	4～7
砂岩	6
页岩	5～15
淤泥	5～30
海水	80

由于空气、水分别与岩石的介电常数差异，探地雷达对溶蚀空洞等不良地质才会有极高

的敏感性。

反射系数常用来描述入射波与反射波相位与幅度的关系。在地质界面上，如果相位与发射脉冲相同则反射系数为正，反之，反射系数为负。

2. 仪器组成

地质雷达是用来进行野外观测的专用仪器，一般包括发射天线和发射机，接收天线和接收机，以及内装微处理机或直接用便携式微机的控制部件，即控制主机。

1）发射机和发射天线

发射机将直流电源供给的直流电转换为高频、窄脉冲的交流信号，通过发射天线向被探测介质定向发射固定频率的电磁波。

2）接收机和接收天线

接收天线接收回波信号后输入到接收机，经放大并转换为数字信号后传输到控制部件即主机进行叠加、计算和存储。

3）控制部件（主机）

控制部件（主机）将接收机收到的电磁波信号进行叠加、计算和存储，由液晶显示器实时显示断面图像，并可打印、拷贝。观测数据可通过机内标准接口传输到外接计算机进行更详细的数据处理、彩色显示和绘制彩色剖面图。为了同时进行不同深度的探测，提高施工效率，可以用一台发射机或多台接收机同时观测。这些仪器都配置多种频率的发射和接收天线，可根据不同地质任务和施工条件选用或做几种频率观测，以获得更多的地质信息。

使用地质雷达在地面进行观测，是地质雷达中使用最多的一种方法。它用发射机和发射天线向地下发射高频电磁波，电磁波在地下土层、岩层中有明显电性差异的界面上反射，在地面用接收机和接收天线接收回波信号，并用解译软件对其进行计算处理、解释、成图，得到地下地质结构的显示图像和深度资料。地面地质雷达测线、测点布置灵活，可根据需要布设成规则网状、不规则网状或任意单条剖面。既可逐点观测，也可沿剖面连续观测。

为了隧道施工现场使用方便，隧道用雷达的发射机、发射天线及接收机和接收天线一般常常被设计集成为一体。

3. 现场实施

1）测线布置

由于地质雷达的分辨率为电磁波的半波长（也即最小垂直层的厚度），因而，探测地层中的地质构造体，需要采用波长较大的电磁波。在隧道地质超前探测中，一般采用 100 MHz 屏蔽天线对掌子面前方的地质情况进行探测。探测时，需要在隧道开挖面上水平布置一条或两条测线，如图 3.5 所示。

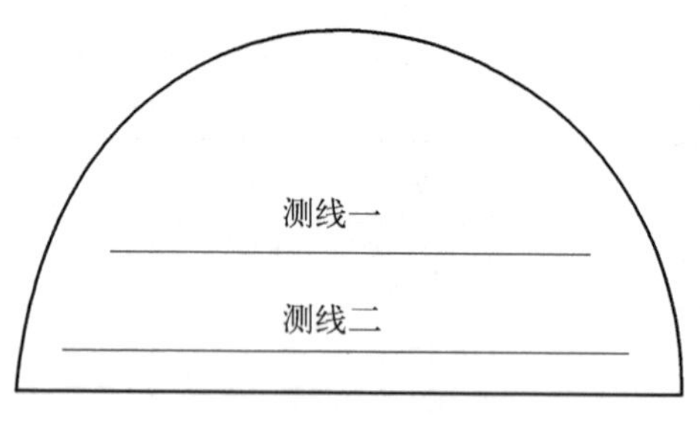

图 3.5 开挖面测线布置

2）数据处理与解释

采用 RADAN 专业软件（钣金设计加工软件）对地质雷达原始数据进行处理。经过专业软件 RADAN 的增益调整、叠加去噪、背景去除、频谱分析、一维垂直滤波、反褶积、希尔伯特变换等步骤的处理，进一步提高了探地雷达图像的质量和可辨识度。

其处理流程如下：数据传输→文件编辑→水平均衡→数字滤波→零点归位→偏移处

理→能量均衡→时深转换→文件注释→输出雷达深度剖面图。将雷达深度剖面图作为资料解释的基本图件。

根据雷达深度剖面图上的反射波组、强能量团块分布和曲线等特征对资料进行判释。

（五）红外探测法

1. 工作原理

地质体每时每刻都在向外部发射红外能量并形成岩体红外辐射场。地质体由内向外发射红外辐射时，必然会把它内部的信息以红外电磁场的形式传递出来。红外探测法就是通过接收和分析红外辐射信号进行超前地质预报的一种物探方法。地下水的活动会引起岩体地温场或红外辐射场强的变化，采用红外线探测仪探测开挖面前方岩体的红外辐射强度或温度，就可以根据岩体稳定场或场强的变化来确定隧道周边或隧道开挖面前方隐伏的含水构造。

当隧道开挖面前方和隧道外围介质相对比较均匀且不存在隐蔽灾害源时，沿隧道轴向分别对左边墙、左拱腰、拱顶、右拱腰、右边墙和隧底中线探测所获得的红外探测曲线具有正常场特征。当隧道掌子面前方或隧道外围空间部位存在隐蔽灾害时，隐蔽灾害源产生的灾害场就一定会叠加到正常场上，使正常场中的某一段曲线发生畸变，畸变段称作红外异常。红外探测就是根据红外异常来判断隐蔽灾害源的存在。隐蔽灾害源是指含水断层、含水溶洞和地下暗河等。

由于红外线的产生与温度有着密切关系。自然界里所有物体，当其温度高于绝对零度（−273.15℃）时，都会辐射红外线。其辐射能量大小和波长的分布情况是由物体的表面温度决定的。物体表面辐射能量与物体表面温度的四次方成正比；物体辐射能量最大的波长区间（称为峰值波长）随着温度的升高向波长短的方向移动，温度较低时的峰值波长比温度较高时长。即一个物体温度越高，越能辐射波长较短的红外线，而温度较低时能辐射波长较长的红外线。因而，当岩体中赋存的地下水与周围岩体没有温差或温差很小时，岩体与地下水的红外辐射强度差别很小，此时红外探测法失效。

2. 仪器组成

红外线探测仪仅是一台小型仪器，简单、小巧、轻便，使用方便，探测速度快，基本上不对隧道施工形成显著干扰。红外探测的距离为 20～30 m；红外探测数据的分析速度快，探测完毕基本上就可以形成初步结论。室内进行数据详细分析及形成报告也仅需 2～3 h。

3. 现场实施

1）测线布置

预报采用 HW－304 型红外探测仪，现场工作情况如下。

在掌子面后方 60 m 处，朝掌子面方向每隔 5 m 对隧道周边探测一次，每次探测顺序依次为左边墙、左拱腰、拱顶、右拱腰、右边墙和隧底中线，每个断面的测点布置如图 3.6 所示，共探测 12 个断面，这样沿隧道轴线方向共形成 6 条探测曲线，分别为左边墙探测曲线、左拱腰探测曲线、拱顶探测曲线、右拱腰探测曲线、右边墙探测曲线和隧底中线探测曲线。

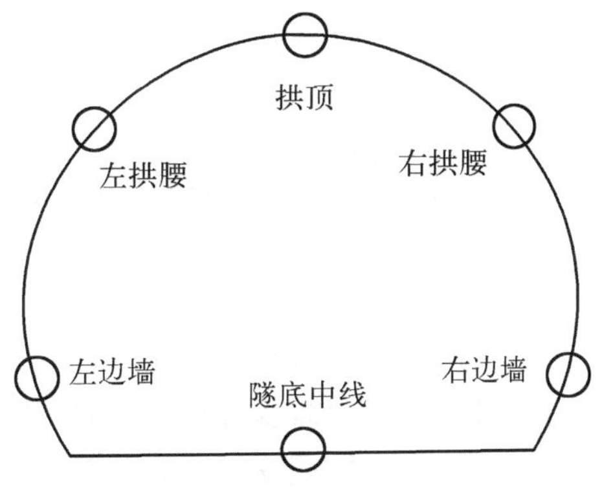

图 3.6　断面测点布置示意图

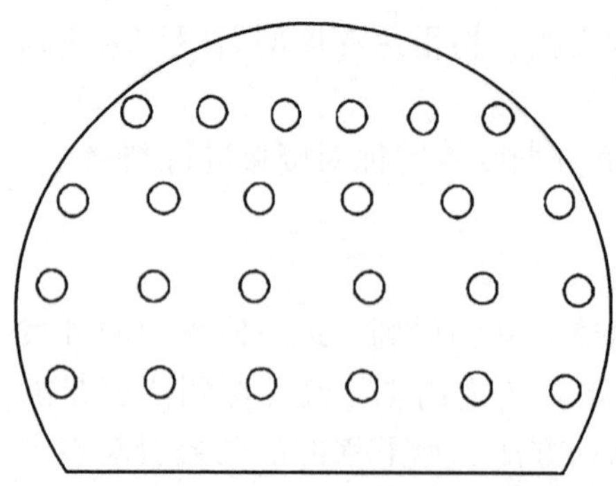

图 3.7 掌子面测点布置示意图

2）掌子面测点布置

掌子面的测点布置如图 3.7 所示，在掌子面沿水平方向自上而下布置 4 条测线，每条测线上布置 6 个测点。

3）数据判释

红外探测根据以下原则进行判释。

(1) 利用掌子面探测数据判断含水构造。如果掌子面前方介质相对均匀且未遭受构造破坏，6 个探测点场强的横向最大差值，是在一个小的波动范围内变化，通过正常掘进可总结一个当地的场强变化上限。当掌子面前方出现含水构造时，其地层结构遭受破坏引起介质密度发生变化，构造中又填充了水，上述变化相对各探测点空间的距离不同，因而使得辐射场强绝对值之差增大。仪器就可以根据其离散值来确定前方有无含水构造。

(2) 利用探测曲线判断掌子面前方有无含水构造。当掌子面前方不存在含水构造时，各探测曲线的数值变化是在一个正常的变化范围内波动；当掌子面前方存在含水构造时，含水构造这个灾害源就会产生一个灾害场，向四面八方传播，当然也会向掌子面后方传播。如果含水构造在掌子面前方不超过 30 m，探测时将会发现前方含水构造产生的红外异常。根据各条探测曲线是否存在偏离正常值的异常情况，就可以确定掌子面前方是否存在含水构造。

（六）瞬变电磁法

1. 瞬变电磁法原理

在隧道超前地质预报中瞬变电磁法主要用于预报前方地层的含水构造。瞬变电磁法是一种人工源的电磁法，具有较高的抗干扰能力和分辨率。工作时，首先给发射线框供一直流电流，然后突然切断电源，线框内的电流将发生一个突变，这种线框内瞬态变化的电流将在空间产生一个瞬态的磁场，瞬态磁场在岩体介质中形成磁场涡流，涡流随时间的推移不断向前扩散，并迅速衰减而形成二次磁场，扩散的速度与地下岩层的电阻率有关，不同时间扩散到不同深度。

这个二次磁场在接收线框中感应出衰变的电压（瞬变电压），信号电缆再把此瞬变电压传输给接收机。通过记录地下涡流变化（即磁场变化率 dB/dT）的情况来达到了解地下岩体介质电阻率的目的。

2. 仪器组成

1）发射机和发射线圈（T_x）

瞬变电磁仪的发射机通过外接电源在发射线圈中产生直流电流，当线圈中的电流被突然切断时，在被测岩体中激发磁场涡流。

2）接收机和接收线圈（T_r）

接收机通过接收线圈（T_r）感知岩体中磁场涡流等的变化，并通过专用软件对采集数据进行分析，从而判断隧道开挖面前方地层的富水性。

另外，为了保证发射机能产生足够的电流，常常需要外界电源增大发射机功率。为了保证接收机确切记录涡流产生的时间，需要一根连接发射机和接收机的同步电缆。

3. 现场实施

在现场采用瞬变电磁仪对前方地层含水特性进行预报时，一般将发射线圈和接收线圈共轴布置，即接收线圈布设在开挖面上，发射线圈布置在开挖面后方，相距 10 m，两线圈共轴，接收线圈贴在岩壁上。

根据大独山隧道掌子面的基本情况，为了探测精细，铺设 5 m 的线框，采用了重叠回线装置，发射回线边长为 5 m×5 m，接收回线的面积为 5 m^2，点距为 10 m，发射电流为 15.6 A，发射频率为 25 Hz，关断时间为 34 μs。

三、岩溶隧道综合地质超前预报方法的应用步骤

岩溶区隧道地处灰岩发育区，大气降雨丰沛，地表喀斯特地貌特征显著，因而在施工中需要加强超前地质预报工作。如前文所述，隧道地质超前预报方法有多种，各种方法都有自己的优势和不足，而且每一种方法的探测精度都受到多种因素的影响，而且隧道内现场条件复杂且多变，仅靠某单一的预报方法很难达到理想效果。因而，为了取得更好的预报效果，将多种预报方法同时使用，相互补充、发挥各自优势，形成岩溶地质隧道地质超前预报方法。

在岩溶区隧道施工前，应根据设计资料并结合现场施工情况，采用综合超前地质预报，探明溶洞的分布范围、类型、规模、发育程度、填充物、地下水情况及岩层的稳定程度等。岩溶预报按照以下步骤进行。

1. 研究隧址区岩溶发育规律

充分收集、分析、利用已有的区域地质和工程地质资料，辅以工程地质补充调绘，查明隧址地区地貌特征、可溶岩分布及地表暗河出露情况等，分析岩溶发育规律，宏观掌握区域地质条件及岩溶水分带情况，指导超前地质预报工作。着重查明和分析地层岩性、断层及褶皱等地质构造、地下水、岩溶垂直分布部位、岩溶发育层数、溶洞暗河水流量和岩溶洞穴形态及填充情况等。

2. 隧道内地质素描

每次隧道开挖后，要对暴露出的新鲜岩石进行地质素描，然后根据上次隧道内地质素描结果，验证、调整地质复杂程度分级和超前地质预报方案。

3. 综合物理探测

根据地质条件，可采用弹性波反射法(首选地震波反射法，如 TSP 法及 TRT 法探测距离 100～120 m；HSP 法探测距离 50～100 m)进行长、中、短距离探测，可定性岩溶水；采用地质雷达法进行短距离探测，查明岩溶位置、规模和形态。另外，还可用地质雷达对隧道周边及仰拱下方的潜伏溶洞进行探测。

4. 超前地质钻探

根据地质复杂程度分级、隧道内地质素描、物探重大异常带进行超前地质预报和验证(水平钻孔超前探测：采用超前水平钻孔探测，钻孔长 30 m 以上，搭接长度 5 m，每断面每循环钻孔数量可以根据断面大小及地质情况确定)，对富水岩溶发育地段，超前地质钻探必须连续重叠式进行。超前钻探揭示岩溶后，要适当加密。

5. 加深炮孔探测

进行加深炮孔探测，需符合以下要求：孔深应比爆破孔(或循环进尺)深 3 m 以上；孔径

与爆破孔相同;孔数、孔位可根据开挖断面大小和地质复杂程度确定;富水岩溶区必须按设计实施,发现异常情况及时反馈信息,严禁盲目装药放炮;当钻孔揭示到溶洞和岩溶水时,进一步查明情况,保证施工安全,为变更设计提供依据;加深炮孔探测严禁在爆破残眼中进行;揭示异常情况的钻孔资料作为技术资料保存。

6. 综合分析判断

专业地质工程师对所得综合信息进行地质综合判断分析,提交地质综合分析成果报告。

7. 隐伏岩溶探测

岩溶地区开展岩溶重点发育地段隧道周边隐伏岩溶探测。采用地质雷达查明隧底岩溶洞穴的位置及规模。根据物探资料进行地质钻孔验证,修订物探异常成果图。

第二节　岩溶隧道施工监控量测

监控量测宜执行“第三方监测”制度,应在工程开工前委托有资质的单位实施监控量测。监控量测是新奥法设计理论核心,是施工的重要组成部分。采用复合式衬砌的隧道,必须将现场监控量测项目列入施工组织设计;监测、施工、监理、设计等单位必须紧密配合,既为量测作业创造条件,又避免因抢工程进度而忽视量测工作;同时各方应共同研究、分析各项量测信息,确认或修正设计参数或施工方法。

(1) 编制量测方案。隧道开工前,应根据设计要求,并结合隧道规模、地形地质条件、施工方法、支护类型和参数、工期安排以及确定的量测目的等制定施工全过程量测方案。

(2) 信息化施工。监控量测应纳入施工工序,并贯穿施工全过程,为施工管理及时提供动态信息:掌握围岩和支护动态信息并及时反馈,指导施工作业;通过对围岩和支护的变形、应力量测,为施工中调整围岩级别、完善设计方案及参数、优化施工方案及施工工艺提供依据;量测工作必须紧接开挖、支护作业,应按设计要求进行布点和监测,并根据现场施工情况及时调整量测项目和内容。量测数据应及时分析处理,并将结果反馈到施工过程中。

(3) 量测管理。必须科学合理,施工中应按监测计划实施,工程竣工后将监测资料整理归档并纳入竣工文件中。施工现场应成立专门的监控量测小组,所有隧道均应安排专业人员进行监控量测工作。责任落实到人,并建立相应的质量保证体系,确保监控量测工作的有效实施,监测资料完整清晰。监控量测组负责测点埋设与保护、日常测量、数据处理和仪器保养维修及送检等工作,及时将量测数据上传共享平台,建立预警机制,并及时将监控量测信息反馈施工和设计。

一、量测目的与量测项目

(一) 量测目的

(1) 判断隧道围岩的稳定状态,保证施工安全、指导施工、调整支护参数。

(2) 掌握地表沉陷、围岩和支护结构的受力状态,并对其稳定性做出评价和结论。

(3) 调整支护结构形式、确定支护参数和施作时间。评价支护结构的合理性及安全性,并对设计和施工的合理性进行评估和信息反馈,以确保施工安全和隧道稳定。

(4) 了解支护结构的工作状态和应力分布。

（二）量测项目

隧道工程施工监测范围包括隧道围岩地质预报、支护结构受力监测、围岩变形监控量测、有毒有害气体监测、爆破振动影响监测以及隧道施工对邻近建（构）筑物的变化监测等方面。

隧道监控量测项目一般分为必测项目和选测项目。

1. 必测项目

（1）必测项目是隧道施工技术规范规定必须进行的项目，复合式衬砌和喷锚衬砌隧道施工时必须进行必测项目的量测，必测项目如表 3.2 所示。

表 3.2　监控量测必测项目

<table>
<tr><th rowspan="2">序号</th><th rowspan="2">项目名称</th><th rowspan="2">方法及工具</th><th rowspan="2">测点布置</th><th rowspan="2">精　度</th><th colspan="4">量测间隔时间</th></tr>
<tr><th>1～15 d</th><th>16 d～1 个月</th><th>1～3 个月</th><th>大于 3 个月</th></tr>
<tr><td>1</td><td>洞内、外观察</td><td>现场观测、地质罗盘等</td><td>开挖及初期支护后进行</td><td>—</td><td colspan="4">—</td></tr>
<tr><td>2</td><td>周边位移</td><td>各种类型收敛计、全站仪或其他非接触量测仪器</td><td>每 5～100 m 一个断面，每断面 2～3 对测点</td><td rowspan="2">0.5 mm（预留变形量不大于 30 mm 时）；
1 mm（预留变形量大于 30 mm 时）</td><td>1～2 次/d</td><td>1 次/2 d</td><td>1～2 次/周</td><td>1～3 次/月</td></tr>
<tr><td>3</td><td>拱顶下沉</td><td>水准仪、铟钢尺、全站仪或其他非接触量测仪器</td><td>每 5～100 m 一个断面</td><td>1～2 次/d</td><td>1 次/2 d</td><td>1～2 次/周</td><td>1～3 次/月</td></tr>
<tr><td>4</td><td>地表下沉</td><td>水准仪、铟钢尺、全站仪</td><td>洞口段、浅埋（$h \leqslant 2.5b$），布置不少于 2 个断面，每断面不少于 3 个测点</td><td>0.5 mm</td><td colspan="4">开挖面距量测断面前后 < $2.5b$ 时，1～2 次/d；开挖面距量测断面前后 < $5b$ 时，1 次/2～3 d 开挖面距量测断面前后 $\geqslant 5b$ 时，1 次/3～7 d</td></tr>
<tr><td>5</td><td>拱脚下沉</td><td>水准仪、铟钢尺、全站仪</td><td>富水软弱破碎围岩、流沙、软岩大变形、含水黄土、膨胀岩土等不良地质和特殊性岩土段</td><td>0.5 mm</td><td colspan="4">仰拱施工前，1～2 次/d</td></tr>
</table>

注：b 为隧道开挖宽度；h 为隧道埋深。

（2）洞内必测项目，各测点应在不受到爆破影响的范围内尽快安设，并应在每次开挖后 12 h 内取得初读数，最迟不得超过 24 h，并且在下一循环开挖前必须完成。选测项目测点埋设时间根据实际需要确定。测点应牢固可靠、易于识别，应能真实地反映围岩、支护的动态变化信息；洞内必测项目各测点应埋放在围岩中，不应焊接在钢支撑上，外露部分宜有保护装置。

2. 选测项目

(1) 应根据设计要求、隧道断面形状和断面大小、埋深、围岩条件、周边环境条件、支护类型和参数、施工方法等综合选择选测项目,见表 3.3。

表 3.3 监控量测选测项目

序号	项目名称	方法及工具	布　置	测试精度	量测间隔时间			
					1～15 d	16 d～1 个月	1～3 个月	大于 3 个月
1	钢架内力及外力	支柱压力计或其他测力计	每代表性地段 1～2 个断面,每断面钢架内力 3～7 个测点,或外力 1 对测力计	0.1 MPa	1～2 次/d	1 次/2 d	1～2 次/周	1～3 次/月
2	围岩内部位移(洞内设点)	洞内钻孔中安设单点、多点杆式或钢丝式位移计	每代表性地段 1～2 个断面,每断面 3～7 个钻孔	0.1 mm	1～2 次/d	1 次/2 d	1～2 次/周	1～3 次/月
3	围岩内部位移(地表设点)	地面钻孔中安设各类位移计	每代表性地段 1～2 个断面,每断面 3～5 个钻孔	0.1 mm	同地表下沉要求			
4	围岩压力	各种类型岩土压力盒	每代表性地段 1～2 个断面,每断面 3～7 个测点	0.01 MPa	1～2 次/d	1 次/2 d	1～2 次/周	1～3 次/月
5	两层支护间压力	压力盒	每代表性地段 1～2 个断面,每断面 3～7 个测点	0.01 MPa	1～2 次/d	1 次/2 d	1～2 次/周	1～3 次/月
6	锚杆轴力	钢筋计、锚杆测力计	每代表性地段 1～2 个断面,每断面 3～7 锚杆(索)每根锚杆 2～4 测点	0.01 MPa	1～2 次/d	1 次/2 d	1～2 次/周	1～33 次/月
7	支护、衬砌内应力	各类混凝土内应变计及表面应力解除法	每代表性地段 1～2 个断面,每断面 3～7 个测点	0.01 MPa	1～2 次/d	1 次/2 d	1～2 次/周	1～33 次/月
8	围岩弹性波速度	各种声波仪及配套探头	在有代表性地段设置	—	—			
9	爆破振动	测振仪及配套传感器	邻近建(构)筑物		随爆破进行			
10	渗水压力、水流量	渗压计、流量计	—	0.01 MPa	—			

续　表

序号	项目名称	方法及工具	布　置	测试精度	量测间隔时间			
					1～15 d	16 d～1个月	1～3个月	大于3个月
11	地表下沉	水准测量的方法，水准仪、铟钢尺等	有特殊要求段落	0.5 mm	开挖面距量测断面前后<2.5b 时，1～2 次/d；开挖面距量测断面前后<5b 时，1 次/2～3 d；开挖面距量测断面前后>5b 时，1 次/3～7 d。			
12	地表水平位移	经纬仪、全站仪	有可能发生滑移的洞口段高边坡	0.5 mm	—			

注：b 为隧道开挖宽度。

(2) 选测项目由于费用较高，对隧道施工有一定的干扰，一般情况不进行。

(3) 确属特殊情况，业主可安排与科研结合进行；在不进行科研的情况下选择选测项目，一般每级围岩布设 1～2 个选测断面，特殊地质段可适当加密。

(三) 量测项目选择

监控量测项目选择如表 3.4 所示。

表 3.4　监控量测项目选择

量测项目	主要方法和设备	监 控 目 的	备注
地质和支护状况观察	岩性、结构面产状及支护裂缝观察或描述，地质罗盘等	判断围岩类别，推断前方围岩变化，以及支护稳定状态的初判	必测
周边位移	各种类型收敛仪	获得坑道周边位移随时间和掌子面前移的变化，并作为判断支护稳定或位移反分析的依据	必测
拱顶下沉	水平仪、水准尺、钢尺或测杆	获得坑道顶部位移随时间和掌子面前移的变化，并作为判断支护稳定或异常现象的依据	必测
锚杆或锚索内力及抗拔力	各类电测锚杆、锚杆测力计及拉拔器	测试锚杆的锚固作用和安装质量(锚杆拉力分布，锚固范围)	必测
地表下沉	水平仪、水准尺	获得浅埋段隧道地表沉陷量值，为控制地表沉降提供信息	选测
围岩体内位移(洞内设点)	洞内钻孔中安设单点、多点杆式或钢丝式位移计	获得围岩体内位移随时间和掌子面前移的变化，并作为判断支护稳定或异常现象的依据	选测
围岩体内位移(地表设点)	地表钻孔中安设各类位移计	获得围岩体内位移随时间和掌子面前移的变化，并作为判断支护稳定或异常现象的依据	选测

续 表

量测项目	主要方法和设备	监控目的	备注
围岩压力及两层支护间压力	各种类型压力盒	获得围岩体内压力及两层支护间压力随时间和掌子面前移的变化，并作为判断支护稳定或异常现象的依据	选测
钢支撑内力及外力	支柱压力计或其他测力计	获得钢支撑内力及外力，为评价钢支撑作用、安装质量提供数据，也为结构设计提供实测依据	选测
支护、衬砌内应力，表面应力及裂缝量测	各类混凝土内应变计、应力计、测缝计及表面应力解除法	获得支护、衬砌内应力、表面应力及裂缝等随时间和掌子面前移的变化，并作为判断支护稳定或异常现象的依据	选测
围岩弹性波速度	各种声波仪及配套探头	获得坑道周边围岩内部松弛范围或塑性圈范围	选测

二、量测作业要点

对测点的科学布置是监控测量方案的关键，对此重点监测围岩质量差或局部不稳定块体、节理或地下水发育地段，以及对洞口部位的监测。监测点安装应尽可能靠近隧道掌子面，尽可能完整获得开挖后期力学形态和变形情况。

（一）洞内外观察

隧道施工过程中应进行洞内外观察。

1. 洞内观察

洞内观察分开挖工作面观察和已支护地段观察两部分。

（1）开挖工作面观察，应在每次开挖后进行。观察工作面状态、围岩变形、围岩风化变质情况、节理裂隙、断层分布和形态、地下水情况以及喷射混凝土的效果。观察后及时绘制开挖工作面地质素描图，填写开挖工作面地质状态记录表和施工阶段围岩级别判定卡。

（2）已支护地段观察，每天应进行一次，主要观察围岩、喷射混凝土、锚杆和钢架等的工作状态。观察中发现围岩条件恶化时，应立即上报设计和监理单位，并采取相应处理措施。

2. 洞外观察

洞外观察的重点应在洞口段及岩溶发育区段地表和洞身埋置深度较浅地段，其观察内容应包括地表开裂、地表沉陷、边坡及仰坡稳定状态、地表水渗透情况、地表植被变化等。

（二）拱顶下沉及净空位移

1. 量测内容

量测断面的收敛情况，包括量测拱顶下沉、净空水平收敛以及铺底鼓起（必要时量测，如高地应力软岩地段）。

2. 量测频率

应按表 3.2 检查净空位移和拱顶下沉的量测频率，并与按表 3.5 确定的量测频率比较取大值。施工状况发生变化时（开挖下台阶、仰拱或撤除临时支护等），应增加监测频率。监控量测频率应根据测点距开挖面的距离及位移速度确定。

表 3.5　监控量测频率

按位移速度		按距开挖面距离	
位移速度/(mm/d)	量测频率	量测断面距开挖面距离/m	量测频率
≥5	2～3 次/d	(0～1)b	2 次/d
1～5	1 次/d	(1～2)b	1 次/d
0.5～1	1 次/2～3 d	(2～5)b	1 次/2～3 d
0.2～0.5	1 次/3 d	≥5b	1 次/3～7 d
<0.2	1 次/3～7 d		

注：b 为隧道开挖宽度。

3. 量测断面间距

Ⅲ级及以上围岩不大于 40 m；Ⅳ级围岩不大于 25 m；Ⅴ级围岩应小于 20 m；围岩变化处应适当加密，在各类围岩的起始地段增设拱顶下沉测点 1～2 个，水平收敛测点 1～2 对；当发生较大涌水时，Ⅳ、Ⅴ级围岩量测断面间距应缩小至 5～10 m。

4. 测点埋设

根据围岩级别、隧道进尺和埋深等，沿隧道纵向在拱顶和墙中布设测点，拱顶下沉测点和净空变化测点应布置在同一断面上。各测点应在避免爆破作业破坏测点前提下，尽可能靠近工作面埋设，一般为 0.5～2 m，并在下一次爆破循环前获得初始读数；初读数应在开挖后 12 h 内读取，最迟不得超过 24 h，而且在下一循环开挖前，必须完成初期变形值的读数。

5. 测线布置

净空水平收敛测线布置：应根据施工方法、地质条件、量测断面所在位置、隧道埋置深度等条件确定。地质条件良好，采用全断面法开挖时，可设一条水平测线；台阶法开挖时，可在拱腰和边墙部位各设一条水平测线；分部法开挖时，净空变化测点每个开挖分部或开挖台阶均需设置一条测线。

6. 量测作业

拱顶下沉量测应与净空水平收敛量测在同一量测断面内进行，可采用水准仪测定下沉量。当地质条件复杂、下沉量大或偏压明显时，除量测拱顶下沉外，尚应量测拱腰下沉及基底隆起量。

（三）地表沉降

1. 适用范围

隧道洞口段、浅埋段地表沉降监测：洞口段覆盖层薄，开挖后围岩难以自稳成拱，地表易沉陷。为了确保洞口浅埋段的施工安全，位于Ⅳ～Ⅴ级围岩中且覆盖层厚度小于 40 m 的隧道，应进行地表沉降量测。

2. 测点埋设

根据图纸要求或监理指示，应在施工过程中可能产生地表塌陷之处设置观测点。地表下沉观测点按普通水准基点埋设，并在预计破裂面以外 3～4 倍洞径处设水准基点，作为各观测点高程测量的基准，从而计算出各观测点的下沉量。

(1) 测点布置宽度。应根据围岩类别、隧道埋置深度和隧道开挖宽度而定。隧道中线两侧量测范围，横向上不宜小于(1～2) $\left(\frac{b}{2}+H_0+h\right)$，隧道纵向上应在掌子面前后(1～2) (H_0+h)，其中 b 为隧道开挖宽度，H_0 为隧道埋置深度，h 为隧道开挖高度。

(2) 测点间距。地表沉降测点横向间距为 2～5 m，在隧道中线附近测点应适当加密，隧道中线两侧量测范围不应小于 H_0+b，地表有控制性建(构)筑物时，量测范围应适当加宽，并应根据地质条件和环境条件进行调整。

(3) 布点原则。浅埋隧道地表沉降测点应在隧道开挖前布设，地表沉降量测测点与洞内拱顶下沉量测、周边位移量测测点应布置在同一横断面里，当地表有建(构)筑物时，应在其周围增设地表下沉测点；所有测点均需标识、挂牌管理；同时在横向依据实际情况，选定主断面并沿主断面布设测点，以了解地表沉降的横向影响范围。

3. 量测断面间距

隧道变形监测断面、测点布置间距如表 3.6 所示。

表 3.6 隧道变形监测断面、测点布置间距

根据隧道埋深确定断面间距		根据围岩等级确定断面间距		
隧道埋深与开挖深度	纵向测点间距/m	围岩等级	取值范围/m	建议取值/m
$2b<H_0<2.5b$	20～50	Ⅴ～Ⅳ	5～10	宜取 5
$b<H_0\leqslant 2b$	10～20	Ⅳ	10～30	宜取 10
$H_0\leqslant b$	5～10	Ⅲ	30～50	宜取 30

注：1. H_0 为隧道埋深，m；b 为隧道开挖宽度，m。
2. Ⅱ级围岩视具体情况确定间距；在不良地质地段、检测值异常地段，应增大监控量测频率。

4. 量测频率

地表下沉量测频率和拱顶下沉及净空水平收敛的量测频率相同；地表下沉量测应在开挖工作面前方 H_0+h(隧道埋深＋隧道高度)处开挖前开始，直到二次衬砌结构封闭全部施工完毕，且地表下沉基本停止时为止。

(四) 其他量测

1. 仰拱底部的监测

Ⅳ级围岩开挖地段在底部设测点，每 10 m 设一点，并与拱顶下沉量测点同断面布设、水准仪测量。

2. 锚杆抗拔力量测

锚杆拉拔是锚杆施工过程控制中质量检验的常规项目，可检验锚杆效果和锚杆强度，每 300 根检查一组，每组做 3 根锚杆拉拔检验。

三、量测数据分析应用

隧道现场监控量测应成立专门测量小组，负责日常量测、数据处理和仪器保养维修工作，并及时将量测信息反馈施工部门和设计单位。

测点埋设宜在施工部门配合下，由测量小组完成。各预埋测点应牢固可靠，不得任意撤换和破坏。现场监控量测应按量测方案认真组织实施，并与其他施工环节紧密配合，不得中断工作。

每次量测后应及时进行数据整理分析反馈，绘制量测数据时态曲线图和距离开挖面距离图；应绘制地表下沉值沿隧道纵向和横向变化量及变化速率曲线。应根据量测数据处理结果，及时提出调整、优化、变更施工方案。

（一）量测数据分析

1. 数据处理

(1) 根据仪器特点进行温度校正后，计算位移值。

(2) 绘制位移-时间曲线、位移速度-时间曲线、位移加速度-时间曲线。

(3) 用回归分析推算位移趋势，分析速率变化、加速度变化趋势。

(4) 对量测数据处理结果分析判断，及时提交量测结果。

2. 数据分析反馈

(1) 当位移-时间曲线趋于平缓时，应进行数据处理或回归分析，以推算可能出现的位移最大值和变化速度，掌握位移变化的规律。

(2) 当位移-时间曲线出现反弯点时，则表明围岩和支护已呈不稳定状态，此时应密切监视围岩动态，及时分析原因，提出对策和建议，并及时反馈有关单位，采取有效措施加强支护，必要时暂停开挖。

(3) 围岩稳定性、二次支护时间应根据所测得位移量或回归分析所得最终位移量、位移速度及其变化趋势、隧道埋深、开挖断面大小、围岩等级、支护所受压力及其应力、应变等进行综合分析判定。

(4) 根据测量数据处理结果，及时提出调整和优化施工方案和工艺；围岩变形和变形速率较大时，应及时采取安全措施，并建议变更设计。

（二）围岩稳定性判定

围岩稳定性的综合判别应根据测量结果，按下列指标判定。

(1) 实测位移值不应大于隧道的极限位移，并按表 3.7 所示的位移管理等级施工。一般情况下，已将隧道设计的预留变形量作为极限位移，而设计变形量应根据监测结果不断修正。

表 3.7　位移管理等级

管理等级	管理位移/mm	施工状态
Ⅲ	$U<U_0/3$	可正常施工
Ⅱ	$U_0/3\leqslant U\leqslant 2U_0/3$	应加强支护
Ⅰ	$U>2U_0/3$	应采取特殊措施

注：U 为实测位移值；U_0 为设计极限位移值。

(2) 根据位移速率判断：速率大于 1 mm/d 时，围岩处于急剧变形状态，应加强初期支护；速率为 0.2～1.0 mm/d 时，应加强观测，做好加固的准备；速率小于 0.2 mm/d 时，围岩达到基本稳定。在高地应力、岩溶地层和挤压性地层等不良地质中，应根据具体情况制定判断标准。

(3) 根据位移速率变化趋势判断：当围岩位移速率不断下降时，围岩处于稳定状态；当围岩位移速率变化保持不变时，围岩尚不稳定，应加强支护；当围岩位移速率变化上升时，围岩处于危险状态，必须立即停止掘进，采取应急措施。

(4) 初期支护承受的应力、应变、压力实测值与允许值之比大于或等于 0.8 时，围岩不稳定，应加强初期支护；初期支护承受的应力、应变、压力实测值与允许值之比小于 0.8 时，围岩处于稳定状态。

(三) 监控量测管理

1. 监控量测工作

应包括现场情况的初始调查、编制实施性监控量测计划、测点布设及取得初始监测值、现场监测、提交监测结果、报送周(月)报和编写总结报告。根据监测精度要求，应减小系统误差，控制偶然误差，避免人为错误。应经常采用相关方法对误差进行检验分析。

2. 监测报警值

拱顶下沉或水平收敛速率达 5 mm/d 或位移累计达 100 mm 时报警，暂停施工，分析产生原因，并及时采取有效措施处理。

3. 结束工作标准

变形速率有明显减缓趋势，水平相对净空收敛速度小于 0.2 mm/d，拱顶相对下沉速度小于 0.15 mm/d，各量测项目持续到变形基本稳定后 1～3 周结束。

4. 量测资料

竣工文件中应包括的量测资料：现场监控量测计划；实际测点布置图；围岩和支护的位移-时间曲线图、空间关系曲线图、量测记录汇总表；量测变更设计和改变施工方法地段的信息反馈记录；现场监控量测说明。

5. 竣工后量测

已竣工并交付运营的隧道，经批准后应进行长期运营量测时，运营量测点应在期间埋设并移交运营管理单位。运营量测由运营管理单位设专人进行，或委托第三方实施。

(四) 量测数据反分析

1. 信息反馈

根据量测手段所获得的信息资料以数学的方式通过处理分析判断围岩、支护的稳定性，并及时反馈设计与施工，优化设计，指导施工。监控量测信息反馈程序如图 3.8 所示。

2. 技术路线

① 首先采用隧道结构专用有限元分析软件对隧道施工过程中围岩的应力、应变以及衬砌变形等进行数值模拟分析；② 将监控量测的结果与数值计算的结果进行对比分析(反分析)；③ 利用反分析结果，适当调整岩土计算参数，进行数值模拟计算，对后续施工过程中围岩的应力、应变以及衬砌变形等进行预测；④ 不断进行数值计算和反复分析，确定合理的岩土参数，优化施工方案和支护参数。

3. 信息反馈作用于设计

① 设计参数的修改(锚杆直径、长度、喷层厚度、钢架型号)；② 施工方法的变更(台阶变

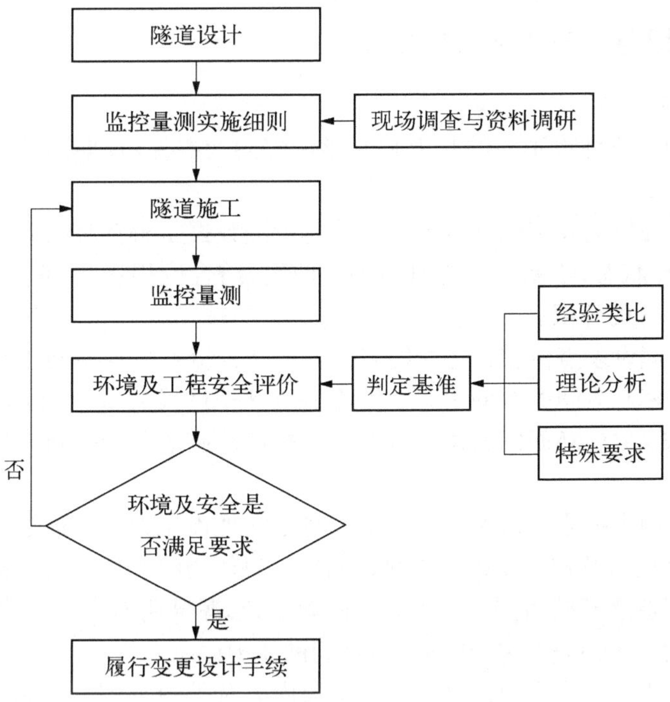

图 3.8　监控量测信息反馈程序框图

导坑，长台阶变短台阶）；③ 围岩类别的改变。

4. 信息反馈作用于施工

① 施工工序的改变；② 施作时间的改变；③ 预留变形量的改变；④ 采用辅助的施工方法。

5. 工程安全性评价

如图 3.9 所示，根据设计位移基准的三个等级，进行工程安全性评价。

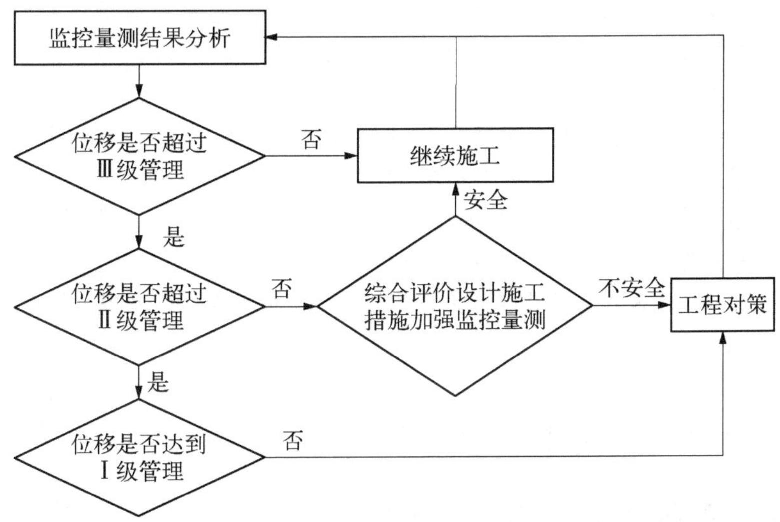

图 3.9　工程安全性评价流程

四、隧道长期监控与质量管控措施

（一）隧道长期监控

在隧道不良地段应埋设不同的受力和变形传感器元器件，长期监控运营期间隧道围岩稳定性及变化趋势。

（1）初期支护锚杆上固定锚杆测力计。结合量测数据了解锚杆实际工作状态及受力大小、受力状态和工作状态；绘制应力与时间关系曲线，结合位移量测，判断围岩发展趋势，分析围岩内强度下降区的界限。

（2）围岩体内埋设多点位移计量测围岩位移。结合量测数据绘制：① 位移值与时间关系曲线；② 位移速率与时间关系曲线；③ 位移值与开挖进尺关系曲线；④ 位移计所在断面的工程与地质结构图；⑤ 断面围岩位移分布图。根据绘制的曲线分析来判断围岩的变形范围及稳定性。

（3）围岩与初期支护之间及初期支护与二衬之间埋设压力盒。通过量测破碎围岩与初期支护之间的接触压力及初期支护与二衬之间的接触压力绘制压应力与时间关系曲线和压应力分布图。了解隧道开挖后围岩应力分布的规律；掌握早期围岩压力的变化规律，围岩压力与初期支护之间的关系，初期支护与二衬之间的压力。

（4）埋设振弦式钢结构应变计进行隧道钢架内力及外力量测。绘制应变与时间关系曲线、应变速率变化曲线和应变分布图；判定隧道坍塌段开挖并进行初期支护后，初期支护中钢拱架的变形过程、受力大小、受力状态和工作状态；根据钢拱架的受力状态和工作状态，为判断隧道的空间稳定性提供可靠的信息；评价钢拱架的支护效果。

（二）质量管控措施

（1）监控量测是施工工艺流程中的一个重要程序，应贯穿施工的全过程。监控量测的目的是掌握围岩和支护的动态信息并及时反馈，指导施工作业，通过对围岩和支护的变形、应力量测，为修改设计提供依据。

（2）隧道开工前，应根据设计要求，并结合隧道规模、地形地质条件、施工方法、支护类型和参数、工期安排，以及所确定的测量目的制订施工全过程测量方案。编制内容应包括：测量项目、测量仪器选择、测点布置、测量频率、数据处理、反馈方法，以及组织机构、管理体系等。测量计划应与施工进度计划相适应。

（3）现场量测仪器应根据量测项目及测试精度选用，宜选择简单适用、稳定可靠、操作方便、量程合理、便于进行结果处理和分析的测试仪器。

（4）监控量测工作应紧跟开挖、支护作业的进程，按要求布点和监测，并根据现场实际情况及时调整补充，测量数据应及时分析、处理和反馈。

（5）周边位移、拱顶下沉和地表下沉等必测项目宜布置在同一断面，其量测面间距及测点数量应根据隧道埋深、围岩级别、断面大小、开挖方法、支护形式等确定。隧道开挖后及时进行围岩、初期支护的周边位移量测、拱顶下沉量测。当围岩差、断面大或地表沉降控制要求高时，宜进行围岩体内位移量测和其他量测。洞口段、浅埋段或地表有建（构）筑物，应进行地表沉降量测。

（6）围岩松弛范围的量测，可采用弹性波法或位移法；当围岩条件差、变形过大或初期支护破损变形较大时，应进行支护结构内的应力及接触应力量测。

(7) 各项测量作业均持续到变形基本稳定后 1～3 周。对于膨胀性和挤压性围岩,位移没有减小趋势时,应延长测量时间。

(8) 各预埋测点应牢固可靠,并设置专用标识牌,标明测点的名称、部位、编号、埋设日期等;要加强教育,提高所有进洞人员的保护意识,对测点进行妥善保护,不得任意撤换和破坏;施工过程中应做好仪器的日常维护工作,保证性能良好;测量人员进洞应满足隧道洞内作业施工要求。

第四章

岩溶隧道施工技术

第一节 洞 身 开 挖

隧道施工就是要挖除设计轮廓线以内的岩体，并尽量保持围岩的稳定。显然，开挖是隧道的第一道工序，也是关键工序。岩溶隧道也是如此。

在岩溶隧道开挖过程中，围岩稳定与否，虽然主要取决于围岩本身的工程地质条件，但无疑开挖对围岩的稳定状态有着重要影响。因此，岩溶隧道开挖的基本原则是：在保证围岩稳定或减少扰动的前提下，选择恰当的开挖方法和掘进方式，并尽量提高掘进速度。即在选择开挖方式时，一方面应考虑岩溶隧道围岩工程地质条件及其变化情况，选择能很好地适应地质条件及其变化，并能保持围岩稳定的方法和方式；另一方面应考虑岩溶隧道范围内岩体的坚硬程度，选择能快速掘进并能减少对围岩扰动的方法和方式。

隧道开挖方法实际上是指开挖成形方法。按开挖隧道的横断面分部情况来分，开挖方法可分为全断面开挖法、台阶开挖法、分部开挖法等。

一、全断面开挖法

全断面开挖法就是按照设计轮廓一次爆破成形，然后支护再修建衬砌的施工方法。

全断面法适用于双车道隧道的Ⅰ～Ⅲ级围岩，也可以用于三车道隧道的Ⅰ～Ⅱ级围岩，围岩应具备从全断面开挖到初期支护前这段时间内，保持其自身稳定的条件。浅埋段、偏压段和洞口段不宜采用。但在采用超前支护等辅助工法的条件下，全断面法也可以在低级别围岩中使用。

该方法适合于大型施工机械，钻孔台车或自制作业台架及高效率装运机械设备。隧道长度或施工区段长度不宜太短，根据经验一般不应小于 1 km，否则采用大型机械化施工时其经济性较差。

为加快岩溶隧道建设，必须实现岩溶隧道施工机械化，而岩溶隧道工程新技术、新工艺的推广又为机械化施工奠定了基础。同时，机械化的发展又推动了隧道施工工艺水平的不断提高。机械设备选型时应遵循可靠性、经济性、配套性等原则。

全断面法施工特点如下：① 开挖断面与作业空间大，干扰小；② 有条件充分使用机械，减少人力；③ 工序少，便于施工组织与施工管理，改善劳动条件；④ 开挖一次成形，对围岩扰动少，有利于围岩稳定。

二、台阶开挖法

台阶法因其灵活多变、适用性强等优点，已成为大断面隧道施工的主流施工方法。实际施工中视围岩条件和机械设备情况可派生出各种台阶法，根据台阶长度不同，主要划分为长台阶法、短台阶法和超短台阶法三种。长台阶法适用于双车道隧道Ⅲ～Ⅳ级围岩或三车道隧道Ⅱ～Ⅲ级围岩；短台阶法适用于双车道隧道Ⅳ～Ⅴ级围岩或三车道隧道Ⅲ～Ⅳ级围岩；超短台阶法适用于双车道隧道Ⅴ级围岩或三车道隧道Ⅳ级围岩。

采用台阶法时，台阶数、台阶长度要适当。确定台阶的长度主要考虑两个因素：一是初期支护形成闭合断面的时间要求，稳定性愈差的围岩要求闭合时间愈短；二是上半断面施工时开挖、支护、出碴机械设备所需的作业空间。

采用长台阶法时，上下部可配属同类较大型机械平行作业，当机械不足时也可交替作业；当遇短隧道时，可将上部断面全部挖通后，再挖下半断面。该法施工干扰较少，可进行单工序作业，但是需要控制拱脚下沉。

短台阶或超短台阶两种方法可缩短仰拱封闭时间，改善初期支护受力条件，但施工干扰较大，支护不及时可能造成围岩失稳。软弱围岩必要时需要采用辅助开挖措施稳定开挖面，以保证施工安全。

扩大拱脚、加强锁脚锚杆、加设临时仰拱等措施有利于控制拱脚下沉。

台阶法施工应符合下列规定。

(1) 台阶数量和台阶高度应综合考虑隧道断面高度、机械设备及围岩稳定性等因素确定。台阶开挖高度宜为 2.5～3.5 m。台阶数量可采用二台阶或者三台阶，不宜大于三个台阶。

(2) 上台阶开挖每循环进尺，Ⅲ级围岩宜不大于 3 m；Ⅳ级围岩宜不大于 2 榀钢架间距；Ⅴ级围岩宜不大于 1 榀钢架间距。Ⅳ、Ⅴ级围岩下台阶每循环进尺宜不大于 2 榀钢架间距。下台阶单侧拉槽长度宜不超过 15 m。

(3) 下台阶左、右侧开挖宜前后错开 3～5 m，同一榀钢架两侧不得同时悬空。

(4) 下部施工应减少对上部围岩、支护的干扰和破坏。

(5) 下台阶应在上台阶喷射混凝土强度达到设计强度的 70%以后开挖。

三、分部开挖法

分部开挖法包括环形开挖留核心土法、双侧壁导坑法、中隔壁法、交叉中隔法等。

(一) 环形开挖留核心土法

环形开挖每循环进尺，Ⅴ级围岩宜不大于 1 榀钢架间距，Ⅳ级围岩宜不大于 2 榀钢架间距。中下台阶每循环进尺，不得大于 2 榀钢架间距。核心土面积宜不小于断面面积的 50%。仰拱与掌子面距离需要根据围岩和初期支护稳定情况调整控制。

根据围岩变形，适时施作二次衬砌。施工时要求环形开挖进尺一般为 0.5～2.0 m；开挖后应及时施作喷锚支护、安设钢架支撑，每 2 榀钢架之间采用连接钢筋连接，并加锁脚锚杆；当围岩地质条件差，自稳时间较短时，开挖前在拱部设计的开挖轮廓线以外，进行超前支护。

环形开挖留核心土法具有施工开挖工作面稳定性好，施工较安全，但施工干扰大、工效低等特点。

（二）双侧壁导坑法

由于跨度较大，无法采用全断面或台阶法开挖，采用先开挖隧道两侧导坑，相当于先开挖2个小跨度的隧道，并及时施作导坑四周初期支护，再根据地质条件、断面大小，对剩余部分断面进行一次或二次开挖。双侧壁导坑法施工应符合下列规定。

（1）侧壁导坑开挖时，周边轮廓应圆顺。导坑跨度宜为整个隧道开挖宽度的1/3。

（2）导坑与中间土体同时施工时，导坑应超前30～50 m。

（3）侧壁导坑开挖后，应及时施工初期支护并尽早形成封闭环。

（4）临时支护拆除宜在仰拱施工前进行，一次拆除长度宜与仰拱浇筑长度相适用。临时支护拆除后，应及时浇筑仰拱和仰拱填充、施作拱墙二次衬砌。

（5）临时支护拆除前后，应进行变形量测。

双侧壁导坑法具有控制地表沉陷好，施工安全等优点，但进度慢，成本高。因此，适用于断面跨度大，地表沉陷要求严格，围岩条件特别差的隧道，在大秦线西坪隧道通过塌方体地下工程中有所应用。

（三）中隔壁法

中隔壁法可适用于比较软弱的Ⅳ～Ⅴ级围岩浅埋大断面2、3车道隧道的场合。中隔壁法施工应符合下列规定。

（1）各分部开挖时，周边轮廓应圆顺。开挖进尺不得大于1榀钢架间距。

（2）初期支护完成、强度达到设计规定后方可进行下一分部开挖。

（3）当开挖形成全断面时，应及时完成全断面初期支护闭合。

（4）临时支护拆除宜在仰拱施工前进行，一次拆除长度应与仰拱浇筑长度相适用。临时支护拆除后，应及时浇筑仰拱和仰拱填充、施作拱墙二次衬砌。

（5）临时支护拆除前后，应进行变形量测。

（四）交叉中隔壁法

交叉中隔壁法是一种在中隔壁法的基础上增加临时仰拱，更快地封闭初支的施工方法。交叉中隔壁法施工应符合下列规定。

（1）各分部开挖时，周边轮廓应圆顺。开挖进尺不得大于1榀钢架间距。

（2）初期支护完成、强度达到设计规定后方可进行下一分部开挖。每个台阶底部均应按设计规定及时施工临时钢架或临时仰拱。

（3）当开挖形成全断面时，应及时完成全断面初期支护闭合。

（4）临时支护拆除宜在仰拱施工前进行，一次拆除长度宜与仰拱浇筑长度相适用。临时支护拆除后，应及时浇筑仰拱和仰拱填充、施作拱墙二次衬砌。

（5）临时支护拆除前后，应进行变形量测。

第二节　隧道洞口段施工及预支护

一、洞口段施工

岩溶隧道施工的洞口地段，是指岩溶隧道进口（或出口）附近对隧道施工有影响的地段，该地段通常因地质地形复杂需要做特殊处理。岩溶隧道洞口工程主要包括边、仰坡土石方开挖；边、仰坡防护；端墙、翼墙等洞门施工；洞口排水系统；洞口检查设备安装；洞口段洞身衬砌。

（一）洞口的施工方法

洞口段施工方法的确定取决于诸多因素。如施工机具设备情况、工程地质、水文地质和地形条件；洞外相邻建筑的影响；隧道自身构造特点等。根据地层情况，可分为以下几种施工方法。

(1) 洞口段围岩为Ⅲ级以下，地层条件良好时，一般可采用全断面直接开挖进洞，初始10～20 m区段的开挖，爆破进尺应控制在2～3 m。施工支护，在拱部可施作局部锚杆；在墙、拱部采用素喷混凝土支护。洞口3～5 m区段可以挂网喷混凝土及设钢拱架予以加强。

(2) 洞口段围岩为Ⅲ～Ⅳ级，地层条件较好时，宜采用正台阶法进洞（不短于20 m区段），爆破进尺控制在1.5～2.5 m。施工支护采用拱、墙系统锚杆和钢筋网喷射混凝土。必要时设钢拱架加强施工支护。

(3) 洞口段围岩为Ⅳ～Ⅴ级，地层条件较差时，宜采用上半断面长台阶法进洞施工。上半断面先进50 m左右后，拉中槽落底，在保证岩体稳定的条件下，再进行边墙扩大及底部开挖。上部开挖进尺一般控制在1.5 m以下，并严格控制爆破药量。施工支护采用超前锚杆与系统锚杆相结合，挂网喷射混凝土。拱部安设间距为0.5～1.0 m的钢拱架支护，及早施作混凝土衬砌，确保稳定和安全。

(4) 洞口段围岩为Ⅴ级以上，地层条件差时，可采用分部开挖法和其他特殊方法进洞施工。具体方法为：开挖前应对围岩进行预加固措施，如先采用超前预注浆锚杆或采用管棚注浆法加固岩层，然后用钢架紧贴洞口开挖面进行支护，再采用短台阶或预留核心土环形开挖法等进行开挖作业；在洞身开挖中，支撑应紧跟开挖工序，随挖随支。施工支护采用网喷混凝土、系统锚杆支护；架立钢拱架间距为0.5 m，必要时可在开挖底面施作临时仰拱。开挖完毕后及早施作混凝土内层衬砌。

（二）洞口地段施工注意事项

(1) 在场地清理作施工准备时，应先清理洞口上方及侧方有可能滑塌的表土、灌木及山坡危石等。平整洞顶地表，排除积水，整理隧道周围流水沟渠。之后施作洞口边、仰坡顶处的天沟。

(2) 洞口施工宜避开雨季和融雪期。在进行洞口土石方工程时，不得采用深眼大爆破或集中药包爆破，以免影响边、仰坡的稳定。应按设计要求进行边、仰坡放线，自上而下逐段开挖，不得掏底开挖或上下重叠开挖。

(3) 洞口部分施工基础必须置于稳固的地基上。须将虚碴、杂物、泥化软层和积水清除干净。对于地基强度不够时，可结合具体条件采取扩大基础、桩基、压浆加固地基等措施。

(4) 洞门拱墙应与洞内相邻的拱墙衬砌同时施工连接成整体，以确保拱墙连接良好。洞门端墙的砌筑与回填应两侧同时进行，防止对衬砌产生侧压。

(5) 洞口段洞身施工时，应根据地质条件、地表沉陷控制以及保障施工安全等因素选择开挖方法和支护方式。洞口段洞身衬砌应根据工程地质、水文地质及地形条件，至少设置不小于5 m长的模筑混凝土加强段，以提高施工的整体性。

(6) 洞门完成后，洞门以上仰坡脚受破坏处，应及时处理。如仰坡地层松软破碎，宜用浆砌片石或铺种草皮防护。

洞口段施工中最关键的工序就是进洞开挖。隧道进洞前应对边仰坡进行妥善防护或加固,做好排水系统。

二、隧道施工预支护(预加固)技术

岩溶隧道洞口段属于隧道施工的薄弱环节,进洞前往往需要预支护措施作为辅助施工。前面介绍的岩溶隧道开挖方法,基本上是假定开挖面(或称掌子面)岩体和开挖后的隧道围岩能够暂时稳定,不出现坍塌破坏的基本稳定岩体。但实际上这种假定只适用于稳定性较好的围岩,对于软弱破碎围岩则不然。在软弱破碎围岩中,即使是采取短进尺开挖,开挖面和开挖后的隧道也不稳定。当地下水丰富时,这种情况就更为严重。在岩溶隧道工程历史中,隧道塌方的事例并不鲜见,造成了人、财、物的大量浪费。对于不稳定的岩体,掌子面前方围岩的预加固和预支护是控制和减少隧道开挖后周边收敛变形、防止坍塌的关键环节。

(一) 超前锚杆

1. 构造组成

超前锚杆是指沿开挖轮廓线,以一定的外插角,向开挖面前方钻孔安装锚杆,形成对前方围岩的预锚固,在提前形成的围岩锚固圈的保护下进行开挖等作业。

2. 性能特点及适用条件

锚杆超前支护的韧性较大,整体刚度较小。它主要适用于地下水较少的破碎、软弱围岩的隧道工程中,如裂隙发育的岩体、断层破碎带、浅埋无显著偏压的隧道。采用风枪、凿岩机或专用的锚杆台车钻孔,锚固剂或砂浆锚固,其工艺简单、工效高。

3. 施工要点

(1) 超前锚杆的长度、环向间距、外插角等参数,应视围岩地质条件、施工断面大小、开挖循环进尺和施工条件而定。一般超前长度为循环进尺的 3～5 倍,环向间距采用 0.3～1.0 m;外插角宜用 10°～30°;搭接长度宜为超前长度的 40%～60%,即大致形成双层或双排锚杆。

(2) 超前锚杆宜用早强砂浆全黏结式锚杆,锚杆材料可用不小于 ϕ22 mm 的螺纹钢筋。

(3) 超前锚杆的安装误差,一般要求孔位偏差不超过 10 cm,外插角不超过 1°～2°,锚杆长度不小于设计长度的 96%。

(4) 开挖时应注意保留前方有一定长度的锚固区,以使超前锚杆的前端有一个稳定的支点。其尾端应尽可能多地与系统锚杆及钢筋网焊连。若掌子面出现滑坍现象,则应及时喷射混凝土封闭开挖面,并尽快打入下一排超前锚杆,然后才能继续开挖。

(5) 开挖后应及时喷射混凝土,并尽快封闭环形初期支护。

(6) 开挖过程中应密切注意观察锚杆变形及喷射混凝土层的开裂、起鼓等情况,以掌握围岩动态,及时调整开挖及支护参数,如遇地下水时,则可钻孔引排。

(二) 管棚

1. 构造组成

管棚是指利用钢拱架沿开挖轮廓线以较小的外插角、向开挖面前方打入钢管构成的棚架形成对开挖面前方围岩的预支护。

采用长度小于 10 m 的钢管,称为短管棚;采用长度为 10～45 m 且较粗的钢管,称为长管棚。

2. 性能特点及适用条件

管棚因采用钢管或钢插板作纵向预支撑，又采用钢拱架作环向支撑，其整体刚度较大，对围岩变形的限制能力较强，且能提前承受早期围岩压力。因此管棚主要适用于围岩压力来得快来得大、对围岩变形及地表下沉有较严格要求的软弱、破碎围岩隧道工程中，如土砂质地层、强膨胀性地层、强流变性地层、裂隙发育的岩体、断层破碎带、浅埋有显著偏压等围岩的隧道中。此外，采用插板封闭较为有效；在地下水较多时，可利用钢管注浆堵水和加固围岩。

短管棚一次超前量少，基本上与开挖作业交替进行，占用循环时间较多，但钻孔安装或顶入安装较容易。

长管棚一次超前量大，虽然增加了单次钻孔或打入长钢管的作业时间，但减少了安装钢管的次数，减少了与开挖作业之间的干扰。在长钢管的有效超前区段内，基本上可以进行连续开挖，也更适于采用大中型机械进行大断面开挖。

3. 施工要点

(1) 管棚的各项技术参数要视围岩地质条件和施工条件而定。长管棚长度不宜小于 10 m，一般为 10～45 m；管径 70～180 mm，孔径比管径大 20～30 mm，环向间距 0.2～0.8 m；外插角 1°～2°。

(2) 两组管棚间的纵向搭接长度短管棚不小于 1.5 m，长管棚不小于 3 m；钢拱架常采用工字钢拱架或格栅钢架。

(3) 钢拱架应安装稳固，其垂直度允许误差为＋2°，中线及高程允许误差为±5 cm。

(4) 钻孔平面误差不大于 15 cm，角度误差不大于 0.5°，钢管不得侵入开挖轮廓线。

(5) 第一节钢管前端要加工成尖锥状，以利导向插入。要打一眼，装一管，由上而下按顺序安装。

(6) 长钢管应用 4～6 m 的管节逐段接长，打入一节，再连接后一节，连接头应采用厚壁管箍，上满丝扣，丝扣长度应小于 15 cm；为保证受力的均匀性，钢管接头应纵向错开。

(7) 当需增加管棚刚度时，可在安装好的钢管内注入水泥砂浆，一般在第一节管的前段管壁交错钻 10～15 mm 孔若干，以利排气和出浆，或在管内安装出气导管，浆注满后方可停止压注。

(8) 钻孔时如出现卡钻或坍孔，应注浆后再钻，有些土质地层则可直接将钢管顶入。

(三) 超前注浆小导管

1. 构造组成

超前注浆小导管是在开挖前，沿隧道周边，向前方围岩钻孔并安装带孔小导管，或直接打入带孔小导管，并通过小导管向围岩压注起胶结作用的浆液，待浆液硬化后，坑道周围岩体就形成了有一定厚度的加固圈。在此加固圈的保护下即可安全地进行开挖等作业。若小导管前端焊一个简易钻头，则可钻孔、插管一次完成，称为自进式注浆锚杆。

2. 性能特点及适用条件

浆液被压注到岩体裂隙中并硬化后，不仅将岩石碎块胶结为整体起到了加固作用，而且填塞了裂隙，阻隔了地下水向坑道渗流的通道，起到了堵水作用。因此，超前注浆小导管不仅适用于一般软弱破碎围岩，也适用于含水的软弱破碎围岩。

3. 小导管布置和安装

(1) 小导管钻孔安装前，应对开挖面及 5 m 范围内的坑道喷射 5～10 cm 厚的混凝土封闭。

(2) 小导管一般采用 ϕ32 mm 的焊接管或 ϕ40 mm 的无缝钢管制作，长度宜为 3～6 m，前端做成尖锥形，前段管壁上每隔 10～20 cm 交错钻眼，眼孔直径宜为 6～8 mm。

(3) 钻孔直径应较管径大 35 mm 以上，环向间距应按地层条件而定，一般采用 35～50 cm；外插角应控制为 3°～15°。

(4) 极破碎围岩或处理坍方时可采用双排管；地下水丰富的松软层，可采用双排以上的多排管；大断面或注浆效果差时，可采用双排管。

(5) 小导管插入后应外露一定长度，以便连接注浆管，并用塑胶泥将导管周围孔隙封堵密实。

4. 注浆材料

1) 注浆材料种类及适用条件

(1) 在断层破碎带及砂卵石地层(裂隙宽度或颗粒粒径大于 1 mm，渗透系数 $k \geqslant 5 \times 10^{-4}$ m/s)等强渗透性地层中，应采用料源广且价格便宜的注浆材料。一般对于无水的松散地层，宜优先选用单液水泥浆；对于有水的强渗透地层，则宜选用水泥-水玻璃双浆液，以控制注浆范围。

(2) 断层带，当裂隙宽度(或粒径)小于 1 mm，或渗透系数 $k \geqslant 10^{-5}$ m/s 时，注浆材料宜优先选用水玻璃类和木胺类浆液。

(3) 细、粉砂层、细小裂隙岩层及断层地段等弱渗透地层中，宜选用渗透性好、低毒及遇水膨胀的化学浆液，如聚胺酯类，或超细水泥浆。

(4) 对于不透水的黏土层，则宜采用高压劈裂注浆。

2) 注浆材料的配比

注浆材料的配比应根据地层情况和胶凝时间要求，并经过试验而定。

(1) 采用水泥浆液时，水灰比可采用 0.5∶1～1∶1，需缩短凝结时间时，可加入氯盐、三乙醇胺速凝剂。

(2) 采用水泥-水玻璃浆液时，水泥浆的水灰比可达 0.5∶1～1∶1；水玻璃浓度为 25～40°Be′，水泥浆与水玻璃的体积比宜为 1∶1～1∶0.3。

5. 注浆

(1) 注浆设备应性能良好，工作压力应满足注浆压力要求，并应进行现场试验运转。

(2) 小导管注浆的孔口最高压力应严格控制在允许范围内，以防压裂开挖面，注，浆压力一般为 0.5～1.0 MPa，止浆塞应能经受注浆压力。注浆压力与地层条件及注浆范围要求有关，一般要求单管注浆能扩散到管周 0.5～1.0 m 的半径范围内。

(3) 要控制注浆量，即每根导管内达到规定注入量时就可结束；若孔口压力达到规定压力值，但注入量仍不足时，亦应停止注浆。

(4) 注浆结束后，应做一定数量的钻孔检查或用声波探测仪检查注浆效果，如未达到要求，应进行补注浆。

(5) 注浆后应视浆液种类，等待 4 h(水泥-水玻璃浆)～8 h(水泥浆)方可开挖，开挖长度不宜太长，以保留一定长度的止浆墙(亦即超前注浆的最短超前量)。

(四) 超前深孔帷幕注浆

上述超前注浆小导管，对围岩加固的范围和止水的效果是有限的，作为软弱破碎围岩隧道施工的一项主要辅助措施，它占用的时间和循环次数较多。超前深孔帷幕注浆能较好地解决这些问题。注浆后即可形成较大范围的筒状封闭加固区，称为帷幕注浆。

按注浆机理可以分成如下四种。

1. 渗透注浆

对于破碎岩层、砂卵石层、中细砂层、粉砂层等有一定渗透性的地层，采用中低压力将浆液压注到地层中的空穴、裂缝、孔隙里，凝固后将岩土或土颗粒胶结为整体，以提高地层的稳定性和强度。

2. 劈裂注浆

对于颗粒更细的黏土质不透水(浆)地层，采用高压浆液强行挤压孔周，在注浆压力的作用下，浆液作用的周围土体被劈裂并形成裂缝，通过土体中形成的浆液脉状固结作用对黏土层起到挤压加固和增加高强夹层加固作用，以提高其强度和稳定性。

3. 压密注浆

即用浓稠的浆液注入土层中，使土体形成浆泡，向周围土层加压使土层得到加固。

4. 高压喷灌注浆

通过灌浆管在高压作用下，从管底部的特殊喷嘴中喷射出高速浆液射流，促使土粒在冲击力、离心力及重力作用下被切割破碎，随注浆管的向外抽出与浆液混合形成柱状固结体，以达到加固之目的。

深孔预注浆一般可超前开挖面 30～50 m，可以形成有相当厚度和较长区段的筒状加固区，从而使得堵水的效果更好，也使得注浆作业次数减少，它更适用于有压地下水及地下水丰富的地层中，也更适用于采用大中型机械化施工。

如果隧道埋深较浅，则注浆作业可在地面进行；对于深埋长大隧道可利用辅助平行导坑对主洞进行预注浆，这样都可以避免与主洞施工的干扰，缩短施工工期。

（五）水平旋喷预支护

喷射注浆法又称旋喷法，分为垂直和水平旋喷注浆两种方法。水平旋喷注浆法是在一般的初期导管注浆的基础上发展起来的，它以高压旋喷的方式压注水泥浆，从而在隧道开挖轮廓外形成拱形预衬砌的超前预支护方法。垂直旋喷注浆的施工原理类似于水平旋喷注浆，只是一个为水平，一个为垂直，我国垂直旋喷注浆技术已比较成熟。

水平旋喷注浆技术在我国已获得应用。其施工方法为：使用旋喷注浆机，沿着隧道掌子面周边的设计位置旋喷注浆形成旋喷柱体，通过固结体的相互咬合形成预支护拱棚。旋喷柱体的形成方法：首先通过水平钻机成孔，钻到设计位置以后，随着钻杆的退出，用水泥浆或水泥-水玻璃双浆液旋喷注入钻成的孔腔，通过高压射流切割腔壁土体，被切割下的土体与浆液搅拌混合、固结形成直径 600 mm 左右的固结体，同时周围地层受到压缩和固结，其土体的物理力学性能得到一定程度的改善。旋喷柱体沿隧道拱部形成环向咬合、纵向搭接的预支护拱棚，在松散不稳定地层隧道中，可有效控制坍塌和地层变形。

目前采用旋喷加固土体主要问题是浆液流失较大，另外长距离水平旋喷方向性偏差。水平旋喷施工期间会有较大沉降，有时可超过 10 mm，但开挖时沉降较小，初支背后压浆亦少，对于个别点保护不好时，可补打小导管注浆处理。

水平旋喷预支护的应用在我国还不是很广，旋喷柱体抗弯性能不强，施工控制的难度较大，特别是目前我国的水平旋喷钻机性能尚未过关，制约了水平旋喷预支护技术的应用和发展。

水平旋喷预支护主要适用于黏性土、沙类土、淤泥等地层。

第三节　隧道的破岩掘进

一、隧道掘进方法和钻孔机具

（一）岩溶隧道掘进方式

常用的掘进方式有三种：钻眼爆破掘进、单臂掘进机掘进和人工开挖掘进。一般山岭岩溶隧道最常用的是钻眼爆破配合人工掘进。

钻眼爆破掘进是山岭隧道工程中最常用的掘进方式，它是用钻眼装炸药爆破场道范围内的岩体。一般适用于石质隧道，较为经济和常用，但对围岩扰动大，尤其对破碎软质围岩的稳定性不利。

单臂掘进机掘进是采用装载可移动式机械臂上的切削头来破碎岩体，并挖除坑道范围内的岩体，可连续掘进，但只适用于软岩及土质隧道，对围岩扰动小，速度快，但机械和设备投资较大。

人工开挖掘进是用十字镐、风镐等简易工具来挖除岩体。一般在不能采用爆破掘进的软弱破碎围岩和土质隧道中使用，而且人工掘进速度慢，劳动强度大，但对围岩扰动最小。

（二）钻孔机具

钻孔机具主要有钻头、风动凿岩机、液压凿岩机、凿岩台车。

钻头是用以在实体材料上钻削出通孔或盲孔，并能对已有的孔扩孔的刀具。常用的钻头主要有麻花钻、扁钻、中心钻、深孔钻和套料钻。

风动凿岩机简称风钻，是一种以压缩空气为动力的冲击式钻眼机械。按推进方式又分手持式凿岩机、气腿式凿岩机、伸缩上向式凿岩机及导轨式凿岩机等。

液压凿岩机用高压油作为动力推动活塞冲击钎子，附有独立回转机构的一种凿岩机械。由阀控制（也有无阀的）活塞往复运动。由于油压比气压力高得多，达 10 MPa。虽与风动凿岩机近似，但其活塞直径较小、长度较大、波形较好。在活塞运动改变方向而产生高峰压力时，机上装有蓄能器。其优点：钻速快（比风动凿岩机高两倍以上），冲击力高、扭矩大、频率亦高；具有可调性、能耗低（为风动凿岩机的 1/3 左右）；效率高；便于自动化和电脑控制，卡钻事故少，钻具寿命长，使工作环境大为改善。

凿岩台车主要由凿岩机、钻臂（凿岩机的承托、定位和推进机构）、钢结构的车架、行走机构以及其他必要的附属设备，和根据工程需要添加的设备所组成。应用钻爆法开挖隧道时，为凿岩台车提供了有利的使用条件，凿岩台车和装碴设备的组合可加快施工速度、提高劳动生产率，并改善劳动条件。

二、爆破掘进技术

（一）爆破材料

1. 炸药

隧道工程常用的炸药有以下几类。

1）铵梯炸药

硝酸铵与梯恩梯混合组成。铵梯 50/50 可以注装，铵梯 80/20 可以螺旋装，是战时大量使用的代用炸药，可代替梯恩梯装填炮弹、炸弹和地雷等。此类炸药因为含有易于吸潮结块的硝酸铵，在密封不严的情况下不宜长期贮存。

2）浆状炸药

浆状炸药是由可燃剂和(或)敏化剂分散在以硝酸铵为主的氧化剂的水溶液中，经稠化而制成的悬浮状或糊状含水炸药。

3）乳化炸药

乳化炸药是借助乳化剂的作用，使氧化剂盐类水溶液的微滴，均匀分散在含有分散气泡或空心玻璃微珠等多孔物质的油相连续介质中，形成一种油包水型的乳胶状炸药，是 20 世纪 70 年代发展起来的工业炸药。

4）硝化甘油炸药

硝化甘油炸药又称胶质炸药，其以硝化甘油和爆胶(即硝酸纤维素溶解于硝化甘油中而形成的胶体)为原料。加入吸收剂及其他添加炸药，这类炸药爆炸性能较好，起爆感度高，传爆性能好，但由于生产的安全性较差，成本较高等问题，生产量不大，在炸药市场占有率较小，而且几乎都制成 50 mm 以下小直径的规格，在煤矿井下爆破、水下爆破使用。

2. 起爆材料

1）导火索与火雷管

导火索是用来传递火焰给火雷管，并使火雷管在火焰作用下传爆引发爆炸的材料。雷管号数是按其起爆能力的大小分为十个等级(号数)。号数愈大起爆能力愈强。隧道工程中常用的是 8 号和 6 号雷管。

2）电雷管

电雷管是在火雷管中加设发电火装置而成。它是用电线传输电流，使装在雷管中的电阻发热而引起雷管爆炸。雷管分为即发雷管和迟发雷管两种。迟发电雷管按其延期时间差又分为秒迟发雷管和毫秒迟发雷管系列。发爆电源可用交、直流照明或动力电源，也可以用各种类型的专用电起爆器。

3）塑料导爆管与非电雷管

塑料导爆管是用来传递微弱爆轰给非电雷管，使之爆炸的传爆材料之一。它不能直接起爆炸药，应与非电毫秒雷管配合使用。

(1) 塑料导爆管的优点。抗电、抗火、抗冲击性能好；起爆传爆性能稳定，扭结 180°对折、局部断药、管端对接均能正常传爆。在运输和使用过程中抗破坏能力强、使用方便，价格便宜，且可作为非危险品运输等优点。

(2) 非电雷管的构造和延期时间。国产非电雷管的延期时间分为毫秒、半秒、秒延期三个系列。

(二) 炮眼布置和周边眼的控制爆破

1. 炮眼布置

掘进工作面的炮眼可分为掏槽眼、辅助眼和周边眼。

1）掏槽眼布置

作用是将开挖面上某一部位的岩石掏出一个槽，以形成新的临空面，为其他炮眼的爆破创造有利条件。掏槽眼总的可分成斜眼掏槽和直眼掏槽两大类。

(1) 斜眼掏槽。斜眼掏槽的特点是掏槽眼与开挖面斜交,常用的有锥形掏槽,楔形掏槽,单向掏槽。最常用的是垂直楔形掏槽。优点:可以按岩层的实际情况选择掏槽方式和掏槽角度,容易把岩石抛出,而且所需掏槽眼的个数较少。缺点:眼深受坑道断面尺寸的限制,也不便于多台钻机同时凿岩。

(2) 直眼掏槽。直眼掏槽由若干个垂直于开挖面的炮眼所组成,掏槽深度不受围岩软硬和开挖断面大小的限制,可以实现多台钻机同时作业、深眼爆破和钻眼机械化,从而为提高掘进速度提供了有利条件。

2) 辅助眼布置

辅助眼的作用是进一步扩大掏槽体积和增大爆破量,并为周边眼创造有利的爆破条件。其布置主要是解决间距和最小抵抗线问题,可由工地经验决定。最小抵抗线约为炮眼间距的 60%~80%。

3) 周边眼布置

周边眼的作用是爆破后使坑道断面达到设计的形状和规格。周边眼原则上沿着设计轮廓均匀布置,间距和最小抵抗线应比辅助眼的小,以便爆出较为平顺的轮廓。眼口距设计轮廓线约 0.1~0.2 m,便于钻眼。

2. 周边眼的控制爆破

在隧道爆破施工中,首要的是炮眼利用率高,开挖轮廓及尺寸准确,对围岩震动小。采用光面爆破与预裂爆破技术,可以控制爆破轮廓,尽量保持围岩的稳定。

1) 光面爆破

光面是指爆破后断面轮廓整齐,超挖和欠挖符合规定要求的爆破。

(1) 主要标准:① 开挖轮廓成型规则,岩面平整;② 岩面上保存 50%以上孔痕,并无明显的爆破裂缝;③ 爆破后围岩壁上无危石。

(2) 措施。为获得良好光面爆破效果,可采取以下措施:① 适当加密周边眼;② 合理确定爆破层厚度;③ 合理装药;④ 采用小直径药卷不耦合装药结构;⑤ 保证光面爆破眼同时起爆;⑥ 要为周边眼的光面爆破创造临空面。

2) 预裂爆破

预裂爆破实质上也是光面爆破的一种形式,其爆破原理与光面爆破原理相同。只是在爆破的顺序上,光面爆破是先引爆掏槽眼,接着引爆辅助眼,最后才引爆周边眼;而预裂爆破则是首先引爆周边眼,使沿周边眼的连心线炸出平顺的预裂面,后爆的掏槽眼和辅助眼。

(三) 装药及起爆

1. 装药要求

装药前要检查炮眼位置和长度是否符合设计要求,并进行清渣排水。装药时要严格按照炮眼的设计装药量装填,可以按设计要求连续装药或间隔装药或不偶合装药,总的装药长度不宜超过炮眼深的 2/3。靠炮眼口的剩余长度用炮泥堵塞好。

2. 装药结构方式

第一种方式是起爆药卷放在靠近眼口的第二个药卷位置,雷管聚能穴朝向眼底,称为正向起爆装药;第二种方式是起爆药卷放在靠近眼底的第二个药卷位置,雷管聚能穴朝向眼口，称为反向起爆装药；第三种方式为起爆药卷放在炮眼装药中部，称为双向起爆装药。

3. 起爆

通用的起爆方法大致可分为两种：非电起爆法和电起爆法。非电起爆法又可分为火雷管起爆、导爆索和导爆索起爆；电起爆法是应用电雷管起爆。

1）非电起爆

火雷管起爆是把火雷管和导火索结合在一起的一种起爆方法。用导火索的火花首先引爆火雷管，利用火雷管的爆炸能量使引爆药卷爆炸，进而使全部装药爆炸。

使用导爆索起爆，器材较简单，操作容易；但不能使多个炮眼同时起爆，也不能进行准确的延期起爆，只宜用于炮眼不多的场合。

导爆索起爆是不需要采用引爆炸药的雷管，而可直接引爆炸药的一种方法，故亦称为无雷管起爆法。导爆索的一端直接插入孔底炸药中，另一端用火雷管引爆导爆索本身，从而传爆至炮眼引爆炸药。

塑料导爆管起爆法问世以来，已迅速取代导火索火雷管起爆法。

2）电起爆

电雷管起爆的可靠程度与导线、电雷管、电源本身的质量以及电爆网络连接是否正确有关。

(1) 导线。要求电阻系数小，导电率高；绝缘耐压 250 V 或 500 V；有一定强度和韧性，不易断裂等。母线断面应不小于 0.75 mm^2，开挖面附近的连接线直径应不小于 0.6 mm。

(2) 电雷管。为了保证起爆线路的质量，电雷管在使用前必须经过一定的检查，包括电阻检验，安全电流试验，延期秒量试验，雷管串联试验等项。还要用线路电桥测量整个网络的总电阻是否与计算数值相符，如检测值小于计算值时，或大于计算值的 10%时，应找出原因，消除故障。

(3) 起爆电源。电起爆的电源，可根据网络所需准爆电流的大小，选用放炮器、干电池、蓄电池、移动式发电站、照明电力线、电力动力线等。移动式发电站、照明电力线、电力动力线是电起爆中最可靠的电源；但使用时不能将母线直接接到电力线上，必须设置爆破开关站。

4. 瞎炮的处理

在爆破过程中，炮眼装药未能起爆，称为拒爆，亦即瞎炮。预先防止瞎炮的发生有如下措施：① 选用合格的炸药和雷管以及其他起爆材料；② 清理好炮眼中积水和残渣；③ 在装药、堵塞、网络联结等各项操作中，严格按照有关操作细则进行；④ 瞎炮产生后，应封锁现场，查明原因，采取相应处理措施。一般可以采用二次爆破法、炸毁法及冲洗法等三种方法。

三、单臂掘进机掘进与人工掘进

（一）单臂掘进机掘进

单臂掘进机也叫悬臂式掘进机，是一种能够实现截割、装载运输、自行走及喷雾除尘的联合机组。一台单臂掘进机一般由切割机构、装载机构、运输机构、行走机构、机架及回转台、液压系统、电气系统、冷却灭尘供水系统以及操作控制系统等组成。其中切割臂、回转台、装碴板、输送机、转载机、履带等为主要工作机构。

单臂掘进机可连续掘进，但只适用于软岩隧道及土质隧道。

（二）人工掘进

人工掘进采用十字镐、风镐、铁锹等简易工具来挖除岩体，人工掘进速度较慢，劳动强度大。人工掘进多适用于不便使用机械设备的隧道，且不适合进行钻爆施工的软岩隧道，对于硬岩隧道人工掘进效率较低。

在岩溶隧道施工中，掘进方式是影响围岩稳定的又一重要因素。因此，在选择确定掘进方式时，应根据坑道范围内被挖除岩体的坚硬程度以及不同的掘进方式对围岩的扰动程度、围岩的稳定性、支护条件、机械设备能力、经济性等相关因素进行综合分析，选用恰当的掘进方式。在采用钻眼爆破方式掘进时，则尤其应当实施控制爆破，以减少爆破振动对围岩的扰动破坏和对已做支护的影响。

第四节　出碴与运输

一、碴量计算

装碴就是把开挖下来的石碴装入运输车辆。钻爆开挖一个单循环产生的石碴量应为爆破后的虚碴体积，可按式(4.1)计算。

$$Z = R \cdot \Delta \cdot L \cdot S \tag{4.1}$$

式中：Z—单循环爆破后石碴量，m^3；R—岩体松胀系数，即岩体松方体积与其实方体积的比值，岩体被爆破后的松胀系数 R 值的大小与岩体的密度有关，隧道工程中常按围岩级别确定 R 值，见表 4.1；Δ—超挖系数，根据爆破对超挖的控制情况而定，一般可取 1.15～1.25；L—设计循环掘进进尺，m；S—开挖断面面积，m^2。

表 4.1　岩体松胀系数 R 值

岩体级别	土石名称	松胀系数 R
Ⅰ	石质	1.7
Ⅱ	石质	1.8
Ⅲ	石质	1.6
Ⅳ	石质	1.6
Ⅴ	硬黏土	1.35
	沙夹卵石	1.30
Ⅵ	黏性土	1.25
	沙砾	1.15

二、装碴

（一）装碴方式

岩溶隧道施工的装碴的方式有机械装碴和人力装碴两种。机械装碴速度快，可缩短作业时间，目前岩溶隧道施工中常用，但仍需配适当数量的人工辅助作业。人力装碴，劳动强度大，速度慢，仅在短隧道缺乏机械或断面小而无法使用机械装碴时，才考虑采用。

（二）装碴机械

装碴机的工作能力因拾碴方式、走行方式、装备功率的不同而各不相同。装碴机的选择应充分考虑洞内作业条件和问题，尤其应与运输车辆相匹配，以充分发挥各自的工作效能，缩短装碴的时间。隧道施工中几种常用的装碴机分述如下。

1. 挖斗式装碴机

这种装碴机是近几年才应用于隧道工程中的装碴机。其拾碴机构为自由臂式挖斗，由于自由臂采用了电力驱动全液压控制系统，既灵活且工作臂较长，如 ITC312H4 型的立定工作宽度可达 3.5 m，工作长度可达轨道前方 7.11 m，且可以下挖 2.8 m 和兼作高 8.34 m 范围内工作面的清理及找顶工作。生产能力为 250 m^3/h。配备有轨道走行和履带走行两套走行机构。

2. 铲斗式装碴机

这种装碴机多采用轮胎走行或轨道走行。轮胎走行的铲斗式装碴机多采用铰接车身，液压控制系统和燃油发动机驱动。轨道走行的铲斗式装碴机因工作效率较低，工程中已很少使用。

轮胎走行铲斗式装碴机转弯半径小，移动灵活，铲取力强，铲斗容量大，达 0.76～3.8 m^3，工作能力强；可侧卸也可前卸、卸碴准确，但燃油废气污染洞内空气，须配备净化器或加强隧道通风，常用于较大断面的隧道装碴作业。

3. 蟹爪式装碴机

这种装碴机多采用履带走行，电力驱动。它是一种连续装碴机，其前方倾斜的受料盘上装有一对由曲轴带动的扒碴蟹爪。装碴时，受料盘插入岩堆，同时两个蟹爪交替将岩碴拨入受料盘，并由刮板输送机将岩碴装入机后的运输车内。

因受蟹爪拨碴限制，岩碴块度较大时，其工作效率显著降低，故主要用于块度较小的岩碴及土的装碴作业。工作能力一般为 60～80 m^3/h。

4. 立爪式装碴机

这种装碴机多采用轨道走行。装碴机前方装有一对扒碴立爪，可以将前方或左右两侧一定范围内的石碴扒入受料盘，并由刮板输送机将岩碴装入机后的运输车内。

立爪式装碴机以采用电力驱动、液压控制得较好。立爪扒碴的性能较蟹爪式的好，对岩碴的块度大小适应性强。轨道走行立爪式装碴机，其工作宽度可达到 3.8 m，工作长度可达到轨端前方 3.0 m，工作能力一般为 120～180 m^3/h。

三、运输

（一）运输方式

岩溶隧道施工的出碴、进料运输方式有轨道运输和无轨运输两种。

轨道运输是铺设小型轨道，用轨道式运输车出碴和进料。轨道运输多采用电瓶车或内燃机车牵引，斗车或梭式矿车运碴。它既可适用于小断面开挖的隧道，也适用于大断面开挖的隧道，尤其适应于 3 000 m 以上的长隧道运输，是一种适应性较强的和较为经济的运输方式。

无轨运输是采用各种无轨运输车出碴和进料。其特点是机动灵活，不需要铺设轨道，能适用于弃碴场离洞口较远和道路坡度较大的场合。缺点是由于多采用燃油发动机驱动，作业时，在整个洞中沿程排出废气，污染洞内空气，故一般适用于大断面开挖和中等长度以下的隧道中。当隧道较长时，应充分考虑洞内空气污染问题，采取有效的通风措施。

（二）有轨运输的设备与运行

1. 运输车辆

常用的轨道运输车辆有斗车、梭式矿车。

1）斗车

斗车结构简单，使用方便，可适用于多种条件下各种物料的装载运输。斗车容量大小可分为容量小于 3 m^3 的小型斗车和容量大于 3 m^3 的大型斗车。

小型斗车轻便灵活，满载率高，调车方便，可采用机械牵引，也可以采用人力牵引，人力操纵翻斗卸碴也很方便，它主要用作小断面坑道，如斜井平行导坑的运输车辆。

大型斗车单车容量较大，较大的可达 20 m^2，须用动力机车牵引，并采用驼峰机构侧卸或翻车机构卸碴；以及配套使用大型装碴机械装碴才能保证快速装运。采用大型斗车，可以减少装碴调车作业次数，缩短装碴运输作业时间，但对轨道线路条件要求较高。

2）梭式矿车

梭式矿车采用整体式车体，下设两个转向架，车箱底部设有刮板式或链式转载机构，便于将整体车厢装满和转载或向后卸碴。它对装碴机械的配套条件要求不高，能保证快速运输，但车体结构和机械系统较复杂，机械购置费和使用费较高。

梭式矿车的单车容量为 6～18 m^2。可以单车使用，也可以 2～3 辆车搭接使用，以减少调车作业次数。其刮板式自动卸碴机构，可以向后（轨道端头）卸碴，也可以使前后转向架分别置于相邻的两股道上，实现向轨道侧面卸碴，扩大弃碴的范围。要求侧向卸碴时，轨道间距应为 2.0～2.5 m，车体与轨道的交角可达 35°～40°。

2. 牵引类型

常用的轨道运输牵引机车有电瓶车、内燃机车，主要用于坡度不大的岩溶隧道运输牵引。当采用小型斗车和坡度较缓的短隧道施工时，还可以采用人力推送。

电瓶车牵引无废气污染，但电瓶储蓄电能数量有限，一次充电后的工作时间不长，补充电时间较长，充电液须定期更换，需要建设专用的充电车间。因此，实际应用中，必要配备足够数量的电瓶车，以保证牵引能力和行车速度。

内燃机车牵引能力较大，可以随时加油不占时间，但运行时增加洞内废气污染和噪声污染，在洞内空气含氧量不足时，油料燃烧不充分，牵引能力明显降低，必须配备废气净化装置并加强通风，且其保养和维修技术要求较高。

3. 单线运输

单线轨道通过能力较低，常用于长度较长而断面较小的岩溶隧道工程中。

采用单线轨道运输时，为调车方便和提高运输能力，在整个路线上应合理布设会车道。

相邻会车道的间距应根据装碴作业时间和行车速度计算确定，一般条件下应每隔 300 m 设一个会车道。并编制和优化列车运行图，制定有效的行车作业制度，以减少避让等待时间。会车道的站线长度应能够容纳整列车，并保证正线车辆安全通过。

4. 双线运输

双线轨道的进、出车分道行驶，无须避让等待，故通过能力较单线轨道有显著提高。为了调车方便，应在两线间合理布设渡线。

渡线间距应根据工序安排及运输调车需要来确定，一般间距为 100～1 000 m，或更长，并每隔 2～3 组渡线设置一组反向渡线。

5. 工作面轨道延伸及调车措施

(1) 工作面的轨道延伸，应及时满足钻眼、装碴、运输机械的走行和作业要求，并避免轨道延伸与其他工作的干扰。有时需延至开挖面。延伸的方法可以采用接短轨，或浮放"卧轨""爬道"。轨道走行车辆轴重较大时宜采用接短轨延伸轨道，待开挖面向前推进后，将连接的几根短轨换成长轨。轨道走行车辆轴重较小时可采用浮放卧轨或爬道延伸轨道。

(2) 工作面附近的调车设施，应根据机械走行要求和转道类型来合理选择确定，并尽量使之离开挖面近一些，以缩短调车作业时间。

单线运输时，首先应利用就近的会车道线调车，当开挖面距离会车道较远时，则可以设置临时岔线、浮放调车盘或平移调车器来调车，并逐步前移和接续轨道。

双线运输时，应尽量利用就近的渡线来调车，当开挖面距渡线较远时，则可以设置浮放调车盘，并逐步前移和接续轨道。

6. 洞口轨道布置

洞口外轨道布置包括卸碴线、上料线、修理线、机车整备线以及调车线等。

卸碴线应设置卸碴码头。可利用弃碴填筑和延伸。若需二次倒运，则应在临时存碴场边缘设置固定卸碴码头。固定卸碴码头应采用浆砌片石挡墙或搭设方木垛来稳定边坡。

7. 轨道铺设要求

(1) 轨距常用的有 900 mm、762 mm、600 mm 三种。双线线间净距不小于 20 cm；单线会车道线间净间距不小于 40 cm。车辆距坑道壁式支撑净间距不小于 20 cm。双线可不另设人行道。单线必须设人行道，人行道净宽不小于 70 cm。

(2) 轨道线路平面应尽量使用较大的曲线半径；道岔应不小于 6 号道岔，并安装转辙器。一般条件下最小曲线半径，在洞内应不小于机车车辆轴距的 7 倍，洞外不小于 10 倍；使用有转向架的梭式矿车时，最小曲线半径不小于 12 m。

(3) 洞内轨道纵坡按隧道坡度设置。洞外卸碴线的重车方向应设置一段 1%～3%的上坡，并在轨端加设车挡，以防止卸碴车溜出码头。其他各线均应满足使用要求和安全要求，并轨道终端加设车挡。

(4) 岩溶隧道施工常用钢轨重量有 38 kg/m、43 kg/m 两种，轨枕截面(厚×宽)有 10 cm×12 cm、10 cm×15 cm、12 cm×15 cm、14 cm×17 cm 几种。钢轨和枕木的选择，应根据各种机械的最大轴重来确定，轴重较大时应选用较重的钢轨和较粗的枕木；枕木间距一般不大于 35～70 cm。

(5) 轨道铺设可利用开挖下来的碎石碴作为道砟；道床厚度不小于 20 cm；并铺设平整、顺直、稳固。若有变形和位移，应及时养护和维修，保证线路处于良好的工作状态。

（三）无轨运输的设备与运行

1. 无轨运输车辆

可供隧道施工用的无轨运输车品种很多，多为燃油（柴油）式动力、轮胎走行的自卸卡车。载重量 2～25 t 不等。为适应在岩溶隧道内运输，有的还采用了铰接车身或双向驾驶的坑道专用车辆。

随着大型装载机械及重载自卸汽车的研制和生产，近年来无轨运输在隧道掘进中得到了越来越广泛的应用。无轨运输不需要铺设复杂的运输轨道，具有运输速度快、管理工作简单、配套设备少等特点。但由于内燃机排放大量废气，对洞内空气污染较为严重，尤其在长大隧道中使用时，需要有强大的通风设备。

2. 无轨运输车辆选择和配套原则

岩溶隧道工程出碴要求选用体形小、载重大、自重轻、轴距短、转弯半径小、机动灵活、车体坚固、能自卸的运输车（包括装碴机械），尤其应当注意是否配有尾气净化装置，以及尾气净化装置的工作效能和维护要求，加强通风保证洞内空气质量。

无轨运输车的选择应注意与装碴机的匹配，尤其是能力配套，以充分发挥各自的工作效率，提高整体工作效率。

装碴机械和运输车辆的能力配套是指总的工作能力应满足隧道施工循环作业的总体要求，并保证在规定的时间内完成出碴工作。再者就是装碴机械的工作能力与运输车辆的工作能力的配套。在一定的装碴工作能力条件下，运输车辆的数量和单车运载能力的选择是可变的。它需要根据运输距离的变化加以动态调整。

若配备的单车运载能力较大，则可减少车辆的数量，这种配置可减少装车趟数和调车次数，缩短装运作业时间。若配备的单车运载能力较小，则需要的车辆数量较多，这种配置增加了装车趟数和调车次数，延长了装运作业时间。因此目前隧道工程中多数尽量采用前一种配置。

3. 无轨运输道路和组织

采用无轨运输时，洞内调车方式，为方便车辆转向、缩短调车作业时间和保证车辆会车安全，应根据隧道开挖断面大小和洞内运输距离的长短，合理选择调车方式。常用的调车方式有以下几种。

（1）在单线铁路或单车道公路隧道中，当洞内运输距离较短时，可考虑汽车倒行进洞，装碴后正向开行出洞，不设置转向或会车场地。当洞内运行距离较长时，可在洞内每隔 100～300 m 设置一处会车点。会车点可以局部扩大洞径，车辆可在会车点转向或会车。必要时还可以在洞内作业面附近设置机械式转向盘。

（2）在隧道断面较大，足够并行两辆汽车时，应布置成双车通道，车辆在装碴点附近转向，空车、重车各行其道，可以提高出碴速度。若为侧壁导坑开挖，可考虑在适当位置将导洞向侧壁扩挖加宽构成转向或会车场地。在设置有辅助坑道的长大隧道中，应考虑构成循环运输通路，并制订单向循环行使制度和相应的管理措施。

无轨运输组织可参照有轨运输组织的原则进行。无论采用何种形式的装碴机械和运输车辆的配置，都应特别注意提高运输效率，减少车辆在洞内等待等无效工作时间，使各项运输作业相对集中，以减少洞内空气污染的频次和缩短污染时段，降低通风能耗和费用。

值得注意的是，在长大岩溶隧道工程中，当洞内、洞外运输距离较长时，应配备足够数量的运输车辆，以便使能够在同一个时段内就将一个掘进循环爆破出来的石碴全部运完。

4. 卸碴

卸碴工作主要是考虑石碴如何处理以及卸碴场地的布置。隧道工程挖出的石碴多数可以作为建筑填料，用于填筑路基及洞外工作场地。有些符合混凝土粗骨料质量（强度等）标准要求的岩块石碴，则可以加工成碎石，用作衬砌混凝土的粗骨料。对多余的石碴，则应弃置于合适的山谷或河滩。但弃碴场地的选择，应考虑卸碴方便，不占良田，不堵塞河道，不污染环境，并加以综合利用，如造田和填筑场地。

第五节　隧道初期支护

岩溶隧道开挖后，除围岩完全能够自稳而无须支护以外，在围岩稳定能力不足时，则须加以支护才能使其进入稳定状态，称为初期支护。初期支护采用矿山法进行暗挖施工时，围岩支护一般分为初期支护和二次衬砌，二次衬砌一般是混凝土或钢筋混凝土结构。岩溶隧道工程中初期支护一般采用锚喷网结构形式。

一、初期支护的技术要求

（一）一般规定

(1) 岩溶隧道初期支护必须紧跟隧道开挖作业面及时施作，同时应按设计要求进行监控量测的相关作业，对位于不良地质地段的隧道，初期支护应及时封闭成环，保证施工安全。

(2) 岩溶隧道初期支护应采用喷锚支护，根据围岩特点、断面大小和使用条件等选择喷射混凝土、锚杆、钢筋网和钢架等单一或组合的支护形式。

(3) 岩溶隧道支护施工前，应确定支护紧跟开挖的时间、距离及工序搭接要求，确定喷射混凝土前基面标准和设置喷混凝土厚度控制标志。

(4) 岩爆地段隧道施工加强支护工作，支护的方法是在爆破后尽可能早地向拱部或侧壁进行喷射混凝土，再加设锚杆及钢筋网。衬砌工作要紧跟开挖工序进行，以尽可能减少岩层暴露时间，减少岩爆发生，确保人身安全。

(5) 膨胀岩隧道的初期支护宜采用喷射混凝土、锚杆、钢筋网、钢架等，以提高初期支护的整体刚度，应优先考虑采用喷射钢纤维混凝土。

（二）工序流程

(1) 初期支护施工的一般工序流程为：开挖后初喷混凝土→系统支护施工（锚杆、钢筋网、钢架）→复喷混凝土至设计厚度。

(2) 爆破后应首先清除浮石，然后立即进行初喷混凝土封闭围岩，以期充分发挥围岩的自稳能力。出碴结束后，再根据围岩级别施作锚杆、挂网、拱架及复喷混凝土。

(3) 在富水断层破碎段，支护施作前应及时排水，以预防塌方的发生。在少量集中渗水、淋水地段，在将要通过的透水层部位，可采用排水孔法或排水管法，布置一定数量的排水孔或埋设排水管，将渗、淋水集中到排水孔内导出；也可采用金属网法，通过在钢筋网背后铺过滤层或隔水层，将其固定在围岩上，通过软管排水，随即喷射混凝土。

(4) 如涌水较大，支护时对主要涌水出水口暂不进行封堵支护，待涌水减小或无水时，再进行支护或进行固结封堵，迫使水流改变流向。

二、锚杆

（一）锚杆的分类和施工特点

锚杆的种类很多，若按其与被支护体的锚固形式来分，大致可分为端头锚固式、全长黏结式、摩擦式和混合式。

（1）端头锚固式锚杆利用内、外锚头的锚固来限制围岩变形松动，安装容易，工艺简单，安装后即可以起到支护作用，并能对围岩施加预应力。但杆体易腐蚀，锚头易松动，影响长期锚固力，一般用于硬岩地下工程中的临时加固。在隧道工程中，其常用作局部锚杆。

（2）全长黏结式锚杆采用水泥砂浆（或树脂）作为填充黏结料，不仅有助于锚杆的抗剪和抗拉以及防腐蚀作用，而且具有较强的长期锚固能力，有利于约束围岩位移。安装简便，在无特殊要求的各类地下工程中，可大量用于初期支护和永久支护。在隧道工程中，常用作系统锚杆和超前锚杆。

（3）摩擦式锚杆是一种沿纵向开缝（或预变形）的钢管，装入比钢管直径小的钻孔，对孔壁施加摩擦力，从而约束孔周岩体变形。安装容易，安装后立即起作用，能及时控制围岩变形，又能与孔周变形相协调。但其管壁易锈蚀，故一般不适于做永久支护。目前主要采用的摩擦式锚杆是缝管式摩擦锚杆，是由薄钢板卷成的中空有缝的杆体和托盘组成，其支护原理先进，结构简单，安装方便，锚固力大，承载及时，支护应变能力强，适用于各类围岩的支护。

（4）混合式锚杆从受力上讲，是一种端部锚固方式与全场黏结锚固方式相结合的锚杆，其代表类型为中空注浆锚杆。中空注浆锚杆由中空锚杆杆体和垫板、螺母、排气管等附件组成。主要设在开挖断面的拱部及围岩较差地段的拱墙。

其施工顺序为：施工准备→布孔→钻孔、清孔→组装中空锚杆体、排气管、止浆塞→安装锚杆→连接注浆管、注浆→锚杆杆体孔口回浆→浆体待强、安装垫板螺栓。

混合式锚固锚杆的端头锚固方式与全长黏结锚固方式结合使用，既可以施加预应力，又具有全长黏结锚杆的优点。但安装施工较复杂，一般用于大体积、大范围工程结构的加固，如高边坡大坝、大型地下洞室等。

（二）锚杆的布置

锚杆的布置分为局部布置和系统布置。

1. 锚杆局部布置

局部布置主要用在坚硬且裂隙发育或有潜在龟裂及解理的围岩中。重点加固不稳定块体，隧道拱顶受拉破坏区为重点加固区。

锚杆局部布置的原则为：拱腰以上部位锚杆方向应有利于锚杆的受拉；拱腰以下及边墙部位锚杆宜逆向不稳定岩块滑动方向。

2. 锚杆系统布置

在破碎和软弱的围岩中，一般采用系统布置的锚杆，对整个围岩起到加固作用。

锚杆系统布置的原则如下：① 在隧道横断面上，锚杆宜垂直隧道周边轮廓布置，对水平成层岩层，应尽可能与层面垂直布置，或使其与层面呈斜交布置；② 在岩面上锚杆宜成菱形排列，纵横间距为0.6～1.5 m，其密度约为0.6～3.6 根/m^2；③ 为了使系统布置的锚杆形成连续均匀的压缩带，其间距不宜大于锚杆长度的 1/2，为在Ⅳ、Ⅴ级围岩中，锚杆间距宜为 0.5～1.2 m，但当锚杆长度超过 2.5 m 时，若仍按间距不大于 1/2 锚杆长度的规定，则锚杆间的岩块可能因咬合和连锁不良而导致掉块坠落，为此，其间距不宜大于 1.25 m。

三、喷射混凝土

喷射混凝土是使用混凝土喷射机，按一定的混合程序，将掺有速凝剂的细石混凝土，喷射到岩壁表面上，并迅速固结成一层支护结构，从而对围岩起到支护作用。

喷射混凝土可以作为隧道工程Ⅱ～Ⅴ类围岩中的永久性和临时性支护，也可以与各种形式的锚杆、钢纤维、钢拱架、钢筋网等构成复合式支护结构。它的灵活性也很大，可以根据需要分次追加厚度。因此除用于地下工程外，还广泛应用于地面工程的边坡防护、加固，基坑防护，结构补强等。

（一）喷射混凝土的特点

(1) 喷射混凝土具有强度增长快、黏结力强、密度大、抗渗性好的特点。它能较好地填充岩块间裂隙的凹穴，增加围岩的整体性，防止自由面的风化和松动，并与围岩共同工作。

(2) 与普通模筑混凝土相比，喷射混凝土施工将输送、浇注、捣固几道工序合而为一，更不需模板，因而施工快速、简捷。

(3) 喷射混凝土能及早发挥承载作用。它能在 10 min 左右终凝，一般 2 h 后即具有强度，8 h 后可达 2 MPa，16 h 后达 5 MPa，一天后可达 7～8 MPa，四天达到 28 d 强度的 70% 左右。

(4) 试验表明，喷射混凝土与模筑混凝土相比，密实性和性能稳定性要差。

（二）喷射工艺种类

喷射混凝土的工艺流程有潮喷、湿喷和混合喷射等。主要区别是各工艺的投料程序不同，尤其是加水和速凝剂的时机不同。

1. 潮喷

潮喷是将水灰比为 0.25～0.35 的混合料（潮料和粉状速凝剂）按一定比例混合后，由人工或机械搅拌均匀，利用潮式喷射机，以压缩空气为动力，经输料管输送至喷嘴处与补充的压力水混合后喷射于受喷面上。潮喷输料管不宜太长，不宜使用早强水泥，但粉尘和回弹率都比干喷小得多。

目前施工现场较多使用的是潮喷工艺。采用潮式混凝土喷射工艺取代干喷工艺，可提高减尘降弹能力，但不能从根本上解决回弹和粉尘问题；采用捕尘装备除尘，可强化喷射混凝土支护的除尘效果。

2. 湿喷

湿喷是将骨料、水泥和水按设计比例拌和均匀，用湿式喷射机压送到喷头处，再在喷头上添加速凝剂后喷出。

施工时宜用随拌随喷的办法，以减少稠度变化，此法的喷射速度较低，由于水灰比增大，混凝土的初期强度亦较低，但回弹情况有所改善，喷射过程中的粉尘很少，材料配合易于控制，工作效率较干喷法为高。

湿喷工法对喷射机械要求较高，因为喷射的混凝土为速凝混凝土，机械清洗和故障处理较麻烦。对于喷层较厚的软岩和渗水隧道，则不宜使用湿喷。

3. 混合喷射

混合喷射又称水泥裹砂造壳喷射法，是将一部分沙加第一次水拌湿，再投入全部水泥强制搅拌造壳，再加第二次水和减水剂拌和成水泥裹砂(sand enveloped by cement, SEC)砂浆，将另一部分沙和石、速凝剂强制搅拌均匀，然后分别用砂浆泵和干式喷射机压送到混合管混合后喷出。

将按一定配比拌制而成的水泥裹砂砂浆和以粗骨料为主的混合料，分别用砂浆泵和喷射机输送至喷嘴附近相混合后，高速喷到受喷面上所形成的混凝土在沙子中加上适量的水，使水泥颗粒黏结在沙子表面，形成低水灰比的净浆薄壳，用以提高混凝土或砂浆强度的方法，简称水泥裹砂法(method of sand enveloped with cement)。

混合喷射工艺使用的主要机械设备与干喷工艺基本相同，但混凝土的质量较干喷混凝土质量好，且粉尘和回弹率有大幅度降低。但使用机械数量较多，工艺较复杂，机械清洗和故障处理很麻烦。因此混合喷射工艺一般只用在喷射混凝土量大和大断面隧道工程中。

另外，由于喷射工艺的不同，喷射混凝土强度不同，干喷和潮喷混凝土强度较低，一般只能达到 C20，而混合喷射和湿喷的则可达到 C30～C35。

(三) 喷射混凝土的原材料及其配比

水泥：水泥的品种和规格应根据巷道支护工程的要求、水泥对所用速凝剂的适应性，以及现场供应条件而定。应优先选用普通硅酸盐水泥，其特点是凝结硬化快，保水性好，早期强度增长快。水泥的标号一般不低于 325 号，过期、受潮结块或混合的水泥均不得使用。水泥进库时应根据出厂合格证进行验收，注意检查其品种、标号和出厂日期分别堆放，并树立标志，防止堆放在底部的水泥长期不用而失效。

沙子：应采用坚硬耐久的中沙或粗细度模数应大于 2.5，含水率宜控制在 5%～7%，含泥量不得大于 3%。细沙会增加喷射混凝土的干缩变形，而且过细的粉砂中小于 5 μm 的颗粒和游离二氧化硅的含量增大，易产生大量粉尘，影响操作人员的身体健康。

石子：应采用坚硬耐久的卵石或碎石，粒径不应大于 15 mm。采用卵石，因其光滑干净，对喷射机和输料管路磨损少，有利于远距离输料和减小堵管故障。碎石混凝土比软石混凝土强度高，喷射作业中回弹率也较低，但碎石有棱角，表面粗糙，对喷射机和输料管路磨损严重，应尽量少用。

水：凡能饮用的自来水及天然水都可作为喷射混凝土混合用水。混合水中不应含有影响水泥正常凝结与硬化的有害物质，不得使用污水以及 $pH<4$ 的酸性水和含硫酸盐量按 SO_4 计算超过水重的 1%的水。

速凝剂分为两类：一类是以铝酸盐和碳酸盐为主，再复合一些其他无机盐类组成的；另一类则以水玻璃为主要成分，再与其他无机盐类复合组成。按其形状可分为粉状和液状两类。具体选用种类后，依说明进行配制。

配合比：由于喷射混凝土施工工艺的特点，在选择喷射混凝土时既要满足支护结构对喷射混凝土的物理力学性能方面的要求，又要考虑喷射混凝土施工工艺方面的要求，而使喷射混凝土足够抗压、抗拉，具有足够的黏结强度，以使喷射混凝土收缩变形值保持最小，喷射作业的回弹力最低。

混合料配合比是指一立方米喷射混凝土中，水泥、沙、石子所占比例。水泥用量大；喷射混凝土的收缩也大，容易开裂，而且费用增加。为了减少喷射时的回弹物，喷射混凝土与普通混凝土相比，其石子用量要少得多，而沙子用量则相应增大，甚至达50%。一般喷射混凝土混合料的配合比如下。

水泥与沙石之重量比1∶4～1∶4.5；砂率宜为45%～55%；水灰比宜为0.4～0.45。速凝剂掺加时应根据产品性能通过试验确定。

喷浆时，水泥：沙为1∶2～1∶3(重量比)，水灰比0.45～0.55。

喷射混凝土时，水泥∶沙∶石子为1∶2∶2、1∶2.5∶2，初喷时可适当减少石子掺量，水灰比0.4～0.5。

原材料按重量计，称量的允许偏差，水泥和速凝剂均为±2%，沙和石子均为±3%。

(四) 喷射混凝土的施工工艺

喷射混凝土的工艺流程中，主要有供料、压气、供水、供电四大系统，四大系统齐备，才能进行喷射混凝土操作。但是工作气压多大合适，喷头喷射的方向以及喷头与受喷围岩表面距离多少才能有效地作业，一次喷层厚度多大为合理，初喷与复喷的间隔时间多长为适宜，以及喷层与锚杆、金属网的关系等，都需要科学、合理、实用的工艺参数。工艺参数合理，才能保证喷射混凝土的质量和施工进度，从而有效地发挥其应有的支护作用。

1. 工作压力

工作压力是指喷射混凝土正常施工时，喷射机工作罐时或转子体内的压气压力。喷射混凝土是靠压缩空气来输送混合料的，因此，正确掌握气压是十分重要的。气压掌握是否适当，对于减少喷射混凝土的回弹，降低粉尘，保证喷射混凝土质量，防止输送管路堵塞等都有很大影响。

控制气压，为了控制粉尘和回弹，大都采用低气压。一般来说，水平输送距离30～50 m，喷射机的供气压力保持0.12～0.18 MPa是适当的和有效的。

向上垂直输料时，要求工作气压比水平输料时大，每增加设计10 m，约增加工作气压0.02～0.03 MPa。

当然，在喷射混凝土施工过程中，喷射机司机应与喷射手密切配合，根据实际情况及时调整喷射机的工作压力。

2. 水压

为了保证喷头处加水，通过水环使气流迅速通过混凝土混合料使其充分湿润，一般水压应比气压高0.1 MPa左右。采用双水环比单水环的效果好一些。应当采用专用水箱，装上压力表，操作人员调节喷头水环上的水阀来控制水压。

3. 水灰比

掌握合理的水灰比对于减少回弹、降低粉尘和保证喷射混凝土有直接关系。混合料加水变成混凝土是在喷头处水环供水瞬间实现的，理论上最合适的水灰比是0.4～0.5。但实际操作中全靠喷射手的经验加以控制，及时调整，主要靠目测，而不能实测。根据经验，如果新喷射的混凝土易黏着，回弹量少，喷层表面有一定的光泽，说明水灰比是合适的。如果喷射时出现干斑，粉尘飞扬，回弹量大，喷层表面无光泽，说明水灰比偏低，应适当增加水量。如果喷射时表面塑性大，出现流淌现象，则说明水灰比偏高，应适当减少水量。

4. 喷头方向

当喷头喷射方向(即喷射料束方向)与受喷面(围岩表面)垂直,并略向刚喷射的部位倾斜时,回弹量最小。这时因喷射方向与受喷面垂直时,粗骨料遇岩面或混凝土层碰撞后总有一部分按垂直的相反方向弹回,这时弹回物受到喷射料束的约束,抵消了部分回弹的能量,有利于嵌入砂浆或混凝土层中。而喷头喷射方向略微向刚喷部位倾斜,则可使喷出的料束有相当部分直接冲入粘塑状态的混凝土中,而避免一部分骨料与岩面直接碰撞而增大回弹量。因此,除喷巷帮侧墙下部时,喷头的喷射角度可下俯 10°~15°外,其他顶板及两帮喷射混凝土时,要求喷头的喷射基本上垂直于围岩受喷面。

5. 喷头与受喷面的距离

喷头与受喷面最佳距离是根据喷射混凝土强度最高和回弹最小来确定的,最大限度约为 800~1 000 mm。一般在输料距离 30~50 m,供气压力 0. 12~0. 18 MPa,最佳喷距喷帮 300~500 mm,喷顶 450~600 mm。如果距离过小,粗骨料喷射时所受空气阻力很小,而喷射动能很大,增大了回弹;如果距离过大,粗骨料喷射时所受空气阻力过大,相应的喷射动能减小而无法嵌入混凝土,而且有可能出现料束扩散较大,使回弹量有所增加。

6. 一次喷射厚度

混凝土混合料从喷头喷出后,围岩表面立即黏结一层喷射混凝土。如果不移开喷头而连续在一处喷射,黏结的混凝土层会愈黏愈厚,直至混凝土支持不住本身的重量,就会出现错裂,甚至脱落,影响混凝土的黏结力与凝聚力。如喷头移动过快,地岩面上只留下薄薄一层砂浆,而大部分骨料弹回。等薄层硬结后再喷第二层,相当于又向岩面喷射,势必增加回弹率,影响效率。因此,一次喷射混凝土应有一定的厚度,其厚度主要根据岩性、围岩应力,裂隙、巷道规格尺寸,及其他形式支护(如锚杆)的配合情况来确定。过厚、过薄均不利。一般一次喷射混凝土的厚度:掺速凝剂水平喷 100 mm,向上喷射 60 mm;不掺速凝剂水平喷射 70 mm,向上喷射 40 mm。

7. 喷射层间的间隔时间

因设计要求喷射混凝土很厚,或围岩部凹穴很深,喷射混凝土厚度往往超过一次喷射所能达到的厚度,要进行二次或多次复喷,其间隔时间,应当是喷射混凝土终凝后,且产生一定强度,能经受下次喷射流束的冲击而不至损坏。合理的间隔时间与水泥品种、速凝剂掺量、环境温度、水灰比大小、施工方法、支护性能等有密切关系。实际操作时,可根据具体情况和施工组织设计或作业规程的要求掌握。

8. 喷射混凝土的喷射顺序

喷射时应分段(不超过 6 m)、分部(先下后上)、分块(2. 0 m×2. 0 m),严格按先墙后拱、先下后上的顺序进行,以减少混凝土因重力作用而起的滑动或脱落现象的发生。喷射时可以采用 S 形往返移动前进,也可以采用螺旋形移动前进。

(五) 喷射混凝土堵管的处理

喷射作业中常遇到堵管,其原因是多方面的,如粗集料过大、水泥硬块或其他杂物、干喷时混合料(主要是砂)湿度过大(大于 6%)致使摩擦力增大、输料管弯头过小以及风压偏低等均会造成堵管。另外,若操作人员操作不对,如先开电机后给风、混合料未吹完就停风、误开放气阀而停风等也会引起堵管。

遇到堵管时,喷射机操作员应立即关闭电动机,随后关闭风源,喷射手将软管拉直,然后用手锤敲击以寻找堵管处。当敲击钢管时有发硬的感觉处，即为堵管部位。找到堵管部位后，可将风压升到 0.3～0.4 MPa(不超过 0.5 MPa)，并用锤击堵塞部位，使其畅通。排除堵管时，喷嘴前方禁止站人，以免被喷伤。

四、锚喷支护结构

（一）喷砂浆支护

巷道周围围岩表面喷一层砂浆的支护形式，主要用以封闭围岩使之不与大气环境接触，减缓风化、侵蚀作用。一般用于Ⅰ、Ⅱ类岩石巷道支护。喷砂浆的标号不应低于 75 号，喷砂浆的厚度不小于 10 mm，不大于 30 mm。

（二）素喷混凝土支护

这是在隧道围岩表面喷射一层混凝土，与围岩自持能力相结合，共同支护巷道的一种形式，广泛应用于Ⅱ、Ⅲ类岩石和大部Ⅳ类岩石。喷射混凝土支护根据其使用功能，即临时支护、永久支护，或初喷、复喷的要求，喷射混凝土厚度最小 30 mm，最大 200 mm。喷射混凝土的强度，一般工程不低于 C15，重要工程不低于 C20，喷射混凝土容重可取 2 200 kg/m^3，弹性模量 C15 和 C20 分别取 1.85×10^4 和 2.1×10^4。喷射混凝土与围岩的黏结力Ⅰ、Ⅱ类围岩不应低于 0.8 MPa，Ⅱ类围岩不应低于 0.5 MPa。

（三）锚杆喷射混凝土支护

这是锚杆和喷射混凝土联合支护的一种结构形式，广泛应用于Ⅲ、Ⅳ类围岩和一部分Ⅱ类围岩。这种结构既能充分发挥锚杆的作用，又能充分发挥喷射混凝土的作用，这两种作用的结合，有效改进了支护的效能。

（四）锚杆喷射混凝土金属网联合支护

锚杆、金属网和喷射混凝土进行联合支护的一种形式。金属网的介入，起到了加固的作用，很像钢筋混凝土结构，只不过还是浇注、捣固而是喷射混凝土。因此，在Ⅳ、Ⅴ类围岩的隧道支护，以及软岩隧道中得到广泛的应用。一般金属网的网格不小于 150 mm×150 mm，金属网所用钢筋或钢丝直径为 2.5～10 mm，施工时应注意用锚杆固定牢固，金属网间要用铁丝绑扎结实，钢筋保护层厚度不应小于 20 mm、大于 40 mm，必须能与喷射混凝土密切结合，保证强度。

（五）钢架喷射混凝土联合支护

这是在软岩中应用的一种特殊支护结构，即先在掘进后架设钢架，允许围岩收敛变形，基本稳定后再进行喷射支护，把钢架喷在里面，有时也打一些锚杆，控制围岩变形。这样，钢架自身仍保持相当的支护能力，同时，被喷射的混凝土裹住后又起到了“钢筋加固”的作用，而喷射的混凝土层有一定的柔性，对围岩基本稳定后的微量变形可以适应。

第六节　隧道防排水技术

隧道和地下工程处于岩土层中，当隧道穿过或靠近含水地层，时刻受到地下水的渗透作用，如果衬砌的防排水设施不完善，地下水就会侵入隧道，发生隧道渗漏水病害。为了改善隧道渗漏水的状况，提高隧道防排水能力，有关部门都针对本行业内隧道防水状况，提出了防排水要求。

（一）隧道防排水的措施和基本方法

1. 隧道防水措施

1）洞外防水措施

当隧道地表沟谷、坑洼积水、渗水对隧道有影响时，宜采用疏导、勾补、铺砌和填平等处置措施。废弃的坑穴、钻孔等应填实封闭。应采取措施防止或减少隧道附近的水库、池沼、溪流、井泉水、地下水渗入隧道。

2）洞内防水措施

（1）隧道采用复合式衬砌时，在初期支护与二次衬砌之间应设置防水板及无纺布。防水板应采用易于焊接的防水卷材，厚度不小于 1.0 mm，接缝搭接长度不小于 100 mm。所采用无纺布密度要求不小于 300 g/m^2。

（2）隧道二次衬砌应满足抗渗要求。混凝土的抗渗等级，有冻害地段及最冷月份平均气温低于－15℃的地区不低于 P8，其余地区不低于 P6。

（3）隧道二次衬砌的施工缝、沉降缝、伸缩缝是防渗漏水的薄弱环节。设计时常采用不同止水带、止水条等结构防水材料和构造形式。

（4）有侵蚀性地下水时，应针对侵蚀类型，采用抗侵蚀混凝土，压注抗侵蚀浆液，或铺设抗侵蚀防水层。

（5）对于围岩破碎、涌水易坍塌地段，可采用向围岩内预注浆进行堵水加固。

（6）隧道位于常水位以下，又不宜排泄时，隧道衬砌应采用抗水压衬砌。

2. 洞内防水层施工方法

1）施工准备及基面处理

彻底清除各种异物，如石子、沙粒等，做到初期支护表面平整干净。不能出现酥松、起砂、无大的明显的凹凸起伏。

铲除各类尖锐突出物体，如钢筋头、铁丝、凸出在作业面上的各种尖锐物体。

根据图纸高程尺寸，定好基准线，准确无误地按线下料。

施工设备如焊接机、检漏器、热风枪、电闸箱等，在工作前要做好检查和调整。确保设备正常运行，达到焊接要求，保证工程质量。

2）防水板材的焊接

板材采用双缝热熔自动焊接机焊接。依据板材的厚度和自然环境的温差调整好焊接机的速度和焊接温度进行焊接。焊接完后的卷材表面留有空气道，用以检测焊接质量。

检查方法：通过焊缝充气进行检查，压力达到 0.25 MPa 时停止充气，保持 15 min，压力下降在 10%以内。每 2 处搭接抽检 1 处。

3）防水板材的铺设、固定

根据实际情况下料，按基准线铺设防水板；用防水板材专用塑料垫和钢钉把缓冲层固定在基面上，应用暗钉圈焊接固定塑料防水板，最终形成无钉孔铺设的防水层。

在清理好的基面上铺设固定土工布垫层。在喷射混凝土隧道拱顶部标出隧道纵向的中心线，再使裁剪好土工布垫层中心线与喷射混凝土上的标志相重合，从拱顶部开始向两侧下垂铺设，用射钉固定垫片将土工布固定在喷射混凝土面上。水泥钉长度不得小于 50 mm，平均拱顶 3～4 个/m^2，边墙 2～3 个/m^2。

铺设固定防水板。先在隧道拱顶部的土工布上标出隧道纵向的中心线，再使防水卷材的横向中心线与这一标志相重合，将拱顶部的防水卷材与热融衬垫片焊接，再同土工布垫层一样从拱顶开始向两侧下垂铺设，边铺边与热融衬垫焊接。铺设时要注意与土工布密贴，并不得拉得太紧，一定要留出余量。将防水板专用融热器对准热融衬垫所在位置进行热合，一般 5S 即可。两者黏结剥离强度不得小于防水板抗拉强度。

（二）隧道排水措施

1. 隧道内排水应符合的规定

（1）路面两侧应设纵向排水沟，引排营运清、洗水消防水和其他废水。

（2）隧道纵向排水坡宜与隧道纵坡一致。

（3）路侧边沟可设置为开口式明沟或暗沟，当边沟为路沟时，应设沉沙池、滤水蓖、其间距宜为 25～30 m。

（4）检修道或人行道的道面应考虑排水，可酌情设 0.5%～1.5%的横坡，亦可在墙脚与检修道交角处设宽 50 mm、深 30 mm 的纵向凹槽，以利道面清洁排水。

2. 路面结构底部排水设施的设置要求

（1）路面结构下宜设纵向中心排水沟(管)，引排地下水，中心水沟(管)断面积应通过水力计算确定。

（2）中心水沟(管)纵向应按间距 50 m 设沉沙池，并根据需要设检查井。

（3）隧道应设横向导水管，以连接中心水沟(管)与衬砌墙背排水盲管；横向导水管的直径不宜小于 100 mm，横向坡度应不小于 2%，其纵向间距应根据地下水量确定，一般可 30～50 m 设置；当不设隧底中心水沟(管)时，横向导水管的纵向间距不宜小于 10 m。

（4）路面底部应设不小于 1.5%的横向排水纵坡。

（5）寒冷和严寒地区有地下水的隧道，最冷月份平均温度低于－10℃时，应采用深埋中心水沟；最冷月份平均气温低于－25℃时，应在隧道下设防寒泄水隧洞。

3. 隧道衬砌外排水设施设置要求

（1）在衬砌两侧边墙背后底部应设沿隧道的纵向排水盲管(沟)，其孔径不应小于 80 mm。

（2）沿衬砌背后环向应设置导向盲管，其纵向间距应≤20 m，遇水量较大时，环向盲管应加密，对有集中水处，应单独设竖向盲管，盲管的直径应≤50 mm。

（3）环向盲管、竖向盲管应与边墙底部的纵向排水盲管(沟)连通；纵向排水盲管(沟)应与横向导水管连通，以形成完整的纵横向排水系统，环向盲管、竖向盲管。纵向排水盲管应用无纺布包裹。

（4）当地下水发育，含水层明显，又有长期充分补给来源时，可利用辅助坑道排水或设置泄水洞等截、排水设施。

（5）当洞内水质有侵蚀时，应采取适当措施，防止排水造成环境污染。

（三）洞口与明洞防排水

1. 设置截水沟和排水沟

隧道、辅助坑道的洞口及明洞应设置截水沟和排水沟，洞口边坡、仰坡应采取防护措施，防止地表水的下渗和冲刷。

2. 设置反向排水边沟或采取截流措施

为防止洞外水流入隧道内，可在洞口外设置反向排水边沟或采取截流措施。

3. 明洞防排水要求

(1) 明洞顶部应设置必要的截、排水系统。

(2) 回填土表面宜铺设隔水层,并与边坡搭接良好。

(3) 靠山侧边墙底或边墙后宜设置纵向和竖向盲沟,将水引至边墙泄水孔排出。

(4) 砌外缘应敷设外贴式防水层。

(5) 明洞与隧道接头处应做好防水处理,明洞混凝土浇筑应严格按新旧混凝土施工规则要求施作,明洞防水层应往隧道方向延伸一定长度,并做好仰坡脚与明洞填土的搭接。

第七节 二次衬砌

目前隧道支护通常采用复合是衬砌,其由初期支护和二次衬砌组成,初期支护是帮助围岩达成施工期间的初步稳定,解决隧道在施工期间的稳定和安全问题的工程措施;二次衬砌则是提供安全储备或承受后期围岩压力,保证隧道永久稳定和安全,作为隧道试用期间安全储备的工程措施。

隧道的二次衬砌要做到“内实外美”,其实用性、可靠性及耐久性都应满足设计的要求。二次支护的施工方法和模板类型的选择,应充分考虑到与围岩条件、开挖方法、支护方法、混凝土施工能力等相适应。

一、仰拱(填充、底板)施工

(一) 施工方法

为保证施工安全,仰拱混凝土应及时施作,支护尽早闭合成环,整体受力,确保支护结构稳定。为保证施工质量,仰拱衬砌混凝土应整幅一次浇筑成形,不得左右半幅分次浇筑,一次浇筑长度不宜大于 5.0 m。出碴问题可采用移动钢栈桥解决。

仰拱混凝土工艺如下:① 测量放样,由内轨顶标高,反算仰拱基坑底标高;② 采用挖掘机一次性开挖到位(暂不出碴),人工辅助清理底部浮碴杂物;③ 将上循环仰拱混凝土接头凿毛处理,按设计要求安装仰拱钢筋,并预留与边墙衬砌连接筋;④ 自检合格后,报监理工程师隐蔽检查并签证,混凝土输送车运输灌筑,插入式振动棒捣固。为能尽早便于行车,采用早强型混凝土。

(二) 技术措施

施工前,应将隧底虚碴、杂物、泥浆、积水等清除,并用高压风将隧底吹洗干净,超挖应采用同级混凝土回填。

仰拱超前拱墙二次衬砌,其超前距离保持 3 倍以上衬砌循环作业长度。仰拱、底板混凝土半幅浇筑。填充混凝土在仰拱混凝土终凝后浇筑,不得同时浇筑。仰拱拱座与墙基同时浇筑,排水侧沟与边墙同时浇筑。

仰拱施工缝和变形缝作防水处理。膨胀岩性地段,开挖后及时施作仰拱。填充混凝土强度达到 5 MPa 后允许人通行,填充混凝土强度达到设计强度的 100%后允许车辆通行。

二、二次衬砌施工

隧道正洞采用复合式衬砌，二次衬砌采用模筑式整体混凝土衬砌。

（一）施工准备

1. 原材料检验

每批钢筋进场时均应有钢筋出厂质量证明书或试验报告单；钢筋进场后进行复检，并将检测报告报监理工程师审查；钢筋现场堆放必须采取下垫上盖等措施防止钢筋锈蚀。

2. 技术准备

为保证钢筋工程的及时性、准确性，根据图纸、规范要求，及时技术交底，做到放样及时、准确，能指导施工；钢筋工必须持证上岗，保证钢筋加工质量。

3. 钢筋加工

开工前及时向监理工程师提交加工方案、加工材料明细表。加工时钢筋应平直，无局部曲折。如遇有死弯时，应将其切除。

钢筋表面应洁净，无损伤、油漆和锈蚀。钢筋级别和直径必须符合设计要求。

4. 钢筋安装

钢筋的安装位置、间距、保护层及各部钢筋大小尺寸应符合设计图规定。

钢筋制作及安装严格按有关规程、规范及设计图纸要求，由钢结构加工厂统一制作，利用轨行式作业平台现场人工绑扎、焊接。施工时应防止损坏防水层和注意预埋件安装。

（二）模筑式整体混凝土衬砌施工方法

1. 施工方法

正洞衬砌采用 12 m 长全断面钢模整体式液压衬砌台车，一次施工长度 12 m，横洞衬砌采用组合钢模板，采用混凝土输送泵或汽车泵泵送作业，由下向上，对称分层，先墙后拱灌筑，入模倾落自由高度不超过 2.0 m，机械振捣。

混凝土运输采用混凝土输送车，挡头模板采用制式钢模，确保施工缝处混凝土质量。

混凝土灌筑前做好钢筋的布设工作，钢筋角隅处要加强振捣，并做好防水层铺设及各类预埋件、预留孔、沟、槽、管路的设置。

2. 混凝土施工

施工准备：测量人员和隧道工程师共同进行水平、高程测量放样。起动台车液压系统，根据测量资料使钢模定位，保证钢模衬砌台车中线与隧道中线一致，拱墙模板定位后固定，并进行测量复核。清理基底杂物、积水和浮碴；衬砌台车前端装设钢制挡头模板，并按设计要求安装固定止水带；拆除上组衬砌混凝土施工缝处止水带保护模，并自检防水系统设置情况。自检合格后报请监理工程师隐蔽检查，经监理工程师签证同意后灌筑混凝土。

混凝土原材料必须经工地试验室检验合格后方可使用。细骨料采用河沙，粗骨料在指定石料场加工。在石料场建立粗骨料加工系统，保证粗骨料生产质量满足混凝土对粗骨料的各项指标的要求。

到工地后，按混凝土原材料试验规范进行检验。水泥采用袋装水泥，必须有出厂合格证。进场后，由检测试验中心按规范要求，进行各项性能检验。水泥进库后按规程要求上盖下垫分批堆放，水泥出厂超过三个月有效期，或发现水泥有受潮结块现象时，均应经过鉴定后降级使用。搅拌用水从深井抽取。使用前对水进行酸性物质含量化学分析试验，合格后方可使用。

3. 混凝土搅拌

搅拌站采用电子自动计量系统，混凝土搅拌严格按设计配合比计量拌和，配合比设计在满足设计强度、耐腐蚀、耐久性、和易性的要求和合理使用材料和经济的原则下，计算与试验相结合，采用质量法设计。泵送混凝土配合比的技术要求：骨料最大粒径与输送管内径之比，碎石不大于1∶3，且不大于40 mm；通过0.315 mm筛孔的沙不小于15%。混凝土生产必须满足冬期施工要求。

4. 混凝土运输

混凝土采用混凝土输送车运输。

运输施工要点：混凝土在运输中应保持其匀质性，做到不分层、不离析、不漏浆；运到灌筑点时，要满足坍落度要求；从搅拌机卸料到灌筑完毕的延续时间不超过120 min。

5. 混凝土灌筑

混凝土自模板窗口，由下向上，对称分层，先墙后拱灌筑，倾落自由高度不超过2.0 m。因意外混凝土灌筑作业受阻不得超过2 h，否则按施工缝处理。衬砌混凝土施工均为机械振捣，插入式振动棒和附着式振捣器振捣密实，并避免碰撞钢筋、模板、预埋件和止水带等。振动棒插入下层混凝土50 mm左右。

6. 混凝土养护及整修

模筑混凝土衬砌应根据不同地段承压情况，混凝土强度分别达到设计强度的100%、70%及8 MPa时方可拆模。

7. 质量保证技术措施

衬砌施工前，应对中线、高程、断面尺寸和净空大小进行仔细检查核对，准确无误符合设计要求后，方可灌筑混凝土。施工前做好地下水的封堵、引排，仰拱及基础部位的浮碴、积水必须清理干净，衬砌混凝土必须在无水情况下进行施作，以保证混凝土质量。混凝土灌筑前，对模板、支架、钢筋、预埋件和止水带进行仔细检查，符合要求后方能灌筑。

混凝土中掺入粉煤灰和早强剂、减水剂、引气剂，控制混凝土的水灰比，控制混凝土中水泥用量等措施，增加混凝土的密实性并减小因水化热引起的混凝土温度应力和收缩。

混凝土衬砌灌筑过程中，严禁损坏防水板。检测试验中心按规定要求在灌筑混凝土现场做试件，并详细填写施工记录。

8. 注浆回填

为了确保初期支护与二次衬砌密实无空洞，在初期支护完成后二次衬砌前对初期支护背后进行探地雷达检测，发现空洞后采取注浆回填；二次衬砌时，在拱部每隔3 m预埋一根注浆管，注浆管采取保护措施，防止混凝土进入将其堵死，在衬砌混凝土强度达到后进行注浆，注浆材料选用水泥砂浆(水灰比1∶1，砂灰比2∶1)，注浆从低标高注浆孔开始注浆压力不小于1 MPa或高标高拱顶注浆孔冒浆为止。

第五章

岩溶隧道安全处置

第一节　岩溶分类处置

一、充填黏土型岩溶处置技术

对于充填型溶洞的治理，应当根据岩溶洞穴的大小以及洞穴和隧道相对位置之间的关系，充分运用“因势利导、技术可靠、因地制宜、经济可行”的原则。

（一）处置措施

1. 拱部和边墙径向加固技术

(1) 对于隧道拱部及边墙进行径向注浆加固，注浆加固的范围为开挖轮廓线外 3～5 m 区域。

(2) 注浆管选用 ϕ42～60 mm 焊接钢管。注孔采用梅花形布置，布设的间距为(环向×纵向)＝(60～100 cm)×(60～100 cm)。

(3) 考虑到注浆加固的要求，还有对注浆体的耐久性、抗水压的需求，应当使用耐久性好、强度高的 TGRM 浆、普通水泥单液浆和超细水泥单液浆可以作为注浆的材料，其中将超细水泥单液浆作为注浆的主要材料。在注浆的过程中，当注浆压力在较长时间不再上升时，使用 TGRM 浆、普通水泥单液浆，并调整浆液的配比对注浆扩散的范围进行控制。超细水泥单液浆、普通水泥单液浆水灰比范围为 $W:C=0.6:1\sim0.8:1$，TGRM 浆水灰比 $W:C=1:1\sim1.2:1$(W 为水的重量，C 为水泥的重量)。

(4) 注浆按照全孔一次性注浆的方式进行注浆，其注浆按照跳孔、跳排的顺序，并采用挤密约束型注浆，以定压注浆为主的原则，将定压定量相结合，对注浆标准进行控制。单孔设计注浆量为 0.1～2 m^3，注浆最后压强为 1.5～2 MPa。

2. 基底钢管群桩的加固技术

(1) 对隧道基底使用钢管群桩进行加固支护。当隧道的基底 10～12 m 以下是基岩时对于钢管桩应当打入到基岩以下 1～2 m，如以下 1～2 m 范围仍为粉质黏性土层，需要进行摩擦桩的计算，一般的加固支护范围为基底下 12～20 m。

(2) 注浆管选用 ϕ75～108 mm 焊接钢管。注浆孔采用梅花形布置，布设间距为(环向×纵向)＝(60～100 cm)×(60～100 cm)。

(3) 考虑到注浆加固过程中的要求和注浆体耐久性抗水压需求，应当使用耐久性好、强度高的 TGRM 浆、普通水泥单液浆和超细水泥单液浆作为注浆的材料，其中超细水泥单液浆是注浆的主要材料。如果注浆的过程中，注浆的压力在较长的时间保持不上升时，使用普通水泥单液浆和 TGRM 浆，并进行调整浆液的配比来对注浆扩散的范围进行有效的控制。

超细水泥单液浆和普通水泥单液浆的水灰比范围为 $W:C=0.6:1\sim0.8:1$，TGRM 浆水灰比为 $W:C=1:1\sim1.2:1$。

(4) 使用全孔一次性的方式来进行注浆施工工艺。注浆顺序选取间隔跳孔、跳排的原则，进行挤密注浆。也就是按“单排单号孔—双排单号孔—单排双号孔—双排双号孔”的顺序进行注浆施工。一、二工序孔可以按定量与定压相结合的原则，实施注浆标准的控制，设计单孔的注浆量为 2～3 m^3，注浆终压为 3～4 MPa。三、四工序孔以定压的原则对注浆标准进行控制。也就是当注浆终压达到 3～4 MPa 时，注浆的速度应不超过 5 L/min，持续 10 min 后，注浆结束。

(二) 处置关键技术

1. 径向注浆加固技术

根据岩溶隧道施工现场的经验可以知道，进行径向注浆的方案，最可靠的方法为超前探孔法。通过超前探孔对地质的探测分析，可判定出水流的方向，估算出总的涌水量，确定裂隙的发育段和裂隙的发育程度，从而能够对前方的地层在掘进后是否能达到自稳，是否会有涌水、涌砂的大量出现，是否能保证涌出水量对施工不会造成太大的影响，这些重要的方面都要进行全面的评估，并明确在掘进施工完成之后，才能对涌水量实施有效的控制。

1) 注浆材料

径向注浆是工程结构很重要的一部分，它要起到抗水压和加固堵水的作用，因此对径向注浆材料的选择一定要全面考虑注浆材料的耐久性、高强性、无污染性和收缩性等各种重要性能。因此，选择普通水泥单液浆、超细水泥单液浆、HSC 单液浆和 TGRM 单液浆作为径向注浆的材料。

对上述四种注浆材料的性能进行综合对比，对浆液的优缺点进行研究分析，界定其作用的范围。

(1) 普通水泥单液浆(简称 C 浆)。优点：① 凝胶时间比较长，具有较长的可注期。注浆时有较大的注浆量和注浆加固的范围。② 具有很高的抗压、抗剪强度，能达到很好的径向加固注浆效果。③ 单价低。缺点：① 初凝的时间长，容易被地下水稀释，进而影响其凝胶强度和性能，因而不适合在水压高和水量大的条件下使用。② 其颗粒粗，在砂层和微小裂隙条件下注浆困难。③ 收缩率大，不适合在对防水等级要求很高的条件下使用。

适用范围：适用于水量小和水压低、宽裂隙的地质条件。

(2) 超细水泥单液浆(简称 MC 浆)。优点：① 终凝时间比较长，可注期良好，能够得到较大的注浆量及注浆加固范围。② 固结体抗剪、抗压强度极高，能够得到最好的注浆加固效果。③ 颗粒较细，在地层中，尤其是砂层中能够做到其他浆液不能达到的渗透和劈裂效果，是径向注浆的最佳材料。缺点：① 终凝时间比较长，受地下水稀释影响严重，对其凝胶化性能产生影响，因而在水压高和水量大的条件下会造成一定的浆液损失。② 单价高。③ 略有收缩性，不适合采用大水灰比试试注浆加固施工。

适用范围：适宜在各种地层进行径向注浆加固，尤其是砂层、淤泥粉质黏性土层等充填型溶洞的地层应优先选择使用该种注浆材料。

(3) HSC 单液浆(简称 HSC 浆)和 TGRM 单液浆(简称 T 浆)。优点：① 具有很好的抗分散性，可有效地控制注浆的区域，适合在水流量大的条件下实施注浆。② 早期的强度高，对抑制地层变形具有较好的效果。③ 具有膨胀性，注浆后的堵水效果好，不会出现透水事故和渗水现象。缺点：① 黏度大，初凝时间短，易堵管，只适宜于水量大条件下施工，在水量小于 40 m^3 时，现场不适合采用。② 黏度大，在微小裂隙和小空隙率地层中注入困难。③ 早期强度高，但龄期强度不高，作为径向注浆的加固材料，有待于进一步对材料性能进行改善。

适用范围：仅适宜于水量 $Q \geqslant 40\ m^3/h$ 时径向注浆堵水施工。

2) 注浆设计

在径向注浆过程中，其设计参数主要是根据地层的特点来确定，并经过现场试验后进行不断改进，一般径向注浆的设计参数见表 5.1。

表 5.1　径向注浆的设计参数表

序号	参数名称	一般裂隙地段	溶洞间隙段	溶洞段
1	加固厚度/m	0.2～0.5D	0.5D	0.5～1D
2	注浆材料	HSC 浆（或 TGRM 浆），普通水泥单液浆、超细水泥单液浆	超细水泥单液浆（局部 HSC 浆）	超细水泥单液浆（局部 HSC 浆）
3	扩散半径/m	1～2	0.6～1	0.5
4	环向间距/m	2～3	0.7～1.5	0.6～1
5	纵向间距/m	1～2	0.5～1.4	0.6～1

注：D 为开挖断面宽度。

3) 注浆施工

(1) 施工工艺流程。径向注浆的施工工艺流程如图 5.1 所示。

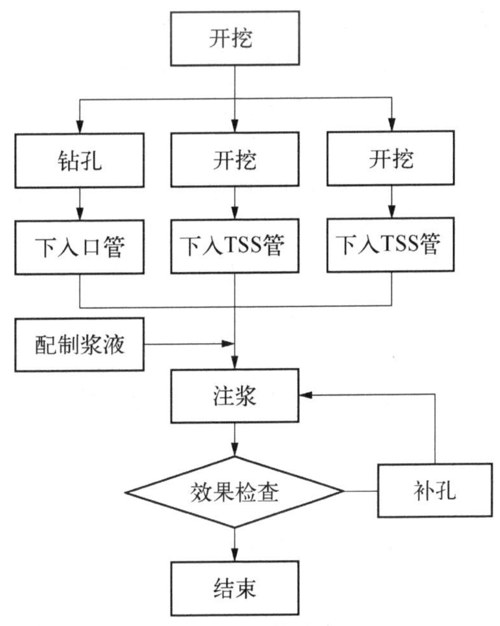

图 5.1　径向注浆的施工工艺流程图

注：TSS 管，即单向袖阀式注浆管。

(2) 注浆管材。① 当地层裂隙的发育较轻时，径向注浆管采用钻孔，随后，下入孔口管进行注浆，孔口管利用直径为 42 mm 的焊接钢管，其长度为 1 m；② 当地层的裂隙有比较发育时，或在溶洞间隔的地段和溶洞区段，对径向注浆过程的要求比较高，因而适合采用 TSS 管结构，用来防止或是减少注浆活动中发生串浆现象，可以增加径向注浆加固支护的效果。TSS 管直径为 42 mm，长度为钻孔的深度。

(3) 注浆参数。注浆参数见表 5.2，现场注浆施工中应考虑地层的特点，要不断地对注浆参数进行动态完善和调整，以能够适应地层的注浆加固。

表 5.2 注浆参数表

序号	参数名称	参数值
1	注浆速度/(L/min)	6～100
2	注浆终压/MPa	2～4
3	单孔注浆量/m^3	采用公式计算

单孔注浆量采用公式(5.1)计算。

$$Q = n\pi R^2 ha(1+\beta) \tag{5.1}$$

式中：Q—单孔注浆量，m^3；n—地层孔隙率；R—注浆半径，m；h—注浆段长度，m；a—浆液有效填充率(取 0.6～0.9)；β—浆液消耗率(取 10%～30%)。

(4) 注浆方式。径向注浆可以使用全孔一次性注浆方式来施工。

(5) 注浆顺序。注浆一般按照两序孔的顺序进行，即是先跳孔、跳排注单序孔，然后再注剩下的二序孔。这样，通过进行约束型的注浆活动，能够使注浆达到挤压密实的目的。

(6) 注浆结束标准控制。以定量定压相结合为原则，然后对一序孔注浆结束标准进行控制。在注浆施工的过程中，主要是控制定压，如果在较长时间内注浆压力长时间不上升(一般指 8 h)，应将注浆材料更换成 HSC 单液浆，再注浆 8 h 后压力仍不上升，可以参考定量的标准来控制注浆活动。二序孔的注浆结束标准是以达到原先设计好的注浆终压为原则进行控制的。

4) 注浆效果检查评定

(1) 在径向注浆中，所有的注浆孔注浆 $P-Q-t$(P 为注浆压力、Q 为注浆量、t 为注浆时间)曲线都必须满足设计意图。

(2) 径向注浆结束以后，应达到设计规定的所允许渗漏水量标准的基本要求。

2. 超前帷幕注浆技术

利用超前地质预测预报技术，确定工作面前方有软岩富水的充填型溶洞不良地质发育时，如果采取直接掘进，很可能会出现突水、突泥、塌方等一系列的地质灾害，施工安全就无法保证。因此，应该使用全断面超前预注浆对围岩进行加固、堵水，从而确保施工的安全有效进行。

1) 注浆孔的布设模式

注浆孔的布设有三种模式，分别为极坐标法、绝对坐标法、相对坐标法。对上述三种注浆孔的布设模式的优缺点进行分析比较，其结果见表 5.3。

表 5.3 三种注浆孔布设模式优缺点的比较

布孔模式	定位方法	优点	缺点	适用范围
极坐标法	钻机的固定，采取单点法进行定位	不需要对钻机进行移动，定位比较方便	① 工作而的孔位过于集中，注浆活动中易导致止浆墙开裂；② 布孔数量较多	不宜采用

续　表

布孔模式	定位方法	优　　点	缺　　点	适用范围
绝对坐标法	钻机的移动，利用角度法进行定位	工作面孔位的布设比较合理	① 每钻一个孔都需要对钻机进行移动，对钻孔的进度产生影响；② 采用角度法定位，存在误差	适用于地质钻机
相对坐标法	钻机的移动，采取两点法进行定位	① 工作面孔位布设合理；② 定位比较方便、准确	利用地质钻机时，定位不方便	适用于风钻

2）注浆设计参数

注浆的设计参数一般有：终孔间距、止浆墙厚度、扩散半径、帷幕厚度、注浆段落长度、总注浆量。

（1）止浆墙厚度。止浆墙一般是指在超前预注浆活动进行时，为达到抵抗注浆施工过程中对注浆压力的要求，而采用的止浆模式。同时，通过使用止浆墙能够将孔口管进行固定，减少钻孔在注浆过程中由于安设孔口管而对钻孔注浆活动的进度产生影响，因此，原则上要求在进行超前预注浆前应设置止浆墙。

① 止浆墙厚度设计。

止浆墙厚度的设计一般使用抗剪计算、抗压计算和经验法来确定。

a. 抗压计算。按抗压计算方式，止浆墙厚度计算公式见式(5.2)和式(5.3)。

$$B=\frac{D}{2\tan a}\left(\sqrt{\frac{mR_{\sigma}}{mR_{\sigma}-\lambda P_{z}}}\right) \tag{5.2}$$

式中：B—止浆墙厚度，m；D—开挖断面直径，m；a—止浆墙侧面与垂直轴之间的斜角；m—工作条件系数；R_{σ}—混凝土计算强度，MPa；P_{z}—注浆最大压力，MPa；λ—超载系数。

$$B=\frac{100P_{z}}{Ac} \tag{5.3}$$

式中：P_{z}—最大注浆压力，MPa；A—注浆断面面积，m^{2}；c—混凝土表面密度，t/m^{3}。其余符号意义同前。

b. 抗剪计算。按抗剪计算方式，止浆墙厚度计算公式见式(5.4)和式(5.5)。

$$B=\frac{\lambda P_{z}D}{4m\tau_{c}} \tag{5.4}$$

$$\tau_{c}=kR_{\sigma} \tag{5.5}$$

式中：τ_{c}—混凝土抗剪强度，MPa；k—转换系数。其余符号意义同前。

c. 经验数值。采用以上公式进行计算，计算出的止浆墙的厚度与现场差距往往比较大，因此，可利用经验数值对止浆墙厚度的取值进行调整。

目前国内煤矿部门进行注浆施工时，一般采用如表 5.4 经验数值。

表 5.4　煤矿部门止浆墙厚度选取经验数值表

注浆压力/MPa	止浆墙厚度/m
＜2	1
2～6	1.6～2.0
5～7	2.6～3.0

② 止浆墙施工工艺。

a. 首先对止浆墙的位置设置要确定。

b. 考虑到对止浆墙的施作形式要求，掘进出符合要求的断面形式，并施作设计所要使用的技术措施(譬如径向锚杆等)。

c. 用排水管将工作面前方的流水排出，利用抽水泵将止浆墙里程段的积水排出，保证止浆墙施作的位置内不能存在渗水、流水和积水。

d. 将止浆墙位置内的一切杂物清除干净。

e. 根据止浆墙的设计厚度进行立模。保证立模的牢固性，稳定性。

f. 将试验检验合格的混凝土灌入立模空间(一般是C20混凝土)。使灌注后的混凝土振捣密实，保证混凝土施工的质量。

g. 待混凝土的强度达到设计强度要求的75%后，再进行钻孔注浆活动。

(2) 帷幕厚度。有效的帷幕厚度(环向注浆加固的范围)可以确保注浆的质量，同时也是保证施工安全的重要措施。在对注加固、堵水等进行设计时，对于如何对注浆加固的范围进行确定，需要从地质条件以及水压力的数值进行综合全面的考虑，还要联系到注浆的效果，同时，也需要考虑注浆的成本和对注浆工期的要求。

注浆加固的范围如图5.2所示。图中 D 为隧道掘进的等效直径(m)。B 为注浆加固的范围(m)，当对围岩进行全断面超前帷幕注浆时，应对工作面进行加固来保证工作面的稳定。B_1 为帷幕的厚度(m)。

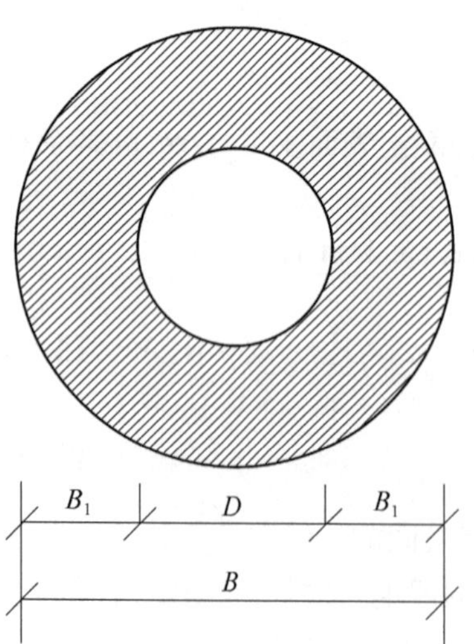

图 5.2　注浆加固范围

① 理论公式法。注浆帷幕的固结体一般要承受来自外部的静水压力，因此，可根据厚壁筒公式，通过第四强度理论计算帷幕的厚度，见式(5.6)。

$$B_1=\left(\sqrt{\frac{\sigma}{\sigma-\sqrt{3}P_W}}-1\right)\cdot\frac{D}{2} \tag{5.6}$$

式中：B_1—帷幕厚度，m；σ—围岩固结体允许的抗压强度，MPa；P_W—最大静水压力，MPa；D—隧道开挖等效直径，m。

② 经验公式法。可根据经验公式计算加固的范围和帷幕的厚度，见式(5.7)和式(5.8)。

$$B=(2\sim3)D \tag{5.7}$$

$$B_1=\frac{B-D}{2}(1\sim 1.5)D \tag{5.8}$$

式中：符号意义同前。

在计算时，如果水压力和水量都比较大，应取其高限；如果水压力和水量比较小，应取其低限。

③ 经验数值法。根据岩溶隧道的施工经验可知，对注浆帷幕的厚度选取，可以按照地质特征（水压力高低和水量大小）直接选取，选取方法见表 5.5。

表 5.5　注浆帷幕厚度的数值选取参照表

序号	地质条件	帷幕厚度选取
方案一	① 在非可溶岩与可溶岩的接触区，断层的破碎带以及向斜构造的核部，在施工中可能会发生严重的突水、涌泥情况。② 物探的加固范围为掘进掌子面的异常地段，超前地质探孔的单孔涌水量为：$Q_{单}\geqslant 40\ m^3/h$。③ 实测水压力为：$P_{水}\geqslant 2$ MPa	全断面的超前帷幕注浆，注浆加固的范围为掘进工作面和开挖轮廓线外正洞 8 m 范围内，平导为 5 m
方案二	① 非可溶岩与可溶岩的接触带，断层的破碎带及向斜、背斜构造的核部，施工中很可能会发生比较严重的突水、涌泥事故。② 在物探异常的地段，超前地质探孔的单孔涌水量为：$Q_{单}\geqslant 40\ m^3/h$。③ 实测水压力为：1 MPa$\leqslant P_{水}<2$ MPa	全断面的超前帷幕注浆，注浆加固的范围为掘进工作面和开挖轮廓线外正洞 5 m 范围内，平导为 3 m

④ 注浆加固圈的安全性检算。对于注浆加固圈的安全性，可利用厚壁圆桶的弹性力学解析方法对其进行检算。将隧道假设为厚壁的圆桶，其外部受到土压力和水压力的双重作用，水压力设为 P_W。根据施工的经验，取 5 倍的洞径作为隧道掘进的影响范围。因此，土体压力 $P_{土}$ 为 $(5D-B)$（D 为隧道开挖等效直径；B 为注浆加固的范围）厚度的土柱。总压力 P 为 $P_W+P_{土}$。假设注浆加固圈的周围受到均匀的土压力和水压力，忽略其重力影响，根据厚壁圆桶的弹性力学中轴对称问题进行计算，在距离隧道圆心某一距离 r 处应力的表达见式(5.9)～式(5.11)。

$$\sigma_r=\frac{P\cdot r_1^2}{r_1^2-r_0^2}\left(\frac{r_0^2}{r^2}-1\right) \tag{5.9}$$

$$\sigma_\varphi=\frac{P\cdot r_1^2}{r_1^2-r_0^2}\left(\frac{r_0^2}{r^2}+1\right) \tag{5.10}$$

$$\tau_{r\varphi}=0 \tag{5.11}$$

式中：σ_r—切向应力，MPa；$\tau_{r\varphi}$—剪应力，MPa；σ_φ—径向应力，MPa；r_1—注浆加固圈半径，m；r—点到隧道的距离；r_0—隧道等效半径，m。

(3) 注浆段落长度。

注浆段落长度是指注浆加固的纵向范围。注浆段落长度一般要受到注浆工艺、钻机能力、地质条件等作用的影响。地质条件的不同，也会影响注浆的效果。如果现场使用的钻机钻孔的能力比较差，钻孔的距离就会越长，岩粉就比较难排出，因此钻机的工作效率会很低。同时，增大钻孔的倾角，也会对注浆效果产生影响。因此，注浆段落长度应适当地缩短，反之亦然。同时，依据大量的注浆工程实践结论验证，注浆具有“楔形效应”，即越向前浆液的扩散难度就会越大，注浆的效果就越差，因此，注浆段应当选取合理的范围。

① 注浆段落长度的确定。

a. 经验公式法。对注浆段落长度的选取可根据经验公式(5.12)进行计算：

$$L_{注}=(3\sim5)B_1 \tag{5.12}$$

式中：$L_{注}$—注浆段落长度，m；B_1—帷幕厚度，m。

b. 经验数值法。根据目前国内外施工机械技术发展水平，注浆段落长度一般宜选择20～30 m。在现场施工时，以保证钻孔机械设备的工作效率为依据。

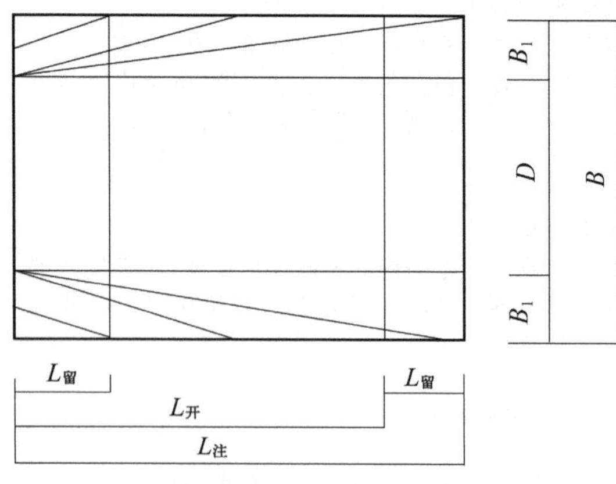

$L_{注}$—注浆段落长度，m；$L_{开}$—注浆后开挖段落长度，m；$L_{留}$—为余留段落长度，m；其余符号意义同前。

图 5.3 注浆段落、开挖段落和余留段落长度之间的关系图

② 注浆段落长度、掘进段落长度、余留段落长度的相互关系。在注浆过程中，应当遵循“注浆一段、开挖一段、余留一段，段段推进、稳扎稳打”的施工原则。所以，在注浆加固完成后，为保证工作面的稳定，并且不影响下一循环的止浆工作，应留下一段作为下一循环注浆时的止浆岩盘。根据工程中的调查，我国水下岩石隧道的注浆段落一般度为50 m，掘进段落长度为 40 m，余留 10 m 不掘进作为下一循环的止浆岩盘。注浆段落长度、开挖段落长度和余留段落长度之间的关系如图 5.3 所示。

注浆完成后，对于掘进段落长度 $L_{开}$ 和余留段落长度 $L_{余}$，可按照经验公式(5.13)和公式(5.14)来确定。

$$L_{开}=(0.7\sim0.8)L_{注} \tag{5.13}$$

$$L_{余}=(0.2\sim0.3)L_{注} \tag{5.14}$$

根据施工经验对于余留段落长度 $L_{余}$ 可按照经验公式(5.15)来确定。

$$L_{余}=B_1 \tag{5.15}$$

式中：符号意义同前。

(4) 扩散半径。注浆扩散半径并非指浆液在地层中扩散而达到的最远距离，而是指浆液符合设计要求的扩散距离。所以，在对扩散半径进行选取时，选择多数条件下能够达到的数值，并非平均值。扩散半径用符号 R 来表示。

① 影响扩散半径的因素。同济大学的杨平博士对使用不同的注浆时间、不同的注浆压力、不同水灰比的水泥浆，对级配不同的砂卵石层采取注浆模拟试验，得到如下结论，见式(5.16)：

$$R = 18.953m^{0.121} \cdot k^{0.429} \cdot P^{0.412} \cdot t^{0.427} \tag{5.16}$$

$$b_{m} = 0.258;\ b_{k} = 0.666;\ b_{P} = 1.338;\ b_{t} = 0.309;\ r = 0.971$$

式中：m—水灰比；k—渗透系数；P—注浆压力；t—注浆时间；b_m、b_k、b_P、b_t—标准回归系数；r—复相关系数。

根据以上公式研究分析可知，对注浆扩散能力来讲，受注浆地层渗透能力、注浆时间、注浆压力，以及浆液水灰比的多重影响。研究说明：对 R 的影响，主要的影响因素 $P > k > t$，m 为次级影响。

② 扩散半径计算。

a. 粒状注浆材料。

对于粒状注浆材料的扩散能力的研究分析，主要是由材料的颗粒粒径、浆液流动性和稳定性所决定。粒状注浆材料的渗透性一般采用式(5.17)进行计算。

$$R = \frac{\rho_{w} g h r_{e}}{2s} + r \tag{5.17}$$

式中：R—浆液的渗透能力，cm；ρ_w—水的密度，g/cm^3；g—重力加速度，cm/s^2；h—注浆压力(水头压力高度，cm)；r_e—孔隙的等效半径，cm；s—注浆材料的凝胶强度，dyn/cm^2，1 dyn=10^{-5} N；r—注浆孔半径，cm。

b. 化学注浆材料。

通过对化学注浆材料扩散性能的分析，注材料主要取决于浆液的流动性。化学注浆材料的渗透性利用 Maag(马格)公式进行计算，见式(5.18)。

$$R = \sqrt{\frac{3Khrt}{\beta n}} + r \tag{5.18}$$

式中：R—浆液的渗透能力，cm；K—地层的渗透系数，cm/s；h—注浆压力(水头压力高度，cm)；r—注浆孔半径，cm；t—注浆时间，s；β—浆液黏度与水的黏度比值；n—地层空隙率。

③ 扩散半径选取。扩散半径可利用现场试验和室内试验两种方式进行确定。试验时，通常使用三角形布孔取芯进行验证，以保证扩散半径满足注浆要求，如图 5.4 所示。

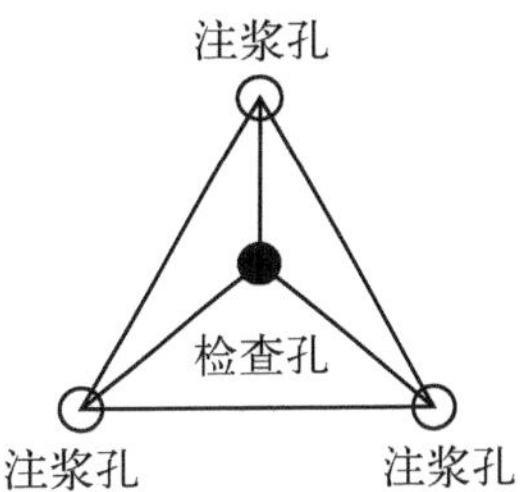

图 5.4　扩散半径试验布孔图

对于浆液扩散半径的估算，在现场施工时往往进行经验取值，一般在中细砂层和粉质黏性土中取值范围为 0.5～0.9 m；中粗砂和砂卵石层中取值范围为 0.8～1.1 m；断层破碎带的取值范围为 1.6～2 m。

将扩散性能控制在一个合理范围内，扩散半径越大，则钻孔量就少，就会造成无效注浆量越大。所以，对于扩散半径的取值，需要对浆液费用和钻孔费用进行综合比较。

(5) 终孔间距。

① 单排(圈)孔布置。

当使用单排(圈)孔注浆设计时，对于注浆孔间距应按照式(5.19)计算。

$$a = 1.5R \tag{5.19}$$

式中：a—注浆孔布孔间距，m；R—扩散半径，m。

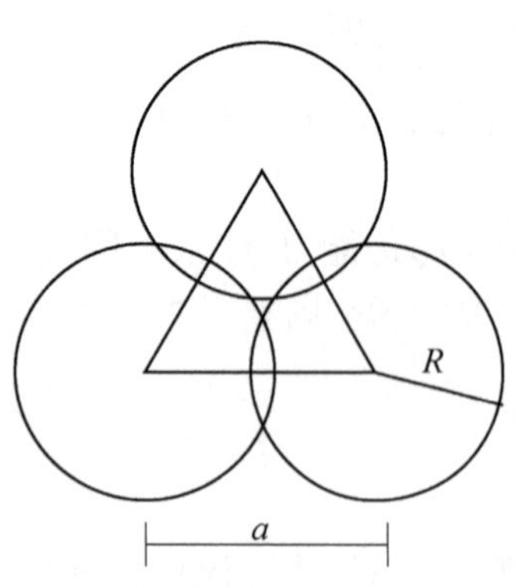

a—注浆孔布孔间距；R—扩散半径。

图 5.5　孔排间的最优搭接图

② 多排(圈)孔布置。

当单排(圈)孔已经无法满足注浆加固的厚度时，应使用两排(圈)或两排(圈)孔以上注浆设计。

对于多排(圈)孔的注浆设计，应当以充分发挥出注浆孔的扩散潜能为原则，以获取最大注浆体的加固厚度，减少钻孔数量。在进行设计时，需要注意不能出现孔和孔间的搭接不紧密，即“注浆盲区”的存在。多排(圈)孔的最佳搭接方式为等边三角形布置方式，如图 5.5 所示。

根据孔排间的最佳搭接图计算可知，注浆终孔的间距与扩散半径之间的关系为：$a=\sqrt{3}R$。所以，在进行对多排(圈)孔终孔的设计时，注浆孔的间距需要满足式(5.20)。

$$a \leqslant \sqrt{3}R \tag{5.20}$$

式中：符号意义同前。

(6) 总注浆量。对于总注浆量，应按照公式进行计算。

① 三系数计算法。根据地层的空隙率(裂隙度)、地层空隙或裂隙的充填率、浆液的损失率三个系数对总注浆量进行计算，见式(5.21)。

$$\sum Q = V \cdot n \cdot \alpha(1+\beta) \tag{5.21}$$

式中：$\sum Q$—总注浆量，m^3；V—注浆加固体体积，m^3；n—地层的空隙率(裂隙度)，裂隙带时取 2%～5%，断层破碎带时取 10%～20%，砂层及充填型溶洞和岩溶发育带时取 30%～40%；α—地层的空隙或裂隙的充填率，一般取 70%～80%；β—浆液的损失率，裂隙带和断层破碎带时取 5%～20%，砂层和充填型溶洞以及岩溶发育带时取 10%～20%。

② 二系数计算法。根据地层的空隙率(裂隙度)、地层空隙或裂隙的注入系数这两个系数对总注浆量进行计算，见式(5.22)。

$$\sum Q = V \cdot n \cdot k \tag{5.22}$$

式中：$\sum Q$—总注浆量，m^3；V—注浆加固体体积，m^3；n—地层的空隙率(裂隙度)，裂隙带时取 1%～5%，断层破碎带时取 10%～20%，在有砂层及充填型溶洞和岩溶带发育时取 30%～40%；k—地层的空隙或裂隙注入系数，粉质黏性土取值范围为 0.15～0.2，软土和细砂取值范围为 0.3～0.5，中粗砂的取值范围 0.5～0.7，砾砂和卵石及断层破碎带取 0.7～0.9，湿陷性黄土的取值范围 0.5～0.8。

3. 超前大管棚支护技术

1) 管棚布置

管棚采用直径为 ϕ80 mm 的钢管，然后沿拱部进行环向布置；钢管长度设计成 10 m；纵向搭接处为 2 m，纵向排距为 7 m；管棚钢管的中心环向间距为 40 cm，ϕ80 mm 钢管初始上抬值设计为 20 cm，外插角度为 6°。

2）管棚加工

管棚采用直径为 ϕ80 mm 的普通无缝钢管，其节长为 3.3 m，管棚的长度为 10 m，故必须搭接 3 次以上。管棚接长时，要先把前一根钢管顶入已钻好的引导孔后，再进行连接。连接器螺纹长度应大于 15 cm。要将连接器提前焊接在每节钢管的尾端，以方便连接。第一根钢管的前段要焊上合金钢片式的空心钻头，用来防止端部劈裂或顶弯。接长管件应当达到管棚的受力允许范围，相邻管接头前后应当错开，这样可以防止接头的受力在同一个断面上。

3）管棚施工工艺

为了使管棚的施工进度加快，对管棚的施工工艺做了深入的试验研究分析。施工工艺使用钻进引孔顶进焊接管棚工艺、钻进引孔顶进丝扣连接管棚工艺和管靴带管棚跟进工艺进行试验。

（1）管靴带管棚跟进工艺。

加工制作：大管棚选择外径为 ϕ108 mm，壁厚为 8 mm 的无缝钢管进行加工，加工分段长度为 1～3 m，两端分别设有内外连接的丝扣，大约长为 7 cm，前端焊接管靴。管壁是沿两条垂直直径呈对称分布，并设四排 ϕ8 mm 的溢浆孔，相邻的两排注浆孔按照梅花形布设，孔间距为 100 cm，每根管棚的末端一节不设置溢浆孔。

机械配套：空压机英格索兰 750E、SM－400 钻机、钻杆为 ϕ90 mm。管棚施工：采用 ϕ125 mm 的锤头钻孔到设计好的孔深，使用管靴带 ϕ108 mm 的管棚跟进成孔，完成后使用全孔一次性注浆方式进行注浆。

（2）钻进引孔顶进丝扣连接管棚工艺。

加工制作：大管棚选用外径为 ϕ108 mm，壁厚为 8 mm 的无缝钢管进行加工制作，加工分段长度为 1～3 m，两端分别设置内外连接的丝扣，大约长为 7 cm。管棚的前端要加工成尖头。管壁要沿两条垂直的直径布设，设置成四排 ϕ8 mm 的对称溢浆孔，相邻的两排注浆孔采用梅花形布置，孔间距为 100 cm，每根管棚的末端一节不设置溢浆孔。

机械配套：空压机英格索兰 750E、KR805－1 钻机、钻杆为 ϕ76 mm。管棚施工：选用 ϕ125 mm 的锤头钻孔到设计的孔深，将 ϕ108 mm 的管棚管通过钻杆的锤头顶进，管棚节间利用丝扣进行连接，完成后使用全孔一次性的注浆方式对管棚进行注浆。

（3）钻进引孔顶进焊接管棚工艺。

加工制作：大管棚选用外径为 ϕ76 mm，壁厚为 8 mm 的无缝钢管进行加工制作，加工分段长度为 6～8 m，一端焊接规格为 ϕ56 mm×5 mm，长 50 cm 的无缝钢管，管棚的前端加工成尖头。管壁沿着两条垂直的直径进行布设，设置成四排 ϕ8 mm 的对称溢浆孔，相邻的两排注浆孔布置成梅花形，孔间距为 100 cm，每根管棚的末端一节不设置溢浆孔。

机械配套：空压机英格索兰 825E、KR805－1 钻机、钻杆为 ϕ76 mm。管棚施工：选用 ϕ90 mm 锤头钻孔到设计好的孔深，将 ϕ76 mm 管棚管经过钻杆锤头顶进，每节管棚使用内插规格为 ϕ56 mm×5 mm 钢管焊接连接，之后，使用全孔一次性注浆方式对管棚进行注浆。

4）管棚的预注浆施工工艺流程

ϕ80 mm 管棚的预注浆施工工艺流程如图 5.6 所示。

将水泥浆放在高速搅拌机内搅拌，在搅拌过程中要严格执行施工配合比，水泥浆的浓度要控制范围为 0.5∶1～1.5∶1，并考虑到地层裂隙的情况、含水的状态及凝胶时间，按设计要求

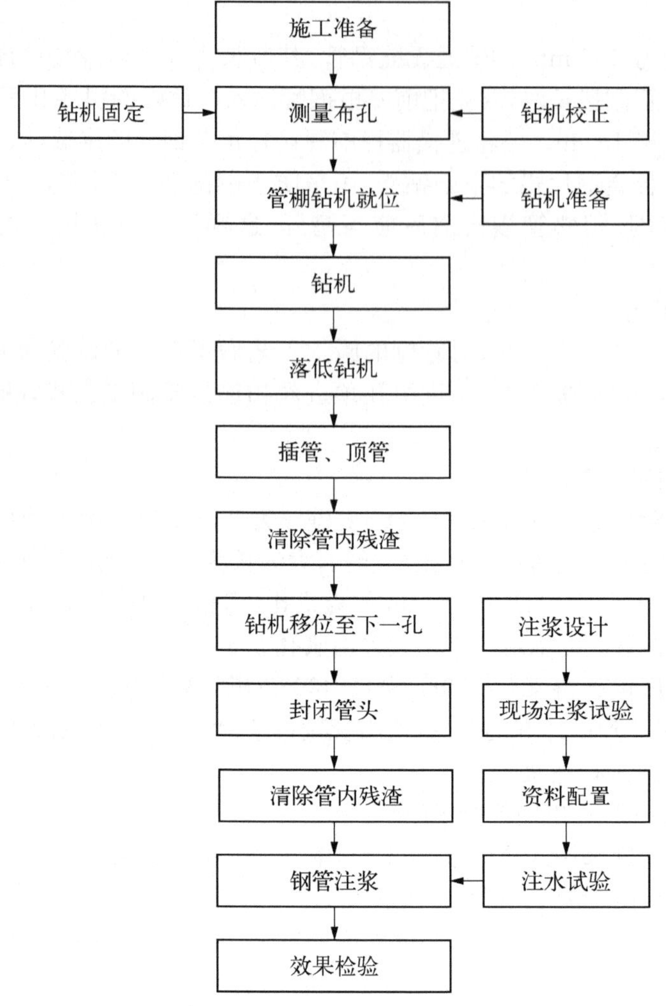

图 5.6 管棚预注浆施工工艺流程图

合理使用。注浆施工过程中通过使用高速搅拌机对水泥浆液进行配制，其转速为 1 400 r/min。搅拌机要安设两个制浆桶，并且配有计量仪为其自动加水，可以确保水泥浆液的拌制质量和浆液施工供应。

管棚注浆的顺序应当遵循“先两侧后中间”“跳孔注浆”“由稀到浓”的原则。

4. 抗水压加强型衬砌

1）抗水压衬砌优化

目前，对于处置隧道工程地下水，国内外采用的方式一般分为排导方式、堵水限排方式和全封堵三种方式。选择全封堵方式时，全部水头的压力会作用在衬砌结构上；堵水限排方式就是运用地层注浆等方式限制进入隧道内地下水的量，并经过排导系统把进入隧道内的水导排出去，这样衬砌结构只需承受部分水压力即可；排导方式是利用辅助洞室和隧道的排水系统等对隧道周边围岩中的地下水进行疏导，衬砌不承受水荷载的作用。

2）抗水压防水系统的构造

包括隧道的初期支护、二次模筑衬砌间拱、墙铺设复合式的防水板（并加无纺布），对于防水板的铺设应该到边墙角的泄水孔处。位于隧道的两侧的墙脚水沟底标高上方 30 cm 地方，沿隧道的纵向施作通长纵向透水的盲沟；纵向盲沟选用 ϕ100 mm 的加筋透水管。纵向盲沟应在铺设防水板后，二次衬砌浇筑之前施作。将泄水孔设置在隧道的两侧边墙脚处，直径为 50 mm，泄水孔和纵向透水盲沟相连。

3）加强型衬砌施工

利用穿行式液压钢模台车进行衬砌的施工。运用仰拱防干扰平台以确保仰拱先行，仰拱与边顶拱的施工采用相互平行作业。HBT－60A 混凝土输送泵进行混凝土整体浇筑。

二、充填淤泥型岩溶处置技术

对于充填淤泥型的岩溶治理；选用隧道内全断面预注浆法。在隧道掘进的过程中，若超前地质预测预报结果显示掌子面前方有大型充填淤泥质溶洞发育时，应当立即采取停止施作、封闭工作面的措施。然后选用超前预注浆对淤泥质地层进行加固，运用超前大管棚支护，结合台阶法（平导可选用全断面法）进行安全掘进。掘进后立即进行径向补充注浆，并且进行二次衬砌，二次衬砌选用加强型结构。

（一）处置措施

1. 隧道内全断面预注浆法

在隧道施工过程中，超前地质预测预报结果显示前方有大型充填淤泥质溶洞发育时，应当立即停止施作，封闭工作面。选用超前预注浆对淤泥质地层进行加固，利用超前大管棚支护，结合台阶法（平导可选择全断面法）进行安全掘进。掘进后立即对径向进行补充注浆，并及时施作二次衬砌，二次衬砌选择加强型结构。全断面超前预注浆的加固范围为隧道开挖面及开挖轮廓线外 5～8 m 的范围内。

1）注浆材料

注浆材料选择使用普通水泥-水玻璃双液浆。水泥-水玻璃双液浆的配比为 $W:C=(0.8\sim1):1$，$C:S=1:1$（W 代表水，C 代表水泥，S 代表水玻璃），水玻璃的浓度为 35Be′，缓凝剂的掺量为 0.1%～2%。对于浆液凝胶时间一般控制在 30～90 s，凝胶时间的长短需要根据现场的施工状况做及时调整。

2）注浆顺序

注浆施工顺序基本上按以下两个原则进行。

（1）发散—约束型注浆。注浆活动按照由外到内的原则进行注浆。首先在外圈进行发散型注浆，随后对内圈进行约束型注浆活动，从而达到扩散—挤密的目的。

（2）全面考虑水源对施工的影响，按照从下到上，从左到右的注浆的顺序进行注浆。

3）注浆工艺

使用前进式分段进行注浆施工，注浆的步距为 5 m。

4）注浆控制

要以定压作为注浆结束的主要标准，注浆的终压为 3～4 MPa，在注浆时压力停滞不上升时，应当把浆液的凝胶时间缩短，采用间歇式注浆，并对注浆量进行控制。

5）超前大管棚

当超前预注浆结束后，并经检查符合要求，必须进行超前大管棚的施作，否则比较难以确保隧道掘进的安全。

大管棚选用直径为 $\phi108\sim\phi150$ mm，外插角为 1°～3°。在安设管棚后，对管棚采取全孔一次性注浆，注浆使用的材料为实验普通水泥单液浆，液浆的配比为 $W:MC=0.6:1\sim0.8:1$（W 代表水，MC 代表单液浆）。

2. 地表注浆方案

如果隧道的埋深较浅（一般不超过 100 m），可以利用地表钻孔、水化学分析、连通试验、地面沉降变化和观测地下水位等手段，对溶洞和溶管的方向及位置进行确定，假设岩溶发育状况较为简单，可以通过帷幕注浆、地面局部注浆等方法，不仅可以隔绝岩溶水下渗的途径，而且还能对地层起到加固的效果，确保在隧道掘进过程中不受岩溶的影响。对孔深超过 100 m 的地面注浆，经济成本比较高，在煤炭和矿山上比较常用，而在铁路隧道建设中较少使用。地表注浆的注浆压力随着钻孔深度的变化而变化，正常情况不会超过其上覆土压力和水压力之和的一半。需要注意的是，在进行地面注浆过程中，一定要对浆液扩散范围和注浆过程中的注浆压力进行严格控制，一定要防止注浆对采矿巷道、煤层采空区及附近的建筑物产生不利影响，并防止对周边的水源和农田造成污染。

（二）处置关键技术

1. 锚喷防护技术

锚喷防护为了防止道路两边的陡坡遭受风化侵蚀和降雨冲刷而出现塌方所做的保护措施，是目前高陡边坡防护工程中采用较多的一种支护方式，它是喷射混凝土、锚杆、钢筋网联合支护的简称。

1）中空锚杆注浆支护施工

（1）注浆参数。① 水灰比：0.36～0.45，注浆料采用 TGRM 抗分散注浆材料；② 初凝时间：12 min 左右，终凝时间 45 min 左右；③ 注浆终压：2.5 MPa；④ 锚杆长度：2 m、3.5 m；⑤ 锚杆间距：30～55 cm。

（2）注浆程序。用喷混凝土 20 cm 厚封闭掌子面。对注浆泵检查、调试，连接好注浆管路，注浆管路布置如图 5.7 所示。

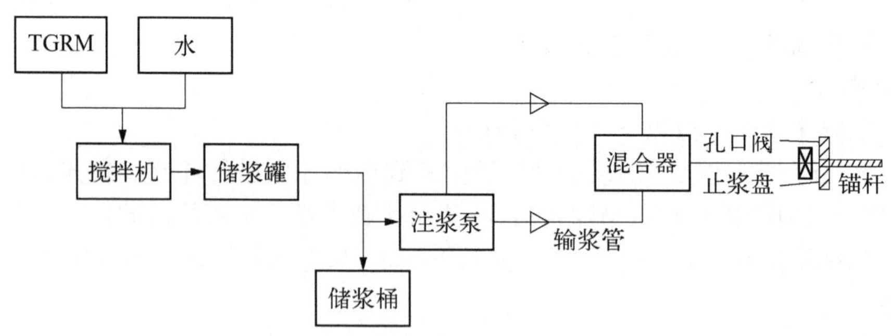

图 5.7　注浆管路布置图

（3）试泵。首先进行 5 min 以上的压水试验，首先要注意在混合器中是否会有串水的现象。如果没有就进行双泵压水。注浆采用的原则：从下而上，先里后外，先对水少处进行注浆后对水多处注浆。水泥浆会由稀到浓变化，直到能够正常注浆，不能出现凝结过快而导致堵管的现象，根据理论计算的注浆量和现场注浆用量进行对比来调整比例。使用三次升压法注浆，通过调节注浆油门阀来改变压力，一般初始注浆压力为 0.4 MPa，正常压力时为

1.0 MPa，终压为 2.0～2.5 MPa。注浆完成后，把所有吸浆管放入清水桶中保持 3～5 min，对管路进行清洗。

2）锚杆施工

施工时，根据设计图纸所设计的对系统锚杆进行施工，局部使用全长黏结型锚杆，采用砂浆锚固，长度按照设计图施工。

砂浆锚杆的施工工艺如下：① 使用锚杆台车钻锚杆孔，钻孔的方向应尽量与岩层面的大角度相交，禁止顺层锚杆；② 清洗锚杆孔，将孔内的杂物全部清除；③ 利用注浆泵进行砂浆灌注，砂浆应当拌和均匀，且边拌边用，一次拌和的砂浆，应在初凝之前全部用完；④ 利用锚杆钻机将锚杆插入钻孔，并转动锚杆，保证砂浆均匀裹住杆体；⑤ 最后抽样对锚杆进行抗拔试验。施工中需要注意：在锚杆的端头应当安设垫板，用螺帽将垫板紧固岩面上，增强锚杆与喷混凝土的综合支护效果。

3）喷射混凝土施工

利用 ALIVA 混凝土喷射机组进行湿喷。喷射混凝土使用混凝土搅拌机拌和均匀，然后利用 ACL－606 型轨行式混凝土输送车进行运输。

喷射前的准备和喷射过程应注意如下问题：① 在喷射混凝土前，应仔细检查掘进断面的净空尺寸，要及时处理欠挖部分，并清除危石，然后利用高压水（风）对受喷断面进行冲洗，除去粉尘和杂物；② 喷射作业应当分段、分片、分层，自下而上，按顺序进行，如出现较大凹洼时，根据规范要求进行回填，但禁止回填其他杂物，确保初期支护与岩面密贴。在拱墙位置埋设喷混凝土的厚度指示标志；③ 喷混凝土紧跟在掘进工作面后进行，并在掘进后 12 h 内完成所有喷射任务。钢筋网、钢架与岩面之间的间隙用喷射混凝土填充密实，自下而上进行对称喷射，先对钢架与围岩的间隙进行喷射，后对钢架间进行喷射，钢架外应有大于 4 cm 的混凝土保护层；④ 最后，在初期支护背后进行注浆，确保初期支护与岩面处于密贴状态。

4）喷射钢纤维混凝土施工

在喷射钢纤维混凝土过程中需要注意以下问题：① 要保持钢纤维的长度基本一致，并且不能含有油渍、锈蚀或者其他杂物。在搅拌混合料时，应该使用专用的钢纤维拌料机向混合料中添加钢纤维材料，并使用强制式的搅拌机；② 保证钢纤维在混合料中能够均匀分布，不能出现打簇成团现象。否则，需要重新将物料再次过筛，然后打散均匀，投入进行搅拌；③ 对于钢纤维混凝土喷射，在施工技术上与喷射一般混凝土相同；④ 利用湿喷机，并配合使用挤压软管式泵进行喷射，干法配制喷射混凝土宜使用双罐式喷射机，输料管的内径一般不小于 50 mm；⑤ 为了防止钢纤维反弹对人员造成伤害，必须严格按照操作安全事项进行喷射，禁止喷头指向人。

5）格栅钢架支护技术

（1）钢筋网片及格栅钢架施工。

① 钢筋网制作。钢筋网可以在现场外预先制成网片，后再运到工作面进行铺设施工，其制作方法是用 ϕ6 mm 或 ϕ8 mm 圆钢焊接加工成 150 mm×150 mm 或者 200 mm×200 mm 的片状网格，钢筋网片一般为 1 m×2 m。如果使用双层网片，将网片进行交错排列可以增强稳定性。

② 钢架制作。钢架外轮廓线的尺寸等于开挖外轮廓线的尺寸减去钢架和围岩间的预留空隙之间尺寸（5 cm）。型钢弯制钢架，按照钢架的设计尺寸进行下料，钢架的分节长度为

4 m。在胎模内焊接钢架时，要控制其变形。钢架制作好之后要进行试拼。检查钢架的尺寸和轮廓是否合格。

③ 钢筋网的铺设。钢筋网和喷混凝土、钢架共同构成联合支护。在铺设时应当注意：钢筋网必须与钢架、锚杆或其他锚固装置进行牢固联结。片状钢筋网的搭接长度最小为200 mm。钢筋必须有喷混凝土覆盖，保护层厚度至少为20 mm。

④ 钢架安设。在安设钢架之前需要对掌子面的开挖净空进行检查，并清除位于钢架底脚处的虚碴，禁止将虚碴回填，通过型钢或垫方木进行调整高差，开挖尺寸的横向允许误差控制在±5 cm，高差控制在±5 cm。在软弱围岩的地段，钢架的脚底需要垫槽钢以防止钢架下沉。

用人工方式将分片钢架在掌子面完成整榀钢架的组装，要拧紧连接处的螺栓。钢架安装后的中线允许误差为±3 cm，高程的允许误差为±3 cm，钢架的垂直度允许误差为±2°。在对钢架进行校正时，每隔2.0 m用预制混凝土对口楔子把钢架和岩层之间的缝隙楔紧。对于钢架的落底接长实验按照单边交错进行，每次进行单边接长钢架在1～3排之间。在软弱地层时，可同时进行落底接长和仰拱相连施工，并及时进行混凝土的喷射。原钢架和接长钢架的连接要准确、牢固。

在两排钢架间，在沿钢架的周边每隔1.0 m，要使用特制的ϕ22 mm的螺栓拉杆进行连接，使其整体性增强，并提高钢架的纵向受力状态，避免发生倾覆。钢架在纵向连接完成后，按设计进行挂网喷锚支护施作，将钢架背后用混凝土喷平补满，使其与围岩处于密贴状态。

(2) 复喷混凝土。

在喷锚支护中，对于喷射混凝土这一环节，分初喷和二次喷射(复喷)二次进行。初喷在掘进(或部分开挖)完成后马上进行，缩短围岩暴露的时间，防止围岩表层发生风化剥落。二次喷射混凝土在锚固、挂网和钢架支护安装完成后进行，尽快构成喷锚支护的整体受力结构，以限制围岩发生变形。钢架间用混凝土喷平，喷混凝土时应当覆盖钢筋网，并确保喷射保护层的厚度最小为2 cm。喷射混凝土施工的程序与“初喷混凝土封闭围岩”相似。

喷射时尽量使喷头垂直于喷射面，喷嘴距离岩面一般在0.6～1.0 m为宜。喷射混凝土分段、分片按照自下而上顺序进行喷射，每段喷射长度控制在6 m以内，一次喷射厚度一般控制在6 cm以下，喷射时每1～2 m设一根长度比设计长度长5 cm的铁丝，作为喷射混凝土厚度的标志，后一层喷射在前层混凝土终凝后方可进行喷射，喷射混凝土按设计要求洒水养护。

2. 超前大管棚支护技术

同第五章第一节中的“超前大管棚支护技术”。

3. 抗水压加强型衬砌

同第五章第一节中的“抗水压加强型衬砌”。

三、充填泥沙型岩溶处置技术

(一) 处置措施

对于充填泥砂型的岩溶管道，不仅需要加强探测工作，还要对涌出物进行实验分析和涌出量进行监测计算，判断岩溶管道是以动储量为主，还是以静储量为主，对岩溶管道的危害程度进行仔细评估，继而制定出合适的治理措施。

1. 以静储量为主的充填泥砂型的岩溶管道

通过进行探测工作，了解到岩溶管道的发育规模较小，管道周边未有大型的岩溶溶洞发育时，并且当岩溶管道的填充物涌出后，水质逐渐变清，水量慢慢减少到 $Q<50\ m^3/h$(Q 为水量)，并能保证流量的稳定，此时采取后处理措施。

(1) 使用爆破法对岩溶管道进行揭示。

(2) 管道被揭示后，对隧道开挖轮廓线外 5 m 范围内的岩溶管道采取锚网喷支护。使用长为 2～3 m、直径为 ϕ22 mm 砂浆锚杆，锚杆深入基岩为 1.5～2.5 m，外露出 0.5 m，布设间距为 1 m×1 m。采用 ϕ6 mm 的钢筋制作钢筋网，网格间距为 20 cm×20 cm。混凝土使用 C20 混凝土，喷射的厚度为 8～10 cm。

(3) 对岩溶管道及其影响区段进行钢架支护，间距为 1 榀/0.5 m。

(4) 使用浆砌片石对开挖轮廓线外 3～5 m 的范围内进行回填处理。

(5) 预埋直径为 80～100 mm 的聚氯乙烯(polyvinyl chloride, PVC)排水盲管，以保证原有水系的排水通畅。另外岩溶管道的排水系统需单独建立，排水盲管直接与隧道排水沟相连。

(6) 在岩溶管道及其影响区段内，根据检测水压力的大小，分析选择抗水压二次衬砌结构，以保证结构的安全稳定，并确保隧道的运营安全。

2. 充填泥砂型岩的溶管道补给量丰富

当使用超前地质钻探，对充填泥砂型岩溶管道的补给规模不能给予确认时，如果轻易地进行爆破揭示，很有可能会导致大规模的突水、突泥灾害发生，给工程造成巨大的破坏。同时，灾害的后处理难度也大。因此，施工中一般采取“超前预注浆+超前大管棚”的综合治理措施。

(1) 使用 C20 混凝土对掌子面进行封闭，并筑止浆墙。止浆墙的厚度应当根据隧道掘进工作面和注浆设计的注浆终压进行确定，一般为 1～3 m。

(2) 超前帷幕注浆：对岩溶管道的局部位置进行超前帷幕注浆，对隧道开挖轮腕线外 3～8 m 的范围进行注浆加固，通过进行超前帷幕注浆，能够使溶洞充填物固结，起到堵水的作用。

注浆材料选用普通水泥单液浆、普通水泥—水玻璃双液浆，以普通水泥单液浆作为主要注浆材料。普通水泥—水玻璃双液浆主要目的是控域注浆。

普通水泥单液浆的水灰比为 $W:C=0.7:1$～$0.9:1$；普通水泥—水玻璃双液浆的水灰比为 $W:C=0.7:1$～$1:1$、水玻璃的浓度为 3～35Be′、水泥—水玻璃的体积比 $C:S=1:0.7$～$1:1$、缓凝剂的掺量为 1%～3%。设计注浆的扩散半径为 1～1.5 m。注浆利用定压控制，注浆的终压为 1.7～3 MPa。

(3) 超前大管棚支护：采用超前大管棚支护方式对岩溶管道进行支护。大管棚采用的直径为 ϕ75～150 mm 钢管，大管棚布置的环向间距为 30～50 cm，外插角为 1°～3°，在超前大管棚布设完成后，再进行水泥砂浆的注入。

(4) 利用钢花管对侵入基底的岩溶管道范围进行加固。注浆的范围为基底下 5 m 的范围。注浆管选用长为 5 m、直径为 ϕ42 mm 的钢花管，呈梅花形布置，间距为 1 m×1 m。注浆材料使用普通水泥单液浆，浆液的配比为 $W:C=0.6:1$～$1:1$。注浆使用定压控制，注浆的终压为 1.5～2 MPa。

(5) 使用短台阶法对岩溶管道及其影响区段进行掘进，并及时进行二次衬砌的施作。对于二次衬砌的选用，需要考虑工程地质和水文地质条件的双重影响，利用相应的抗水压加强型的衬砌结构进行支护。

根据溶洞的发育情况，现场使用“迂回绕行、两面夹击”的施工原则对其进行施工。在施工中进行超前帷幕注浆、超前管棚和超前小导管等技术措施的施作；掘进时进行多次反复注浆。为保证后期的安全运营，应根据其需要设置排水通道到溶洞内。

(二) 处置关键技术

1. 超前小导管注浆技术

1) 超前小导管制作

对于超前小导管的制作，选用管长为 3.5 m 的 ϕ42 mm 的无缝钢管，其注浆孔使用钻床成孔，先将导管的一端制成尖状，另一端加焊 ϕ6 mm 的管箍，并由质检人员检验合格方可进行交付使用。

2) 超前小导管安设

要在钻孔前对小导管的空位进行测量放样，孔位的量测要做到位置的准确，钻孔位置要对照放样标记，并安设方向架对钻孔的方位进行控制，使孔位的外插角度符合设计的要求，防止孔位错乱，造成串孔现象，影响注浆的效果。在完成钻孔后，利用高压风(或高压水)对孔进行清洗。完成所有钻孔后，都必须进行合格检验。

3) 注浆

隧道设计中使用注单液水泥浆对围岩进行加固，在对富水地段的施工中，可使用水泥-水玻璃双浆液进行注浆。注浆压力为 0.5～1.0 MPa。

注浆前，要对机具做好仔细的检修，并用清水来试运转机具，当发现问题要进行及时修复，使机具处在良好的工作状态。对于整个注浆管路系统，包括阀门、接头等，均需进行认真细致的检查，如果出现破损情况，应及时进行更换或者修复，不灵活的阀门、接头，也需更换，避免在注浆时在较高压力的作用下发生脱扣而引发危险。

为防止管路发生堵塞，在注浆后，要及时卸开孔口的接头，用清水对管路进行清洗，以防止管路中的残余的浆液凝结而堵塞管路。在注浆的过程中，要对所注浆液的凝结时间进行控制。注浆作业应当前后配合，保证注浆活动的顺利施工。施工时配备专业的电工工人，随时排除电路、电器设备出现的问题以及中途停电等导致的意外事故。

注浆管的固定和止浆：在注浆管预定处，使用沾有胶泥的麻丝缠绕成一个直径比钻孔直径稍大的纺锤形柱塞，将管子插入孔内，再利用台车将管顶入孔底。使麻丝柱塞和孔壁紧密挤压结合，然后在麻丝和孔口空余的部分进行填充胶泥。

完成注浆后，所有的设备，特别是注浆管、搅拌机、阀门、接头、贮浆桶等，都要进行仔细的清洗，收好后运出洞外，并对其进行定期检查和保养，确保设备处于良好的运行状态，以备下阶段注浆使用。

2. 超前帷幕注浆技术

同第五章第一节中的“超前帷幕注浆技术”。

3. 超前大管棚支护技术

同第五章第一节中的“超前大管棚支护技术”。

4. 抗水压加强型衬砌

同第五章第一节中的“抗水压加强型衬砌”。

四、充填块石型岩溶处置技术

对于充填块石型溶洞的治理：若超前地质预测预报结果显示前方有大型充填粉块石土型的溶洞发育时，应当停止施作，封闭工作面。然后使用超前预注浆对块石土进行加固，配合使用超前大管棚支护，通过台阶法进行安全掘进。

在隧道施工时，利用超前地质预测预报结果发现前方有大型充填粉块石土型的溶洞发育时，应当停止施作，封闭工作面。然后利用超前预注浆对块石土进行加固，配合使用超前大管棚支护，通过台阶法对隧道进行安全掘进。采取I18钢架进行支护，间距为1榀/0.5 m，选用C30钢筋混凝土进行二次衬砌的施作。

(一) 处置措施

如果超前预测预报的结果显示隧道前方出现充填块石型的岩溶管道时，应当进行超前大管棚支护并采取注浆措施，而后再进行施工。

一般来讲，岩溶管道内所充填的块石一般是由上部大型溶腔脱落堆积而形成的。所以，溶洞的上部往往会有较大规模的岩溶大厅发育，如果施工中简单地使用爆破揭示，则很可能会导致大规模的溶洞顶部块石滑落，甚至有可能会引发大规模的塌方事故。因此，为保证安全，应当使用超前大管棚支护并采取注浆措施，对溶洞进行超前预处理。

(1) 利用C20混凝土进行混凝土止浆墙的施作。止浆墙的厚度一般为2～5 m，利用径向锚杆将止浆墙和周围围岩连接在一起。

(2) 对岩溶管道区段范围内采用超前大管棚支护。大管棚的直径为106～150 mm，管棚的长度以深入基岩2～3 m，管棚的环向布设间距为30～50 cm，外插角为1°～5°。在完成管棚施作后，再进行普通水泥单液浆的注浆施工，其水灰比为$W:C=0.7:1\sim0.9:1$。注浆利用定压原则，注浆终压为1.5～2 MPa。

(3) 利用短台阶法进行开挖。加强现场监控量测，根据监测结果对临时仰拱的施作进行确定。

(4) 径向注浆补强。隧道完成开挖以后，进行径向补强注浆，对溶腔内堆积体进一步地固结。以开挖轮廓线外5 m作为径向注浆的范围，注浆材料使用普通水泥单液浆，其水灰比为$W:C=0.7:1\sim0.9:1$。注浆利用定压原则，注浆终压为2～3 MPa。

(5) 基底岩溶管道采用ϕ75 mm的钢管桩进行加固。将钢管桩深入基岩2～3 m位置。如果管道的发育比较深，钢管桩深入隧道基底8～12 m为宜。钢管桩使用梅花形布置，其布设间距为0.6 m×0.6 m。注浆材料选用普通水泥单液浆，其水灰比为$W:C=0.7:1\sim0.9:1$。注浆利用定压原则，注浆终压为1.5～2 MPa。

(6) 及时进行二次衬砌的施作。二次衬砌选用加强型结构形式。

(二) 处置关键技术

1. 基底钢管桩加固技术

如果隧道基底内的岩溶发育比较深时(一般为5～20 m)，宜选用钢管群桩进行加固的方案。对基底隧道弃碴进行回填处理，用钢管群桩对弃碴进行加固。钢管桩的直径一般为ϕ75 mm。注浆钢管桩呈梅花形布设，其间距为(0.6～1 m)×(0.6～1 m)，注浆管深入基岩基底的深度最小为 0.5 m。注浆材料选用普通水泥浆，其水灰比为 0.6∶1～0.8∶1。利用定压控制注浆，其注浆终压为 1.5～2 MPa。对基底使用钢筋混

凝土底板进行加固，厚度一般为 0.8～1.6 m。对岩溶的发育及其影响带的初期支护和二次衬砌运用加强结构形式。

2. 抗水压加强型衬砌

同第五章第一节中的“抗水压加强型衬砌”。

3. 锚网喷防护技术

同第五章第一节中的“锚喷防护技术”。

4. 超前大管棚支护技术

同第五章第一节中的“超前大管棚支护技术”。

五、充水型岩溶处置技术

若超前预测预报结果显示隧道前方有充水型岩溶的管道发育时，应当对岩溶管道采取放水试验，依据其涌水量的大小和变化特征，通过参考施工处置方法来制定出好的解决方案。对于充水型的岩溶管道应当保持原排水体系作为主要的处理体系，也不能随意堵塞岩溶管道，避免导致水害的发生。

(一) 处置措施

不同岩性间，由于受到地质构造的影响，有时可能会存在层间宽张裂隙发育，宽张裂隙的宽度为 0.01～1 m，内充满水，涌水量在 10～1 000 m^3/h，水压力为 0.1～4.0 MPa。为了确保施工过程安全，保证隧道建成后运营顺畅，对充水型的岩溶裂隙采取注浆堵水加固为主的处置方式。

可根据涌水量的大小、水压力的高低、隧道施工的特点应用注浆堵水处理方案，选择两种方式：超前预注浆堵水和揭示后径向注浆。

(1) 当隧道顺坡施工时，如果超前预测预报显示工作面前方的涌水量较小($Q \leqslant 300\ m^3/h$，Q 为涌水量)，水压力不高($P \leqslant 0.5$ MPa，P 为水的压力)，并且水量较为稳定时，可先使用爆破揭示后再进行局部注浆或径向注浆措施，并对充水型溶槽进行处理。这种后处理方式不仅可以满足隧道快速施工的要求，而且其施工难度小，还能达到注浆堵水加固的目的。

(2) 当隧道顺坡施工时，如果超前预测预报显示工作面前方的涌水量比较大($Q > 300\ m^3/h$)，水压力高($P > 0.5$ MPa)时，使用后处理方式来施工难度很大，而且注浆堵水的效果不明显。因此，应采用超前预注浆堵水的措施。

(3) 当隧道反坡施工时，如果超前预测预报显示工作面前方的涌水量不大($Q < 100\ m^3/h$)，水压力不高($P \leqslant 0.5$ MPa)，而且水量也较为稳定时，可进行爆破揭示后，再采取局部注浆或径向注浆对充水型溶槽进行处置。

(4) 当隧道反坡施工时，如果超前预测预报显示工作面前方的涌水量较大($Q > 1\,000\ m^3/h$)，水压力较高($P > 0.5$ MPa)时，应选择超前预注浆堵水的措施。

前期实验迂回绕行后期继续进行正洞施工；根据“排水减压、加强支护、综合治理”的原则，充分利用钻孔和排水支洞进行排水减压，消除或减弱施工过程中存在的风险，选用加强型复合式衬砌结构，隧道底采用基底处理的措施进行处置。主要的措施包括：① 迂回导坑；② 增设泄水洞；③ 帷幕注浆；④ 大管棚支护等。

（二）处置关键技术

1. 迂回绕避技术

在隧道通过有溶腔、岩溶构造裂隙、断层破碎带等不良地质发育的地段时，可以选择绕避的方案。通过对竖向绕行、右侧迂回、左侧迂回等方案进行对比，然后选择好的方案，一般采用迂回措施对正洞的施工有利，而且成本低，具体选择右侧迂回还是左侧迂回要根据两侧的实际地质构造来进行选择。利用迂回导坑进行开挖，开辟出新的工作面。迂回导坑施作完成后，再进行平导正洞的掘进。

该方法是在隧道工作面开挖遇到大型极易诱发突水突泥的高压富水溶腔和暗河等复杂地质发育时，由于正面突破的风险高、时间长、难度大等问题，在工作面的左右侧及后方扩大范围进行超前探明岩溶的发育规律，选取岩溶发育软弱的地带，见缝插针、进行迂回导坑的施作方式绕行通过岩溶风险区。

迂回绕避技术是利用岩溶突水突泥溶腔和暗河所形成的不同的地质条件所呈现出的岩溶发育的各异性、复杂性的原理，并综合超前地质预报对其进行精确探测，在确定高压富水溶腔和暗河以及岩溶的发育规律后，采取迂回、绕行和躲避岩溶的措施，实现对岩溶的安全、高效、快速、经济的治理效果，同时遇到大型的具有突水突泥风险的溶腔，采取迂回绕行的施工技术具有显著的工程意义：① 迅速迂回绕行的超前施工方式，可以充分发挥其超前地质探测的优势为正洞的施工提供更为直接准确的地质预测，从而减少了施工风险，确保了施工的安全进行；② 能够超前正洞的进度向前开辟新的工作面，加快了施工进度；③ 有利于施工排水和通风，改善工作面的施工条件；④ 迂回绕行后使用多方位钻孔对高压富水的溶腔采取排泄降压，降低处理过程的风险和难度，能够降低成本投入；⑤ 有利于施工和运营期间的逃生和救援。

2. 分水降压技术

1）分水降压技术

如果在隧道施工时遇到溶洞为高压富水充填溶腔时，需要选取合适的时机进行有计划、有目的精准的爆破，将溶腔爆开，利用泄水洞等措施，降低溶腔中存水的压力，这就叫分水降压法。分水降压法使水的势能减弱，使泥水的压力降低，从而在隧道施工过程中规避高风险，然后再进行安全清淤工作，并加强支护，快速通过，还要及时进行底部结构和二次衬砌等配套治理措施来进行溶腔段的处置。

对高压富水充填型溶腔的治理，国内外一般的做法是使用注浆法进行施工，对于一些充填介质较好并且水量相对不大、压力相对不高的充填型溶腔，均取得了比较不错的效果，开挖工作能够安全有效地通过。但遇到填充溶腔水压较高、水量较大时，即使进行了注浆，但由于受到注浆施工技术水平的限制，很难避免注浆堵水盲区的出现。在注浆完毕后降道进行掘进的过程中，注浆盲区容易被高压水击穿，而引发突水突泥等地质灾害，导致人员伤亡和经济损失。

如果隧道的施工过程中，经过高压富水型充填溶腔或含水淤泥和砂层填充的溶腔时，在评估对环境确实没有大的影响时，可以使用分水降压法来处理。

分水降压法一般选择在旱季进行施工。主要是由于"分水降压"后进行开挖、支护以及结构后期处理均需要一定的工期，若在多雨的时段进行施工，雨水就会不断地对地下水进行补给，会给施工造成安全隐患。

长期的施工中，总结了分水降压技术的施工方针为：探介质、锁边界、选时机、精爆破、严监控、畅排放、细处理、勤检查。

分水降压法就是对高压富水充填型溶腔进行处理的一项综合治理技术，分水降压法的实施一般步骤为查找溶腔位置阶段、确定溶腔阶段、揭示溶腔阶段、治理溶腔阶段共四个过程。

采用分水降压法治理高压富水充填型溶腔，最重要的前提就是安全，以溶腔为中心，进行安全设计、安全处置、安全监控、安全运营，把安全理念始终贯穿于不同的设计、处置、运营阶段的全过程中去。

分水降压法的步骤分为四步，另外还有八项专项安全设计。四个操作步骤为：探测溶腔阶段、确定溶腔阶段、揭示溶腔阶段和治理溶腔阶段。八项专项安全设计是：水文监测的专项设计、洞外排水系统的专项设计、洞外警戒系统的专项设计、洞内排水线路的专项设计、洞内相邻洞室分隔的专项设计、洞内外预警系统的专项设计、进洞条件的专项设计、进洞观察安全撤离线路的专项设计。

采用分水降压对高压富水充填型溶腔降压以后，此时溶腔处于零水压的状态，所以溶腔治理是安全的。还有就是对溶腔进行分水降压后，由于受到溶腔内水压力的大小、充填介质特征、水量的大小、释放时机等综合因素的不同影响，可能会产生以下三种情况：水和充填介质完全得到释放、水释放但充填介质并未释放、水释放充填介质仅部分释放。考虑到分水降压后所处的状态，制定施工处置方案。

2）后期处置方案

（1）分水降压后施工处置方案。

① 完全释放状态：通过采用分水降压法，当溶腔内的水和充填介质得到完全释放出来的状态称为完全释放状态。这主要和溶腔内的水量充足、水压力大、充填介质黏结力差等因素密切相关。同时，也与地表的降水有关。在这种状态下溶腔的施工处置方法使用回填护拱法。

② 水释放介质并未得到释放的状态：进行分水降压以后，充水被完全地释放，但充填物并未得到释放，这样称为水释放介质未释放的状态。其主要是因为在分水降压期间，溶腔处在相对少雨的季节、溶腔内的水压力较高但其水量并不大，溶腔内为淤泥质或黏土等透水性较差的填充物介质，溶腔水主要是岩溶发育产生的层面高压裂隙水等情况。在这种状况下应当对充填介质的稳定性进行全面研究分析，如果充填介质的含水量较低（一般为 30%以下），且具有一定的自稳能力时，可选用三台阶法掘进治理岩溶。如果充填介质的含水量较高（一般大于 30%），工作面的自稳能力比较差时，不仅要对充填介质采取超前预注浆进行加固，而且还要进行超前大管棚施作，以防止掘进过程中出现塌方。

③ 水释放但介质仅部分得到释放的状态；采取分水降压措施后，水完全得到释放，但介质仅有部分得到释放，该状态称为水释放但介质部分释放的状态。这主要是因为分水降压期间，溶腔处在少雨的季节、溶腔内的水压力降低、水量也不大、溶腔内的充填块土物等情况。根据这种状况，尽管充填块石土具有一定的自稳能力，但由于其堆积结构特别松散，上部的荷载又比较大，如果使用注浆管棚法，在块石土中进行钻孔施工时，容易卡住钻头，会给注浆管棚的施作进度造成很大影响，延长工期。因此，可利用清方置换法来进行治理。清方置换法即利用机械设备对堆积体清除，加大堆积体的空隙率，在局部会形成空洞，再进行水泥砂浆或回灌混凝土的方法来回填空洞，使堆积体胶结固结后，配合三台阶法进行掘进支护。

（2）分水降压后结构处置方案。要对高压富水充填型溶腔使用的衬砌结构需要增加抗水压的等级，根据现场实际测量水压力得到的数据，并结合地质分析和地表勘察综合考虑确定，当原则上在有泄水洞时，按照抗压力为 1.0 MPa 为宜。对高压富水充填型溶腔段进行初期支护，当支护完毕后，还要对隧道的基底采取钻探补勘，以确定基底岩溶的发育深度和基底承载力状况。当基底的岩溶发育深度小于 2 m 时，一般使用 C25 混凝土进行换填处理；当基底的岩溶发育深度大于 2 m 时，换填的施工风险就会增大，同时，根据隧道整体道床对基底沉降的严格要求。因此，原则上宜使用桩基承台方案或加强板方案进行处理。

(3) 排水洞及结构长期监测方案。

① 排水洞导排。为了保证隧道的运营安全，进行永久性排水洞的施工，对高压岩溶水采取导排措施是非常必要的。考虑到溶腔点标高，并根据洞外的地形条件设置泄水洞，原则上要对上泄水洞进行上坡设置，其标高一般低于正洞 1.5～2 m 为宜，其坡度为 1%～3%。泄水洞的断面积要能满足排水的要求，并结合快速施工的要求进行确定。

② 结构长期监测。为了对高压富水充填型溶腔在施工和运营过程中的受力进行全面的掌握，对结构的安全性进行全面评估，需要对高压富水充填型溶腔进行结构长期监测。监测的项目主要有八个，它们分别为水压力的监测、围岩与初期支护间接触压力的监测、注浆加固圈稳定性的监测、初期支护内力的监测、隧道基底沉降的监测、初期支护与二次衬砌间接触压力的监测、二次衬砌内力的监测以及注浆加固圈渗水量的监测。

3. *后注浆(径向注浆)处理技术*

1) 注浆材料及浆液配比的选择

参考工程防排水的等级来要求径向注浆，选择不同的注浆材料：超细水泥单液浆、普通水泥单液浆、TGRM 单液浆和 HSC 单液浆。

径向注浆应当尽量使用高浓度的浆液配比，不仅可以增强浆液凝固后的抗压和抗剪性能，而且还能降低浆液的收缩率。同时在进行浆液配比时，又要全面考虑浆液的可操作性，根据长期注浆施工的经验和室内浆液试配的结果，径向注浆材料的配比参数见表 5.6。

表 5.6　径向注浆材料配比参数表

工　艺	优　　点	缺　　点	适用范围
管靴带管棚进工艺	钻孔、下管允许一次性施工完成；在成孔不容易的情况下可以确保管棚施工	连接中的次数多，钻孔、下管的速度慢；丝扣易产生断裂而造成重复施工，甚至废孔现象：钻孔速度较慢，降低效率	围岩松散、钻孔时易发生塌孔的复杂地质
钻进引孔顶丝扣连接管棚工艺	钻孔速度较快	在松散的地层中容易发生塌孔，从而造成下管困难：连接次数多，从而下管速度慢丝扣容易断裂，而造成下管未到设计位置甚至废孔等	钻孔时成孔较好的地质情况，或经过注浆加固改良后的地层
钻进引孔顶进焊接管棚工艺	钻孔速度快，连接次数少减少下管时间，连接简单施工时间短	因需焊接连接，要求管棚出水较少	

2) 设计参数

根据地层特点来确定径向注浆的设计参数，并在现场试验中不断地完善一般径向注浆的设计参数见表5.7。

表5.7 径向注浆设计参数表

序　号	设计参数	一般溶隙水段	富水溶隙段
1	加固厚度	$B=0.3\sim0.5D$	$B=0.5D$
2	注浆材料	C浆、MC浆、HSC浆(或TGRM浆)	MC浆、HSC浆
3	扩散半径/m	1～2	0.5～1
4	环向间距/m	2～3	0.8～1.6
5	纵向间距/m	1～2	0.6～1.5

注：B指加固厚度，m；D指开挖断面宽度，m。

3）注浆管材

（1）如果地层为一般的裂隙水段，并且裂隙水发育的程度不强时，径向注浆管可以使用自进式锚杆，或在钻孔后下入注浆花管来进行注浆施工处理。

（2）如果地层是富水裂隙段，裂隙发育较为完善时，对径向注浆的要求比较高，因此应使用TSS管结构，以减少注浆过程中发生串浆现象，从而可以提高了径向注浆加固的效果。

4）注浆参数

注浆的参数见表5.8。在现场进行注浆活动时，应当根据地层的特点，不断地对注浆参数进行动态的完善和调整，以适应地层注浆加固的要求。

表5.8 注浆参数表

序　号	参数名称	参数值
1	注浆速度(L/min)	5～100
2	注浆终压/MPa	2～3
3	单孔注浆量/m^3	按式(5.23)进行计算确定

$$Q=\pi R^2 H n\alpha(1+\beta) \tag{5.23}$$

式中：Q—注浆量，m；R—扩散半径，m；H—注浆段长，m；n—地层裂隙度或空隙度；α—浆液填充率；β—浆液损失率。

5）注浆方式

使用全孔一次性注浆的方式来对径向注浆进行施工。

6）注浆顺序

注浆的顺序按照两序孔进行，也即是先跳孔、跳排注进行单序孔注浆施工，然后再进行注剩下的二序孔。通过实施约束型的注浆模式，达到挤压密实的注浆目的。

7）注浆结束标准控制

一序孔注浆结束的标准是采用定量定压相结合的原则。在注浆施工的过程中，以定压为首要控制原则，如若长时间注浆的压力保持不变（一般指 8 h 左右），此时可将注浆的材料调整为 HSC 单液浆，再进行注浆 8 h 后仍保持不变，可根据定量标准进行注浆的控制。

二序孔注浆结束的标准，应该以达到设计的注浆终压为原则。

8）径向注浆效果的检查评定

（1）径向注浆，每一个注浆孔的注浆 $P-Q-t$ 曲线都必须符合设计的意图和要求。

（2）径向注浆完成后，应当达到设计规定允许渗水量的标准要求。

4. 超前预注浆处理技术

1）注浆材料及浆液配比的选择

可以根据充水溶槽的宽度选择注浆材料，以达到“注浆效果良好、满足可控域注浆”的目的。注浆材料选用普通水泥单液浆（C 浆）和普通水泥-水玻璃双液浆（C－S 浆）。注浆材料选择按表 5.9 进行。

表 5.9　充水溶槽注浆材料选择表

充水溶槽宽度	注浆材料	浆液凝胶时间要求
＜20 cm	C 浆、C－S 浆	双液浆 180～300 s
20～50 cm	C－S 浆	90～150 s
＞50 cm	C－S 浆	30～90 s

（1）普通水泥单液浆：使用 P・O 32.5R 以上的普通硅酸盐水泥，浆液配比的水灰比为 $W:C=0.7:1\sim0.9:1$。

（2）普通水泥—水玻璃双液浆：浆液配比的水灰比为 $W:C=0.7:1\sim0.9:1$、璃的浓度为 30～35Be′、水泥-水玻璃的体积比为 $C:S=1:0.4\sim1:1$、缓凝剂的掺量为 1%～3%。

2）注浆参数

使用全孔一次性注浆对充水型溶槽进行注浆，设计注浆的参数为：浆液的扩散半径为 $R=2$ m、注浆终压为 $P_z=2\sim5$ MPa、注浆速度为 $V=5\sim150$ L/min。

5. 超前帷幕注浆技术

同第五章第一节中的“超前帷幕注浆技术”。

6. 超前大管棚支护技术

同第五章第一节中的“超前大管棚支护技术”。

六、无充填型岩溶处置技术

（一）处置措施

对于无充填型岩溶，首先确定该岩溶是无充填型岩溶管道还是无充填型岩溶裂隙，并且确定其发育的位置，进而选取不同的方案进行处理。

对无充填岩溶洞穴的治理，首先应当将岩溶洞穴岩壁表面的浮土和充填物清除。然后再对岩溶洞穴进行回填处理。

(1) 如果岩溶洞穴在隧道的拱部和边墙位置发育时,可使用 C25 混凝土进行回填。或在初期支护完成后再使用水泥砂浆进行回填密实。

(2) 如果岩溶洞穴在隧道的基底位置发育时,可选用 C25 混凝土进行回填。对于无充填岩溶裂隙的治理,施工中首先使用钢架支撑处理,安全通过后再采用水泥砂浆或混凝土进行回填。

对于无充填型的岩溶管道,应按照其发育位置的不同采取合适的处理方案。

1) 拱部和拱腰部位发育

对于在隧道的拱部和拱腰部位发育是否有充填型的岩溶管道,可以通过对水文地质的分析判断,估测将来不会出现较大的水流时,应当考虑采用溶腔的防护层、结构防护层、初支加固层、结构保护层、缓冲层和结构排水系统等综合处置措施。

(1) 溶腔防护层:对于较大的溶腔发育应进行锚网喷支护,以防止溶腔的坍塌对溶腔结构产生不利影响。锚网喷防护一般选用 ϕ22 mm 锚杆、ϕ8 mm@20 cm×20 cm 的焊接钢筋网以及 C25 喷射混凝土。

(2) 结构防护层:为了确保隧道的结构安全,利用 C20 混凝土对隧道的外侧作护拱结构防护层。

(3) 初支加强层:根据溶腔沿着隧道纵向发育规模的大小,施作合适的格栅钢架支撑,以满足施工安全的要求。钢架的架设原则为:当环向的溶腔发育规模不超过 3 m 时,可使用局部架设钢架进行支护;当超过 3 m 时,一般进行全环架设。

(4) 结构保护层:根据溶腔规模的大小,通过回填一定厚度的 M5 浆砌片石置于结构防护层的上部,来改善结构保护效果。

(5) 缓冲层:为防止溶腔出现局部的掉块和坍塌,在保护层外施作一圈缓冲层。缓冲层一般使用以水泥砂浆垫层或砂垫层。考虑到垂直循环带内有水流通过,如果使用砂垫层,长时间的水流作用,可能会导致砂层流失缓冲层失效,所以,一般使用水泥砂浆垫层。

(6) 排水系统:为了保证岩溶处置中排水的通畅,确保结构排水等级的要求。溶腔处置时应将加筋透水盲管和纵向排水盲管或者边墙泄水孔相连通。

2) 边墙发育

当位于隧道边墙位置无充填型的岩溶管道发育时,通过对水文地质进行研究分析判断,将来不会出现较大的水流量时,原则上宜使用浆砌片石进行回填,回填的厚度为 2～5 m。

3) 基底发育

(1) 当隧道的基底有竖直向的无充填型岩溶管道发育时,并且深度不超过 5 m,可以使用 C25 混凝土回填。

(2) 当隧道的基底有竖直向的无充填型岩溶管道发育时,并且深度超过 5 m 时,可以使用隧道弃碴对基底 5 m 范围的下部进行回填,回填时,要配合必要的振捣,以实现密实性。隧道基底以下 5 m 范围使用 C25 混凝土进行回填,回填的过程中需要进行振捣密实,对回填混凝土确保质量。

对于大型岩溶,在拱部和边墙主要使用回填的措施,对于基底的处理应当根据其发育的不同特点,制定出针对性的处理方案。主要针对隧道基底发育的大型干溶洞的规模和发育特点等使用有针对性的架桥和打桩等处理方法。

（二）处置关键技术

1. 隧底结构处置技术

(1) 对隧道的基底采用洞碴回填，采用“托梁＋钢筋混凝土板”跨越结构来处理岩溶，“托梁＋钢筋混凝土板”跨越结构承受荷载。托梁断面尺寸为(宽×高)＝(1～1.5 m)×(1～1.8 m)，托梁的两端在完整基岩上的长度最短为 2 m。钢筋混凝土板的厚度为 0.8～1.5 m。选用加强结构形式对岩溶发育及其影响段进行初期支护和二次衬砌。

(2) 如果基底的岩溶发育比较深，同时岩溶的纵向跨度较小(一般不超过 3 m)时，若使用隧道充碴进行回填，这种回填方式需要很大量的填充物，并有可能会造成地下水通道的堵塞，因而一般选用型钢混凝土＋板跨方案。

(3) 若干隧道基底的岩溶发育深度比较深时(一般为 5～20 m)，往往使用钢管群桩进行加固。对基底使用隧道弃碴进行回填，然后使用钢管群桩进行加固，一般使用直径为 ϕ75 mm 的注浆钢管桩。呈梅花形布设，布设间距为(0.6～1 m)×(0.6～1 m)，注浆管深入基底基岩的深度最小为 0.5 m。注浆材料选用普通水泥浆，水灰比为 0.7∶1～0.9∶1。注浆使用定压控制为主的原则，注浆终压为 1.5～2 MPa。对基底使用钢筋湿凝土底板的，底板厚度一般为 0.8～1.5 m。选用加强结构形式对岩溶发育及其影响段进行初期支护和二次衬砌。

(4) 如果隧道的纵向范围较大，基底的深度又比较深时(20～30 m)，可使用桩基托梁方式进行通过。

(5) 如果岩溶的规模较大，发育又很深时(一般超过 30 m)，宜选择填筑方案，使用路基形式进行通过。

2. 超前帷幕注浆技术

同第五章第一节中的“超前帷幕注浆技术”。

3. 锚网喷防护技术

同第五章第一节中的“锚喷防护技术”。

七、暗河影响断层带处置技术

根据勘察设计阶段的地质资料进行研究分析，如果在隧道的周围有暗河等强赋水条件的构造发育时，隧道的开挖揭示围岩是较为破碎的断层带，于是，即便在隧道在掘进的过程中不会发生涌水现象，也不能保证初期支护完成后就不会出现涌水事故，甚至都不能确保隧道建设完成后，在运营过程中能够安全运行。

（一）处置措施

(1) 使用径向注浆对破碎的围岩进行加固。径向注浆可使用不等厚注浆设计进行注浆，对于受到暗河影响的隧道一侧，注浆加固的厚度为 5～8 m；另一侧，注浆加固的厚度为 3～5 m。

注浆孔呈梅花形布设，靠近暗河一侧注浆孔的间距为(1～1.5 m)×(1～1.5 m)，另一侧的注浆孔间距为(2～3 m)×(2～3 m)。

注浆材料选择普通水泥单液浆，其浆液配比为 $W:C=0.6:1\sim0.8:1$。

注浆参数：浆液的扩散半径为 1～2 m，注浆的终压为 1.5～2 MPa。

(2) 断层及其影响段使用初期支护和二次衬砌加强结构。初期支护使用钢架支撑，间距为 1 榀/0.5～1 m。二次衬砌使用 C30 钢筋混凝土加强型结构。

(3) 二次衬砌应及时施作。

(二) 处置关键技术

1. 外堵内固精细化注浆工法

外堵内固的精细化注浆设计思路如图 5.8 所示。同样,假设随着隧道掘进,将会产生一定范围的围岩松动,在松动区的外侧一定范围内采取注浆措施,可以形成一个止水带,该止水带能够抵抗水压力,这样在隧道影响范围内的强大水压力受到止水地带的影响无法直接作用在支护或初砌上。但对止水地带而言,外堵内固的精细化注浆设计和全断面注浆设计具有本质的差别。在进行外堵内固的精细化注浆设计时,假设地层是不均匀的,由于受到不均匀地层的影响,其透水性也是不均匀的。因此,外侧水压力的分布也不均匀的。由于通过前期的顶水注浆改变了透水场的条件,然后按照均匀地层基本的注浆加固,以达到隧道掘进安全的基本要求,最后,对水压力高、水量大区域进行强化注浆。

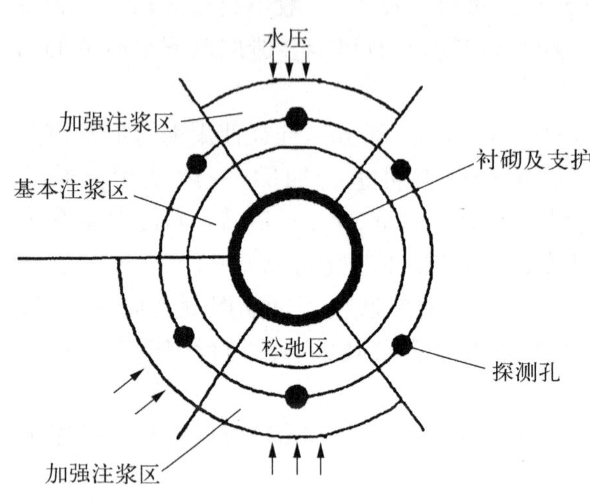

图 5.8 外堵内固的精细化注浆设计思路图

外堵内固的精细化注浆设计主要是考虑到工程地质(地层围岩特性、地层破碎程度等),并结合水文地质(水压力和水量参数等)情况,确定周围注浆加固的圈数的一种注浆理念。进行加固一圈注浆时,注浆终孔处在隧道开挖轮廓线外 1.5～2 m 的范围。加固两圈时,外圈孔处在隧道开挖轮廓线外 3.5～5 m 的范围,二圈孔处在隧道开挖轮廓线外 1.5～2 m 的范围。注浆孔的间距按照浆液扩散的范围 $R=2$ m,取 $L=(1.2\sim1.5)R=2.4\sim3$ m(R 为浆液扩散半径,L 为注浆孔间距)。

注浆时,先经过"分区定位"采取无约束注浆的方式进行堵水,使地层中的水量能够得到有效的控制,然后按"合理步距、封堵水流;由外到内、环环相扣;间隔跳孔、锁定水源;增加补孔、区域加强"的原则进行注浆。对注浆的全过程进行控制,从而达到"减少注浆孔数量、提高注浆效果"的目的。

1) 分区定位、锁定水源

(1) 假定存在不均匀的地层,并处在灰色状态。

(2) 根据注浆加固的理念规划设计基本注浆区。注浆加固的范围为隧道开挖轮廓线外 3～5 m,也就是隧道周边 0.5～1 倍的洞径范围。进行注浆设计时,按内、外两圈的注浆孔进行设计,外圈孔为隧道开挖轮廓线外 3～5 m 的范围,内圈孔为隧道开挖轮廓线外 1～3 m 的范围。

(3) 选择 4～6 个外圈注浆孔,对隧道周边的灰色地层采取分区探测。经过探测分析,并根据探孔的水压力和水量,把隧道外划分成强水区和弱水区。探孔用作注浆孔应按要求采取注浆措施。

2）外堵内固、区域加强

（1）对于超前钻孔，注浆的一些重要参数可根据水量的大小来确定。对水量大的钻孔来说，按照顶水注浆的原则，利用定压注浆，只有注浆的压力是水压力的 2～3 倍，才能有效地对地下水流通的裂隙通道进行堵截。通过进行顶水注浆以后，能够大大降低强水区的水压力和水量。

（2）按照基本注浆区的设计要求采取注浆施工。注浆时，严格按照“先外圈、后内圈、同圈孔间隔跳孔”的顺序进行注浆。

（3）注浆使用前进式分段注浆。根据钻孔的出水量和钻孔的成孔状况，对注浆分段的长度（注浆的步距）进行三级控制标准采取等级管理。按照钻孔的出水量分为三档：≤10 m^3/h 为第一档，10～30 m^3/h 为第二档，＞30 m^3/h 为第三档。根据钻孔的成孔状况可划分为三档：第一档为无坍孔，第二档为轻微坍孔，第三档为严重坍孔。等级划分根据绿、黄、红三种情况采取控制管理。

（4）在基本注浆区注浆完毕后，将强水区作为加强注浆区，增加钻孔数量以进行社充注浆，同时还要及时检查区域的出水状况，加强的范围为基本注浆区外 1～2 m。

3）环环相扣、过程控制

进行周围注浆设计的总体注浆要求为：堵裂隙、减少水量；固围岩、改良地层。注浆时，先对区域内定位孔采取无约束的堵水注浆，从而能够有效控制地层中的水量，然后根据“合理步距、封堵水流；由外到内、环环相扣；间隔跳孔、锁定水源；增加补孔、区域加强”的注浆理念采取注浆活动。

环环相扣的注浆顺序：按外圈孔→内圈孔→稳面孔→补强孔→检查孔→管棚孔。

过程控制：为保证注浆后的效果，应当严格按照注浆的顺序要求采取注浆活动。在注浆的过程中，每一个注浆孔的注浆都必须按照注浆参数严格执行。

4）效果检查、标准评定

对于高压富水断层来说，注浆不仅要达到堵水的目的，还要满足加固地层的要求。因此，检查的项目不仅要包含对断层的堵水和加固，同时还要注重对过程控制的检查。对堵水作用的检查主要是检查堵水率和注浆后地层的渗透水能力。对加固作用的检查主要是对地层的密实度的检查和注浆后地层的稳定性的检查。结合国内外对注浆效果的检查评定办法，使用钻孔出水量分析法、$P-Q-t$ 曲线分析法、检查孔出水量测定、注浆量分析法、检查孔稳定分析（成孔试验）实用性更高。其中，检查孔出水量测定和钻孔出水量分析法是对注浆堵水效果的检查评定，检查孔稳定分析、注浆量分析法和 $P-Q-t$ 曲线分析法是对注浆加固效果的检查。

2. 分水降压技术

同第五章第一节中的“分水降压技术”。

第二节　岩溶隧道分类处置施工

一、隧道工程不同围岩等级施工

（一）不同围岩状态下施工方法的选择

根据国内外对跨度 10 m 左右、开挖面积 100 m^2 左右的隧道，采用经验类比法进行分析，不同围岩等级的施工方法统计见表 5.10。

表 5.10　国内外隧道支护参数和开挖方法的统计分析

围岩等级	Ⅱ～Ⅲ	Ⅳ～Ⅴ
施工方法	台阶法：上断面临时封闭正台阶法；中隔墙法；交叉中隔墙法	台阶法(短、超短台阶法)；单侧壁导坑正台阶；中隔墙法；交叉中隔墙法
喷混凝土(cm)	6～10	12～25
锚杆(m)/环纵	2.6～3/(1.5×1.2)	2.4～3.5/(1.1×1.0)
钢支撑型号/间距(m)	挂网：格栅，H150/1.5	格栅；H250/1.5；工字钢
超前支护	—	小导管、管棚
衬砌厚度(m)(拱部/仰拱)	(0.2～0.5)/(0～0.5)	(0.2～0.5)/(0.3～0.6)

注：H150、H250 分别指钢支撑型号；跨度为 10 m，开挖面积为 100 m^2；扁平率 0.6～0.72；Ⅵ级围岩特殊支护。

（二）不同围岩等级支护方式

依据围岩支护的性质概念可以知道，支护可分为人工支护和自支护两种。自支护即隧道开挖后围岩自身存在的支护能力，而人工支护是在围岩自支护能力不足的状况下采取的人为的支护措施。自支护和人工支护仪器共同构成了隧道的永久支护系统，见式(5.24)。

$$隧道支护 = 围岩的自支护 + 人工支护 \tag{5.24}$$

围岩的自支护能力取决于围岩的自身条件，其围岩特性是固有的、客观存在的。该特性在掘进的过程中，根据掘进方式的优劣，会有不同程度的损坏，从而使得固有支护能力降低。为了尽量减小由开挖产生的破坏，除了需要在掘进方式上进行施工调整外，最主要的是采用人工支护方法来弥补这种受到破坏的自支护能力，这是使用人工支护的基本目的。围岩的自稳定能力和支护级别间的关系见表 5.11。

表 5.11　围岩等级、隧道稳定和支护级别之间的关系

围岩等级	Ⅰ	Ⅱ	Ⅲ、Ⅳ	Ⅴ、Ⅵ
稳定性划分	充分稳定	基本稳定	暂时稳定	不稳定
初期支护	喷混凝土或砂浆	喷混凝土、局部锚杆	喷混凝土、锚杆	喷混凝土、锚杆、管棚等
超前支护	—	—	—	小导管、管棚等
二次衬砌	饰面衬砌	构造衬砌	不承载衬砌	承载衬砌

人工支护一般分是为两步：一次支护(初期支护与超前支护)和二次支护(永久支护或二次衬砌)。其中，一次支护(初期支护)，一般采用锚杆、钢筋网、工字钢架成钢格栅拱架和喷混凝土构成的一种环向受力体系，能够在隧道施工期间起到维护隧道掘进空间的稳定、限制围岩自支护能力的不足。为充分地利用围岩的自承能力，有效地控制围岩的变形，初期支

护应当及早施作，尽早地起到安全支护作用，其特征工序：开挖→初喷→锚杆→工字钢（钢格栅拱架）→钢筋网→复喷。

二次支护（二次衬砌），简称二衬，与一次支护一起共同构成支护体系，在隧道运营期间对隧道的长期稳定和耐久性的起到维护的基本结构；二衬在施工时一般不承载的，在特殊的地段，例如洞口段会起到控制地表下沉的作用，是隧道储备支护。二衬又可分为仅用作防止初期支护风化、水浸和局部掉块的表面衬砌，为防止隧道在长期使用过程中围岩和初期支护能力降低的构造衬砌承载支护四类方式。

支护方式是由不同的支护类型及工艺共同组成的，如图 5.9 所示。

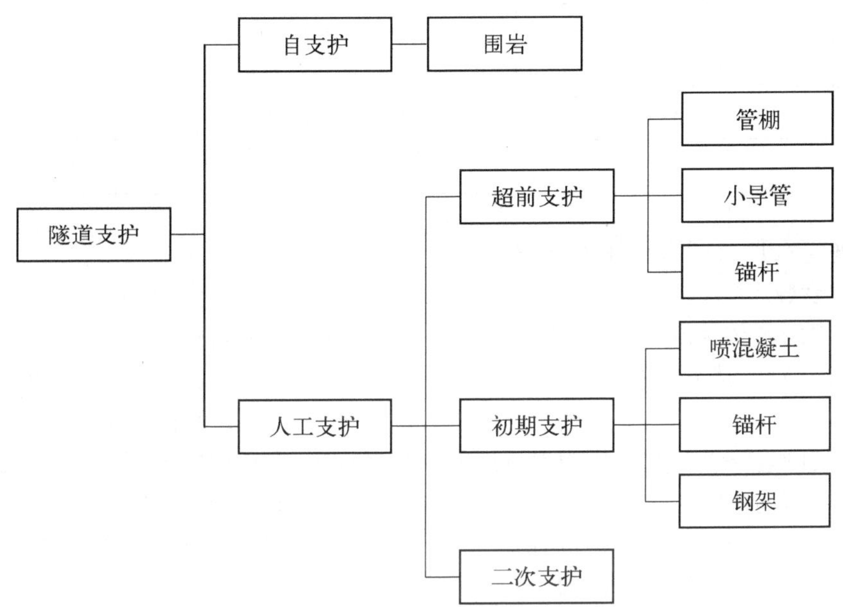

图 5.9　隧道工程支护方式图

二、不同亚级别围岩施工

（一）Ⅳc～Ⅳb 级围岩开挖

1. Ⅳc～Ⅳb 级围岩的施工

使用全断面光面爆破进行掘进施作，采用锚喷网进行初期支护，依据监测数据分析确定围岩变形特征，待到围岩变形稳定到符合要求后，对全断面进行二次衬砌的施作，凿岩机进行钻孔，用侧卸式装载机迅速装碴，自卸汽车运输，全断面液压衬砌台车承担衬砌作业。每循环设计进尺为 3 m，锚喷与掘进平行作业。Ⅳc～Ⅳb 级围岩的施工工序如图 5.10 所示。

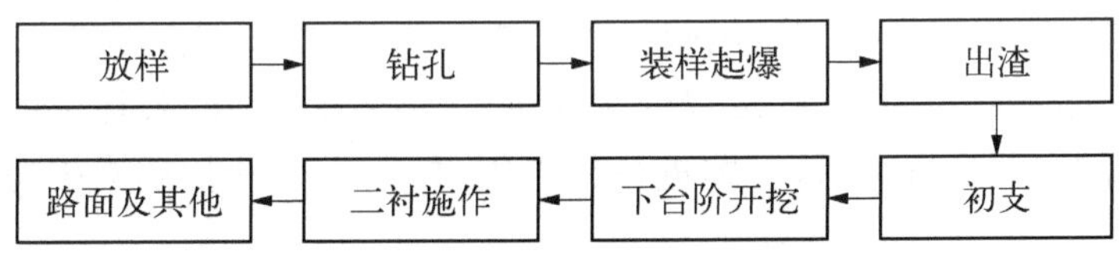

图 5.10　Ⅳc～Ⅳb 级围岩施工程序框图

2. Ⅳc～Ⅳb级围岩的掘进作业循环时间

Ⅳc～Ⅳb级围岩的掘进作业循环时间见表5.12。

表5.12 Ⅳc～Ⅳb级围岩的掘进作业循环时间表

作业项目	时间/h											
	1	2	3	4	5	6	7	8	9	10	11	12
测量放线	—											
钻孔		—	—	—								
装药起爆				—	—							
通风排险					—	—						
出碴及支护						—	—	—	—	—		

（二）隧道在Ⅳa～Ⅳb级围岩开挖

1. 开挖步骤

根据围岩的具体情况，使用台阶分步法对Ⅳa～Ⅳb级围岩进行施工时，可对台阶的长度进行适当的调整，其步骤如下：中线水平测量→超前钻孔对地质探测→拱部施作超前小导管（超前锚杆）→注浆固结→对上半断面进行钻眼→装药连线→采取爆破→排烟除尘并清理危石→初喷围岩→设置监控量测点→出碴→打径向锚杆→施作钢筋网→上半断面钢架的安设→对上半断面进行二次喷混凝土→监控量测围岩变形→继续下半断面的开挖→下半断面施作径向锚杆→施作钢筋网→施作下半断面钢架→进行下半断面的喷混凝土→监控量测→防水板施工→二次混凝土衬砌。

2. 主要施工方法

隧道在Ⅳa～Ⅳb级围岩段掘进时，首先对封闭暴露的围岩工作面施喷混凝土，并施作直径为42 mm的超前小导管（由ϕ25 mm的超前锚杆构成），保持锚杆的环向间距和外插角（交叉）一致，然后进行安装径向锚杆、施作钢筋网和安设钢格栅拱架的初期支护。进行超前预注浆锚杆和径向锚杆相互联结，作为支撑的结点。在施作完成以后，按照设计厚度及时进行二次喷混凝土。下半断面的初期支护方法和上半断面类似，等到下半断面的初期支护完毕后，再进行下一循环的施工。

3. 对Ⅳa～Ⅳb级围岩的支护方式

Ⅳa～Ⅳb级围岩地段采用短台阶法进行爆破掘进，防护实验小导管超前支护方式进行支护，锚杆、喷混凝土、格栅钢架组成初期支护，全断面进行灌注二次衬砌混凝土，上断面一般超前3～5 m的距离，作为上断面的锚喷网的工作平台，上下断面进行同时爆破掘进。

采用凿岩机钻孔时，下半断面使用侧卸式装载机进行装碴，用自卸汽车进行运碴。掘进时要遵循“短进尺、弱爆破”的原则，以降低爆破振动对围岩产生的破坏，循环进尺一般要控制在2.0 m的范围。洞身掘进后，立即进行锚喷网、格栅拱架的初期支护施作，及时封闭围岩，支护成环。

Ⅳa～Ⅳb级围岩施工程序如图5.11所示。

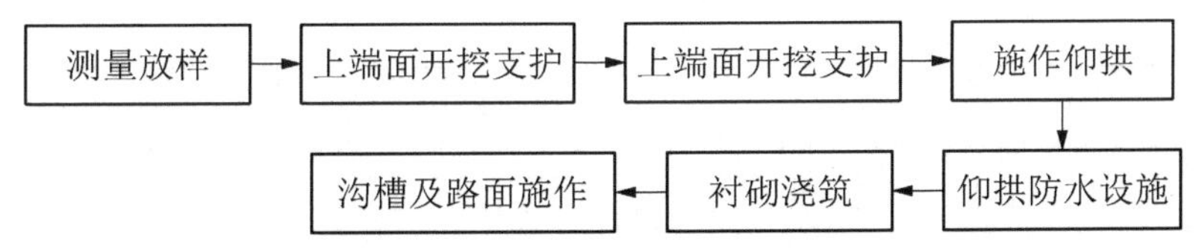

图 5.11　Ⅳ级围岩施工程序框图

Ⅳa～Ⅳb 级围岩掘进作业循环时间见表 5.13。

表 5.13　Ⅳa～Ⅳb 级围岩掘进作业循环时间表(循环进尺 1.3 m)

作业项目	时间/h											
	1	2	3	4	5	6	7	8	9	10	11	12
测量放线												
钻孔												
装药起爆												
通风排险												
出碴及支护												
初期支护												

注：作业循环时间为 12 h。

（三）Ⅴa～Ⅵb 级围岩开挖

1. 施工方法与工艺流程

对于Ⅴa～Ⅵb 级围岩的洞身段开挖，应当先进行超前支护，隧道施工选用短台阶法进行掘进，台阶的长度一般为 10 m，掘进的步骤如下：测量放样→钻孔→施作小导管和管棚→注浆→进行上半断面围岩的掘进→初喷混凝土、立拱→上半断面拱部的初期支护→出碴→下半断面的围岩的掘进→边墙的初期支护施作。

2. 施工原则与管理

由于Ⅴa～Ⅵb 级围岩段的软弱围岩，自稳能力差，应当遵循“短循环、紧(弱)爆破”的原则稳步掘进。作业循环时间见表 5.14 和表 5.15。

表 5.14　上断面的掘进作业循环时间表(循环进尺 1.0 m)

作业项目	时间/h											
	1	2	3	4	5	6	7	8	9	10	11	12
测量放线												
超前支护												

续 表

作业项目	时间/h											
	1	2	3	4	5	6	7	8	9	10	11	12
开挖及出碴												
初期支护												

注：作业循环时间为 12 h。

表 5.15 下断面的掘进作业循环时间表(循环进尺 1.0 m)

作业项目	时间/h											
	1	2	3	4	5	6	7	8	9	10	11	12
测量放线												
左半部开挖												
支护												
右半部开挖												
支护												

注：作业循环时间为 12 h。

三、进洞堆积体不良地质的施工

（一）进洞措施

根据实地地质勘察情况，对明洞段使用挖掘机进行分层分段式开挖，在刷坡后及时进行支护施作，用以进行地表加固工作(锚杆＋挂网＋喷混凝土)；进洞段的上部施作应当采用短进尺；利用风镐配合挖掘机进行联合开挖，喷混凝土分两次施作，初喷在开挖后立即进行，架设钢架(钢架的拱脚位置设置锁脚锚杆，以防止拱顶的下沉)，打系统锚杆、注浆小导管，施作钢筋网后进行复喷混凝土，并及时封闭工作面，以确保支护的质量，进洞时必须按照设计规范要求严格施工。

（二）进洞的施工步骤和工作循环

由于进洞施工的时间会受到地形、地质构造和水文气候条件的影响限制，施工应当避开雨季，其步骤如下：

1. 仰拱施工

仰拱施工必须位于稳固的地基上，并且其厚度不能小于设计要求规定的值。在进行混凝土的施工时，利用输送泵泵送入槽。

2. 明洞基础施工

(1) 明洞边墙必须位于稳固的地基基础上。当有水时，应当引排出，并保证边墙基础下无水。

(2) 明洞边墙的基底，在垂直线路的方向上一般开挖成小于 10%向内的斜坡。

(3) 边墙的基础开挖到设计要求的标高后，核对地质承载力进行，看其是否符合设计要求。

(4) 如果地基的承载力不足,要通过挖孔桩基础或沉井基础的方式进行地基的加固。

(5) 掘进前,做好防塌方、仰坡落石、排水等防护措施。

3. 拱部施工

使用整体式钢模台车进行一次成型施作,拱部的衬砌拱架是采用自制的可拆式拱架,利用工字钢按照拱度弧形的要求分成四段进行制作,每两根工字钢拱架间使用纵向的连接杆进行连接,节段间使用螺栓连接板固定,模板间使用V形扣件进行连接,拱架作为支承,形成整体的拱形;钢管相互之间用扣件连接牢靠,钢管和拱架、拱架和钢模间按照能充分受力的要求进行连接。对模板拼接的精度要求高,拼接缝要顺直成线,并尽量减少出现拼接缝。混凝土利用输送泵进行泵送入模,浇筑前,支架和模板间的支撑必须牢靠。

4. 防水层的施工、明洞的回填与拱架的拆除

(1) 防水材料的铺设按照从拱脚自下向上逐渐向拱顶方向进行铺设。

(2) 等到混凝土满足设计的强度要求以后进行回填。回填前,首先开挖纵向盲沟;如果开挖比较大,需用浆砌片石进行回填,对于拱部的回填需要对称分层夯实,每层的厚度不应超过0.4 m。最后在拱背采用黏土隔水层,保证其与边坡和仰坡密实封闭。

(3) 拆除拱架;对混凝土的检测,当达到设计强度的要求后,才可以拆除拱架。

5. 明洞施工

明洞施工顺序如图5.12所示。

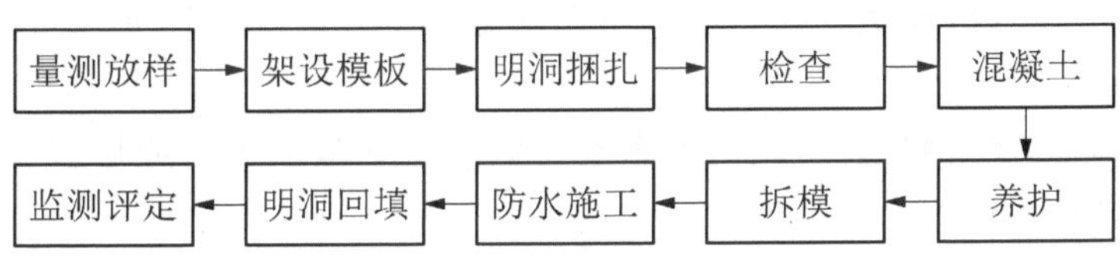

图5.12 明洞施工工序图

6. 保证措施

(1) 施工前,要进行中线、高程等测量的放样工作,并预留出施工误差。

(2) 保证模板和支架的加固,确保其具有足够的刚度及稳定性。

(3) 对混凝土的浇筑应当按照自内向外的顺序,由拱脚连续地灌注到拱顶。

四、富水地段及岩溶区施工

(一) 富水地段施工方法

在断层破碎带一般富水地段发育较多,为了防止隧道涌水现象的出现,需要对该地段的地层采取加固止水的措施。由于地层地下水的含量较为丰富,建议采用注浆加固围岩。使用短台阶法,上半断面掘进以后,及时按照设计要求立钢支撑、进行锚杆施作、钢筋网的施作、喷混凝土支护,迅速使围岩封闭,随后进行下半断面的施工,做好仰拱的封闭成环。其作业程序及要点如下。

1. 超前地质预报

超前地质预报对施工方案的制定和注浆参数的确定起主要的作用,因此对特殊地质情况必须有准确的超前预报结果,TGP206地质预报系统可探测出断层带,当施工进行到断层带时,在拱脚、拱顶和隧道的中下部,分别设定孔深20 m、孔径中65 mm的超前钻孔进行对

岩心的提取，采用实验液压钻孔台车进行钻孔。推断出掌子面前方的地质岩性、地质构造、水源的位置及其水量的大小。

2. 止浆墙的设置

由于掌子面的围岩较为软弱，因此注浆时在工作面的位置必须设置止浆墙。通过在工作面进行钻孔，将钢筋网焊接在孔口管上，随后喷射 15 cm 厚的混凝土，构成止浆墙。

3. 钻孔作业

根据设计要求准确地测量出隧道开挖轮廓线和孔口的位置，并用红油漆标出，其误差一般小于 10 cm。为了控制钻孔的角度，在钻杆的尾部安装一定长度的钻杆(4.5 m)进行钻孔施作。钻孔完成后，按照钻杆联结的反向步骤对钻杆进行拆除，将钻机退回原位。液压钻孔台车的推进压力为 2～4 MPa。孔口管安设在注浆孔的端口，呈梅花形布置，避免注浆时附近的岩石出现坍塌现象，夜班同时阻止了浆液的外溢。

注水 2～3 min，进行清洗钻孔，保证注浆的畅通；对于软弱和富水断层带的围岩，首先注入纯水泥浆，当达到一定压力或注入一定量后，再进行注浆，达到设计的压力后，再持续 5 min 后即可结束注浆。详细记录下注浆的时间、压力的变化、注浆量和围岩的变化，以便进行对比分析，保证全过程良好的注浆效果。在严重软弱和破碎段，例如岩溶腔，使用长管棚注浆超前加固或超前预注浆的措施，在富水地段使用特殊的浆液进行加固，同时封堵存在的地下水。使用负压抽水和高压注浆相结合的“诱导注浆”技术。可通过注浆对地层进行加固，并增强管棚的强度，特殊状况下可在两管棚间施作小导管注浆构成双管加固。

(二) 岩溶区施工方案

对于岩溶区施工方案的选择，其关键在于一般施工的基础上对隧道漏水、防渗施工措施的要求，并注意防塌。

1. 岩溶水处理方案

隧道施工期间洞壁围岩的出水形式主要有：高压集中涌水、线状渗水和渗滴水三种形式。根据不同的水情，具体的处理方案如下，见表 5.16。

表 5.16　岩溶水处理方案表

序号	洞壁围岩出水方式	处理方式	备注
1	渗滴水	因其水量少、水压力低，可不考虑注浆处理或在开挖过后再进行径向注浆处理	针对不同的外水压力、流量，分别采用超前帷幕注浆、后注浆、局部注浆、径向注浆、补注浆四种方式或四种方式相互配合的注浆方案
2	线状渗水	一般出现在节理裂隙发育洞段、小断层或者是大出水点的前眺，水量不大，涌水压力不高，对洞身稳定和施工安全影响不大，采用局部注浆处理	
3	脉状涌水及高压集中涌水	为了防止因裂隙中泥沙流出，发生突然性大量涌水，并疏通流水网络，开挖前先进行全断面帷幕注浆处理后开挖	
4	突然性涌水	先施作隔水墙，降压，变动水为静水和迂回导洞超前注浆等综合措施处理施工	

2. 岩溶区隧道防渗、漏水施工步骤

对于隧道防排水应当遵循"防、排、截、堵结合，因地制宜，综合治理"的基本原则，以确保隧道的结构物和营运设备的正常使用以及行车安全。将隧道内的地下水和路面水分别引排到洞外，一般采取的防排水措施为：在一次衬砌和初期支护之间铺设防水材料，并将环向的排水盲沟设置在围岩与初期支护之间、初期支护与二次衬砌之间，把水引排到隧道边墙底部铺设的纵向波纹排水管中，在隧道底的中线位置设置中央排水管，并在中央排水管和纵向排水管间设置横向排水管使之相互连接，将纵向的排水管中引出的地下水排入中央排水管中，再排出洞外；每隔一定的距离中央排水管需设置检查井。洞内的路面水可经过两侧的明沟进行排出。隧道使用分区防水道、车行横通道与主洞的防排水构成整体的防排水系统。

3. 岩溶区隧道塌方的预防和处置技术措施

1）施工塌方的预防措施

（1）在进行施工的全过程中，首先进行超前预报探测，探明施工前方的地质情况，采取相应的治理措施。

（2）加强监控量测工作，当监测结果显示围岩和支护体系出现异常时，需增大支护的参数，必要时尽早进行加强衬砌的施作。

（3）断层施工中，要首先防治水。如果探水钻孔中三分之二的钻孔都有出水，且总出水量超过 10 m^3/h 时，要使用全断面超前预注浆进行堵水。对注浆材料选用水泥浆，在特殊情况时选用水泥—水玻璃双液浆。

（4）对隧道断层地带的掘进使用台阶分步开挖法，及时施作锚喷、挂网和钢架联合支护体系，封闭结构面。

（5）隧道施工处在断层软弱的破碎带，并出现大量渗漏水，掘进的循环进尺只能根据每榀工字钢的间距为 60 cm 进行开挖；地层比较完整，而且没有渗水或者渗漏水量较小时，可适当调节加大进尺量，但不能超过 120 cm。

2）处理塌方的措施

在隧道施工中，一旦有工程塌方发生，应当依据预先制定的处置方案对塌方进行处理，首先是对未塌方的地段进行支护加固，防止塌方的继续扩大。如果是由少量岩体沿着节理面下滑而导致的塌方事故，而围岩的整体性比较稳定，则需对塌方物进行及时的清理，对塌方处采取锚杆、挂网和喷射混凝土进行支护加固；如果是大塌方，造成开挖隧道的堵塞，需要清理出塌方堆积体，并及时对工作面采取注浆固结处理措施，然后使用小导管进行超前支护，必要时增加锚杆、网喷混凝土，并尽早进行该段的二次衬砌施作，衬砌时预留混凝土泵送混凝土口和注浆口，保证工程安全。

五、岩溶隧道支护

无论是采用哪种支护方式，施工时：一要及时以减少围岩暴露时间，充分发挥围岩的自承能力；二要确保喷射混凝土与围岩、钢件之间密实无隙，融为一体，消灭空洞现象；三要保证支护的厚度且大面平整，这些是实施新奥法指导施工的必然要求。

（一）大管棚支护

1. 开挖管棚工作室

为了方便钻机的架设和管棚的安设，在洞门掘进时，预先留设管棚的工作平台。在起拱

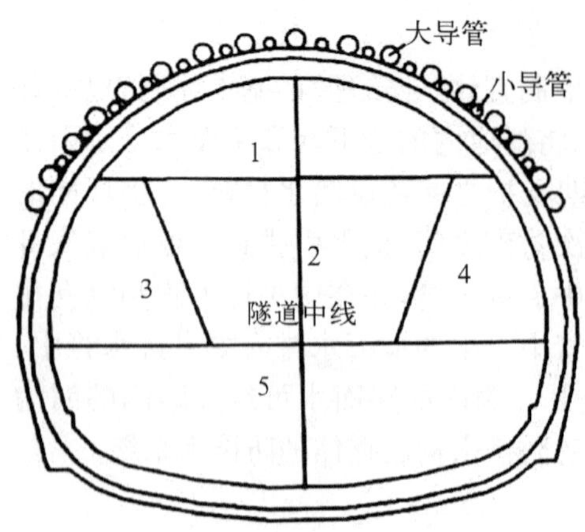

图 5.13 工作室布置及现场施工图

线以上的半断面工作面，如果进行一次掘进成型，由于工期长、跨度大、净空高，所以会存在很多安全隐患，因此在施工中使用分步开挖法，分步钻孔是指首先掘进拱部工作面 1，再进行钻机的安设、钻孔、安装管棚、注浆之后，再开挖核心土 2，然后跳槽掘进工作面 3 和 4，同样的顺序安设钻机、进行钻孔、安装管棚、注浆之后，最后进行仰拱部分的开挖 5。工作室的布置如图 5.13 所示。

2. 搭设平台、安装钻机、测定孔径

钻孔应按照自高孔位向低孔位的顺序施作，如此能够缩短移动钻机和搭设平台的时间，以便钻机的定位和定向。使用两台钻机进行平行作业，相互独立运作、不相干扰。在钻孔之前，使用全站仪在工作面上标定管棚的孔位。必须保证钻孔平台的稳定，安装钻机要牢固。钻机与掌子面间的距离一般控制在 2 m 以内。在钻机定位时，要求钻孔的方向与线路的中线平行，钻杆的轴线与管棚的轴线要保持一定数值的仰角。

3. 钻孔

使用 XZP－200 型地质钻机，在钻孔时，低速低压进行钻孔，待成孔深达到 1 m 后，压力方可升到 1.0 MPa。在钻进的过程中，应当随时调整钻机，防止孔位出现偏差。为方便钢管的插入，钻孔直径应当比管棚的设计直径大 2 cm 左右，钻孔的过程尽量要一次完成，如果在钻进过程中出现坍孔或卡钻，需要进行补注浆后再钻进，管孔沿着隧道开挖的外轮廓线周边以 1°外插角插入围岩。

4. 安装管棚钢管

根据设计，管棚使用直径为 A108 的无缝钢管，采用人工配合钻机将管棚一次顶入。在顶入的过程中，如遇到钻孔堵塞情况，使用高压风或水清孔，再将管棚插入孔中。

5. 管内注浆

管壁四周钻两排 A10 压浆孔，同排的间距为 30 cm，成梅花形布孔，在进行管内注浆时，严格按照注浆操作规程使用注浆泵按照设计要求注水泥浆。补强方法：在一般地段，在钢管内进行水泥砂浆的注入，形成钢管混凝土；在坍方和围岩破碎且富水的地段，钢管内预先放置 A20 的钢筋笼，再向管内进行注水泥浆(水灰比 1∶1)或水泥-水玻璃浆液。

（二）小导管

1. 施工要点

在进行双排管、多排管布置时，为了防止发生串浆，可进行分层施工，首先先打一排管，待注浆完成后，再打下一排管孔。

1）施工准备

掌握设计图纸；分析研究施工段的地质构造情况，按照可灌比和渗透系数确定注浆的类型；渗入性的注浆需要经过分析判断确定注浆的半径、注浆的压力和单管注浆量，选取合适的导管间距；加工需要的导管，准备所需施工器材。

2）钻孔打小导管

放样，标记好设计孔位，用钻孔台车或手持风钻进行钻孔，将小导管沿着孔插入；如果地层松软，可钻孔台车或手持风钻直接把小导管打入。对于砂土类，可利用A20的钢管制作吹风管，将吹风管插入土中，也可以利用高压风进行射孔，在成孔后插入小导管。

3）注浆

（1）单液注浆。

使用单液注浆泵UB－3型进行注浆。注浆前，首先通过喷混凝土来封闭工作面以防漏浆，对于强行插入的钢管，需要先对钢管内的积物进行冲洗，然后再实施注浆。注浆的顺序自下而上，浆液可以使用拌和机搅拌，也可进行人工搅拌。

水泥浆的水灰比分为0.8∶1，1∶1，1.5∶1三个等级，注浆时首先注稀浆，再逐步调整加大浓度到0.8∶1为止。考虑到采取注浆后需要尽快进行掘进，注浆一般使用普通水泥或者早强水泥，在进行拌浆时可加入减水剂。

渗入型注浆根据试验所确定的压力和注浆量进行施工，在没有试验条件下，按照注浆半径为20 cm，根据选定好的压力和注浆量，自大而小调整。劈裂和压密注浆按照有效的固结厚度超过40 cm，在施工中自大到小，逐步选择最佳的注浆压力和注浆量。注浆一般选用压力为4.0 MPa以上的高压注浆泵。如果使用额定注浆压力为1.5 MPa的UB－3型注浆泵时，压力到达1.5 MPa后，需暂停注浆泵，等待压力降到0.6 MPa以下，再进行注浆，如此反复进行几次，直到其压力不下降为止。注浆完成后，要对钢管要立即进行堵塞孔口，避免浆液外流。

（2）水泥-水玻璃双液注浆。

使用ZTG－60/120型双液注浆泵进行注浆。当地下水丰富或者有淤泥和流砂等比较复杂的地质存在时，一般使用水泥-水玻璃双液浆进行注浆，用不同的容器来盛不同的浆液，采用双液注浆泵或两台注浆泵分别按照配合比吸入这两种浆液，两种浆液在混合器内混合后注入注浆管中。在进行水泥—水玻璃双液注浆时，水泥浆的水灰比为1∶1，水玻璃的模数为2.4，水玻璃的浓度为35°Bé，水泥和水玻璃浆的体积比为1∶0.5，注浆的初压为0.5 MPa，终压为2.0～2.5 MPa。初凝时间使用不同配合和比的少量磷酸氢二钠进行控制。

注浆异常现象的处理：在进行注浆的过程中，会发生浆液从其他的孔中流出的现象，也就是我们称之为串浆，当发生串浆时，在有多台注浆机同时进行注浆的情况下，将串浆孔及时进行封堵，轮到该孔注浆时，再拔下堵塞物，将管内的杂物清除干净后，并利用高压风或水进行冲洗，然后再进行注浆。

2. 特殊地层加强支护

1）组成双层小导管

根据隧道围岩的特征，建议在穿过灰岩风化产物富集的区段，加设长度为5 m，外插角为15°～25°的自钻锚杆，与小导管一起作用于Ⅵ级围岩地段的辅助施工设施，每个施工循环对工作面喷射10 cm厚的喷射混凝土对其进行封闭。

2）加强注浆

主要用于Ⅵ级的围岩区段，分为超前预注浆、周边加固注浆和长管棚注浆，经过注浆使浆脉周围风化土体被压实和挤密，从而改善了风化层强度，并使渗透系数减小，同时由于浆脉硬化后和土体一起构成一种复合体，使土体的强度提高，使围岩自身承载能力及结构受力条件得到改善。

（三）钢架或格栅钢架

钢架或格栅钢架是支护结构中的重要组成部分，在进行软弱围岩的初期支护中起到重要作用，应当严格按照设计图和设计要求对其进行加工制作和架设。

1. 制作

根据支护的要求，确定型钢钢架的型号，由于支护用钢量比较大，因此应在现场安设加工车间进行加工。使用弯轨机对型钢进行冷弯处理，并且对格栅应在现场拼装加工。依据不同断面的需要，进行精确地放样下料，分节焊接而成。

2. 安装

根据不同的断面条件，选择不同的支撑形式进行钢架支撑。通过运输机械把钢架运到安装现场，采用人工作业平台配合装载机进行安装，安装时应该注意钢架的垂直精度，以防出现右后左前或后倒前倾现象。安装时，新安装的钢架应当同前期安设的钢架采取纵向焊接连接的方式进行连接，使之成为整体。

3. 施工注意事项

首先要确保钢架安装所在的位置地基稳固，施工中应在钢架的基脚部位预先出留设足够大的坚实地基，在架设钢架时挖槽就位。如果地基比较软弱，需要在架立钢架前，对其进行混凝土浇筑，使基础坚硬密实。钢架平面应当与隧道中线保持垂直，其倾斜度控制在 2°范围内；钢架的任何部位都不偏离铅垂面超过 5 cm。并且需要把钢架与纵向连接筋、锁脚锚杆、定位锚筋和结构锚杆焊接牢固，以增强钢架整体稳定性。在拱脚位置容易被塑性剪切力破坏，该位置钢架除了要进行螺栓连接外，还应当进行四面帮焊，保证接头达到强度和刚度的要求。当初喷层与钢架间有较大的间隙时，设楔形垫块顶紧围岩。

（四）锚杆

锚杆是进行岩体加固的杆件体系结构，并在隧道支护中得到广泛使用，是隧道支护结构中最基本的组成部分，锚杆的使用提高了围岩体的黏聚力 C 和内摩擦角 ϕ，抑制了岩土体脱离原体的趋势，由于锚固力的存在，使连接在一起，围岩受到束缚，改善了围岩的条件，提升了围岩的自稳能力。

1. 砂浆锚杆

对于砂浆锚杆有：普通砂浆锚杆和早强砂浆锚杆两类。两者在施工的工艺流程和技术参数方面大体一致；后者的原料中使用了 ZW 早强锚固剂锚固。

1）原材料及配合比

（1）锚杆杆体实验直径为 ϕ22 mm 的螺纹钢，使用前需要进行调直和除锈，砂浆使用中砂和 425 号水泥拌制，砂的最大粒径不超过 2.5 mm，使用前进行过筛清洗。

（2）砂浆配合比控制在(水泥∶砂子)1∶1.2 左右，水灰比控制在 0.45 左右。

（3）砂浆拌和均匀，按照“随拌随用”的原则，在砂浆初凝前全部使用完。

2）钻孔

（1）使用手持凿岩机、锚杆台车钻孔。

（2）钻孔的深度、方向和布设方式严格按照设计要求进行施工。

（3）孔深的误差控制在 5 cm 以下，孔径大于杆体的直径 15 mm。

（4）钻孔完成后，用高压风枪吹净孔内的岩碴、积粉，并清除积水。

3）注浆

（1）采用牛角泵注浆。如果从灌浆开始或中途停止超过 30 min，应用清水或稀水泥浆对注浆泵及其管路进行润滑。

(2) 注浆时其注浆管应插入孔内距孔底 5～10 cm 的位置，随着砂浆的注入缓慢而均匀地拔出，灌浆的压力不超过 0.35 MPa。避免砂浆漏灌，确保锚杆全长均受到锚固力。

(3) 锚杆插入的长度大于其设计长度的 95%，锚杆安装完成后，不可对其进行随意的敲击。

2. 中空锚杆

中空注浆锚杆：一般在主洞系统使用 ϕ25 mm 中空注浆锚杆，锚杆也用来作为注浆管，在锚杆的尾部要安装钢垫板，能够对围岩施加一定的预应力。通过风动凿岩机进行钻孔，钻孔完成后，把锚杆插入孔内，并把纯水泥浆液或者水泥砂浆作为注浆液，利用 UB－3 注浆泵通过锚杆注入孔内。利用尾部的止浆塞进行止浆，利用排气环排出孔内的空气。施工要点如下：

(1) 钻孔：凿岩机对准已经设计确定好的孔位，直接进行钻孔。

(2) 安装锚杆：当钻到设计深度后，清孔后并安装锚杆，确认锚杆插入的通畅，锚杆外露 10～15 cm。

(3) 注浆：① 将止浆塞在锚杆孔口打入 30 cm 左右。② 连接锚杆、注浆管和注浆泵。③ 注浆，直到浆液从孔口周边溢出。④ 注浆完成以后，卸下锚杆接头和注浆管，转入下一循环注浆。

3. 其他锚杆

1) 普通药卷锚杆

其工艺流程：① 按照设计要求确定锚杆的孔位，利用凿眼机、锚杆钻机或煤电钻等设备进行钻孔，深度要比锚杆的长度短 80～100 mm，以便锚杆可以外露一部分。② 把压风管插入到眼底，通过高压风，把孔内残留的岩粉吹干净。③ 要求钻孔的直径比锚杆的直径大 6～12 mm。④ 通过锚杆把药卷放入眼底，利用专用设备对其进行搅拌，根据树脂固定剂的要求，严格控制搅拌的时间，使其固定。⑤ 达到固定稳定的时间后，将托盘套上并拧紧螺母。

2) 自钻锚杆

这是一种左旋型的锚杆，长度为 3～4.5 m，外径为 ϕ25～32 mm，该锚杆具有三位一体的功能，这使得它在各类围岩条件下施工，无须进行套管护壁和预注浆等特殊的处理也能形成锚孔，并确保锚固和注浆效果，主要适用于在高应力大变形带、断层破碎带、围岩比较软弱地带等复杂地质条件中。

3) 注浆钢锚管

注浆钢锚管又称为钢锚管、钢花管锚杆，可以通过调整注浆压力和二次注浆来增加锚孔周围岩土的吸浆量，并对锚孔范围内破碎岩土进行固化，并提高锚管体的锚固力，改善围岩条件，增强岩土自身凝固力，一般在软弱岩层、断裂带、破碎的岩层及地下水丰富的边坡带广泛应用。

4) 锁脚锚杆

在使用台阶法进行隧道开挖时，在与初期支护的连接处左右两侧均安装至少两根的锁脚锚杆，用来定位钢架，以限制初期支护的变形。

(五) 喷射混凝土

湿式喷射混凝土施工工艺要点如下。

(1) 使用普通的硅酸盐水泥，选择细度模数不低于 2.5 的硬质粗砂或洁净砂，连续级配碎(卵)石的粒径在 5～10 mm，使用化验合格后的拌合用水。

(2) 应当严格按照设计要求的配合比对喷混凝土进行拌和。每班至少检查两次配合比和搅拌的均匀性。

(3) 在喷混凝土前，认真检查核对隧道断面的尺寸，认真清理对开挖不足的部分以及出现破碎、开裂、出水点、崩解的破损围岩，清除围岩上的浮石和墙角的虚碴，并用高压风或清水冲洗岩面。

(4) 在进行喷射作业时，喷头应固定在距离岩面 1 m 左右机械手上，喷射弧线应与岩面呈 90°，自下向上呈螺旋状沿着横向进行往复移动，一圈压半圈。

(5) 要分块、分段地喷射混凝土，按照自下而上、先墙后拱的顺序进行喷射，为确保混凝土喷射的密实，喷嘴要反复缓慢地呈螺旋形运动，螺旋的直径大约为 20～30 cm。

(6) 按照围岩厚度对其进行分层，然后根据层数进行多次喷射，初喷射的厚度为 3～5 cm，尽快使围岩闭合并使变得平顺；在分层喷射前，要先埋设钢筋头，用来检查喷层的平顺程度，如果发现暗射不完整，有漏喷的现象，还需要进行补喷。在特殊的地段，喷射混凝土厚度大于 5 cm 时，要分两层进行喷射。如果在第一层混凝土凝固后再进行第二次混凝土的喷射，则需要对第一层混凝土面进行清理。进行初次喷射时，注意首先找平岩面。

(7) 喷射混凝土终凝 2 h 后，进行喷水湿润，对其进行养护，养护的时间要大于 7 d。喷射混凝土后进行爆破开挖，这两步骤之间间隔至少为 4 h。

(8) 在有水的地段进行喷射混凝土时，可以采取以下措施进行防治：如果出水点涌水较少时，可安装排水管将水引排，然后再喷射混凝土；当涌水量的范围比较大时。可安设树枝状的导管将水引排，然后再喷混凝土；当涌水量非常大时，首先要挖凿泄水孔，采用边排水边喷混凝土的方式进行施工。喷混凝土由远及近，慢慢向出水点靠近，改变配合比，提高水泥的用量，然后在涌水处安设导管将水引排，最后向导管的附近喷射混凝土。当岩面出现渗水时，可先喷砂浆，加大速凝剂的掺量，确保初喷质量要求后，再按照原配比进行施工。如果局部的出水量比较大时，采用树枝状排水盲沟、凿槽、埋管等措施，将水引导疏出再进行混凝土喷射。

(9) 如果喷射混凝土局部凹凸不平的尺寸大于式(5.25)的要求时，应对其进行处理。即：

$$\text{墙 } D/L = 1/6\text{；拱 } D/L = 1/8 \tag{5.25}$$

式中：L—喷射混凝土相邻两凸面间的距离；D—喷射混凝土两凸面凹进的深度。

(10) 在喷射混凝土的表面确保其密实、平整，无脱落，并防止裂缝、漏喷、空鼓、漏筋、渗漏水等现象的出现。

(六) 二次衬砌

依据现场工程中量测的数据和围岩的等级，合理地安排隧道的平行作业以及隧道边墙的基础、仰拱填充和二次衬砌等施工流程。

1. 施工工艺流程

测量放线→安装防水层作业台架→检查净空→铺设无纺布和防水板→钢筋的制作→铺设衬砌台车行走轨道→涂刷脱模剂→模板台车就位→调整锁定→安装止水条、止水带及端模→混凝土入模→振捣→脱模→养护。

2. 施工方法

采用全断面进行施工，使用全液压自行式 9 m 长大模板衬砌台车进行施工作业，并在隧道的出口安设一座混凝土搅拌站，采用搅拌式混凝土输送车输送混凝土，使用混凝土输送泵浇筑混凝土。组装大模板衬砌台车进行作业时要重点注意横向支撑的刚度和强度，控制混凝土的灌注过程中模板的变形，并满足其净空要求。

衬砌施作：第一步进行仰拱施工；第二步对仰拱进行填充施工；最后一步模板台车就位进行墙拱衬砌。并及时对断层破碎带、洞口的浅埋偏压段进行二次衬砌的施工，对于其他地段的施工，应在围岩变形和初期支护处于稳定后。对于围岩的变形较大而且特征比较明显时，应进行初期支护，并及早进行二次衬砌的施作。使用激光仪导向进行台车定位，由进行测量的专职人员进行校准，并经过质检工程师和监理工程师检验合格后才能进行浇筑混凝土。实验插入式捣固棒和附着式振捣器，保证入模混凝土振捣密实。

3. 特殊地段二衬施工

对于特殊的断面，例如，人行横通道和变电所横通道等，要使用型钢拱架和组合钢模板，浇筑混凝土入模后，使用捣固棒振捣密实。

4. 其他施工要求

(1) 使用洞外拌和站生产混凝土进行集中供料，采用搅拌式输送车将混凝土运送到工作现场，水泥、石、砂等原材料和配合比都由试验室进行选样检验和选配，并将样本通过质检部门检验，合格后方可采用。

(2) 要严格控制混凝土的拌合质量，确保混凝土符合设计的要求，计量的准确性是保证混凝土质量的关键，所以在生产混凝土前以及生产过程中必须对调试计量部分和自动控制部分进行适时的检查，确保其始终处在正常的范围内。自动计量部分须由当地技术监督局计量检定部门进行检定。

(3) 对模板台车的加工要精确，安装就位准确，牢固锁定，接头要密贴上一循环，保证衔接和衬砌轮廓的过渡平顺。在施工前，要对模板进行及时的校正、整修，并清除表面的混凝土碎屑以及污物，脱模剂涂刷还要均匀。

(4) 灌注混凝土按照规范进行操作，尤其是封顶的混凝土，一定要自内向端模方向进行灌注，排除其中的空气，确保拱顶密实灌注。

(5) 重点注意在进行衬砌作业时预埋件的施作。隧道内有很多预埋件、预埋盒和预埋管道，如通风、照明、消防等预埋设备，为使其按照设计的位置准确地施工，这些预埋件必须要稳妥牢固，并有明显的标示，且在衬砌台车设计时同样给予相应考虑。

(6) 输送混凝土的过程中不能停止搅拌，输送时间必须控制在混凝土初凝时间的一半，避免出现堵泵现象发生和混凝土强度的降低。另外，还要时常监测混凝土的坍落度，确保混凝土的和易性符合要求。

(7) 必须加强对泵送混凝土振捣，振捣密实，防止与初期支护交接的部位出现空洞。二次衬砌的混凝土强度必须达到在 2.5 MPa，才可以拆除模板(脱模时间的确定取决于同条件下养护的混凝土试块的强度)，通过对混凝土进行养护，保证混凝土强度。

第三节　深埋软弱围岩变形控制

一、深埋软弱围岩的变形特征

(一) 深埋隧道在软弱围岩区段的变形破坏特点

(1) 变形量大。由软弱围岩本身具有的特征决定了隧道软弱围岩的收敛具有较大的变形，直墙拱隧道的收敛主要为水平收敛，相反，曲墙拱隧道主要是以垂直收敛为主。

(2) 开挖初期的变形速度快。收敛率较为缓慢，变形持续的时间长。

(3) 围岩的破坏范围大。由于隧道软弱围岩的强度和地应力间的比值比较小，因此围岩的破坏范围较大，如果不能及时对其进行支护或者采用支护不当，破坏的范围更大。

(4) 围岩的变形具有明显的三个阶段变形规律，并会出现显著的时间效应。初期阶段剧烈是变形阶段，来压较快，变形的速率大，变形量大，隧道软弱围岩的自稳能力非常差，随后是缓慢变形及稳定变形的阶段，整个变形过程的持续时间比较长。

(5) 围岩环向受压，不对称。隧道向前掘进后不仅顶板容易变形冒落，底板也将出现强烈的底鼓，如果支护对底板不加强控制，常常会出现强烈的底鼓并会导致两帮的破坏和拱顶坍落。

(6) 围岩的变形随着埋深的不断增加而增大。不同的地质条件对应不同的软化临界深度，超过临界的深度，支护的难度就会大大增加，而且在不同的应力条件下，隧道软弱围岩的变形具有显著的方向性。隧道的稳定性与隧道的尺寸、应力差有着密切联系，低围压环境、高应力差和隧道尺寸的增大均不利于隧道的稳定，对支护的要求也加大。

(二) 影响深埋隧道软弱围岩和支护变形的主要因素

(1) 岩性因素。岩石本身的特性是对隧道软弱围岩变形产生影响的内在因素，例如结构、强度、胶结程度以及胶结物的性能，还有膨胀性矿物的含量等。

(2) 围岩应力因素。包括垂直应力、构造残余应力、工程环境和施工的扰动应力，邻近隧道施工、采动影响等，都是与围岩变形具有直接的联系，尤其当多种应力叠加后对围岩产生的影响会更大。

(3) 水的因素。包括地下水和工程用水在内所有水源，特别是对膨胀岩来讲，水不仅导致黏土成分发生膨胀，同时也会降低岩石的强度。

(4) 时间因素。流变是软弱围岩的特性之一，隧道的变形与时间密切相关。

二、软弱围岩与支护变形控制技术

(一) 基本要求

从理论上来讲，隧道在软弱围岩中施工，对其设计和施工的基本要求是：将开挖后的围岩变形控制在容许值范围内。

(二) 隧道开挖后围岩变形

掘进后的隧道会出现三种变形形态，分别为：掌子面前方的先行位移；掌子面挤出位移；掌子面后方的位移。这三种位移几乎是同时发生的。在软弱围岩条件下进行超前支护施工，目的就是要抑制或是消除这些位移，也就是为了控制由于这些位移变化而造成的围岩松弛现象。因此，对设计和施工来说，弄明白这三种位移的变形的发展规律、影响因素和产生的条件是非常有必要的，才可以控制其发展。

1. 掌子面前方的先行位移

可以使用两个量值表示掌子面的前方围岩先行位移的概念，即掌子面处的前方发生的先行位移所达到的范围和掌子面先行位移值。实际上，随着掌子面的不断推进，先行位移也是不断发生的。在掌子面处先行位移达到最大。一般围岩状况下，其值约占总位移的20%～30%，围岩状况越差，其值也就越大。掌子面前方的先行位移的范围与围岩的条件有十分重要关系，一般为隧道跨径的1.0～1.5倍。

因此，在一般围岩状况下，可以不控制先行位移的发生。但如果施工面处于软弱围岩状态下，其先行位移的最大值超过全位移的30%，并且接近50%甚至更大时候，如果不对其不进行控制，将出现较大的变形，并会致使掌子面拱顶部分坍塌。这也就是我们使用各种超前支护的主要原因。

2. 掌子面挤出位移

在实际掘进的过程，尽管出现了掌子面被挤出现象，但是这些并没有引起足够的重视。掌子面的挤出位移是对掌子面稳定性评价的重要指标。当掌子面的挤出位移过多，并且超过一定的量范围时，将会引起掌子面的崩塌。可以采用其最大值对掌子面挤出位移进行评价。因此，对预测掌子面挤出位移可能过大的区段，必须制定出控制掌子面挤出位移的施工方案以及位移被挤出后的施工处置方法。这也是预留核心土方法的主要原因之一。

3. 掌子面后方的位移

目前，施工中采用初期支护，主要是对掌子面后方的位移起到控制作用。掌子面后方的位移动态的特征：初始阶段位移速度变化较快，而且其值比较大。因此，对初期位移速度的控制显得非常重要的。这也是判断围岩好坏的一个重要指标。控制初期位移速度就是控制了最终的位移值。因此，在进行的现场实地的量测中，最重要的就是要获得初期位移速度参数。其次，就是要控制位移的收敛时间(距离)。在一般地质条件下，在距掌子面 $1\sim2D$(D为隧道开挖宽度)的位移处，基本上就已经收敛闭合了。但隧道处于软弱围岩区段，这个距离会有所增加，甚至其在很长时间(距离)内都不收敛。

(三) 隧道开挖后的容许变形值

隧道掘进后的容许变形值，是指在各种支护手段应用之后的容许变形值。通过其变形实际情况，容许值一般包括：① 掌子面先行位移的最大值；② 挤出位移的最大值；③ 开挖后初始位移的速度和拱顶的下沉量、净空的收敛值以及脚部的下沉量的收敛值；④ 位移收敛距离。

需要说明两个问题：① 确定容许位移值的基本原则；② 容许变形值是对全位移来说的，因此要对全位移的概念进行全面了解。

确定容许位移值的基本原则：允许围岩出现变形，但是其变形必须在可控制的范围内，并且不会造成围岩的松动。众所周知，在隧道掘进后，各种各样的变形也必然会随之出现，但如果出现的是弹性变形，在工程中是允许发生的，即使发生塑性变形，只要不造成围岩的松弛，其发生的变形也是允许存在的。这些变形的存在，也是对围岩自身的支护效应的有效运用。一旦围岩变形超过该允许范围，围岩就会出现松弛，松动的后果就可能导致各种无法预料的严重后果。

全位移值的概念一般来讲，围岩的全位移量由先行位移、初始位移和量测位移三部分组成，其中，先行位移是掌子面到达前的位移；初始位移是掌子面通过后到量测开始期间的位移；量测位移是掌子面通过后的位移，如图5.14所示。隧道掘进后在没有任何支护的条件下出现的最大可能的变形值即为全位移值。支护施工后必须将全位移值的调整控制在容许变形值的范围以内。因此，应当建立全位移值和量测位移值之间的函数关系，才能依据量测位移来反映全位移值的变化。

从图5.14可以看出，目前我们能够量测的位移只占全位移值的很小一部分，所以现阶段，必须要解决的量测中的怎样把量测位移转变为全位移的问题。由图可知全位移值＝先行位移值＋初始位移值＋量测位移值容许位移值＝全位移值/k(k为安全系数)由此可知，

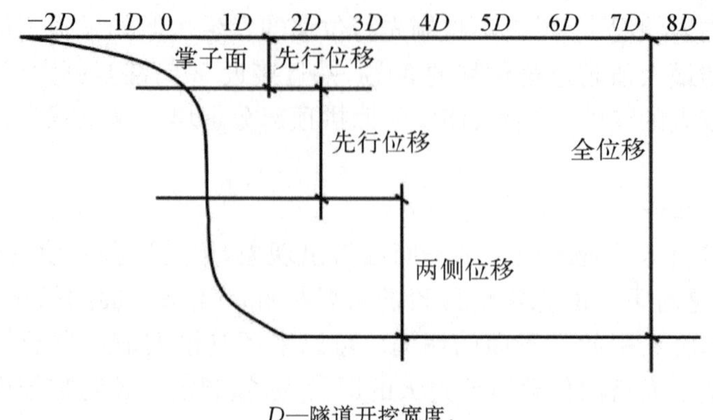

D—隧道开挖宽度。

图 5.14　开挖前后围岩位移图

对于容许值的计算，首先要获得先行位移值及初始位移值。一般来说，对这两个位移值，目前还不能够直接量测。因此，只能够分析研究现在已经存在的量测数据，对其进行确定，但是结果分析与真实数据还是存在着很大的差别。第二种可行的方法就是使用理论分析的方法进行确定。尽管可以对全位移值进行预测，但是其可信度，比用统计的方法显得更加离散。最后也可利用经验法，但是经验方法也需要有统计数据及理论分析的支持。综合三种方法，相对来讲实地量测是比较可靠的方法。

（四）控制变形的对策

1. 超前支护

掘进前对有必要进行拱顶稳定以及抑制地表下沉和净空位移的围岩，进行的防护和强化掌子面前方围岩的对策，这些都统称为超前支护。此方法一般用于对断层破碎带和岩堆地段、土砂围岩等场合和靠近铁道、道路及其他结构物的隧道进行施工的场合。按照构造对超前支护进行分类，可以分为两类：一是利用横向刚性的拱形构造；二是利用隧道纵向刚性的梁构造。梁构造又可分为使用钢棒、钢管等材料的方法和高压喷射对围岩进行改良的方法两种。同时，过去在断层破碎带和岩堆地段等不良地质中，一般把开挖的断面分割成小断面进行掘进。包括超前支护的地质条件、机械设备、材料及一次施工长度等。因此在选择超前支护时，要选定合适的地质条件及周边环境条件，而且施工方法经济方便。

1）超前小导管

小导管是用于超前支护的一种刚性管子，一般采用钢管焊接而成，可以起到加固围岩的作用。在隧道开挖前，向掌子面前方的拱部，把小导管斜向插入长约 5 m 的钢管、钢棒等，插入的范围为隧道中线左右各 60°，总共计 120°左右，每一次开挖完成后进行施作。但根据崩落位置和规模各异，是可以调整范围和间距的。通过充填砂浆对锚杆进行锚固，对于孔壁无法固结稳定的场合要使用自钻后充填式的锚杆进行锚固。对于固结度比较低的砂质围岩等，也可使用铁插板和单管，保证拱顶的稳定。小导管按照充填方法的不同也有如下的不同方式。

(1) 充填式、非充填式小导管。

沿掌子面上半断面的拱部外周以 30～60 cm 间隔斜向打入钢筋、钢管等，以增加拱顶的抗剪强度，并防止前方围岩松弛。充填式是向孔内充填砂浆，插入头部加工成圆锥状的异形棒钢是最常用的方法。非充填式是用摩擦锚固式的钢管膨胀型锚管作为小导管的工法，具有使裂隙咬合，压密围岩的效果。

(2) 注浆式小导管。

与充填式小导管同样，打设中空锚杆和钢管的同时用压力注入超速凝的水泥浆和尿烷等，是提高拱顶稳定性的工法。施工时视掌子面状况能够容易地设定锚杆的打设根数和注浆量、注浆压力等，是比较有效的工法。注浆式小导管有钻孔后插入注浆式锚杆进行注浆的方法和孔壁不能自稳的场合采用钻孔和注浆用同一锚杆的自钻式工法。此工法一般作为隧道洞口段(或者埋深小的区间防止拱顶崩塌、崩落的对策，多在初期阶段采用。在想提高拱顶及掌子面稳定性的场合也多与掌子面喷混凝土和掌子面锚杆并用。

由于开挖前向前方围岩斜向打设小导管，可提高拱顶附近围岩的抗剪强度，防止前方围岩的松弛。此工法一般可作为拱顶崩落的对策，在初期阶段采用。根据掌子面观察结果，认为拱顶有小规模崩落的场合，采用此工法是有效的。多适用于节理、层理、片理等不连续面多的中硬岩、软岩等。因为锚杆的刚性和长度都比较小，在松弛区域大、或掌子面前方松弛的场合、涌水多，充填、锚固困难的场合，以及锚杆间不能确保围岩一体性的场合是不适用的。此工法由于使用常规设备就可以进行施工，机械设备的适用范围广，对施工循环的影响也较小。

2) 压入式短钢管超前支护

在隧道拱顶附近地质比较软弱的位置，利用钻孔台车选用压入式的短钢管进行超前支护施工，用来稳定掌子面，规格：ϕ48 mm、长 2～3 m 的钢管、间隔 200～300 mm。

3) 钢管钢背板超前支护

钢管钢背板超前支护是把钢管钢背板压入在隧道拱顶附近的软弱的地质中，以固定掌子面，使其稳定的一种支护方法。采用钢管的目的是和钢背板连在一块形成连续的拱形结构，从而使其具有导向的作用，提高超前支护的刚性，同时也起到了固结钢管外侧围岩的作用。因为钢背板比注浆式的改良体的刚性大，所以能够保证构成拱形构造稳定，并且对周边围岩能起到很好的固结作用。

4) 中长超前支护

(1) 中长钢管超前支护。

此支护方法是沿着掘进断面的周边向掌子面前方的围岩，配置呈拱状长约 5～12 m 的钢管，使掌子面稳定。通常来讲，进行超前支护的钢管一般使用直径 100～140 mm 钢管的壁厚为 6～11 mm，打搭的角度为 4°～10°，施工范围为以拱顶为中心约 120°的范围。搭接长度为 3.5 m。但是，在实际工程中，要依据地表结构物的位置关系和围岩稳定性等条件，选取最佳的支护方式。钢管周边的围岩利用压力压注化学装液和水泥浆，使压注材料和钢管共同构成一个改良体，来对围岩进行补浆。通常，般采用以水泥为主的压注材料用来填充钢管和周边的空隙，进行固定。对由砾石土和砂质土组成的地质条件来说，使用化学浆液对钢管间的围岩采取渗透压注用来改良围岩。也可向掌子面喷混凝土和安装锚杆，来增强拱顶和掌子面稳定性。长钢管具有的刚性大，可以起到梁的作用，并且因为对钢管间的围岩进行了注浆，使其周边围岩结构得到改善，所以超前支护的效果显著。小导管施工方法是为了防止小规模围岩崩落和拱顶崩落，这种方式不仅能够提高拱顶的稳定性，而且能够控制地表的下沉和松动此外，还要根据围岩、涌水情况和注浆材料的特性，进行对使用的注浆材料和注入式小导管类型的选定。对于拱顶的稳定性而言，这种支护方式的可靠性较高，支护效果较好，在一些注入式小导管无法使用的场合，中、长钢管超前支护是最好的选择在利用全断面法进行掘进的过程中，由于掌子面暴露的面积大，一般选择长钢管超前支护的方法对开挖的掌子面进行支护。

此工法相对于前面提到的小导管施工方法，是规模比较大的一种方案，一般在不连续面发育较严重的围岩或者强度小的软岩、破碎带和土砂围岩、埋深小的洞口段和河谷段的位置使用，效果比较理想，但是，此工法的使用，需要对地表下沉等广泛范围的地质条件进行控制。可使用隧道用凿岩台车，也可使用专用的机械施工，并且不需要专门的工作人员，但在1个施工循环过程中，时间耗费较长。由于其施工安全，开挖的效率高，比在长区间使用小导管施工法，不仅对工期有利，而且成本也比较省。

（2）水平喷射注浆方式。

中等长度超前支护的主要方式就是水平喷射注浆方式。因为先进技术的发展，传统技术不断完善，水平旋喷注浆施工法也有了更长足的发展，例如使用从专用机械的钻头前端进行喷射，在工作面前方的隧道周边构成一个连续长 10～15 m，单轴抗压强度为 5～12 N/mm^2 的柱状的改良体，用来控制地表的下沉，根据地质条件，成桩直径从 30～150 cm 不等，考虑到施工从洞内开始进行，一般取 60 cm。由于其围岩条件的不同所以对于直径的选择也不同。在隧道开挖中，也存在很多围岩无法构成圆形的改良体情况，因此在施工前，要对其进行施工实验，以确定改良体的规格。为了在隧道的纵向和横向构成一个强度均匀的拱形结构，一般要把改良体连接成一个整体。一般要求：① 设的间距要小于改良体的直径；② 打设的角度，从施工性来看多取 5°左右，打设的范围以拱顶为中心取 120°～180°范围；③ 适应地质条件，由于高压喷射可以切割的范围有限，一般选用的地质条件以土砂围岩为主。因为此施工法是向未开挖的围岩进行喷射搅拌流体活动，在流体凝固形成固体前，围岩处于不稳定状态。因此，要根据围岩的条件确定开挖速度和施工的步骤，主要是为了避免先行位移的出现。

（3）管棚法。

在隧道口，还没有向前开挖掘进时，沿着设计的隧道外周边使用钻机安设水平钢管，而后在钢管的内外部充填砂浆，达到一定的强度后再进行开挖，这种方法称为管棚法。管棚法的作用有很多，主要包括：保持拱顶稳定、防止先行位移和地表下沉以及有效保护周边环境。其安设的钢管比一般的钢管直径都要大，这样对控制地表下汤具有很好的效果。一般使用的钢管直径约 84 mm，施工的长度约 30 m，施工的范围在拱部 120°角左右的范围，打设的间隔约为 30 cm。此工法一般用在隧道施工的正上方存在道路、铁道和建筑物等，为了防止地表塌陷的而进行的方法。此工艺施工需要对较大的临时设备进行设置，如反力壁，造成施工的速度相对较慢，因此要对施工的条件和隧道的工期等进行综合全面的考虑及选定。在实际工程中，也有选择安设 ϕ1 000 mm 以上的大口径钢管以达到长距离的施工的要求，采用小口径的掘进机以控制向。如果钢管外侧的压注不充分，就不能很好发挥其作用效果，工作人员需要对其加以重视。在此方法施工中，钢管下沉距离可能大于在隧道施工中的下沉量，因此，在对管棚进行施工时，一定要把对围岩的影响控制在一个合理的范围内。

在管棚施工中，由于在隧道上边缘插入较大的钢管，对地表的下沉能够起到很好的控制，因此其适用范围也十分广泛，如填土和岩堆等各种未固结围岩。

一般来讲，计算管棚方式的施工范围，首先在洞外安设基地，从管棚的前端到终端再加上松弛范围(3～5 m)的区间。如图 5.15 所示的管棚配置的各种形状，需要依据地形、围岩的性质和地表或地下结构物的位置关系进行选定。管棚的配置间隔应当考虑下列因素：① 地层的性质：粒度、凝聚力、强度、地下水、裂隙等；② 荷载：埋深荷载以及上覆荷载；③ 水平钻孔的施工精度：如孔弯曲的程度；④ 隧道开挖的方法：留核心土法和支护间隔法。

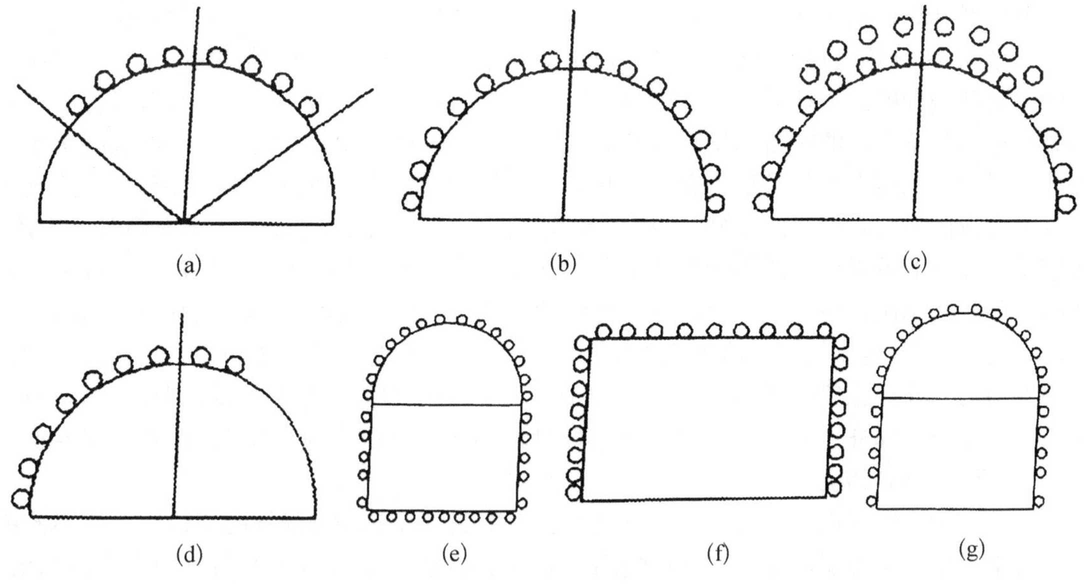

图 5.15　管棚的配置形状

(a) 扇形配置；(b) 平门形配置；(c) 上部 2 段配置；(d) 上部、片侧配置；
(e) 全周形配置；(f) 门形配置一；(g) 门形配置二

2. 掌子面及脚部的围岩补强

开挖过后对易于产生掌子面不稳定和脚部下沉的围岩，应对掌子面及脚部的围岩进行补强。隧道向前开挖时，由于掌子面及其附近的围岩存在稳定性问题，会造成围岩刚性和承载力不足，导致支护结构的脚部位置会出现下沉现象。由此也会造成松弛区域扩大、对拱顶附近产生较大影响，使作用的荷载增加，隧道周围出现较大的变形，而引发隧道的稳定性明显降低。对此，需要对脚部围岩补强以增强支护脚部围岩的稳定性。脚部围岩的补强措施有两种：一是以减少接地压力为目的的方式，如加肋钢支撑等；二是以提高脚部承载力为目的的脚部补强措施，如施作水平锚管、脚部锚杆等。目前，用来减少接地压力的加肋钢支撑，在埋深较小，松弛荷载作用和承载力不足在隧道中较为常见。

1）掌子面围岩补强

（1）掌子面喷混凝土。

为了防止岩块落下和小石块崩落等危害，可以采取对掌子面喷混凝土的措施。掘进后向掌子面喷射厚度为 5～10 cm 的混凝土，这样不仅对掌子面初期的崩塌起到防止作用，抑制了掌子面围岩的松弛，而且提高了掌子面的稳定。尤其是，洞口段和埋深小的地点，掌子面一般是不稳定的，常常需要对掌子面进行喷混凝土。掌子面喷混凝土的施工，掘进后要越早越好，对防止初期冒落和约束掌子面是有很好的效果。对于围岩差的场合，由于掘进，掌子面会被挤出，应当避免在没有支护的状态暴露掌子面。施工时，即便是稳定的掌子面，在掘进作业长时间中断的场合，为避免停止期间的掌子面的劣化和围岩松动，需要进行掌子面喷混凝土施工。

（2）掌子面锚杆。

掌子面锚杆的一次打设长度为 5 m 以下的短锚杆和 5 m 以上的长锚杆。前者可以防止小的崩落和岩块的掉落，后者可抑制先行位移。当接近重要结构物的情况下其支护作用也较为显著。

长掌子面锚杆的长度为 10～20 m，当孔壁可以自稳的情况下，使用可以接续的纤维增强复合材料(fiber reinforced plastic, FRP)铺杆。但是对于掌子面围岩多数的孔壁一般是无法自稳的,可选用直径 80 mm 左右的 FRP 管,用钻孔台车进行双重管钻孔施工,可以保护孔壁。受到锚杆的围岩补强效果(抗剪强度)和组合效果等,对于掌子面的稳定性得到提高,同时也抑制了掌子面的护出和松弛区域的继续扩大。这种方法在仅在掌子面喷混凝土无法保证掌子面的稳定性可与拱顶稳定措施并用。因此,在预测掌子面有膨胀性围岩、不连续面十分发育或围岩为强度小的土砂、破碎带和软岩围岩等,掌子面的自稳性能力差时可采用。长掌子面锚杆的效果以及适用性大体上是相同的,但由于可以对掌子面前方的先行位移和挤出位移起到抑制作用,增强了掌子面的稳定性。施工设备一般选用常规的设备,但对于改善围岩的条件下,需要使用简易的注浆设备。另外,长掌子面锚杆(FRP 管双重管钻孔类型)需要专用的钻杆。施工循环的时间,与施工的长度和锚杆的根数有关打设作业的时间较长,尤其是长掌子面锚杆。为减少长掌子面锚杆打设根数和打设作业的次数,在长区间内施工时,要进行仔细的研究。

在长掌子面锚杆进行长为 10～20 m 钻孔,主要安设玻璃纤维锚杆的工法。上所述的锚杆是对掌子面表层的崩塌在 1～2 m 范围的,使用该方法可以对掌子面前方围岩进行约束,在掘进前起到控制围岩的先行位移,并控制规模更大的崩塌。通过分析日本对掌子面锚杆的研究,得出掌子面锚杆的应用安设根数如下:掌子面锚杆一般在变形系数为 200 MPa 以下及埋深在 40 m 以下的围岩中使用;围岩的条件与打设的根数并没有直接联系;锚杆平均打设密度为 0.51 根/m^2,打设密度与围岩的条件和锚杆的材质无关。

(3) 改变掌子面的形状。

为了提高掌子面的稳定性,并保证作业人员的安全,使用倾斜的掌子面进行施工,其效果较好。其施工步骤示如图 5.16 所示。

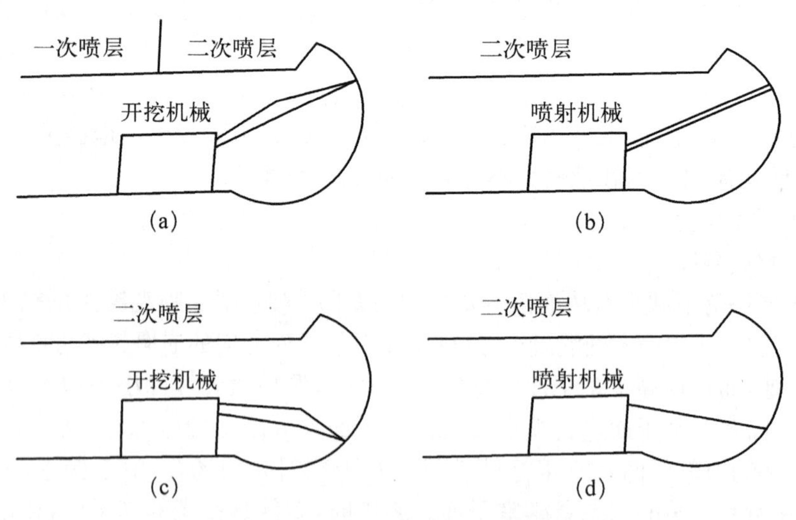

图 5.16 斜掌子面的施工步骤

(a) 开挖掌子面上部 70%;(b) 喷射掌子面上部 70%;(c) 开挖掌子面下部 30%;(d) 喷射掌子面下部 70%

2) 脚部围岩补强

脚部补强的施工方法有:支护脚部围岩注浆、设置锚杆和桩等补强以及防止下半断面开挖时围岩崩塌等工法。

由于进行脚部补强，使集中在脚部荷载分散到周边围岩，同时提高了脚部围岩的强度和变形特性，能够抑制围岩的破坏和变形。此外，也有抑制剪切变形和抵抗水平力的效果。

进行脚部补强施工时，首先应当选择适合围岩条件的施工方法（如钻孔、注浆方法以及使用的施工机械等）、施工模式（打设间隔和打设长度等）及注浆（注浆用钢管的直径和注浆的方法等）。

脚部补强的任何一种措施，均是针对上半断面的方法，都是在因为支撑脚部的地基承载力不足造成严重下沉的条件下采用。在围岩强度较小的破碎带、软岩和土砂围岩等地质条件下经常会使用此方法进行加固处理。此法既可以使用常规设备，也可以在锚固桩的条件下使用专用的机械设备。由于此法在掌子面附近施工开始较早，所以，对施工循环的时间影响较大。这种方式将集中在脚部的荷载均匀分散传递到周边的围岩中，同时增加了脚部围岩的强度，并且能够限制围岩的扩张变形和出现裂隙破坏。另外，此种方式能抑制一定的剪切变形并抵消一部分水平力。在施工过程中，由于机械的振动和钻孔出水等其他因素的影响，会使脚部附近围岩遇水出现泥泞化，使围岩变动松弛。因此，施工时要充分考虑由于施工机械的振动和施工而引起的临时排水，并要采取有效措施预防周边围岩出现泥泞化。

由于钻孔技术的不断发展，在埋深为 $0.15D \sim 1.8D$（D 为隧道开挖宽度）、堆积物为凝灰质的地质条件下，日本研究人员使用了弯曲钻机加固弯曲形脚部钢管桩，对钢支撑下沉进行控制的技术，得到了较好的效果。与超前支护类似，在释放隧道掘进的应力前，进行采取补强措施是最有效的方式。因此，使用专用机械进行曲线钻孔，并将弯曲钢管作为套管，在预计掌子面的后面钻设下一循环钢支撑支持桩。

第四节　隧道穿越大型溶洞处置施工

隧道穿越溶洞，即隧道设计的外轮廓线完全处于溶洞洞体空间内。这种情况下，对其处置是一个包括基底、拱墙和拱顶的三维综合处置方式。因此对其处置应分别考虑不同位置的处置，应根据实际情况灵活选择科学合理的综合处置方式。可以提出大型溶洞空间分解理论，来专门解决大型溶洞处置的不条理不系统问题。下面就大型溶洞空间分解理论及其处置进行理论研究。

（一）大型溶洞空间分解理论

根据溶洞发育的多样性和复杂性，首先假设溶洞边缘线构成的平面图形为不规则图形，该图形应参考超前地质预报和地质补勘成果大致得出。然后根据隧道位置与溶洞空腔相对位置，确定隧道空间位置。最后根据隧道外围轮廓线的底线和拱线大致绘出两条水平的上线和下线，上下线和隧道外轮廓线共同把溶洞空间分为四个部分。如图 5.17 所示。

由大型溶洞空间分解示意图得到启示：对隧道穿越大型溶洞处置时，可分解为是对隧底、拱墙和拱顶位置的溶洞分别处理，然后对其按照一定的顺序进行叠加综合处置。此方法使得治理措施将更加地系统，有条理。

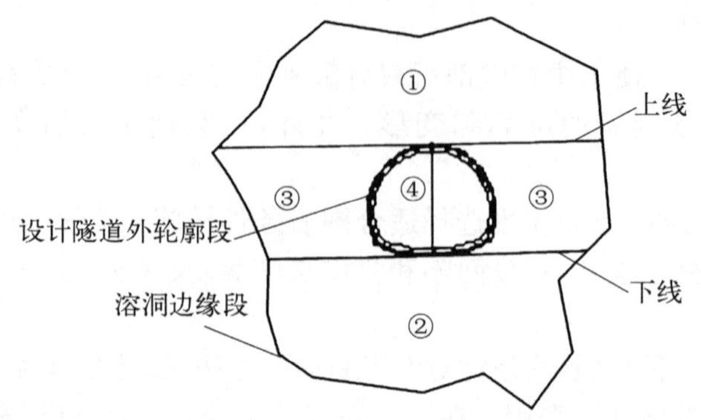

①—拱顶岩溶空间；②—拱底岩溶空间；③—拱墙两翼岩溶空间；④—隧道空间。

图 5.17　隧道穿越大型溶洞空间分解理论示意图

（二）拱底部分溶洞处理

如果隧底的沉积物为软塑状或松散的砂黏土或黏土，为了减少隧道由于结构产生的固结沉降对运营过程的影响，对基底的处理应当加强。基底的处置方法一般有注浆加固、换填、跨越、桩基等方法。见表 5.17。

表 5.17　基底处理方法

处置方法	适 用 条 件	处 治 措 施
跨越处理	当溶洞规模发育较大、充填物松软对基础工程的处理和修建难度大、经济投入大，或者溶洞规模虽小，但要保持水流时	依据实际条件选择合适的板跨、梁跨等形式跨越岩溶地段
基底换填	如果基底溶洞充填物的厚度小于 2.0 m（2.0 m 以下是基岩或微风化地层区）	选用混凝土、浆砌片石等进行换填处治
基底注浆加固	若基底溶洞隧道仰拱以下充填物的厚度为 2.0～10.0 m	采取钻孔深度深入到基岩 3.0 m 左右孔间距位 1.0～2.0 m，采用无缝钢管作为注浆管，其直径为 ϕ76～108 mm，注浆材料往往采用超细水泥或普通水泥，注浆压力一般不超过 1.0 MPa，注浆管的上段与仰拱相连，以增加支护结构的强度
桩基处理	如果基底加固厚度超过 10.0 m	选用粉喷桩、钻孔桩或挖孔桩等实施加固。具体加固范围和厚度由实际情况来确定
支托处理	当基底加固厚度超过 10.0 m，并且底板下无稳定的钢筋混凝土结构时	选用钢筋混凝土底板作为隧底，清除地板下的黏性土体充填物，回填碎石等，并在隧道下设置钢筋混凝土桩

（三）拱墙处置

拱墙的处置应当考虑到隧道左右两翼与溶洞壁的距离而采用不同的支护方式。

（1）当隧道一侧距离溶洞壁较近时如果隧道一侧距离溶洞壁较小时（一般小于护墙最

小厚度)，该侧要进行浆砌片石或泵送混凝土回填，然后再做隧道拱部初期支护，而对于另一侧可施作防护墙。

(2) 当隧道两翼距离溶洞壁距离较大时当隧道两翼与溶洞壁距离较大时，两侧均可使用护墙进行防护。

需要说明的是，如果在溶洞壁围岩相对较差的情况下，应当适当增加护墙厚度和高度，以此提高对隧道洞身的防护能力。

(四) 拱顶处置

对于处在隧道设计上方的溶洞空间，无须考虑填充物的出现。主要根据隧道上方溶洞顶壁的稳定性和拱顶到顶壁的距离制定处置方案，一般采用支撑墙加固、支撑柱加固、锚杆或钢管加固和梁拱支顶等方法。

(1) 当溶洞围岩较差且隧道拱顶与上方溶洞壁距离较大时。

对于处于隧道拱顶上方范围内的围岩较差的溶洞壁应当采用锚杆或钢管加固，或进行锚网喷护。如果围岩很差且又难以清除，可采用支撑柱加固法，直接由溶洞底部施作支撑柱直到深入顶部基岩中，并施作梁拱支撑，防止溶洞顶板悬空，以便保证后续施工的安全可靠。

(2) 当溶洞围岩稳定且隧道拱顶与上方溶洞壁距离较大时。

溶洞围岩稳定的状态下，可以在拱底和两翼施作后，直接对隧道进行初支和衬砌的施作，然后在初支后方注混凝土进行结构防护，最后向上注水泥砂浆或吹中粗砂作为缓冲层。当围岩较好时可不采用锚网喷护。

(3) 当隧道拱顶与上方溶洞壁距离较近时。

此时一般采用增加护墙高度，使护墙直接接触甚至深入到溶洞壁顶部基岩中，然后进行隧道的初支和衬砌，随后向初支外空间注混凝土填充密实。

第五节　隧道穿越溶蚀坍塌堆积体及破碎灰岩段施工

在山区修建山岭隧道，隧道穿越地区工程地质和水文地质条件的复杂多变，山岭隧道的施工难度较大，所以了解容易发生塌方的地段和部位，对预防隧道塌方非常重要。下文以沪蓉西高速公路齐岳山隧道为例，对其溶蚀坍塌堆积体处理方案进行分析。

(一) 溶蚀坍塌堆积体概况

主要指沪蓉西高速公路齐岳山隧道左洞 ZK329＋419～ZK329＋647，长度约 228 m；右洞 YK329＋325～YK329＋672，长度约 347 m。该地段洞身围岩主要为溶洞、泥夹石溶蚀坍塌堆积体及坍塌体附近强风化充填黄泥的溶蚀破碎状灰岩、泥灰岩、白云岩、溶崩角砾岩，此段隧道洞身处于地下水季节交替带及浅饱水带过渡地带，施工过程中多次发生溶蚀破碎灰岩的裂隙、小溶洞及坍塌堆积体内雨后股状右压涌水。左洞、右洞涌水点较集中的地段主要有 ZK329＋430、ZK329＋612～ZK329＋620；YK329＋375～YK329＋384、YK329＋552～YK329＋570、YK329＋615～YK329＋630。该地段涌水与降雨关系密切，例如 YK329＋612～YK＋620 处，枯水期正常涌水量 7.2～18 m^3/h(2～5 L/s)，2007 年 4 月 1 日降雨 40 mm，4 月 2 日凌晨涌水量便猛增至 550～600 m^3/h。涌水滞后场雨一般 4～8 h，滞后场雨 12 h 涌水量达峰值。各涌水点之间水力联系密切，左洞抽排水后，右洞涌水量会明显减少。大的场雨后，左洞各涌水点峰值最大涌水量 400～800 m^3/h，右洞 150～400 m^3/h。

该地段隧道所遇溶洞及溶蚀坍塌堆积体，位于马槽洞暗河东侧近东西走向的暗河支流经过地带，其成因与嘉陵组强岩溶地层在较强的水动力作用下溶洞向上塌落形成较大的岩溶漏斗乃至部分地段山体坍塌有关，其地下水与地表洼地岩溶漏斗及马槽洞暗河有密切水力联系，运移比较畅通，是地表岩溶漏斗及红椿槽一带台地上地表雨水下渗向马槽洞暗河的过水通道。

（二）溶蚀坍塌堆积体处理措施

1. 超前支护

双层 ϕ42 mm 超前小导管，壁厚 4.5 mm，长 4.5 m，纵向搭接长度 2.5 m，环向间距 30 cm，外插角分别为 40°和 5°～10°，注浆材料采用水泥浆液，水灰比为 1∶1，注浆压力控制在 0.5～1.0 MPa。具体浆液配合比和注浆压力由现场根据地质条件试验确定。小导管前部钻注浆孔，孔径 6～8 mm，孔间距 10～20 cm，呈梅花形布置，前端加工成锥形，尾部长度不小于 30 cm，作为不钻孔的止浆段。

为保证小导管的支护效果、减小小导管的外插角，可在型钢腹部穿孔以便小导管穿过，钢管尾部应与钢架焊接。

2. 隧道开挖

由于该段围岩主要为泥夹石溶蚀坍塌堆积体，为确保掌子面的稳定和施工安全，严格按照“管超前、短开挖、强支护、勤量测、早封闭”的原则进行施工，隧道开挖采用三台阶预留核心土法施工，各台阶的长度控制在 3～5 m，采用人工配合机械开挖，局部采用松动爆破。根据现场具体情况，局部地段增设临时仰拱加强支护。

3. 初期支护

具体支护参数如下：全断面布设 I18 工字钢，钢架纵向间距 50 cm；全断面径向采用 4.5 m 长的 ϕ42 mm 小导管，并注水泥浆液对周边围岩固结加固，间距为 0.5 m×1.0 m（纵向 X 环向）；钢架之间采用 ϕ22 mm 钢筋纵向连接，环向间距 1 m；ϕ8 mm 双层钢筋网片，网格间距 20 cm×20 cm；C20 喷射混凝土，厚度 26 cm。

1）系统锚杆

系统锚杆采用长度为 4.5 m 的小导管，并注水泥浆，梅花形布置，导管径向布置，尽量使导管与岩层面垂直。锚杆对准布设的孔位慢慢钻进，直至设计深度，保证导管体外漏 10～15 cm。检查锚杆间距、长度、角度是否符合要求，发现不合格废弃重钻。配制浆液时，操作人员戴胶手套、护目镜、穿长筒胶鞋。上仰孔应按要求设置止浆塞和排气孔，根据技术交底要求控制注浆压力。注浆交错、间隔进行，注浆结束后检查效果，不合格者补浆。浆液应拌和均匀，随拌随用，一次拌和的砂浆应在初凝前用完。导管安装后不得随意敲打、悬挂重物。

2）钢筋网

按设计要求加工钢筋网，在加工棚分块预制成钢筋网片后洞内铺挂，钢筋网在初喷 2 cm 厚混凝土后设置，与系统锚杆固定牢固。钢筋网与受喷面的间隙为 3 cm 左右，其保护层大于 2 cm。搭接长度为 1～2 个网格。在开始喷射时，适当缩短喷头至受喷面的距离，并适当调整喷射角度，使钢筋网背面混凝土达到密实。

3）钢拱架

工字钢由洞外加工场地根据不同断面需要精确放样下料、分节焊制而成，栓孔用钻床定位加工，螺栓、螺母采用标准件，焊接及加工误差应符合有关规范。对加工成型后的格栅和型钢进行验收。合格后详细标识，分类堆放，做好防锈蚀工作后待用。

采用机械将钢架运至安装现场，人工作业平台配合装载机安装，安装时注意钢架的垂直度，防止出现左前右后或前倾后倒现象，并与锚杆及纵向连接钢筋焊接，使之成为整体。

为增强钢架的整体稳定性，要将钢架和系统锚杆焊接在一起。在隧道内侧设纵向连接钢筋，使各榀钢架连接成整体共同受力，纵向连接钢筋按环向间距 1.0 m 设置。

钢架采用先拱后墙法施工，拱脚处要用锁脚锚杆加固，避免开挖下台阶时造成拱部钢架失稳。

严格控制中线及高程。

拱架与岩面间安设鞍形混凝土垫块，确保岩面与拱架密贴。确保初喷质量。

拱脚高程不足时，不得用块石、碎石砌垫，应设置钢板进行调整，或用混凝土浇筑。

拱架安装后必须保证垂直度，不能发生扭曲变形。

4）锁脚锚杆

锁脚锚杆采用 ϕ42 mm 小导管加工制作，长 5 m，每榀拱架设置 12 根，在每个台阶支护施工时，每榀钢拱架底脚处两侧各施作两根锁脚导管，位置为距离拱脚 50 cm 及 70 cm 处，与拱架轴线呈 45°～60°插入岩体，插入长度不小于总长度的 90%。导管外露部分与钢架焊接相连。

5）混凝土喷射

喷射混凝土前按照规范和标准对开挖断面进行检验，采用湿喷工艺。施工机械采用混凝土湿喷机配合混凝土喷射机械手形成联合施工作业线，快速高效完成混凝土喷射作业。

（1）喷射混凝土原材料应符合的规定。

喷射混凝土原材料进场时必须进行检验，除符合国家现行的有关标准外，应符合以下要求。

① 水泥。应优先采用硅酸盐水泥或普通硅酸盐水泥，强度等级不应低于 42.5 MPa；遇含有较高可溶性硫酸盐地层或地下水地段，应按侵蚀类型和侵蚀程度采用相应的抗硫酸盐水泥；水泥的安定性、凝结时间均应合格。骨料与水泥中的碱离子可能发生反应时，应选用低碱水泥；喷射混凝土需要有较高的早期强度时，可选用硫铝酸盐水泥或其他早强水泥；有特殊要求时，应使用相应的特种水泥。

② 砂、石。粗骨料应采用坚硬耐久的碎石。严禁选用具有潜在碱活性骨料，当使用碱性速凝剂时，不得使用含有活性二氧化硅的石料。喷射混凝土中石子的最大粒径不宜大于 15 mm，喷射钢纤维混凝土中石子的最大粒径不宜大于 10 mm，骨料级配宜采用连续级配。按质量计含泥量应不大于 1%，泥块含量应不大于 0.25%；细骨料应采用坚硬耐久的中砂或粗砂，细度模数应大于 2.5。砂中小于 0.075 mm 的颗粒应不大于 20%，含泥量应不大于 3%，泥块含量应不大于 0.5%。

③ 纤维。使用纤维长度宜为 19 mm，合成纤维抗拉强度不宜小于 280 MPa，掺入量宜为 0.9 kg/m^3，拌和时间宜为 4～5 min，且纤维已均匀分散成单丝。

④ 水。水质应符合工程用水的有关标准，水中不应含有影响水泥正常凝结和硬化的有害杂质，不应使用污水、海水、pH 值小于 4.5 的酸性水、硫酸盐含量（按 SO_4^{2-} 计）超过 1% 的水。

⑤ 外加剂。应使混凝土的后期强度无明显损失；对混凝土和钢材无腐蚀作用；不污染环境，对人体无害；采用低碱或无碱外加剂；在使用外加剂前，应进行与水泥的相容性试验、水泥净浆凝结效果试验，严格控制掺量；水泥净浆初凝时间应不大于 5 min，终凝时间应不大于 10 min。

(2) 喷射混凝土施工要点。

选用普通硅酸盐水泥，细度模数大于 2.5 的硬质洁净砂，粒径 5～12 mm 连续级配碎石，化验合格的拌合用水。喷射混凝土严格按设计配合比进行拌和，配合比及搅拌的均匀性每班检查不少于两次。喷射前认真检查隧道断面，对欠挖部分及所有开裂、破碎、出水点、崩解的破损岩石进行清理和处理，清除浮石和墙角虚碴，并用高压水或风冲洗岩面。

喷头与岩面距离为 0.6～1.2 m，喷头垂直受喷面，喷射初期支护钢架、钢筋网时，将喷头稍加偏斜。喷射路线应先边墙后拱部，分区、分段 S 形运动，喷头做连续不断的圆周运动，后一圈压前一圈 1/3，螺旋状喷射。

喷射混凝土作业采取分段、分块，自下而上的顺序进行。喷嘴做反复缓慢的螺旋形运动，螺旋直径为 20～30 cm，以保证混凝土喷射密实。同时掌握风压、水压及喷射距离，减少回弹量。

隧道喷射混凝土厚度大于 5 cm 时分两层作业，第二次喷射混凝土如果在第一层混凝土终凝 1 h 后进行，需冲洗第一层混凝土面。初次喷射先找平岩面。

喷射混凝土终凝 2 h 后，进行喷水养护，养护时间不少于 7 d。喷射混凝土开挖时，下次爆破距喷射混凝土完成时间的间隔不得小于 3 h。

喷射混凝土必须满足设计的初期强度、长期强度、厚度及其与围岩黏结力要求。湿喷混凝土 3 h 强度应达到 1.5 MPa，24 h 强度应达到 10.0 MPa。

(3) 有水地段喷射混凝土采取措施。

当涌水点不多时，设导管引排水后再喷射混凝土；当涌水范围较大时，设树枝状排水导管后再喷射混凝土；当涌水严重时设置泄水孔，边排水边喷混凝土。

由远而近逐渐向涌水点靠近时，在涌水点安设导管，将水引出，再向导管附近喷混凝土，同时增加水泥用量，改变配合比。

当岩面普遍渗水时，先喷砂浆，并加大速凝剂掺量，初喷后再按原配合比施工。局部出水量较大时采用埋管、凿槽、树枝状排水盲沟等措施，将水引导疏出后再喷混凝土。

4. 仰拱、仰拱填充及二次衬砌

根据现场实际围岩情况，为确保施工安全，仰拱、仰拱填充应紧跟开挖面施作并与拱墙及早封闭成环，二次衬砌也应及时跟进。仰拱、仰拱填充与开挖面距离控制在 35 m 以内，二次衬砌与开挖面控制在 70 m 以内。隧道二次衬砌采用全断面 C25 钢筋混凝土，厚度 45 cm。二次衬砌采用 12 m 长液压钢模整体衬砌台车施工。

1) 仰拱(底板)、填充施工方法

隧道施工采用仰拱先行的施工方法，并且采用全幅浇筑的方法一次完成仰拱浇筑，严禁半幅施工，以起到早闭合、防塌方的作用，并能够营造良好的施工环境。在掌子面施作开挖时，清理待浇段浮碴，用预制混凝土支撑垫块将自行式移动栈桥支撑稳固，确保预制块表面为灌注仰拱表面。仰拱端头采用大模板，混凝土由中心向两侧对称浇筑，仰拱与边墙衔接处支立 1 m 弧形仰拱模板以便混凝土捣固密实。

由于该段围岩为泥夹石，因此仰拱一次施工长度控制在 3～5 m，仰拱强度达到设计强度的 75%，及时进行仰拱填充施工。每一循环仰拱接头混凝土做凿毛处理，遇变形缝位置时，按设计要求施作。

（1）施工方法。

为保证施工质量，仰拱混凝土进行全幅整体浇筑，同时解决出碴、进料运输与仰拱施工干扰及仰拱混凝土在未达到要求强度之前承受荷载的问题，采用自行式仰拱栈桥进行施工。

仰拱填充施工前，对中心水沟位置进行放样，在仰拱填充过程中，预留出中心水沟位置。

（2）仰拱施工要求。

① 仰拱开挖前必须检查已完成锁脚锚杆的质量，Ⅳ、Ⅴ级围岩仰拱开挖每循环进尺控制在 3～5 m。施工前，应将隧底虚碴、杂物、泥浆、积水等清除，并用高压风将隧底吹洗干净，超挖部分应采用同级混凝土回填。

② 仰拱超前拱墙二次衬砌，其超前距离保持衬砌循环作业长度的 3 倍以上。

③ 仰拱的整体浇筑采用防干扰作业平台，保证作业空间。

④ 施作仰拱混凝土时必须将基底清理干净，并且注意及时排水。支立仰拱模板，排干积水，绑扎钢筋，采用 PVC 垫块保证保护层厚度，经监理工程师验收合格后浇筑混凝土。混凝土在拌和站集中拌制，由混凝土运输车运入，泵送入模，振捣器振捣密实。

⑤ 仰拱施工缝和变形缝做防水处理。

⑥ 填充混凝土强度达到 5 MPa 后允许行人通行，填充混凝土强度达到设计强度的 100%后允许车辆通行。

⑦ 仰拱必须紧跟掌子面，Ⅳ、Ⅴ级围岩与掌子面不能超过 35 m。

2）二次衬砌钢筋制作方法

（1）隧道二次衬砌所用钢筋应严格按照设计要求的尺寸及规范要求在洞外钢筋加工棚内进行加工，由运输车运入洞内，机械连接或绑扎成型，钢筋加工运输过程中严禁污染钢筋，有锈蚀处进行处理后才能正式使用。

（2）钢筋接头应设置在承受应力较小处，并应力分散布置。配置在“同一截面”内受力钢筋接头的截面面积占受力钢筋截面面积的比例，应符合设计要求。

（3）绑扎接头应避开钢筋弯曲处，与弯曲点的距离不得小于钢筋直径的 10 倍。

（4）绑扎接头在构件的受拉区时，截面面积占受拉钢筋总截面面积比例不得大于 25%，在受压区时不得大于 50%。

（5）在同一根钢筋上应少设接头。“同一截面”内，同一钢筋上不得超过一个接头。

（6）钢筋保护层厚度为 55 mm，必须严格控制保护层厚度。

3）二次衬砌施工方法

混凝土由自动计量混凝土拌和站集中供应、混凝土搅拌运输车运送、混凝土输送泵泵送入模。

依据设计，隧道衬砌应根据喷锚构筑法原理在初期支护完成后适时进行。二次衬砌在围岩量测净空变化速率小于 0.2 mm/d、变形量已达到预计总量的 80%以上，且变形速率有明显减缓趋势时进行。但在隧道Ⅳ、Ⅴ级围岩泥夹石段施工时，为了有效地减少围岩变形，应及时施作二次衬砌，尽早形成封闭结构。

首先对开挖断面和防排水系统进行自检，检验合格后报现场监理工程师检验，经检验合格后移动台车就位。

混凝土采用水平分层、对称浇筑，控制灌注混凝土的速度和单侧灌注高度，单侧一次连续浇筑高度不超过 1 m，以防止混凝土离析。超过 1.5 m 时采用串筒或滑槽。混凝土浇筑必须连续，相邻两层浇筑时间间隔控制在规范允许范围之内。

捣固选用的振捣器，其频率、振幅、振动速度等参数视混凝土的坍落度及骨料粒径而定，振捣不得碰撞模板、钢筋和预埋件。灌注施工采用全断面一次灌注成型，当混凝土灌至墙拱交界处时，间歇约 1 h，以便于边墙混凝土沉实。拱圈封顶时，随拱圈灌注及时捣实。

在混凝土强度达到 2.5 MPa，且其表面及棱角不因拆模而受损时，方可拆除侧模。拆除二次衬砌模板需混凝土强度达到设计强度的 75%。混凝土浇筑完成后立即开始养护，养护时间应根据混凝土强度增长情况而定，一般宜为 14～21 d。围岩不稳定时，可延长混凝土拆模时间，视围岩变形情况确定拆模时间，围岩变形速度明显下降，总变形量增加趋于平缓时，可进行拆模。

4）二次衬砌背后充填压浆

为防止初期支护与二次衬砌之间出现空洞或不密实，隧道二次衬砌施工完成并达到设计强度的 100%后，对隧道衬砌拱顶进行充填压浆。

注浆前先做注水试验，主要检查注浆管路是否牢固可靠、注浆系统仪表是否正常及衬砌实体溢水位置。

预埋钢管位置要准确，通过点焊的方法固定。同时，为防止钢管堵塞，钢管头需进行包裹，在进行注浆前打开封端。

5）溶腔处理措施

（1）对于拱顶和拱腰处的溶腔采用泵送 C20 混凝土进行回填，溶腔高度小于 2 m 的应回填密实；溶腔高度大于 2 m 的应确保初期支护背后 2 m 范围内回填密实，拱顶设 1.5～2.0 m 厚缓冲层。

（2）对于边墙部位的溶腔采用 M7.5 浆砌片石处理或泵送混凝土回填。

（3）对于底板溶腔，应先清除隧道底板处溶洞充填物，然后采用 C20 混凝土回填密实，厚度不小于 2 m。

第六章

岩溶隧道施工风险处置

第一节　隧道施工风险等级划分与判断

一、施工风险等级划分

隧道工程施工过程中的风险能否接受或者接受程度如何，取决于不同风险的控制对策及处置措施。在隧道施工过程中进行风险事件的管理，就需要预先制定明确的风险等级及接受准则。

为了对工程中风险事故的风险程度有一个全面、定性的把握，以便指导风险决策的开展，需对不同的风险事故进行风险等级划分。风险分级标准包括风险发生概率的等级标准（即风险概率等级）和风险事故发生后的损失等级标准（即风险损失等级），根据工程风险的定义，制定相应风险的分级标准和接受准则。

一般来说，风险可表征为风险事故发生的概率和事故损失的乘积，结合工程的实际情况，给出风险事故概率和损失的等级评定标准，并在最后给出针对风险事故的等级划分标准。

在隧道施工过程中，建立科学、可对比的安全施工风险判别指标是十分重要的。只有建立了安全施工风险判别指标或判别的目标值，才能衡量安全施工系统风险的大小和可接受标准。无论是定性还是定量的安全施工风险判别指标，若没有可比性，安全管理人员将无法判定施工过程中风险的高低及是否达到了可接受的程度，也无法判断施工过程改善到什么程度才达到期望的安全水平，这将使安全施工风险管理无法进行或失去意义。

隧道工程常用的安全施工风险判别指标有工程经济损失、人员伤亡、工期延误、环境影响、社会信誉损失等。

二、风险发生概率等级与判断标准

根据工程安全风险发生概率等级分为1、2、3、4、5级。各等级判断标准见表6.1。

表6.1　风险发生概率等级判断标准

概率等级	定量判断标准（概率区间）	定性判断标准
1	$P_f<0.0003$	几乎不可能发生
2	$0.0003\leqslant P_f<0.003$	很少发生
3	$0.003\leqslant P_f<0.03$	偶然发生

续 表

概率等级	定量判断标准(概率区间)	定性判断标准
4	$0.03 \leqslant P_f < 0.3$	可能发生
5	$P_f \geqslant 0.3$	频繁发生

注：1. P_f 为风险概率值，当概率值难以取得时，可用年发生频率代替。2. 风险发生概率等级应优先采用定量判断标准确定。当无法进行定量计算时，可采用定性判断标准确定。

三、风险损失等级与判断标准

风险损失等级分为1、2、3、4、5级。应按人员伤亡等级、经济损失等级及环境影响等级等因素确定。当多种损失同时产生时，应采用就高原则确定风险损失等级。

(一) 人员伤亡

人员伤亡是指在参与工程建设活动过程中所发生的人员伤亡事故。依据人员伤亡的类别和严重程度进行分级，见表6.2。

表6.2 人员伤亡等级判断标准

等级	等级描述	判 断 标 准
1	轻微的	重伤人数5人以下
2	较大的	3人以下死亡(含失踪)或5人以上10人以下重伤
3	严重的	3人以上10人以下人员死亡(含失踪)或10人以上50人以下重伤
4	很严重的	10人以上30人以下人员死亡(含失踪)或50人以上100人以下重伤
5	灾难性的	30人以上人员死亡(含失踪)或100人以上重伤

注：1. 参考国务院《生产安全事故报告和调查处理条例》和《企业职工伤亡事故分类》(GB 6441—1986)。2. "以上"包含本数，"以下"不包含本数。

(二) 经济损失

经济损失是指风险事故发生后造成工程项目发生的各种费用的总和，包括直接费用和事故处理所需的各种间接费用，见表6.3。

表6.3 经济损失等级判断标准

等级	等级描述	经济损失判断标准
1	轻微的	经济损失500万元以下
2	较大的	经济损失500万以上1 000万元以下
3	严重的	经济损失1 000万以上5 000万元以下

续　表

等级	等级描述	经济损失判断标准
4	很严重的	经济损失 5 000 万以上 10 000 万元以下
5	灾难性的	经济损失 10 000 万以上

注：参考国务院《生产安全事故报告和调查处理条例》。

（三）环境影响

环境影响是指隧道施工对周围建（构）筑物破坏或损害、环境污染等，根据其影响程度进行分级，见表 6.4。

表 6.4　环境影响等级判断标准

等级	等级描述	判断标准
1	临时的且轻微的	涉及范围很小，无群体性影响，需紧急转移安置人数 50 人以下
2	临时的但严重的	涉及范围较小，一般群体性影响，需紧急转移安置人数 50 人以上 100 人以下
3	长期的	涉及范围大，区域正常经济、社会活动受影响，需紧急转移安置人数 100 人以上 500 人以下
4	永久的但轻微的	涉及范围很大，区域生态功能部分丧失，需紧急转移安置人数 500 人以上 1 000 人以下
5	永久的且严重的	涉及范围非常大，区域内周边生态功能严重丧失，需紧急转移安置人数 1 000 人以上，正常的经济、社会活动受到严重影响

注：参考《建设项目环境保护管理条例》和《中华人民共和国环境影响评价法》。

（四）工期延误

工期延误是指隧道工程风险事故引起的工程建设时间的延长。对不同性质的工程和建设工期，采用不同的绝对延误时间，见表 6.5。

表 6.5　工期延误等级判断标准

等级	等级描述	延误时间（控制工程）	延误时间（非控制工程）
1	轻微的	延误不到 1 天	延误 15 天以内
2	较大的	延误超过 1 天，但不超过 3 天	延误 15 天到 2 个月
3	严重的	延误 3 天到一个月	延误 2 个月到 6 个月
4	很严重的	延误 1 个月到 10 个月	延误 6 个月到 24 个月
5	灾难性的	延误超过 10 个月	延误超过 24 个月

（五）风险等级的确定

根据安全风险发生概率等级和损失等级，按表 6.6 确定风险等级。铁路隧道风险接受准则与采取的风险处置措施见表 6.7。

表 6.6　风险等级表

概率等级		后果等级				
		风险损失				
		1	2	3	4	5
很不可能	1	Ⅰ	Ⅰ	Ⅱ	Ⅱ	Ⅲ
不可能	2	Ⅰ	Ⅱ	Ⅱ	Ⅲ	Ⅲ
偶然	3	Ⅱ	Ⅱ	Ⅲ	Ⅲ	Ⅳ
可能	4	Ⅱ	Ⅲ	Ⅲ	Ⅳ	Ⅳ
很可能	5	Ⅲ	Ⅲ	Ⅳ	Ⅳ	Ⅳ

表 6.7　隧道施工风险接受准则与采取的风险处置措施

风险等级	等级描述	接受准则	处置措施
Ⅰ	极低风险	可忽略	风险水平可以接受，当前应对措施有效，不必采取额外技术、管理方面的预防措施
Ⅱ	中风险度	可接受	风险水平有条件接受，工程有进一步实施预防措施以提升安全性的必要
Ⅲ	高风险	不预期	风险水平有条件接受，必须实施削减风险的应对措施，并需要准备应急计划
Ⅳ	极高风险	不可接受	风险水平不可接受，必须采取有效应对措施，将风险等级降低到Ⅲ级及以下水平

第二节　隧道施工过程中的风险评估方法

隧道施工过程中的风险评估就是对影响隧道施工安全的风险因素进行分析和等级评定。风险评估的内容就是判断风险发生的概率和风险发生后果的严重程度。在进行概率和后果严重程度的取值时，一般有两种方法：一是通过对足够的已知数据的分析找出风险因素的分布规律，从而预测出其发生的概率、权重和后果以确定其风险等级；另一种方法是，在缺少足够数据的条件下，由决策者或者本领域专业的专家对风险的概率和后果严重性做出一个主观的估计，然后再通过风险分析确定其风险等级。由于隧道工程本身异常复杂性，施工安全的影响因素众多，以及隧道施工安全风险评估尚处于起步阶段，在缺少足够数据的情况下，主要采用主观估计法。目前常用的方法主要有：专家调查法、$R=P\times C$ 矩阵法(R 代表风险，P 代表概率，C 代表事件发生的后果)、故障树法、层次分析法、模糊综合评价法、肯特指数法、风险矩阵法等。每种方法都各有优缺点。这里将采用模糊数学中的层次分析法和模糊综合评判法相结合对隧道施工过程中的风险等级进行判别。实际上，影响隧道施工安全的基本风险因素往往又含有多个子风险因素，因而需要采用多层次模糊综合评判理论。

一、层次分析法

（一）层次分析法的基本原理

层次分析法(analytic hierarchy process，AHP)，是美国运筹学家匹兹堡大学教授萨蒂(T. L. Saaty)于 20 世纪 70 年代初，应用网络系统理论和多目标综合评价方法，提出的一种层次权重决策分析方法。它是在对复杂的决策问题的本质、影响因素及其内在关系等进行深入分析的基础上，利用较少的定量信息使决策的思维过程数学化，从而为多目标、多准则或无结构特性的复杂决策问题提供简便的决策方法，是对难于完全定量的复杂系统作出决策的模型和方法。

层次分析法根据问题的性质和要达到的总目标，将问题分解为不同的组成因素，并按照因素间的相互关联影响以及隶属关系将因素按不同层次聚集组合，形成一个多层次的分析结构模型，从而最终使问题归结为最低层(供决策的方案、措施等)相对于最高层(总目标)的相对重要权值的确定或相对优劣次序的排定。

AHP 进行风险评估的特点主要表现在：一是风险损失期望和损失概率估计是基于专家们的主观判断；二是风险评估结果是以项目的风险系统中的各因素的相对重要程度表示的，并不能得出各种风险的损失额及损失发生概率的绝对指标。

（二）层次分析法模型

层次分析是将一个复杂的系统(如项目风险管理目标)分解为若干个组成部分或因素(如各种施工活动、项目风险因素等)。这些因素按属性分成若干组，每个因素又受到一系列子因素的影响，根据目标、因素及子因素相互间的支配关系构成一个递阶层次模型。

这种递阶层次模型可以清楚地揭示各个因素的性质及相互间的关系，对于综合评估有重要意义。如果这些子因素是各种风险因素，这个层次结构图就成为一个风险层次结构图。在层次模型中，自上而下通常分为目标层、准则层、指标层和方案层等。目标层为最终要完成的目标，如需要完成不同施工方案风险程度的评估或是在几个施工方案中选择较优方案等，均可作为层次分析的目标。准则层则是用以判断目标结果的标准；指标层反映的是参与评估的各种风险因素等。除了常见的几个层次外，层次还可以进一步划分，一般情况下，上一个层次可以作为下一个层次的准则层，而下一个层次可作为上一个层次的指标层。

在同一个层次模型中，不同层次间的风险因素可能是完全相关的，称之为完全相关的风险递阶层次模型，如图 6.1 所示；也可能是部分相关的，称之为部分相关的风险递阶层次模型，如图 6.2 所示。

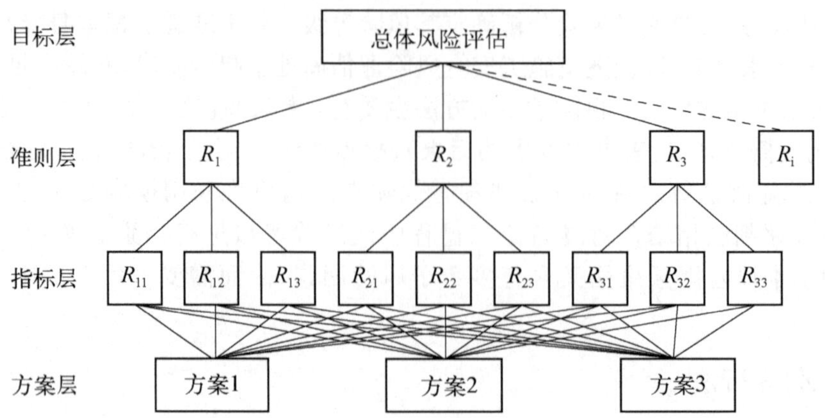

图 6.1　因素完全相关的风险递阶层次模型

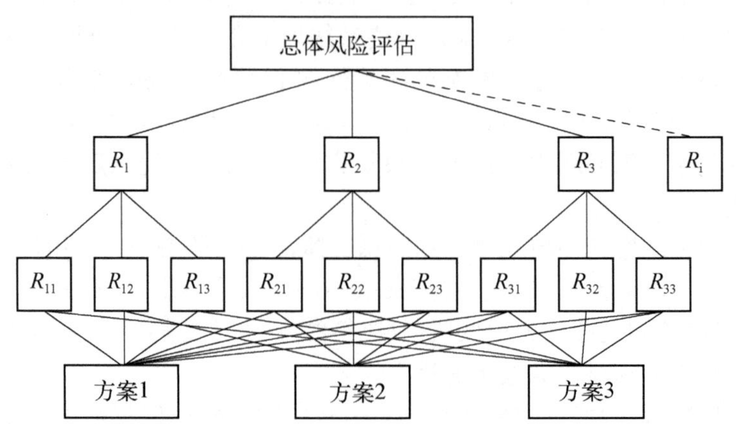

图 6.2　因素部分相关的风险递阶层次模型

（三）层次分析法进行风险评估的步骤

采用层次分析法进行风险评估的主要步骤如下。

1. 任务分解

把工程项目的目标系统分解为可管理的若干组成部分，然后针对性地对每一个组成部分的活动进行风险分析。

2. 构造风险框架结构图

应用风险识别方法进行风险识别和分类，构造并建立影响项目目标活动的风险框架结构图，即风险递阶层次结构。

3. 构造各个风险因素和子因素的判断矩阵

考虑到每个因素的重要程度不同，因此需要给各个因素赋予不同的权值来加以反映。对风险层次结构中各因素权值的确定，是利用层次分析法进行项目风险评估的关键一步。

完成这一步，一般需要通过专家收集有关数据，从第二层开始，请专家按照表 6.8 所示的规则对因素层和子因素层间各因素的相对重要性给出评估和赋值，得出判断矩阵。判断矩阵表示针对上一层次某一因素、本层次与之相关因素之间相对重要性的比较，假定上一层

次 A 中 a_k(a_k 指层次 A 中的因素)与下一层 B 中的因素 $B_1, B_2, \cdots, B_n$ 有联系,则所构造的判断矩阵一般见表 6.9 所示。

表 6.8　因素两两间相对重要性评估准则及其赋值

标度(*bij* 赋值)	基 本 含 义
1	u_i、u_j 两因素同样重要
3	u_i 因素比 u_j 因素“稍微”重要
5	u_i 因素比 u_j 因素“明显”重要
7	u_i 因素比 u_j 因素“强烈”重要
9	u_i 因素比 u_j 因素“极端”重要
2,4,6,8	1、3、5、7、9 的中间值
倒数	若因素 u_i 与 u_j 比较判断为 a_{ij},则因素 u_j 与 u_i 比较判断为其倒数 $1/a_{ij}$

表 6.9　判断矩阵 A 中的赋值

ak	B_1	B_2	B_3	…	B_n
B_1	b_{11}	b_{12}	b_{13}	…	b_{1n}
B_2	b_{21}	b_{22}	b_{23}	…	b_{2n}
…	…	…	…	…	…
B_n	b_{n1}	b_{n2}	b_{n3}	…	b_{nn}

4. 确定判断矩阵的最大特征值及其对应特征向量

计算判断矩阵的最大特征值及其对应的特征向量,一般并不需要很高的精度,这是因为判断矩阵本身就具有相当的误差,应用层次分析法给出层次中各因素优先排序权值,从本质上也仅仅是表达某种定性的概念。

显然判断矩阵 B 为互反矩阵,即 $b_{ij}=1/b_{ji}$(b_{ij} 表示第 i 个指标与第 j 个指标的重要程度之比),且严格满足条件:$b_{ij}b_{jk}=b_{ik}(i, j, k=1, 2, \cdots, n)$ 的正互反矩阵称为一致阵(n 为评价指标个数)。一致阵的唯一非零特征根为 n,非零特征根 n 所对应的特征向量归一化后可作为权向量。

由于判断矩阵本身具有一定的误差,对特征向量进行复杂的精确计算也没有必要,因而可以采用简化计算方法:一致阵的任一列向量都是特征向量,一致性较好的正互反阵的列向量都应是近似特征向量,可取其某种意义下的平均,如取归一化后列向量的算术平均作为最大特征值对应的特征向量。

(1) 对判断矩阵 $B(b_{ij})$的列向量进行归一化,见式(6.1)。

$$\bar{b}_{ij} = \frac{b_{ij}}{\sum_{i=1}^{n} b_{ij}} \quad (j = 1,\ 2,\ \cdots,\ n) \tag{6.1}$$

式中：$\bar{b}_{ij}$ 为判断矩阵 $B(b_{ij})$归一化后的列向量。

(2) 对归一化后的列向量进行算术平均得到最大特征值对应的特征向量的近似值 W，见式(6.2)。

$$W = \{w_1,\ w_2,\ \cdots,\ w_n\}^T$$
$$w_i = \frac{1}{n}\sum_{j=1}^{n} \bar{b}_{ij} \quad (i = 1,\ 2,\ \cdots,\ n) \tag{6.2}$$

式中：$W = \{w_1,\ w_2,\ \cdots\ w_n\}^T$ 为近似特征根(权向量)。

(3) 判断矩阵的最大特征根 λ_{max}，见式(6.3)。

$$\lambda_i = \frac{1}{w_i}\sum_{j=1}^{n} b_{ij} w_i$$
$$\lambda_{max} = \frac{1}{n}\sum_{i=1}^{n} \lambda_i \tag{6.3}$$

式中：λ_i—第 i 个专家评价水平的相对权重。

5. 对判断矩阵的一致性进行检验

由于判断矩阵为专家凭经验、直觉的主观判断，因此，有可能会出现诸如 B_1 比 B_2 重要，B_2 比 B_3 重要，而 B_3 又比 B_1 重要的不一致的情况。为了防止这种可能，就需要对判断矩阵的不一致性进行检验。如不一致情况超过一定限值就应该重新进行评估，然后再进行检验，直至通过一致性检验为止。为此，需要计算一致性指标 CI，其定义如下，见式(6.4)。

$$CI = \frac{\lambda_{max} - n}{n - 1} \tag{6.4}$$

式中：n—判断矩阵的阶数；λ_{max}—判断矩阵的最大特征根。

然后，从表 6.10 查取随机性指标 RI，并计算比值 CI/RI，当 $CI/RI < 0.1$ 时，可以认为评估者分析得出的判断矩阵一致性达到了要求。否则，要重新进行判断，写出新的判断矩阵。

表 6.10　随机性指标 *RI* 取值

判断矩阵的阶数 n	随机性指标 RI
1	0
2	0
3	0.58
4	0.9

续　表

判断矩阵的阶数 n	随机性指标 RI
5	1.12
6	1.24
7	1.32
8	1.41
9	1.45
10	1.49

6. 子因素总排序

把所求出的各子因素相对风险程度值统一起来，就可以求出该项目活动中风险所处的水平及发生概率的大小；把项目的所有风险活动都如此分析评估，并把各项风险程度统一起来，就可以得出项目的风险水平，并由此判断该项目的风险程度。此过程也就是对风险层次进行总排序。层次总排序是指同一层次所有因素对于最高层(风险总目标)的重要性的排序权值。

这一过程是从最高层次到最低层次逐层进行的。若上层次 A 包含 m 个因素 A_1，A_2，…，A_m，它们的层次总排序权重分别为 a_1，a_2，…，a_m。下层 B 包含 n 个因素 B_1，B_2，…，B_n，B 层因素 B_j 对上层 A_i 单因素排序向量为 b_{11}，b_{21}，…，b_{n1}(若因素 B_j 与上层因素 A_i 没有关系时，$b_{ij}=0$)，此时 B 层次总排序权值见表 6.11。

表 6.11　判断矩阵 A 中的赋值

B 层次	A 层次					B 层的层次总排序
	A_1	A_2	A_3	…	A_m	
B_1	b_{11}	b_{12}	b_{13}	…	b_{1m}	$\sum_{j=1}^{m} a_j b_{1j}=b_1$
B_2	b_{21}	b_{22}	b_{23}	…	b_{2m}	$\sum_{j=1}^{m} a_j b_{2j}=b_2$
…	…	…	…	…	…	…
B_n	b_{n1}	b_{n2}	b_{n3}	…	b_{nm}	$\sum_{j=1}^{m} a_j b_{nj}=b_n$

7. 层次总排序的一致性检验

设 B 层 B_1，B_2，…，B_n 对上层(A 层)中因素 A_j($j=1$，2，…，m)的层次单排序一致性指标为 CI_j，随机一致性指标为 RI_j，则层次总排序的一致性比率 CR 为见式(6.5)。

$$CR=\frac{a_1CI_1+a_2CI_2+\cdots+a_mCI_m}{a_1RI_1+a_2RI_2+\cdots+a_mRI_m}=\frac{\sum_{j=1}^{m}a_jCI_j}{\sum_{j=1}^{m}a_jRI_j} \tag{6.5}$$

当 $CR<0.1$ 时，认为层次总排序通过一致性检验。层次总排序具有满意的一致性，否则需要重新调整那些一致性比率高的判断矩阵的元素取值。到此，根据最下层(决策层)的层次总排序做出最后决策。

二、多层次模糊综合评判法

隧道施工过程中的风险都是模糊的，难以给予准确的定义，因而采用模糊数学方法对其进行评估是非常适宜的。采用通常的方法进行评估，其结果是单一的，评估效果往往用一个数值来表达，即风险的大、中、小等来衡量，这显然不是合理的和适用的。在项目的风险评估过程中，往往需要考虑很多因素。不同风险因素的重要性是不一样的，其评级标准和自然状态模糊，也就是说，在做出任何一个评估时，都必须对多个相关因素做综合考量，在做出任何一个决策时，也就必须综合考量多个相关的风险因素，这就是所谓的模糊数学中的模糊综合评判问题。综合评判问题是多因素的，每个基本因素也可能是多层次的。由于在进行项目的安全评价时采用的评语都是具有模糊性，所以宜采用模糊综合评判方法。由于其数学模型简单，容易掌握，对其多因素、多层次的复杂问题的评价效果比较好，因而这一数学方法得到了广大科技工作者的重视，并且得到广泛的应用。

(一) 模糊综合评判方法原理

模糊综合评判是应用模糊关系合成的原理，从多个因素对被评判失去隶属度等级状况进行综合评判的一种方法。模糊综合评判包括以下几个方面的基本要素：

1. 评价因素论域 U

U 代表综合评判中各个评判因素所组成的集合。

2. 评价等级论域 V

V 代表综合评判中，评语所组成的集合。它实质是对被评价事物变化区间的一个划分，如隧道施工中的“安全步距”落实的情况可分为优、良、中、差四个级别，这里的“优、良、中、差”就是综合评判中对“安全步距”落实的评语。

3. 模糊关系矩阵 R

R 是单因素评价的结果，即单因素评价矩阵，模糊综合评判中所综合的对象正是 R。

4. 评判因素权重向量 A

以代表评价因素在被评对象中的相对重要程度，在综合评判中用来对 R 做加权处理。

5. 合成算子 $\odot$

合成算子是指合成 A 与 R 所用的计算方法，采用较多的是 $M(\wedge,\vee)$ 运算及 $M(\cdot,+)$ 矩阵相乘方法，后者对于权向量 A 和关系矩阵 R 均为单位向量时，其合成结果也是单位向量。

6. 综合评判向量 B

B 是对每个被评判对象综合状况等级程度的描述。

(二) 模糊综合评判数学模型

模糊关系矩阵 R 作为一个因素集 U 到评语集 V 的一个模糊(Fuzzy)变换器。每输入一

组因素的权重向量 A，就可以得到一组相应的评判结果 B。这个关系可以用图 6.3 来表示，即模糊综合评判的基本模型。

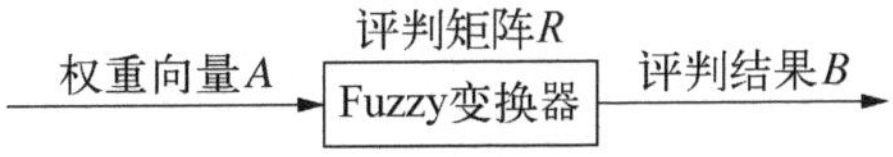

由于影响隧道工程施工安全的风险因素众多，有些因素之间是并列关系，而有些因素之间是因果关系，有些因素属于同一性质的，这样我们可以把属于同一性质的因素化为同一个因素集，整个的因素集 U 就可以分为若干个子因素 $U_i(i=1, 2, \cdots, n_i)$。上述评判问题中的风险因素分成了两层，如果对于更加复杂的问题，因素的层数可能会更多，这样的综合评判问题就演化成了多层模糊综合评判问题，这是客观存在的现实问题。如果把众多的因素作为一层因素考虑，那么归一化的权值向量对应的每一个因素的权值数值就会很小，如果采用主因素突出型算子，微小的权值将会使得单因素评判无法进行取舍，从而失去评判价值。

权重向量A → [Fuzzy变换器（评判矩阵R）] → 评判结果B

图 6.3　模糊综合评判基本模型

1. 建立单一层次模糊评判模型的步骤

(1) 建立评判对象的因素论域 U，见式(6.6)。

$$U=\{u_1, u_2, \cdots, u_n\} \tag{6.6}$$

这一步就是要确定评判因素体系，解决从哪些因素来评价客观对象的问题。

(2) 确定评语的等级论域 V，见式(6.7)。

$$V=\{v_1, v_2, \cdots, v_m\} \tag{6.7}$$

确定了这一论域，使得模糊综合评判得到一个模糊的评判向量，被评判对象对各评语等级的隶属度信息，通过这个模糊向量表示出来，体现评判的模糊特性。

(3) 进行单因素评价，建立模糊关系矩阵 R，见式(6.8)。

$$R=\begin{bmatrix} r_{11} & r_{12} & \cdots & r_{1n} \\ r_{21} & r_{22} & \cdots & r_{2n} \\ \vdots & \vdots & \vdots & \vdots \\ r_{n1} & r_{n2} & \cdots & r_{nm} \end{bmatrix} \tag{6.8}$$

其中，r_{ij} 为 U 中因素 u_i 对应 V 中等级 v_j 的隶属关系，即从因素 u_i 着眼评判对象被评为 v_j 等级的隶属关系，因而是第 i 个因素对该评判对象的单因素评价，它构成了模糊综合评判的基础。

(4) 确定评判因素权重向量 A。

A 是 U 中各因素对被评价对象的隶属关系，它取决于人们进行模糊综合评判时的着眼点，即评判时一次着重于哪些因素。

由于因素集 U 中各因素依据被评价对象的重要性，用模糊方法对每个因素赋予权值，它可以表示为 U 上的一个模糊子集 $A=\{a_1, a_2, \cdots, a_n\}$，且向量 A 为归一化，见式(6.9)。

$$\sum_{i=1}^{n} a_i=1,\ a_i \geqslant 0 \quad (i=1, 2, \cdots, n) \tag{6.9}$$

式中：a_i—模糊子集的元素。

该权重向量可以采用层次分析法确定。

(5) 选择合成算子,进行综合评判。

模糊综合评判的基本模型用公式表示为式(6.10)。

$$B = A \odot R \tag{6.10}$$

式中:符号意义同前。

2. 建立多层模糊评判模型的步骤

建立多层次综合评判模型,可以先对低层因素进综合评判,再对评判结果进行高层次的综合评判。具体步骤为:

1) 进行因素分类

将风险因素集 $U=\{u_1, u_2, \cdots, u_n\}$ 按照某种属性分为 s 类,第 i 类因素集 $U_i=\{u_{i1}, u_{i2}, \cdots, u_{in_i}\}$,其中,$i=1, 2, \cdots, s$。 它们应满足条件:① $n_1+n_2+\cdots+n_s=n$;② $U_1 \cup U_2 \cup \cdots \cup U_s=U$;③ 对任意 i, j,若 $i \neq j$,则 $U_i \cup U_j=\varnothing$(空集)。

2) 建立评判集

对评判因素设置评判集合 V, $V=(v_1, v_2, \cdots, v_p)$。

3) 建立权重集

(1) 建立因素类的权重集。

设第 i 类因素集 U_i 的权值为 $a_i(i=1, 2, \cdots, s)$,则因素类的权重集见式(6.11)。

$$A=\{a_1, a_2, \cdots, a_s\} \tag{6.11}$$

(2) 建立因素类中子因素的权重集。

第 i 类因素集 U_i 中第 j 个子因素 u_{ij} 的权值为 a_{ij},则因素集 U_i 中子因素的权重集 A_i 见式(6.12)。

$$A_i=\{a_{i1}, a_{i2}, \cdots, a_{in_i}\} \quad (i=1, 2, \cdots, s) \tag{6.12}$$

4) 进行第一层综合评判

对每一类因素集中各个因素进行综合评判,假设在第一层单层次综合评判的单因素的评判矩阵 R_i 见式(6.13)。

$$R_i=\begin{bmatrix} r_{11}^{(i)} & r_{12}^{(i)} & \cdots & r_{1p}^{(i)} \\ r_{21}^{(i)} & r_{22}^{(i)} & \cdots & r_{2p}^{(i)} \\ \vdots & \vdots & \vdots & \vdots \\ r_{n_i1}^{(i)} & r_{n_i2}^{(i)} & \cdots & r_{n_ip}^{(i)} \end{bmatrix} \tag{6.13}$$

设在一层综合评判模型中采用 $M(\wedge, \vee)$,则对第 i 类因素集的综合评判矩阵 B_i,见式(6.14)。

$$B_i=A_i \odot R_i=\{a_{i1}, a_{i2}, \cdots, a_{in_i}\} \odot \begin{bmatrix} r_{11}^{(i)} & r_{12}^{(i)} & \cdots & r_{1p}^{(i)} \\ r_{21}^{(i)} & r_{22}^{(i)} & \cdots & r_{2p}^{(i)} \\ \vdots & \vdots & \vdots & \vdots \\ r_{n_i1}^{(i)} & r_{n_i2}^{(i)} & \cdots & r_{n_ip}^{(i)} \end{bmatrix}=\{b_{i1}, b_{i2}, \cdots, b_{ip}\} \tag{6.14}$$

5）进行第二层次的综合评判

首先由第一层次的综合评判得到第二层次的综合评判的单因素类评判矩阵 R，见式(6.15)。

$$R=\begin{bmatrix}B_1\\B_2\\\vdots\\B_s\end{bmatrix}=\begin{bmatrix}A_1\odot R_1\\A_2\odot R_2\\\vdots\\A_s\odot R_s\end{bmatrix}=\begin{bmatrix}b_{11}&b_{12}&\cdots&b_{1p}\\b_{21}&b_{22}&\cdots&b_{2p}\\\vdots&\vdots&\vdots&\vdots\\b_{s1}&b_{s2}&\cdots&b_{sp}\end{bmatrix}=[b_1\quad b_2\quad\cdots\quad b_p] \tag{6.15}$$

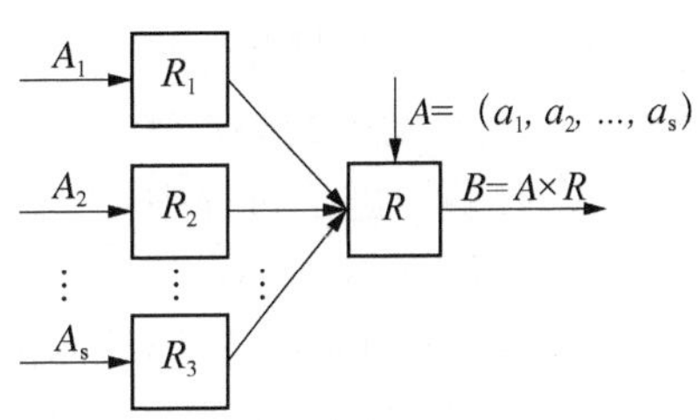

图 6.4　两层次模糊综合评判模型

第二层次的模糊综合评判中采用的评判模型如图6.4所示。每一层的综合评判都可以用前面已经介绍过的模型，若各因素集中含有的因素仍然过多，则可将它再划分，于是就有三层模型，进行三层次的模糊综合评判。

三、多层次模糊综合评判与层次分析综合法的结合

隧道施工过程中的风险分析是一个非常复杂的问题，影响其安全的风险因素是多层次的，因而采用多层次的模糊综合评判理论对其评价是合适的，但是在风险的模糊综合评价中，确定风险因素的权重向量是关键。层次分析法是确定权重向量的一种行之有效的方法，特别适用于难于用定量指标进行分析的复杂问题。它把复杂问题中的各风险因素划分为相互联系的有序层，并使之条理化，根据对客观实际的模糊判断，对每一层次各因素的相对重要性给出定量的表示，再利用数学方法确定全部因素相对重要性次序的权重系数。

采用层次分析法确定模糊综合评判法判断矩阵的权值向量的方法，在用层次分析法对风险因素构造对比矩阵后，采用简化计算法确定对比矩阵的最大特征值和其对应的特征向量(权值向量)，具体步骤见第六章第二节第一大点的内容。

在利用层次分析法确定了每一层次各影响因素的影响权重集之后，根据专家经验建立每一层次各个影响因素的评判矩阵，利用模糊综合评判对各层因素进行逐层评判，最后得到对总体目标评价集，即评判向量。根据最大隶属度原则，则对应于评价集中最大值的风险等级就是该问题确定的风险等级。

第三节　岩溶隧道施工过程中的施工风险判定过程

随着我国以铁路、公路为代表的基础设施不断向西南山区推进，岩溶隧道中的重大岩溶灾害已成为工程勘察、设计和施工重点关注的关键技术问题。因此，在隧道进行施工之前，需要根据隧道具体情况对其施工过程进行风险评估，针对不同风险等级，采取对应的技术措施，将风险降低到可以接受的等级水平，保证隧道施工人员及施工设备的安全。

一、岩溶隧道施工风险特点

地处岩溶区的隧道工程，在施工过程中发生不同等级风险具有以下特点。

（1）由于隧道围岩工程性质及工程水文地质条件复杂性，岩溶隧道施工工程中的风险是客观存在的；

（2）由于隧道工程属于线形工程，而且受地表地形的限制，地质勘察工作也必然受到很大限制，导致可靠资料有限，再加上设计计算理论不完善，因而在隧道施工中会不可避免地遇到涌突水、突泥、堆积体塌方等一些突发偶然事件，使得隧道施工的风险具有突然发生的偶然性和大量发生的必然性；

（3）在隧道施工过程中，由于试验数据离散性大，勘察报告提供的场地性质资料准确性有限，隧道围岩情况具有一定的不可预知性，施工风险的可变性就更加明显；

（4）由于隧道施工对场地周围土体的扰动大，造成了对周围环境的影响，使得隧道施工风险不但具有内部因素的多样性，而且还具有鲜明的层次性，同时也使得隧道工程风险更加复杂。

二、岩溶隧道施工高风险的判定依据

1. 岩墙压溃突水、突泥

在喀斯特地区修建隧道过程中，发生灾难性的突泥涌水一般均是由隧道开挖后预留的岩墙出现溃决而引发突水突泥。其发生条件一般是在隧道工程区存在规模巨大连通性良好、充水和充泥溶洞管道、大型溶腔及地下暗河系统。岩溶管道及溶腔内部分被压实、半胶结充填物质所充填，当压力过大超过预留岩墙的承载能力时岩墙发生压溃，发生突水突泥现象。产生岩墙压溃突水突泥的诱因，一般是因为预留岩墙厚度过小或大气降雨入渗岩溶管道及溶腔内而导致水头大幅度增大。在岩墙压溃之前经常有一个泥沙细粒物质的潜蚀、管涌阶段，在隧道中有浑水流出甚至喷出或有污泥从缝隙中挤出。当水头较小时（一般小于30 m），一般不会发生瞬时溃决，而形成相对较慢的泥沙蠕动和泥石流，由于过程较为缓慢，可以有充分时间采取一定的措施进行应对，其危害性相对减弱。

预测岩墙压溃发生突水突泥的条件主要有：① 岩溶强发育含水层。只有岩溶强发育地层才能出现大型充填型溶腔及连通性好的岩溶管道，才能有较大的内压力。② 不同岩性界面。在岩溶强发育地层和非可溶岩地层界面上易于发生大型溶洞管道系统，而且常有泥水及碎石充填。③ 大型地质结构面。大型溶洞管道系统的发育受地质主要结构面控制。④ 较高的水头压力。一般岩溶系统内的水头大于30 m才可能发生突水突泥。⑤ 大型地下暗河系统。地下暗河系统具有流量稳定的水流，雨季流量一般会突增，而且暗河系统常常伴随发育有规模巨大的充填和半充填洞穴系统。

2. 雨季涌水

雨季隧道涌水量取决于隧址区的短时降雨量、地表入渗条件及汇水面积，其中入渗条件及汇水面积取决于当地地质条件、上覆土层及地表植被等。

三、岩溶隧道施工风险因素分析

喀斯特地区隧道施工风险除了常规围岩条件下的施工风险外，最典型的施工风险就是由各种发育的岩溶控制的施工风险，即岩溶溶腔及溶腔充填造成的施工坍塌、涌水涌泥等施工灾害。因此，岩溶溶腔的有无、发育大小、溶腔的形态、溶腔的充填状态等就直接影响着隧道施工的安全。岩溶发育的基本条件是：存在可溶岩（溶质）、可以溶解可溶岩的水（溶液）

及溶剂(CO_2)。也就是说,影响岩溶发育规律的因素就是隧道施工安全的风险因素,主要有地形地貌、地层岩性、地质构造、地下水径流特征、覆盖土层及地表植被发育情况等。

(一) 地形地貌

隧道上方地形地貌的特征,决定了地表接受大气降雨时水量大小、地表径流及入渗量。地表汇水面积大,汇集的流量也就越大,沿着裂隙渗入到地层中的水量也越大。也使地表下的碳酸盐岩地层具备了发育岩溶的基本条件。隧道上方地形地貌特征直接影响岩溶的发育情况。

(1) 在山体的垭口中心常是地层或地质构造薄弱的地方,岩层破碎、地下水易入渗,岩溶易发育。在丘陵地区,垭口下常是暗河的通道。

(2) 在河谷地带,除因地下水由山体向河谷排泄而发育溶洞外,还可能由河流侧蚀作用而发育成溶洞,其特点是两岸溶洞对称成层分布,溶洞规模由岸向山逐渐减小。后期河床下切,便存留在谷坡上成为干溶洞,且无岩溶水。岩溶发育程度一般自河谷向分水岭逐渐减弱。

(3) 负地形多,标志着岩溶发育。洼地、干谷、竖井、漏斗、落水洞、坡立谷等岩溶形态都反映了地表下岩溶洞穴的存在及岩溶水活动规律。负地形之间与垂直渗流带是两个同时并存的条件。

(4) 在分水岭和地形陡峻的斜坡地带,岩层裸露,地表径流大,水以表面侵蚀为主,溶沟、溶槽、石芽等发育。在地形平缓、低洼地带,地表水易下渗,地下岩溶发育,形成漏斗、竖井、落水洞、溶蚀洼地等。

(二) 地层岩性

不同岩性、结构与层厚的岩体中,岩溶发育程度不同。

(1) 强岩溶化层组。由厚层至块状质纯的石灰岩构成,厚度大,其连续厚度多大于100 m。岩性较均匀,多为泥晶至粗晶及生物碎屑结构,CaO(氧化钙,俗称生石灰)的含量常大于50%的地层中,岩溶发育特征为:地表、地下岩溶均发育强烈,岩溶地貌形态典型,地表个体形态发育,发育规模大型化,正负地形高差大,地下岩溶发育,常形成规模较大的岩溶管道、大型溶洞及地下暗河,岩溶富水性强。

(2) 中等岩溶化层组。包括白云岩及云灰岩层组、碳酸盐岩夹碎屑岩或泥质等较纯碳酸盐岩层组,CaO 的含量 40%~50%,多为微至细粒及碎屑结构。除白云岩岩组外,岩层均一性较差,岩溶负形态相应减少,正负地形高差减小,负地形多为不平坦谷地及碟状浅洼地;地下深部常有规模较小的溶洞及地下暗河发育,富水性中等。

(3) 弱岩溶化层组。主要为碎屑岩与碳酸盐岩互层及夹层组合或含泥、硅质高的纯度较差的碳酸盐岩层。碎屑岩比例较大,碳酸盐岩岩石中 CaO 的含量多低于 40%,地表有较小规模的溶洞、落水洞发育,局部有裂隙状地下河发育,地貌形态由溶蚀向侵蚀类过渡,岩组富水程度弱。

(三) 地质构造

在断层构造带、褶皱构造带,尤其是褶皱的轴部,岩体中裂隙密集,地下水流动快,常有大溶洞、地下暗河、串珠状岩溶管道等岩溶现象发育。在不同深度的几个水平面上岩溶发育往往呈层状分布,几层洞系之间又有垂直通道相连,这是由于地壳升降运动而引起岩溶水溶蚀基准面变动的结果。岩溶发育程度、规模与地壳相对稳定时间有关,如地壳强烈上升,岩溶水的溶蚀基准面相对下降，原来是水平循环带的部分上升为垂直循环带，这时岩溶以垂直方向发育为主，形成垂直溶洞。若地壳处于相对稳定阶段，岩溶则以水平方向发育为主，形成水平状溶洞。地壳升降几次就形成几级水平溶洞。

（四）地下水径流特征

岩溶水动力分带与突水有着密切的关系，尤其是垂向分带。岩溶水动力垂向分带分为表层岩溶带、包气带、季节交替带、浅饱水带、压力饱水带和深部缓流带。其中表层岩溶带和包气带发生突水的概率最小，但容易发生岩溶洞穴充填物塌陷。季节交替带在雨季期间可能产生自上而下的有压突水、涌泥灾害。浅饱水带处于岩溶含水层上部，岩溶发育强烈。一些水平洞穴、地下河主通道以及一些大的充水溶洞、宽大的溶缝、溶潭和地下湖经常发育于此带。此带中进行隧道施工，突水、突泥的威胁很大。沪蓉西高速公路有很多隧道处于此带中，如野三关隧道、乌池坝隧道等。压力饱水带主要位于暗河排水面以下、当地主要河流排水基准面影响带以上的含水层中，很多特大型突水、突泥都出现在此带，如襄渝铁路大巴山隧道、京广线大瑶山隧道等，其中前者最大突水量高达 150 000 m^2/d；深部缓流带是指饱水带之下受当地基准面影响比较弱的含水带，该带岩溶发育较弱，但在大的构造断裂带处亦可形成溶洞或溶蚀断裂带，有时因膏溶作用、混合溶蚀作用和古岩溶作用都能在深部形成溶洞，但交通隧道一般不涉及此带。

岩溶水系统的水动力水平分带对隧道涌水也有重要影响。从河间地块的分水岭至河谷可以分为补给区、补给径流区、排泄区。补给区地下水位高，季节变化带厚度大，但饱水带岩溶发育相对弱，发育深度也较浅。

补给径流区，地下水埋深增大，浅饱水带岩溶管道发育强烈，但岩溶发育深度较浅。排泄区，包气带厚度大，饱水带水平管道发育。特别是岩溶发育深度加大，可以在暗河口以下或河水面以下形成倒虹吸循环带。在暗河口或河床岸边，随钻孔深度加深，钻孔水头不断升高，说明地下水有向上运动的趋势。此带岩溶发育深度，可达暗河口以下一百至数百米。隧道在暗河排泄区下通过，往往会遇到高压涌水。如大巴山隧道、华鉴山隧道都是在暗河排泄区下面遇到特大涌水，并导致暗河口干涸。

地下分水岭地带，地下水危害小，由于此处地下水不甚发育，常是岩溶发育相对较弱的地带。垂直渗流带多竖井状或串珠状溶洞，雨季易受突然涌水、涌泥的危害；季节交替带和水平流动带岩溶水量较大，溶洞侧向发育，常常呈大厅状；深部缓流带往往具有承压孔隙、裂隙水、运动较缓慢，岩溶水威胁小于季节交替带和水平流动带。

（五）覆盖土层及地表植被发育情况

地表有较厚的第四系覆盖地层，植被就比较发育。发育的地表植被条件对涵养大气降雨的能力较强，大气降水在岩溶孔隙中持续时间较长，利于表层岩溶发育。在森林植被好的地区，表层岩溶泉流量稳定，成为山区人畜用水和分散农田灌溉的重要水源。表层岩溶泉与饱水带之间没有直接水力联系，但与包气带有一定关系。当隧道埋深浅时，可能影响表层带，对人畜用水及生态造成影响，但对隧道施工安全影响不是很大。

四、岩溶隧道施工风险指标层次体系

（一）层次指标的确定

从以上分析中可知，岩溶地区隧道修建过程中，突水、突泥灾害主要受岩溶发育特征和岩溶溶腔充填(泥、碎石、水)情况的影响。从前述岩溶发育规律分析可知,岩溶发育和岩溶水主要受地层岩性、地形地貌、地质构造、地下水运动特征的影响和上覆土层及植被发育情况等。因此,岩溶隧道施工过程中出现突水突泥的风险指标体系的主控因素,为地层岩性、地质构造、地下水径流特征、地形地貌和上覆土层及植被发育情况等 5 个。每个主控因素下又有若干子因素,这就形成了问题的多层结构,因而需用多层次的模糊综合评判理论对隧道施工过程中的风险特征进行判断,为此建立评判的递阶结构。把施工期隧道风险作为目标层(*A* 层)、上述 5 个主控影响因素决定了隧道施工风险的高低,属于准则层(*B* 层)、每个主控因素下的子因素指标构成了递阶结构的决策层(*C* 层),通过对该层次问题的决策,即可最终达到所要求解的目标。岩溶隧道施工过程中风险递阶的层次结构如图 6.5 所示。

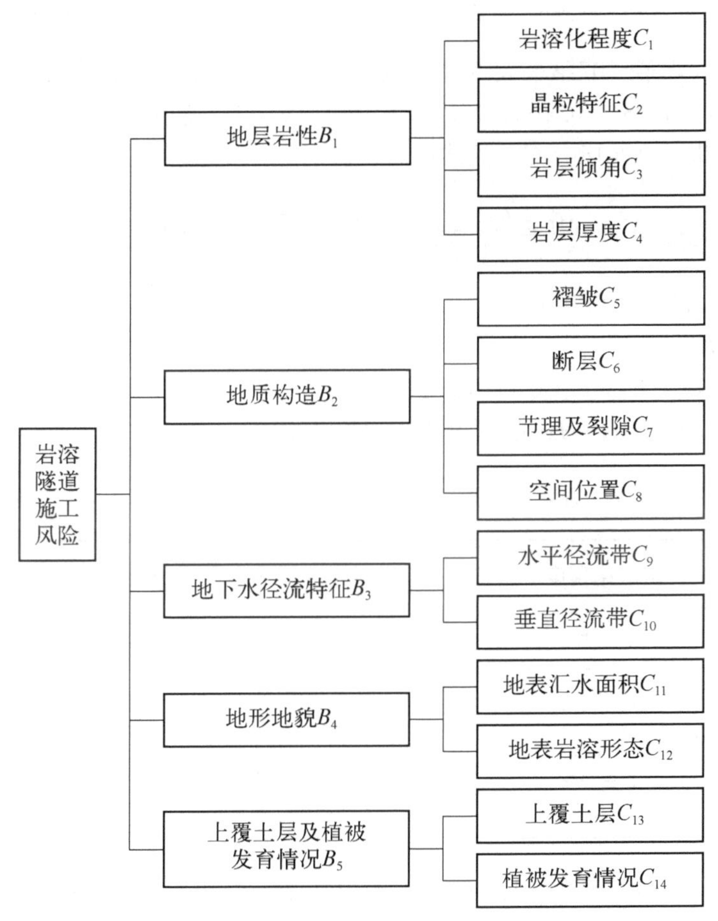

图 6.5　隧道施工风险模型结构图

(二) 各层指标的权重分析

利用隧道工程专家经验判断出层各因素相对重要性排序,并给出重要程度赋值,从而形成各层影响因素的判断矩阵。

1. 准则层(*B* 层)对目标层(*A* 层)的权重

准则层(*B* 层)对目标层(*A* 层)的权重也就是分析指标因素 B_1、B_2、B_3、B_4 和 B_5 对 *A* 的判断矩阵见表 6.12。

表 6.12　B 层因子对 A 层的判断矩阵

A	B_1	B_2	B_3	B_4	B_5
B_1	1	1/3	1/4	1/3	2
B_2	3	1	1/2	1/2	6
B_3	4	2	1	3	8
B_4	3	2	1/3	1	6
B_5	1/2	1/6	1/8	1/6	1

按照前述第六章第二节第一大点计算最大特征值及其对应特征向量的方法得到 A—B 的特征向量为 $a=(0.084, 0.206, 0.422, 0.247, 0.041)$，最大特征值 $\lambda_{\max}=5.156$。

由此可得知其一致性指标 CI，见式(6.16)。

$$CI=\frac{\lambda_{\max}-n}{n-1}=\frac{5.156-5}{5-1}=0.039 \tag{6.16}$$

则 $CR=CI/RI=0.039/1.12=0.003<0.1$，具有满意的一致性($RI$ 为随机性指标；CR 为一致性比率)。

2. 确定 C_1，C_2，C_3，C_4 对 B_1 的权重

构建 C_1，C_2，C_3，C_4—B_1 的评价矩阵，见表 6.13。

表 6.13　B_1 的影响因子对 B_1 的判断矩阵

B_1	岩溶化程度 C_1	品粒特征 C_2	倾角 C_3	厚度 C_4
C_1	1	3	2	3
C_2	1/3	1	1/2	1/2
C_3	1/2	2	1	1/3
C_4	1/3	2	3	1

可求得 C_1，C_2，C_3 和 C_4 对 B_1 的判断矩阵的对应于最大特征值的特征向量 $\beta_1=(0.441, 0.115, 0.176, 0.268)$，最大特征值 $\lambda_{\max}=4.264$。

由此可得知其一致性指标 CI，见式(6.17)。

$$CI=\frac{\lambda_{\max}-n}{n-1}=\frac{4.264-4}{4-1}=0.088 \tag{6.17}$$

$CR=CI/RI=0.088/0.9=0.098<0.1$，也具有满意的一致性。

3. 确定 C_5，C_6，C_7，C_8 对 B_2 的权重

构建 C_5，C_6，C_7，C_8—B_2 的评价矩阵，见表 6.14。

表 6.14　B_2 的影响因子对 B_2 的判断矩阵

B_2	C_5	C_6	C_7	C_8
C_5	1	2	2	3
C_6	1/2	1	2	3
C_7	1/4	1/2	1	2
C_8	1/3	1/3	1/2	1

可求得 C_5，C_6，C_7 和 C_8 对 B_2 的判断矩阵的对应于最大特征值的特征向量 $\beta_2=(0.467, 0.275, 0.151, 0.106)$，最大特征值 $\lambda_{max}=4.044$。

由此可得知其一致性指标 CI，见式(6.18)。

$$CI=\frac{\lambda_{max}-n}{n-1}=\frac{4.044-4}{4-1}=0.015 \tag{6.18}$$

$CR=CI/RI=0.015/0.9=0.098<0.016$，也具有满意的一致性。

4. 确定 C_9、C_{10} 对 B_3 的权重

构建 C_9 和 C_{10}—B_3 的评价矩阵，见表 6.15。

表 6.15　B_3 的影响因子对 B_3 的判断矩阵

B_3	C_9	C_{10}
C_9	1	2
C_{10}	1/2	1

可求得 C_9 和 C_{10} 对 B_3 的判断矩阵的对应于最大特征值的特征向量 $\beta_3=(0.667, 0.333)$，最大特征值 $\lambda_{max}=2$。

由于二阶矩阵总是具有完全的一致性，所以不需要其检验随机一致性。

5. 确定 C_{11}、C_{12} 对 B_4 的权重

构建 C_{11} 和 C_{12}—B_4 的评价矩阵，见表 6.16。

表 6.16　B_4 的影响因子对 B_4 的判断矩阵

B_4	C_{11}	C_{12}
C_{11}	1	2
C_{12}	1/2	1

可求得 C_{11} 和 C_{12} 对 B_4 的判断矩阵的对应于最大特征值的特征向量 $\beta_4=(0.667, 0.333)$，最大特征值 $\lambda_{max}=2$。

由于二阶矩阵总是具有完全的一致性，所以不需要其检验随机一致性。

6. 确定 C_{13}、C_{14} 对 B_5 的权重

构建 C_{13} 和 C_{14}—B_5 的评价矩阵，见表 6.17。

表 6.17　B_5 的影响因子对 B_5 的判断矩阵

B_5	C_{13}	C_{14}
C_{13}	1	1
C_{14}	1	1

可求得 C_{13} 和 C_{14} 对 B_5 的判断矩阵的对应于最大特征值的特征向量 $\beta_5=(0.50\ \ 0.50)$，最大特征值 $\lambda_{max}=2$。

由于二阶矩阵总是具有完全的一致性，所以不需要其检验随机一致性。

（三）指标隶属度分析

1. 隶属度函数

隶属度函数是运用模糊集合理论定量解决实际问题的基础。同一个模糊概念由于人们主观认识的不同，结果也就会不同，因此要找到一个一致的隶属度计算方法是比较困难的。从这方面来看隶属度函数又带有明显的主观色彩。隶属度函数一般是根据经验或统计进行确定，也可由该研究领域的专家给出。

隶属度函数有多种形式，可根据实际问题选用。常用的一维隶属度函数主要有以下几种：

下限型：

$$\mu(x)=\begin{cases}0 & x\leqslant a_1\\ \dfrac{x-a_1}{a_2-a_1} & a_1<x\leqslant a_2\\ 1 & x>a_2\end{cases}$$

上限型：

$$\mu(x)=\begin{cases}1 & x\leqslant a_1\\ \dfrac{a_2-x}{a_2-a_1} & a_1<x\leqslant a_2\\ 0 & x>a_2\end{cases}$$

中间型：

$$\mu(x)=\begin{cases}0 & x\leqslant a_1\\ \dfrac{a_2-x}{a_2-a_1} & a_1<x\leqslant a_2\\ 1 & a_2<x\leqslant a_3\\ \dfrac{a_4-x}{a_4-a_3} & a_3<x\leqslant a_4\\ 0 & x\geqslant a_4\end{cases}$$

2. 确定指标隶属度

1）地层岩性指标

岩性指标水平划分见表6.18，各指标隶属度见表6.19。

表6.18　地层岩性水平划分

岩溶化程度 C_1	岩层倾角 C_2	晶粒尺寸特征 C_3	岩层厚度 C_4
强烈	$10° \leqslant \beta \leqslant 70°$	>2 mm	巨厚层
稍强	$0° < \beta < 10°$、$70° < \beta < 90°$	1～2 mm	中厚层
中等	0°或90°，连续厚度不大于90 m	0.1～1 mm	薄层
微弱	0°或90°，连续厚度大于90 m	≤0.1 mm	破碎

注：β—岩层倾角的角度。

表6.19　地层岩性指标隶属度

岩溶化程度 C_1	岩层倾角 C_2	晶粒尺寸特征 C_3	岩层厚度 C_4
1.0	0.9	0.9	0.8
0.7	0.7	0.7	0.5
0.4	0.3	0.5	0.2
0	0.1	0.3	0

2）地质构造

水平划分见表6.20，各指标的隶属度见表6.21。

表6.20　地质构造指标水平划分

褶皱 C_5	断层 C_6	节理及裂隙 C_7	空间位置 C_8
可斜轴部、褶皱构造转折端	张性断层	特大裂隙	可溶非可溶倾斜产状相间接触面
褶皱翼部	张扭断层	大裂隙	可溶非可溶直立产状相间接触面
背斜轴部汇水条件好	扭性断层	中裂隙	水平可溶岩下覆隔水层
背斜轴部汇水条件差	压性断层	小裂隙	水平可溶岩上覆隔水层

表6.21　地质构造指标隶属度

褶皱 C_5	断层 C_6	节理及裂隙 C_7	空间位置 C_8
0.8	0.9	0.9	0.8
0.5	0.7	0.7	0.6

续 表

褶皱 C_5	断层 C_6	节理及裂隙 C_7	空间位置 C_8
0.3	0.5	0.4	0.4
0.1	0.2	0.1	0.2

3）地下岩溶水径流特征

岩溶水径流属于垂直分带，其隶属函数式见式(6.19)。

$$\mu(x)=\begin{cases}0 & x\leqslant 0\\ \dfrac{x}{50} & 0<x\leqslant 50\\ 1 & x>50\end{cases} \tag{6.19}$$

式中：x—岩溶水动力分带的深度，m。

水平分带指标水平划分及隶属度见表6.22。

表6.22　地下水水平径流特征划分及其隶属度

水平径流特征	指标隶属度
排泄区	0.9
径流区	0.7
补给区且汇水条件好	0.5
补给区但汇水条件差	0.1

4）地形地貌

地表岩溶形态指标水平和指标隶属度见表6.23。

表6.23　岩溶形态指标水平和指标隶属度

地表岩溶形态特征	指标隶属度
暗河入口、大汇水面积的漏斗，岩溶发育强烈	0.9
岩溶竖井、岩溶洼地等发育强烈	0.7
岩溶竖井、岩溶洼地等发育较强	0.4
岩溶竖井，岩溶洼地等发育微弱	0.1

汇水面积指标及隶属度见式(6.20)。

$$\mu(x)=\begin{cases}0 & x\leqslant 0\\ \dfrac{x}{5} & 0<x\leqslant 5\\ 1 & x>5\end{cases} \tag{6.20}$$

式中：x—隧道评价区段的地表的汇水面积，km^2。

5）上覆土层及植被发育情况

隧道围岩地表上覆土层指标及其隶属度采用式(6.21)确定。

$$\mu(x)=\begin{cases}0 & x\leqslant 0\\ \dfrac{x}{5} & 0<x\leqslant 5\\ 1 & x>5\end{cases} \tag{6.21}$$

式中：x—隧道评价区段的地表上覆土层厚度，m。

植被发育情况指标及其隶属度见表 6.24。

表 6.24　植被发育情况指标及其隶属度

植被发育特征	指标隶属度
植被茂密、地表有较厚腐殖质土层	0.8
分布灌木丛，树木稀疏，地表有腐殖质	0.6
灌木稀疏，地表腐殖质少	0.4
灌木稀疏	0.1

五、岩溶隧道施工过程中风险评价

（一）岩溶隧道风险等级划分

根据隧址区岩溶发育的因素，利用模糊数学和层次分析法的基本原理，综合考虑该岩溶灾害可能造成的后果，对应于表 6.7，将岩溶隧道施工过程中的风险工程地质评价等级分为极低风险、中等风险、高风险和极高风险四个等级（Ⅰ～Ⅳ级）。Ⅰ级评价等级最低，Ⅳ级评价等级最高。岩溶隧道施工过程中的风险评价等级划分表述及评判依据见表 6.25。

表 6.25　岩溶隧道施工过程中的风险评价等级

风险等级	等级描述	接受准则	评判依据
Ⅰ	极低风险	可忽略	岩溶隧道施工风险很小，隧道内会发生小股涌水，局部掉块，一般不会产生安全事故，也不会影响隧道施工

续 表

风险等级	等级描述	接受准则	评 判 依 据
Ⅱ	中风险度	可接受	岩溶隧道施工风险中等，隧道内会发生塌方、突水、突泥地质灾害，可能流量 100～1 000 m^3/h。不会产生大的安全事故，对隧道施工有一定影响
Ⅲ	高风险	不预期	岩溶隧道施工风险较高，隧道内会发生较为严重的塌方、突水、突泥地质灾害，可能流量 1 000～10 000 m^3/h。该突发岩溶灾害能导致较大安全事故，严重影响隧道
Ⅳ	极高风险	不可接受	岩溶隧道施工风险很高，隧道内会发生严重塌方、突水、突泥地质灾害，可能流量大于 10 000 m^3/h。该突发岩溶灾害能导致特大安全事故，给隧道施工造成灾难性后果

（二）风险评价模型

岩溶隧道施工过程中风险工程地质评价分为四级，则评价集中风险等级由高到低为Ⅳ、Ⅲ、Ⅱ和Ⅰ，即评价集 V={Ⅰ，Ⅱ，Ⅲ，Ⅳ}。邀请隧道工程专家对不同影响因素指标隶属度值对应的岩溶评价等级进行评价，形成单因素评价值见表 6.26。

表 6.26 单因素隶属度评价值

隶属度	岩溶隧道施工过程中风险评价等级			
	Ⅰ	Ⅱ	Ⅲ	Ⅳ
0	0.9	0.1	0	0
0.1	0.8	0.15	0.05	0
0.2	0.5	0.4	0.1	0
0.3	0.3	0.5	0.2	0
0.4	0.2	0.6	0.2	0
0.5	0.1	0.4	0.4	0.1
0.6	0	0.2	0.6	0.2
0.7	0	0.2	0.5	0.3
0.8	0	0.1	0.4	0.5
0.9	0	0.05	0.25	0.7
1.0	0	0	0.2	0.8

注：当评价区段的某一指标不存在时，该指标各个评价等级的评价值取 0.25。

依据各指标的水平，得出与其对应的隶属度值，依据给出的单因素隶属度评价值，可得

到 C 层次的岩溶隧道施工风险工程地质评价矩阵 $R_{\mathrm{i}}^{(C)}$，见式(6.22)。

$$R_{\mathrm{i}}^{(C)}=\begin{bmatrix} r_{11}^{(i)} & r_{12}^{(i)} & r_{13}^{(i)} & r_{14}^{(i)} \\ r_{21}^{(i)} & r_{22}^{(i)} & r_{23}^{(i)} & r_{24}^{(i)} \\ r_{31}^{(i)} & r_{32}^{(i)} & r_{33}^{(i)} & r_{34}^{(i)} \\ r_{\mathrm{m}1}^{(i)} & r_{\mathrm{m}2}^{(i)} & r_{\mathrm{m}3}^{(i)} & r_{\mathrm{m}4}^{(i)} \end{bmatrix}\begin{pmatrix} i=1,2\text{ 时},m=4 \\ i=3,4,5\text{ 时},m=2 \end{pmatrix} \tag{6.22}$$

对 C 层次进行综合评价即可得到 B 层次各因素对应的评价矩阵 R，见式(6.23)。

$$R=\begin{bmatrix} A^{(B_1)}\cdot R_1^{(C)} \\ A^{(B_2)}\cdot R_2^{(C)} \\ A^{(B_3)}\cdot R_3^{(C)} \\ A^{(B_4)}\cdot R_4^{(C)} \\ A^{(B_5)}\cdot R_5^{(C)} \end{bmatrix}=\begin{bmatrix} \beta_1\cdot R_1^{(C)} \\ \beta_2\cdot R_2^{(C)} \\ \beta_3\cdot R_3^{(C)} \\ \beta_4\cdot R_4^{(C)} \\ \beta_5\cdot R_5^{(C)} \end{bmatrix} \tag{6.23}$$

对 B 层次进行综合评价，可以得到目标 A 层次的评价集，见式(6.24)。

$$B=A^{(A)}\cdot R^{(B)}=(b_1,\ b_2,\ b_3,\ b_4) \tag{6.24}$$

评价结果 $B=(b_1,\ b_2,\ b_3,\ b_4)$，依据最大隶属度原则，$b=\max\{b_1,\ b_2,\ b_3,\ b_4\}$，则 b 是岩溶隧道施工风险工程地质评价对应的评价等级。

第四节　隧道施工风险处置对策

从隧道工程施工风险源入手，完成风险源辨识和风险等级评估后，根据隧道工程建设总目标，以有利于隧道工程风险的控制和降低风险潜在损失为原则，分析并选择合理的风险管理处置对策。对工程施工中可能出现的风险，可采取一种或多种风险规避方法，将施工风险降到可以接受的程度。可采取的风险规避方法主要有风险消除、风险转移、风险缓解、风险自留以及综合处置方法等。

一、风险消除

避免工程发生风险，将工程风险发生的概率降低直至到零。风险消除是指消除或中断风险源，遏制风险事件的发生，主要通过主动放弃和终止承担任务，从而避免承担风险。在面临灾难性风险时，采用消除风险的方式处置风险是比较有效的。隧道工程本身就是风险工程，放弃承担风险也就意味着放弃机会，很显然，风险消除是一种消极的风险处置方式。在工程项目中，风险消除可以有效化解施工准备阶段的某些技术风险、设计风险、地质风险，也可以减少甚至化解因违规操作、工人疏忽等引发的施工风险。

风险消除就是通过变更工程项目计划，从而消除风险或消除风险产生的条件，或者是保护工程项目的目标不受风险的影响。完全消除工程项目的风险是不现实的，也是不可能的、不经济的，但借助于风险规避的一些技术手段及技术方法，对某些隧道工程某些特定风险，在它发生之前就消除其发生的可能性还是有可能的。比如隧道洞口边仰坡不稳定，滑坡、坍塌的风险 很大，就可以选择合适的边坡加固措施来规避风险；围岩浅埋破碎段尽量避开雨季施工，且尽量做好超前支护及地层加固工作；选择经验丰富、设备齐全的专业承包队伍等。风险规避是风险应对策略的一种最主要的方式，但并不是任何工程项目、任何条件下都可采用。如果风险规避的成本超过了项目施工方的承受能力范围，甚至超过了风险发生可能造成的损失，项目承包者就会选择其他应对策略。

如丫口寨隧道地处灰岩发育区，隧道施工过程中揭示的多种类型溶洞及地下暗河，根据溶洞及暗河的规模、类型和富水特征以及与隧道的相对位置，分别采取不同的技术应对措施。如果针对无水的干溶洞采取充填的方式，对于可能有较大水流的岩溶管道及地下暗河，开凿专门的泄水洞，以消除相应的风险。

二、风险转移

风险转移是设法将某种风险的结果连同对风险应对的权利和责任转移给他方。依法将工程风险的全部或部分转让或转移给第三方（专业单位），或通过保险等合法方式让第三方承担工程风险。

风险转移包括非保险方式和保险方式。非保险方式主要有：采用担保或履约保函方式转移风险、采用分包方式转移风险、采用适当的合同计价方式转移风险、运用合同条件转移风险。非保险方式转移风险几乎不需要任何成本，只是在合同条件及合同语言上下功夫，是一种经济的风险应对方式，但它不能消除风险，而主要是转移给别人，这种方式还受国家法律的制约，也可能会丧失赢利的机会。一般来说，非保险风险转移只能作为一种风险应对的补充手段，而不是主要的手段。保险方式则是通过与保险公司签订保险合同，将风险转移给保险公司。一旦发生预期风险并造成损失，保险人必须在合同规定的责任范围之内进行经济赔偿。保险是使用最为广泛的风险转移方式。

工程项目风险管理广泛使用的风险转移方式有：在招投标阶段通过设定保护性合同条款将风险转移给合同对方；通过担保，将风险转移给担保人；业主和承包商投保与工程项目有关的险种，将风险转移给保险公司。

1. 设定保护性合同条款

在三种转移途径中，利用合同的保护性条款来降低或规避某些风险的转移成本相对较低。工程担保和保险需要向被转移者支付一定的风险保障费用，而设置保护性条款的转移费用支出是隐性的，不必直接支付转移费用。通过合理设置合同的保护性条款来转嫁风险的成本（包括损失发生后的处理成本和合同履行成本）。这里的合同履行成本是由于合同设置了保护性条款，使得合同的履行变得复杂，由此而增加的成本。

2. 工程担保

工程担保是将风险转移给第三方的重要途径。工程担保分为信用担保和财产担保。信用担保是以个人信用担保债权的实现，即保证担保。按照担保的用途不同主要分为投标保证、履约保证和承包商要求业主提供的支付保证。财产担保是以财产保证债权的实现，包括抵押担保、质押担保和留置担保。如考虑隧道工程的实际风险情况，以担保分散风险时，主要选择保证担保形式，要求投标商为每份合同提供履约担保。常在工程所签署的合同中，业主方要求投标方提供其开户银行的履约保函。合同履约担保主要担保合同履约方的履约能力,避免因违约而使业主或承包商蒙受意外损失。合同履约担保所化解的风险范围较狭窄,主要化解合同履行的风险。

3. 工程保险

工程保险是借助第三方来转移风险,同其他风险方式相比,工程保险转嫁风险的效率是比较高的。国外的工程项目投保工程保险非常普遍,但从国内的实际工程投保情况看,投保比率并不高,其中的原因较为复杂。随着建筑市场和保险市场的进一步发展,工程保险必将成为风险转移的主流方式。投保工程保险的项目出险后发生的合理的处理费用都计入应赔款中,因 而对于投保方而言,工程保险的风险转移成本主要是保险费,属于显性的费用支出。与其他工程风险处置方式相比,隧道工程保险的风险转移成本相对较高。如综合考虑工程风险源的复杂状况,权衡保险费和未来可能承担的风险损失以及获得的风险保障,以决定投保工程保险的保险项目、保险责任范围、保险金额等合同要素。工程保险可以分散风险属性表现为可转移性和经济性,可转移性即是风险通过投保转给保险公司,经济性是指选择某些保险标的保险责任范围和保险金额等要素所提供的保障程度要与保费、免赔额和赔偿限额等支出要素权衡,保险支出和保险得利相匹配。工程保险可化解的风险范围很广,一般是在遵循保险法规的前提下,由保险双方商定,最终以双方签订的保险合同所列保险项目和保险责任为准。

三、风险缓解

通过采取技术措施或修改技术方案降低工程风险发生的概率和(或)风险带来的损失。

风险缓解,又称风险降低、风险减轻,是指将工程项目风险的发生概率或后果的严重程度降低到可以接受的过程,既不消除风险,也不避免风险,而是减轻风险。比如隧道边仰坡加固、破碎围岩的洞内注浆加固、注浆堵水、进行地质超前预报、储备一定量的材料等。风险缓解的方式主要包括:降低风险发生的可能性、控制风险损失、分散风险、储备应急措施及应急物资 等。风险缓解要到达什么目标、将风险降低到什么程度,这主要取决于项目的具体情况、项目管理的要求和对风险的认识程度。例如,在揭露丫口寨隧道地下暗河后,采取了开凿专门的泄水洞缓解暗河对隧道安全威胁,保障隧道施工及运营的安全。

四、风险自留

当工程风险可能导致的损失比风险消除、风险降低和风险转移所需费用小时,可以不再进行风险处置,直接接受该风险,即风险自留。采取风险自留对策时还应制定可行的风险应急处置预案,采取必要的安全防护措施等。

风险自留,又称风险接受,是一种项目主体不改变项目计划去应对某一风险,或者找不到其他合适的风险应对策略,而自行承担风险后果的策略。这意味着如果风险发生,项目主体就要承担造成的损失,如果风险不发生,项目主体就可以赢利。风险自留要求项目主体对风险有充分的估计和足够的资金准备,一般应对一些不是很严重的风险或者用其他措施应对不是很合适,或者是对高风险采取其他应对措施后残余的一些低风险。

工程风险自留是指工程风险保留在风险管理主体内部,通过采取内部控制措施等来化解风险,或者对这些保留下来的工程风险不采取任何措施。

在工程风险管理中,应用自留方式处理风险有三种情况:一是当风险无法回避或转移时，被动地将这些工程风险保留下来，属于被动自留；二是如果经估算确认风险程度较小，对工程总体不会造成太大的影响，于是保留风险，属于主动自留；三是没能准确把握风险，于是把风险保留下来。

风险自留后应采取有效的工程技术措施来防范或控制风险的聚集和扩散，风险控制技术措施着重于改变风险源和风险因素在时间和空间上的分布，从而限制风险扩散的速度；另外，风险控制措施把风险因素与可能遭受风险损失的人、财、物隔离，减少风险汇集和扩散的载体。

五、综合处置方法

隧道工程施工风险的综合处置就是采用以上两种及以上的处置方法来应对隧道施工过程中可能发生的风险事件。

在高速铁路勘察和设计阶段，设计单位均会对每一座隧道工程的风险情况进行评价，保证在采取一定的技术措施后使得既有风险得到消除或风险等级降到可以接受的程度。一般来说，在线路位置确定以后，施工中遇到的施工风险在采取一定的技术应对措施后，均可以降到可接受的程度。但由于隧道工程中围岩地质情况的复杂性和预测模糊性等特点，致使隧道工程局部段落的施工风险仍然会很高，这就要求在隧道开挖之前做好隧道地质情况的超前预报，对可能遇到的施工风险进行评价，并采取针对性的技术措施，保证隧道施工过程中的安全和建成后的运营安全。

要彻底消除工程中的施工风险将会付出巨大代价，这样做并不切实际，实际上也没有这个必要。因此在隧道施工过程中，对低风险等级的风险事件，采取一定的应对技术措施、优化施工方案及进行有效的施工安全管理就可以基本消除施工风险。对于高风险等级的风险事件，采取上述措施后可以将风险等级降低到可以接受的程度或高风险的事件发生的概率得到极大的降低。降低施工风险等级后，施工单位将此剩余风险留给自己，并通过加强施工安全管理以尽量避免风险的发生。隧道施工中遇到的高风险事件在采取相应的技术措施后，并不能完全彻底消除风险，只是降低了施工风险的等级或是大大降低了高风险事件发生的概率。为了转移避免高风险事件在小概率条件下的发生后果，工程单位一般都采取工程保险方式，通过支付保险公司一定的保险费用将工程风险发生后果的全部或部分损失转移给保险公司。如指挥部统一给进出隧道的所有人员上人身意外保险。

第七章

岩溶隧道施工期高压突水灾害防治

第一节　岩溶隧道高压突水灾害成灾机制

隧道在穿越岩溶发育的富水地层时，有很大概率会遭遇大型含水高压溶腔。在隧道沿着设计路线向前掘进施工时，当隧道周围存在高压富水溶腔，两者距离过近或两者之间的裂隙逐渐扩展贯通时，隧道围岩将被高压水破坏，形成突水通道，发生突水灾害。在我国岩溶广泛分布的西部地区经常发生此类突水灾害，它严重威胁施工人员安全，延误工程进度，极大地增加了工程的建设成本，当遭遇与地下水系连通的高压溶腔时，还会改变隧址区生态环境影响生态平衡。

一、岩溶隧道高水压溶腔成灾形式

隧道施工时遭遇高压溶腔，往往形成突水灾害，突出物经常包括天然水、泥、泥水混合物和泥水混合物夹杂石块。在开挖卸荷作用下形成临空面，洞壁及掌子面岩体由 3 轴受压变为侧向受压，应力发生重分布，岩体的强度降低。同时在高压水作用下围岩进一步发生破坏，在两种不利作用共同作用下，隧道与溶腔之间的岩层极有可能破坏，形成一条稳定的突水通道，从而引发突水灾害。隧道高压突水灾害在时间维度上具有突发性、阵发性和滞后性特点，每种特性的具体描述如下。

1. 突发性

突发性的最显著特点是时间短，隧道施工过程中一旦与高压溶腔之间形成稳定的突水通道，高压溶腔中的水泥充填物在势能作用下迅速突出，形成突水突泥现象。当溶腔填充物为纯水体时，突出形式为高压喷水柱，喷出距离可达几十米推力和破坏性极大。当充填物为泥水混合物，突出形式为泥石流，泥石流迅速从通道中涌出淹没掌子面前方空间对施工作业人员的生命威胁极大，这种情况下突水突泥的方量可达每小时几万立方米。

2. 滞后性

隧道开挖后，防突岩层不会立即破坏即不会立即发生突水灾害，而是在开挖后一段时间才发生突水，时间间隔大小不一，有时是几小时几天，有时长达几个月。岩溶突水灾害破坏性和毁灭性极大，其损失往往也是巨大的。施工人员在掌子面进行施工作业时，掌子面前方发生突水灾害时，施工人员往往无处可逃，因此要十分警惕此类突水灾害。

3. 阵发性

突水灾害发生一段时间后停止，过一段时间之后又继续突水的现象。这是因为，发生突水灾害时，溶腔中的充填物堵塞了突水通道导致突水短暂性终止。但是随着高压溶腔水压提升或者充填物堆载到某一临界值时突水通道又被打开，突水重新发生。

（一）突水冒泥

隧道施工过程中，高压溶腔突水时，突出的充填物可能造成隧道内出现翻浆冒泥现象，从而造成一系列危害，常见的突水造成翻浆冒泥的危害有以下几个方面。

（1）高压溶腔内的充填物一般有水和泥以及破碎砾石，当发生高压突水灾害出现涌水冒泥时，填充物由溶腔流向隧道内，淹没隧道空间，轻则造成施工机具损毁耽误施工进度，重则发生人员伤亡事件，或使整座隧道坍塌报废，最后不得不改线。

（2）在岩溶高度发育地区，地下水系错综复杂相互贯通，此时地表与地层深部往往存在水力联系，若隧道开挖时发生突水灾害翻浆冒泥，极有可能通过地下水影响到地表，造成地表塌陷，已有建筑开裂山体滑坡等次生灾害，影响生态平衡和周边居民的生命财产安全。

（3）由于突水造成的翻浆冒泥改变了地下水系以及原生地应力场，有可能发生许多不可预见的次生灾害，比如施工期间或者运营期间再次发生或多次发生突水灾害，原生地应力场的改变导致本就高度发育的岩溶地层更加破碎，这些改变可能导致隧道承受高地应力以及大变形的风险。

（二）大变形及坍塌

隧道穿越岩溶区遭遇高压溶腔时，隧道周围的围岩因为施工的扰动和水压力的作用下产生大变形甚至围岩坍塌，隧道被坍塌物填满无法继续施工作业。产生大变形和坍塌灾害的原因主要有下列几个。

（1）高水压产生的应力增大，高压溶腔内的高压地下水软化溶蚀周边围岩，施工期隧道掘进开挖，由于施工扰动围岩发生变形产生位移。若隧道开挖前岩体内就存在高水压溶腔，则在开挖前围岩的初始地应力就较大，当隧道施工至高水压溶腔附近，围岩因应力释放而产生大变形，溶腔分布位置不同，其对隧道周边围岩变形的影响程度和范围大小也不同。位于隧道上方的高压溶腔主要引起隧道顶部围岩的变形，位于隧道底部的高压溶腔主要引起隧道底部围岩的变形，开挖后位移释放速率明显增大。位于顶部和底部的高压溶腔主要引起隧道围岩的竖向变形，表现为拱顶沉降和拱底隆起。而位于侧边的高压溶腔将引起显著的偏压效应，此时围岩的变相主要表现为隧道侧边的水平位移。

（2）水的软化作用，当隧道周围存在高压溶腔时，溶腔内的地下水将软化溶腔周围的围岩。围岩的力学性质极大降低，同种岩石，在天然状态下和饱和状态下的力学性质有很大差异，如泥岩在天然状态下具有一定的承载能力，而在饱和状态下被水软化成塑性流塑性状态完全失去承载能力。水在高压状态下渗入岩体的裂隙当中，使裂隙受到拉应力的作用而逐渐扩展贯通，导致岩体更加破碎承载能力进一步削弱。当围岩的强度降低渗透性增大时，当隧道施工时周围存在高压溶腔还会造成围岩应力集中，塑性区增大，从而诱发围岩大变形和坍塌。

（3）应力场的改变，隧道开挖改变了隧洞周围围岩的应力场，高压溶腔与掌子面之间的岩层稳定性降低，在高压水作用下，隔水岩层变形过大形成突水。溶腔中的充填物涌入隧道当中，原本填充的溶腔变成空心溶腔，空腔的稳定性较差，从而诱发大变形和坍塌，这属于高压溶腔突水的次生灾害。严重危害施工期的安全。

（4）渗流作用，渗流作用带出了围岩中的细颗粒物，使围岩的孔隙率增大强度降低，随着孔隙率的增大渗流作用进一步加强最终导致围岩失稳产生大变形和坍塌。

（5）爆破作用，钻爆法施工，爆破振动对围岩产生巨大的扰动，当隧道周围存在高压溶腔时，爆破产生的振动作用激活了溶腔的变形，诱发防突岩层变形从而产生突水事故。

(6) 多种不良地质共同作用，如断层破碎带等，开挖时不仅受到高压溶腔的作用同时还受到其他不良地质共同作用，多种作用耦合下，围岩丧失稳定性产生大变形和坍塌。

（三）污染及疏干地下水

在富水岩溶地区修建隧道要考虑到对地下水系的影响，若隧道开挖时揭露了高压富水溶腔发生突水冒泥，会对地下水系造成严重的污染，隧道对地下水起到了排水作用，改变了地下渗流场，过度地将地下水排出将会对隧址区地表植被、饮用水和土地的耕种能力造成极大的危害。从一方面来说，岩溶地区工程水文地质条件错综复杂，充满了不确定性，目前还没有行之有效的地质探测方法。若岩体内岩溶溶腔、管道等高度发育，地下水与岩体表现出明显的非均质特性即各向异性，地质体在各个方向上的性质差异大，从而容易出现突水灾害，影响环境和工程建设。一般来说非连续非均质程度越高的地质体越容易发生突水灾害。从另一方面考虑，如果施工中排出的地下水随意排放，其中包含的有害离子同样会对周边生态造成严重破坏。

二、岩溶隧道高水压突水成灾机制

高水压溶腔突水涉及流体力学、断裂力学、弹性力学、水力学等多门学科，目前由施工引起高压溶腔与隧道间围岩破坏导致突水灾害的力学机制仍然缺乏理论支撑。要想解决高压溶腔突水问题无非有两个方向，第一，发展超前地质预报技术，精准探测高压溶腔等不良地质体，从而在设计阶段就避开这些问题发生的可能性。第二，突水灾害的成灾机制研究，从力学角度构造突水灾害的力学模型从而解决突水灾害问题。以目前的技术手段精确探测不良地质体还十分困难，因此从力学角度研究突水灾害成灾机制是目前最有效的途径。

从力学角度分析，高压溶腔突水灾害的成灾机制可以从宏观角度和微观角度分别进行。微观角度主要研究高压溶腔水对围岩裂隙的微观力学作用，这也是突水灾害的本质原因。宏观角度的研究主要着重隔水岩层的不同破坏类型。

（一）微观力学机制分析

通过分析岩溶地区高压溶腔突水灾害的微观力学机制，发现高压溶腔对隧道围岩的破坏作用主要有三点。

1. 溶腔内的水对围岩的软化侵蚀作用

溶腔内的水会软化和侵蚀周边的裂隙岩体，大幅降低围岩的强度。当隧道周围存在高压富水溶腔时，隧道与高压溶腔之间的防突岩体一般处于饱水状态，饱水状态下岩体的力学强度大大降低，特别是一些软弱围岩，软弱围岩受含水率的影响更大。有些围岩在水的软化作用下会直接解体完全丧失承载能力。在溶腔水的弱化作用下，岩体的饱水强度和干燥强度之间的关系可以描述为式(7.1)：

$$\sigma_w = \eta k_w \sigma_0 \quad (k_w < 1) \tag{7.1}$$

式中：σ_w—岩体的干燥强度；η—强度折减系数，其取值取决于岩体侵蚀程度和湿度；k_w 为岩体软化系数，取决于隔水岩层的力学特性；σ_0—岩体的干燥强度。

2. 高压溶腔水对围岩的有效应力作用

高压溶腔区域范围内存在着大量的节理、裂隙、孔隙，它们可以统一称为岩体中的最小非连续面，当这些最小非连续面在应力作用下逐渐扩展贯通就形成了突水的潜在通道。

当高压溶腔位于隧道底部时，溶腔内水压 p_w 与埋深成正比，隧道开挖后底部围岩竖向卸载，此时溶腔水压对隔水岩层的影响更显著。

3. 水流的冲刷扩径作用

隧道开挖形成了临空面，在高水压溶腔作用下，给溶腔水提供了良好的排泄条件，溶腔中的水从孔隙中渗出，渗流水对渗流通道产生冲刷效应，随着颗粒物渗出，冲刷效应愈发明显，渗水通道越来越宽最终导致突水灾害的发生。

纵观突水灾害发生的全过程，溶腔水突出是一个渐进的过程，初始阶段有少量水渗入、涌入隧道，峰值阶段大量水突出涌入隧道，末尾阶段涌水量逐渐减少最终停止。初始阶段是突水通道逐渐扩宽被打开的过程，峰值阶段是突水通道形成水大量突出的时刻，末尾阶段是随着溶腔内水的减少突出水量逐渐消失的过程。

为了更进一步分析高压溶腔水渗流冲刷扩径机理，选取高压溶腔位于隧底时的情况建立扩径模型并进行分析。一高水压溶腔位于隧道底部，其内部压力为 p_w，在溶腔内高压水和施工共同影响下，溶腔内的水顺着裂隙向上流动，径流通道可以简化为圆柱体，某一时刻涌水通道内径 D_t，涌水量假设为 Q_t，则可以求水的流速 v_t，见式(7.2)：

$$v_t = \frac{4Q_t}{\pi D_t^2} \tag{7.2}$$

根据能量守恒定律，水流作用在通道内壁的压力 p_t 见式(7.3)：

$$p_t = \gamma\left(H - \frac{v_t}{2g}\right) = p_w - \frac{\gamma v_t^2}{2g} \tag{7.3}$$

式中：H—溶腔压力对应的水头高度，m；γ—为水的重度，kN/m^3；g—为重力加速度；其余符号意义同前。

涌水通道四周发育有节理裂隙，当溶腔中的水流经节理裂隙处时，一部分充填进入微裂隙中，另一部分继续向前流动。裂隙中的静止水压力可认为等于 p_w，则两者之间存在水压差为 Δp，其计算公式见式(7.4)：

$$\Delta p = p_w - p_t = \frac{\gamma v_t^2}{2g} \tag{7.4}$$

式中：符号意义同前。

在水压差 Δp 的作用下，当周边裂隙的应力超过其抗拉或抗剪强度时，将导致出现破坏损伤区，岩体从洞壁上被剥落，渗流通道进一步扩大，即为冲刷扩径作用。

通过上述的分析，岩溶区高压溶腔内的水对岩体的软化、侵蚀、冲刷扩径构成了突水灾害成灾机制的基本微观力学机理。

（二）宏观力学机制分析

李付法根据突水灾害围岩破坏程度的不同，将突水划为渗水型、纯劈裂型和综合破坏型。渗水型突水是施工直接揭露了溶腔地下暗河等岩溶构造引起的突水。纯劈裂型突水是溶腔在高压水作用下，劈裂了隧道周边围岩，围岩在水压力作用下裂缝逐渐扩展至贯通，岩溶水顺着贯通裂缝突入隧道。综合破坏型突水是隧道开挖导致的应力重分布溶腔水压共同作用下发生的突水。下面简要介绍纯劈裂型突水和综合破坏型突水。

1. 纯劈裂型突水

隧道开挖产生新的临空面，隧道周围岩体的地应力被释放，原本与之保持平衡关系的溶腔水压力仍然作用在围岩上，当溶腔水压力过大超出岩体极限承载能力时，岩体就会发生水力劈裂现象，从而发生突水灾害。

2. 综合破坏型突水

综合破坏型突水是指隧道围岩在溶腔水压和开挖引起的围岩二次应力重分布共同作用下隔水岩层破坏而引起的突水。根据工程水文地质以及防突岩层节理裂隙发育情况和程度的不同，破坏形式又可以分为拉剪破坏突水、剪切破坏突水、劈裂破坏突水、关键块失稳突水。

1）拉剪破坏突水

高压溶腔与隧道之间的防突岩层承受高压溶腔水压力和二次应力重分布共同作用。一般将防突厚度的计算转化为两端固支的梁梁高 h 的计算或四周固支的圆板厚度 D 的计算，对其进行危险截面的应力验算，当应力大于围岩的抗拉强度或抗剪强度时，可认为防突岩层发生破坏，涌水通道形成，突水灾害发生。

2）剪切破坏突水

隧道施工穿越高压溶腔影响范围时，高压溶腔与隧道间防突岩层破坏特征基本符合岩体的剪切破坏理论，此时围岩中某一点的剪切应力达到岩体的抗剪强度就可以认为围岩发生了剪切破坏，因此剪切破坏理论可以作为高压溶腔突水灾害的成灾机制。围岩的破坏判据可以用式(7.5)和式(7.6)表达：

$$\tau_{\mathrm{f}} \leqslant \tau_R \tag{7.5}$$

$$\tau_{\mathrm{f}} \leqslant \sigma \tan \varphi + c \tag{7.6}$$

式中：τ_{f}—岩体中某一点的剪应力；τ_{R}—岩体的抗剪强度；σ—作用在剪切面上的法向应力；φ—内摩擦角；c—黏聚力。

3）劈裂破坏突水

高压溶腔与隧道间的防突岩层发育时，防突岩层的破坏模式主要为高水压作用下的水力劈裂破坏。线弹性断裂力学对于水力劈裂破坏有很好的适用性可以用来分析高水压的水力劈裂破坏成灾机制。关键在于确定裂纹的尖端应力强度因子和岩石的断裂韧度值，以此来作为临灾判据。

4）关键块失稳突水

在高压溶腔影响区域开挖隧道时，在节理裂隙高度发育区域，岩体被节理裂隙划分为单独的块体，每个块体相互之间达到应力平衡状态。隧道开挖引起的引力释放和高水压共同作用这种平衡被打破，第一块块体掉落，其余块体也紧跟着掉落坍塌，最终形成突水灾害。

综合破坏型突水的四种破坏模式相互联系，一次突水灾害往往会出现多种破坏类型，其中一种占据主导地位，其他破坏模式程度小。

三、岩溶隧道高压溶腔突水灾害触发因素

通过分析隧道穿越岩溶地区诱发突水灾害的因素可知，围岩的节理裂隙发育、地质构造、岩溶地下水等水文地质条件是突水灾害的重要触发因素，突水灾害触发的因素还包括其他非地质的因素。

（一）地质因素

1. 水压力因素

在溶腔影响范围内进行隧道施工不一定会发生突水灾害，这是因为溶腔产生的水压力可能较小或距离隧道较远防突岩层较厚，水压力不足以破坏防突岩层。当溶腔内的水压力逐渐增大，增大到防突岩层无法承受水压力的作用，防突岩层破坏，突水灾害发生。由此可见，水压力大小是发生突水灾害与否的关键因素之一，水压力对突水灾害的影响主要有以下几个方面：

(1) 影响岩体强度：岩体含水率越高强度越低，岩体在饱和状态下的强度低于天然岩体强度。水可以软化和侵蚀岩体，岩体的黏聚力和抗压强度都与岩体的含水率密切相关。

(2) 岩体裂隙挤入破坏：当岩体质量较好，完整性高可以不计高压溶腔水的渗流作用。但在高压水作用下，水被挤入节理裂隙中，当水的挤压应力超过岩体的抗拉强度时，岩体被破坏发生突水。

(3) 水压致裂破坏：岩体的裂隙在高水压作用下进一步扩展最终形成贯通裂缝。天然状态下，岩体处于三轴受压状态裂隙处于闭合状态，水无法进入岩体内部。但隧道开挖，围岩的应力重分布，裂隙打开溶腔水进入并使裂隙扩展贯通。

(4) 冲刷扩径，裂隙贯通后形成稳定的水流，在水流的持续作用下，突水通道内径不断扩大，加剧了水的流出，最终出现突水灾害。

通过分析大量突水案例，突水灾害的发生与高水压溶腔有密不可分的关系，当防突岩层破坏形成稳定的突水通道，地下水突出时进一步侵蚀周边岩体，将泥石等填充物带入隧道。因此可以认为溶腔内高压水是触发突水灾害主要原因。

2. 构造因素

岩体内的不良地质构造是岩溶水的天然存储容器。当溶腔处于褶皱构造的向斜部位时，容易富集地下水，此时溶腔压力增大，更容易发生高压突水灾害。当溶腔处于背斜时，地下水不易聚集，水压力小，突水灾害发生的风险更低。

处在断层破碎带的溶腔，节理裂隙发育，往往更易形成贯通裂隙和突水通道，造成突水灾害。在压扭性逆断层中更易富集地下水，形成高水压溶腔，因此隧道在穿越压扭性逆断层时更容易发生高压突水灾害，而且有充足的地下水补给，突水量巨大。在张性正断层中地下水易排出，穿越该种地质条件时发生突水灾害的风险更低。

3. 地应力因素

地应力包括自重应力、构造应力及隧道开挖的附加应力。一般情况下隧道施工并不会引起自重应力和构造应力的改变，而附加应力则会使岩体的应力场变化，降低围岩稳定性。总的来说，附加应力是突水灾害的主要动力因素。

4. 岩体的结构及物理力学因素

岩体的物理力学性能包括岩体本身的材料属性如孔隙率、含水率等自身属性。力学性能有抗拉、压强度、抗剪强度、岩体的黏聚力和内摩擦角等。力学指标表征了岩体抵抗破坏的能力，力学性能好的岩体质地坚硬节理裂隙少抵抗破坏的能力强，力学性能差的岩体坚硬程度低节理裂隙发育抵抗破坏的能力差。在同样的扰动条件下，在岩体力学性能好的地层中施工不容易发生突水灾害，反之则容易发生突水灾害。考虑渗流作用时岩体抵抗破坏的能力进一步降低，高水压作用在裂隙岩体中使岩体发生裂隙贯通而破坏，有时不需要达到岩体的力学破坏指标就已经发生了破坏。

（二）气象因素

除了地质因素外，气候和降水条件也会影响突水灾害的触发。当温度较低时，水的蒸腾作用弱，降雨少，地下水与地表水交换速率降低，表现为水流流速降低，地下水位下降，地下水与岩石之间的作用减小，岩溶发育速率降低。当温度升高时，蒸腾作用增强，降雨多，地下水与地表水交换速率加快，岩溶发育更快。降雨升高了地下水位形成局部高压岩溶水，增加发生突水灾害的可能性。

（三）施工因素

隧道开挖前，天然岩体处于应力场平衡和渗流场平衡状态。开挖产生的临空面破坏了原有的平衡状态，在临空面附近产生新的裂隙，新裂隙易与原生裂隙贯通，在高水压持续作用下，裂隙逐渐扩展贯通并最终发生突水。施工触发突水主要表现在以下几个方面：

1. 直接揭露高压溶腔

当高压溶腔位于隧道开挖断面前方时，施工不可避免地会揭露前方的高压溶腔导致突水，此时已无法避免揭露溶腔，应当采取措施将地下水引排或爆破清淤后再继续施工。

2. 间接诱发突水

隧道开挖时，高压溶腔位于隧道洞身附近，高压溶腔与隧道之间隔了一层防突岩层，由于开挖的扰动，防突岩层出现变形和位移或者出现裂缝，在高压作用下，防突岩层发生大变形或裂缝贯通，导致防突岩层破坏造成突水灾害。

3. 开挖面后方突水

隧道开挖时并未突水，而是继续施工一段时间后，掌子面后方发生突水。在掌子面施工时对已施工完成区段围岩压力产生影响，或气候改变突然降雨导致地下水位升高水压力增大，支护结构强度不足围岩发生破坏产生突水灾害。这种突水往往是由于施工时施作支护结构强度不足导致的。

第二节　岩溶隧道高压突水灾害防治对策

一、岩溶隧道高压突水灾害的预防对策

岩溶隧道高压突水灾害呈现出水压高、水量大、突水伴随突泥的特点，因此一旦发生岩溶高压突水灾害造成的损失巨大，因此往往采取预防的措施来处理。

（一）超前地质预报方法

1. 勘察与物探钻探结合

地质勘察资料为隧道设计和施工提供了良好的参考资料，准确详尽的地勘工作更容易发现不良岩溶地质体的存在，从而在隧道设计阶段就避开岩溶突水灾害发生的可能性。施工期对掌子面前方和洞壁周围进行先预报再开挖的工作流程，提前探明隐伏岩溶含水体的位置，提前采取措施。

2. 洞内洞外结合

综合分析野外勘察成果和地质编录以及洞内超前地质预报成果，多角度多方位分析岩溶不良地质发育情况。

3. 不同长短物探方法结合

TSP超前地质预报探测仪的探测距离通常在100 m以上，但探测精度低只能把握宏观的地质情况，不能详尽准确探测。地质雷达探测结果比较准确距离稍短，为了弥补TSP超前地质预报精度不足的问题，应当长短结合，充分发挥各自的优点。

（二）风险评价预防高压突水灾害方法

岩溶隧道在施工时存在大量的风险因素，施工中需进行风险评估。研究隧址区可能导致突水灾害的不良水文地质条件。依托工程的水文地质条件、开挖支护措施，灾害处置效果等因素综合评价突水灾害风险。结合超前地质预报信息，监控量测数据、钻孔信息等动态修正隧道的突水灾害风险。可以参考“基于风险动态评估与控制的岩溶隧道施工许可机制”，对风险进行控制，在高风险段编制施工许可实施细则，规范高风险段的监控量测、超前预报、安全施工。

（三）施工顺序优化方法

岩溶隧道施工时为了保证进度和安全应对施工顺序进行优化，设临时支护、及时施作初期支护、适时浇筑二衬。

（1）一般情况下，已针对高压溶腔进行注浆支护和超前大管棚支护等强支护措施，可以采用全断面法开挖。

（2）当隧道施工线路与高压溶腔相交时，内部充填物为水且压力较低时可采用台阶法开挖。

（3）当隧道施工线路与岩溶构造相交时，内部充填物为泥、泥水混合物或夹杂石块时宜采用分布开挖法。

（四）旱季施工方法

大量的工程实践证明，避开雨季施工可以有效减少连通型、半连通型溶腔内的水压，减少隧道内涌水量。因此对隧址区的岩溶水文地质进行调研，了解各含水体的水力联系，对隧道的季节性施工具有重要价值。

（五）隧道超前地质预报方法

1. 有损探测方法

有损探测方法是采用超前导洞或超前钻孔的方法，此类方法不可避免地对围岩造成一定程度的损伤，在围岩破碎程度高时，可采取先注浆加固后开挖导洞或钻孔的办法来处理。

（1）超前导洞。超前导洞具有以下特点，施工时间较长、开挖断面较大、造价较高。这种办法一般在多条隧道施工时采用，将其中一条作为超前导洞，既可以达到探测的目的又可以节省造价。

（2）超前钻孔。超前钻孔是采用钻孔设备向掌子面前方钻孔揭露前方岩体性质，但在复杂地质条件下效果甚微，容易缺报漏报。

（3）钻孔摄像。钻孔摄像是在钻头处安装摄像头的办法，通过视频成像更为直观地观察掌子面前方岩体性质。

超前水平钻探技术是有损检测中最常用也是最直接的方法，在突水灾害防治上效果显著。超前钻孔即是一种超前预报方法也是对其他超前预报方法的鉴定和补充。因此为了弥补各超前预报技术的不足，应采取长短结合，物探钻探结合，关键部位重点探测的综合性探测技术。

超前水平钻探技术的探测精度高，可以对重点部位进行靶向探测，因此成为隧道工程中最主要的超前地质预报手段。其主要原理是，通过对钻孔孔芯内的样本观察分析或钻孔速度和掌子面前方的地层岩性及钻孔的出水形式等多个方面分析实验，来判断掌子面前方及周围的地质情况和含水情况。同时孔内流出的水也使前方的高压溶腔压力得到释放减小了突水灾害的风险。

超前水平钻探又可以分为长距离超前水平钻探和短距离超前水平钻探。长距离一般仅针对掌子面前方存在含水构造和不良地质的情况，对于预防突水灾害和施工安全有重要作用。长距离钻探直径不小于 110 mm，钻孔深度可达 50～100 m。短距离钻探主要有两种，一种钻探深度为 20～30 m，另一种钻探深度 5～8 m，20～30 m 的钻探根据地勘可设计资料选用，在不良地质区施工每个循环都需要 5～8 m 的钻探。

2. 无损检测办法

1）地震波反射类超前预报方法

地震波反射类方法是利用地震波在非均匀介质中传播的反射、绕射、散射特性预测掌子面前方的围岩情况。

2）电磁类超前预报方法

电磁类超前预测方法是利用高频脉冲电磁波探测不同介质的分布，利用具有电性差异的物体的回波特性，分析信号接收器接收的电磁波的波形、振幅等特征确定不良地质体的位置和大小。

3）直流电类超前预报方法

直流电类超前预报方法主要包括电阻率法和激发极化法。

电阻率法是以岩石间的电阻率（导电性）差异为基础的一种电法勘探方法。这种方法通过测量电位差实现观测，主要应用于通过探测岩体的电阻率差异来了解地下地质结构。电阻率法具有操作简单、经济高效的特点，尤其对含水体的探测更加敏感。

激发极化法是利用岩石、矿石的激发极化效应探测隧道前方的地质情况。激发极化法根据围岩中不同介质视电阻率和视极化率的变化探测隧道前方的含水体。溶洞等富水构造的含水量、规模对围岩的激发极化效应影响很大。含水量大的地层激电效应明显，因此激发极化法对于超前探水具有极大优势，常用于超前探水中探测高压富水溶洞的规模和位置。

4）红外探水法

红外探水使用红外线探水仪来探测掌子面前方的含水体。隧道任一时刻都在对外辐射红外线能量，形成包含能量和密度信息的辐射场。辐射出能量大小受岩体发射率的影响，发射率大小又受到围岩性质的影响。当隧道周围介质为单一介质时的红外场为正常场。当其内部存在含水构造时，含水构造的辐射场与围岩的红外场叠加发生畸变，这样就能判断出隧道周围是否存在含水构造。

二、岩溶隧道高压突水处置对策

（一）岩溶隧道高压突水灾害处置的基本原则

岩溶突水灾害的主要预防措施是进行超前地质预报探测含水溶洞溶腔与风险评价。在超前地质预报精确探测基础上，通过钻探评估溶腔大小、规模、充填情况。根据岩溶突水的规模、充填物的种类、压力大小、位置关系采取不同程度的治理措施。在岩溶地区修建高速公路隧道时重点采用“绕、注、排、防”的方针。

（1）绕。根据超前地质预报成果，对于一些难以治理的大型高压突水溶腔，应采取绕行方案，在确保施工安全的同时还加快了施工进度。

(2) 注。对于可以治理的高压突水溶腔及时进行超前注浆，超前注浆可以提高围岩的自稳能力，保障开挖后隧道掌子面和周边围岩的稳定，水的渗出量是可控的不发生射水突水灾害，确保在掌子面施工是安全的。尤其是排水难度大的反坡施工段，当出水量大于抽排水的量就会导致掌子面被淹没而无法继续施工。当岩溶水与地下暗河等存在水力联系时发生突水灾害造成的损失是不可估量的。

(3) 排。根据超前地质预报和钻孔放水检测，对与其他部分地下水水力联系不密切的孤立存在的高压溶腔，可在掌子面采取先排水降压后正常施工的方法。对于隧道开挖与地下暗河交叉的情况，可以先探明地下暗河流向后暂时阻断地下水给地下暗河挖一条新通道绕开隧道区。

(4) 防。引入防排水工程的理念，通过设置地表截水沟阻断地表水流入隧道汇水区，在雨季时应当加强对地表水的疏导。

(二) 岩溶隧道高压突水处置措施

1. 岩溶管道型高压突水

隧道洞周围岩发育一高压岩溶管道时，应依据先探后堵的原则，即先进行水文地质调查和超前地质预报工作，掌握岩溶区的水力联系，然后采用超前地质预报的方法探明岩溶管道的含水量以及位置采用关键孔注浆的方法确定注浆堵水的重点范围。

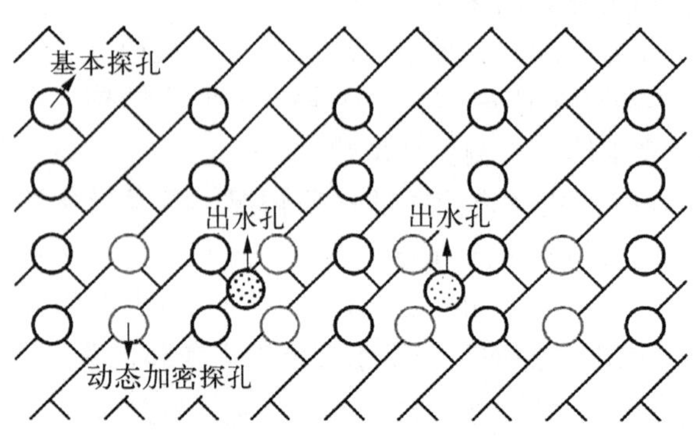

图 7.1　关键孔注浆流程图

(1) 岩溶管道型高压突水关建孔注浆方案。关建孔注浆如图 7.1 所示。根据关建孔设计图注浆并进行各孔连通试验根据质量划分等级，根据涌水情况动态调整注浆方案和材料。

(2) 全断面超前预注浆加固开挖后全断面径向注浆加固和局部补充注浆方案。全断面超前预注浆在水压特别高的区段加固范围为隧道的开挖轮廓线外 8 m，在一般高压水区为开挖轮廓线外 5 m。开挖后全断面径向注浆加固范围为开挖轮廓线外 5 m，局部补充注浆可根据施工情况而定，既可以再次进行超前预注浆也可以进行径向补充注浆，加固范围一般为初支背后 40～60 cm，主要目的在于加固初支背后的松弛围岩。

① 全断面超前预注浆，采用直径 90 mm 钻孔机钻孔后注浆，注浆段的长度为 30 m。围岩地质条件较好水压较小时，使用水囊式止浆塞后退式分段注浆；地质条件差水压大出现反浆现象时，采用前进式分段注浆。注浆完成后开完 27 m，剩余的 3 m 作为下一个循环的止浆墙。

② 开挖后径向注浆，隧道开挖完成后，沿开挖轮廓线径向注浆，导管梅花形布置长度 5 m，环向间距 0.8 m，每排之间纵向间距 1.2 m。

③ 局部补充注浆，局部补充注浆是一种堵水的加固措施，包括开挖完成后的局部流水渗漏水，注浆范围根据出水情况做出调整，所采用的浆液一般有普通水泥浆、普通水泥浆—水泥水玻璃双浆液。补充注浆是在径向注浆完成后还没有达到设计效果的一种改善措施，注浆厚度一般 40～60 cm 位于初支背后。

④ 注浆材料及顺序,高压突水的注浆顺序普通水泥单浆液→超细水泥单浆液→HSC浆/TGRM浆→普通水泥—水玻璃双浆液。注浆材料为以上几种,可以充分发挥各浆液的优点,实现扩大注浆范围和控域注浆的要求。

⑤ 注浆压力,高压富水岩溶管道注浆,需要克服水压力、管壁阻力、浆液的黏聚力。现场需要进行顶水注浆。注浆压力的经验公式见式(7.7):

$$P_{注}=P_{水}+P_{阻}+(1.0\sim2.0) \tag{7.7}$$

式中:$P_{注}$—浆液压力;$P_{水}$—水压力;$P_{阻}$—管壁阻力。

⑥ 注浆圈厚度,考虑到高压富水溶腔施工的高风险性和施工难易度,注浆加固区的经验公式如下:

超前预注浆纵向加固范围 B 见式(7.8):

$$B=(2\sim3)D \tag{7.8}$$

式中:D—隧道开挖直径,m。

超前预注浆横向加固范围 B_1 见式(7.9):

$$B_1=(B-D)/2 \tag{7.9}$$

径向注浆加固厚度 B_2 见式(7.10):

$$B_2=(0.5\sim1.0)D \tag{7.10}$$

(3) 间隔注入速凝材料或浅部加固、引水泄压方案。对于集中管道型高压突水,因其具有连通性好、水流量大、流速快的特点,注浆作业的需浆量大且作业时间长,浆液被水流冲刷过度扩散浪费严重,因此为了节约注浆材料和时间可以采取以下办法。

① 间隔注入速凝材料,当长时间注浆后注浆压力无变化时,极有可能使浆液被水流带走扩散范围过大无法凝结。速凝材料可以有效控制浆液扩散范围,同时还需要注意速凝材料注入量,避免造成扩散范围过小加固区范围缩小,对突水的治理达不到效果。

② 浅部加固、引水泄压,对围岩浅部较破碎区域进行注浆加固以保证钻孔施工的安全性,然后对高水压喷出点引水泄压。

2. 溶槽型高压突水

在可溶岩与非可溶岩接触带容易发育溶槽型含水体,这种情况下应采取可控域超前注浆,即联合使用导管注浆与超前大管棚。

① 端部径向加强注浆,根据超前地质预报资料在端部 5 m 范围内注浆,注浆管采用 ϕ48 mm 钢管,长度 4.5 m,梅花形布置,1 m×1 m,浆液使用普通水泥砂浆。

② 对关键孔进行顶水注浆,使岩溶水沿着原来的路径排泄。顶水注浆所使用的浆液为水泥砂浆、水泥和水玻璃双浆液。

③ 对开挖轮廓线 3～5 m 范围内进行超前帷幕注浆形成止水帷幕。注浆材料采用水泥水玻璃双浆液和水泥浆。

④ 根据岩溶规模设计超前大管棚加强前方围岩的稳定性和承载力。

3. 过水型溶洞高压突水

过水型溶洞为地下水系的一部分,可以是地下水径流通道,也可以是地下暗河的非必要支流。若采用堵水的方法会破坏原有的地下水系统，同时隧道也承受了巨大的水压，因此过水型溶洞宜采用引排疏导方法。

(1) 泄水洞方案。泄水洞应根据场地条件选取适宜的坡度，一般宜采用1%～3%的上坡。泄水洞的断面尺寸要满足排水需求，若泄水洞长度超过500 m断面尺寸还需满足机械施工通风要求。

(2) 桥梁跨越方案。跨度较大的过水型溶洞，若周边围岩强度较高完整性较好则可以采用架设桥梁的方案来处置。

4. 高压溶洞处置的释能降压法

释能降法是采取增设排水洞及高位排水洞，有计划精确爆破触发溶腔排水，清石排水等多种方法的综合处置措施。释能降压法在处理高压富水溶腔时能够释放储藏在溶腔中的高压水，削减其势能，降低溶腔水压，从而消除高压富水溶腔给隧道施工带来的风险。释能降压完成后，通过安全清除突出充填物的手段，继续向前施工。释能降压法包括溶腔的特征分析，溶腔边界的确定，分隔洞室，洞外排水规划，精确爆破，预警系统及相应的处置措施。释能降压法可否实施的关键点在于：① 溶腔内所储藏的水量释放时是否安全；② 溶腔内的充填物释放的量是否能够处理；③ 释放溶腔内的水对环境是否有影响。释能降压法的施工流程如图7.2所示。

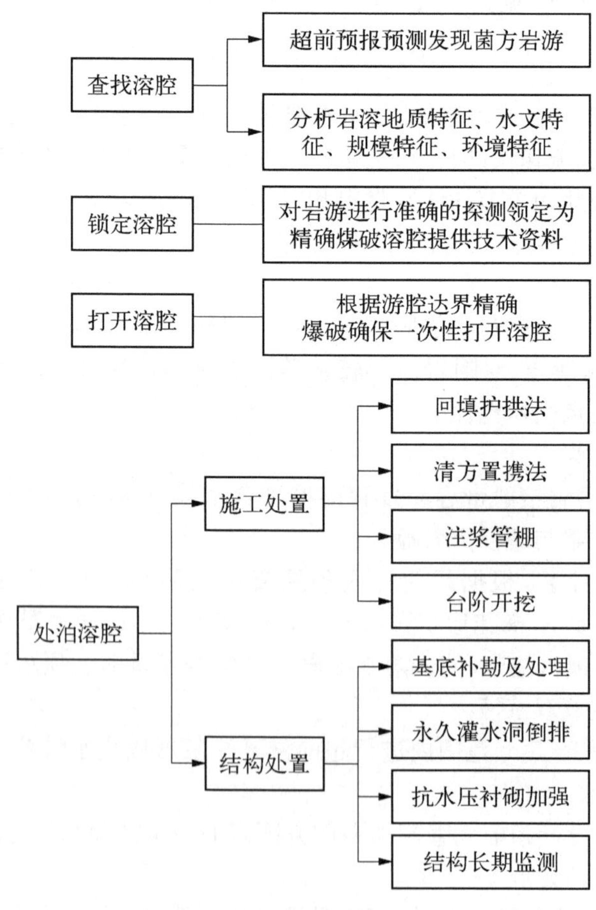

图7.2 释能降压法施工

5. 大型岩溶结构突水

大型岩溶结构突水很有可能会二次破坏围岩和支护结构，在大型岩溶突水结构的注浆治理中存在注浆量大、时间长造成浆液的浪费，在保证注浆效果的前提下可以采用以下办法：① 浅部围岩局部注浆加固保障施工安全防治二次破坏；② 注浆过程中加入骨料，并且采取骨料为主，浆液为辅的原则，在保证封堵效果和注浆强度的前提下节约注浆材料。

第八章

岩溶隧道安全施工实践

——以重庆渝武高速公路金屏山隧道工程为例

第一节　金屏山隧道总体施工方案

一、工程概况

金屏山隧道位于重庆市合川区草街镇古圣村老铁铺-大庙村犀牛寺，为分离式隧道，拟建隧道略呈曲线形展布，隧道总体轴线方向 342°～336°，左线隧道起讫桩号 ZK39＋740～ZK42＋480，全长 2 740 m，隧道最大埋深约 261.0 m，位于 ZK41＋500 处；右线隧道起讫桩号 K39＋765～K42＋535，全长 2 770 m，隧道最大埋深约 255.5 m，位于 K41＋540 处。本合同段里程桩号为：左线 ZK41＋129～ZK42＋480、长 1 351 m；右线 K41＋150～K42＋535、长 1 385 m 隧道。主洞净宽 14.5 m，净高 5 m，行车道 3.75 m×3，高速公路隧道设计速度 100 km/h。

隧道区属构造-剥蚀、溶蚀低山地貌，地形起伏大。隧道范围内中线 330～578.8 m，最大高差约 278.8 m。山体自然坡度 15°～30°，隧址区植被发育，以松树、乔木林为主，其两端洞口均位于山前坡麓斜坡地带，自然山坡处于基本稳定状态。隧址区不良地质现象主要为煤矿采空区、石英砂采空区、岩溶及有害气体，特殊性岩土主要为薄层石膏。隧址区属构造-剥蚀、溶蚀低山地貌，单斜构造，水文地质条件复杂程度一般，隧址区所在山体植被较发育，部分基岩裸露，地表水排泄条件好，降雨经斜坡面排泄于两端洞口附近山间溪沟，经溪沟汇入嘉陵江支流。隧址区地下水类型主要有第四系松散土层孔隙水、基岩裂隙水、碳酸盐岩岩溶水。

左右线隧道合川端洞口段隧道轴线方向约 336°，洞口位于石料场场坪区，洞口所在附近石料场开挖边坡坡向约 336°，开挖边坡约 50°，边坡段基岩出露，主要为灰岩，岩层产状为 110°∠19°～128°∠33°，共发育两组节理裂隙，其产状分别为 J1：243°∠82°；J2：337°∠52°。

该洞口段边、仰坡主要石料场素填土，成分主要为灰岩质碎石、块石，少量粉质黏土，抗冲刷能力弱，自稳能力差，边坡及仰坡开挖时，在无坡面防护或无超前支护措施、不恰当的爆破施工、坡比较陡、地表水冲刷等情况下，边坡岩土体易产生滑塌，应加强防护措施，此外，石料场已开挖边坡较高，出露岩性主要为灰岩，岩体较破碎，应采取相应防碎落措施。

二、施工总体安排

（一）施工准备

1. 技术准备

（1）已组织技术人员完成图纸复核。

(2) 施工人员质量管理培训和技术交底已完成。

(3) 控制网复测、加密、施工放样工作已完成。

(4) 混凝土配合比已报监理批复完成。

(5) 对进场机械已验收，各项性能良好，满足施工要求。

(6) 已进行合同交底，明确各方责任、义务。

(7) 钢筋、砂、石、水泥等原材试验检测合格，并进场。

2. 现场准备

隧道出洞场地规划面积 3 500 m^2，隧道洞口整体划分主要为物资设备存放区、办公停车区、安全检查区、迎检区、钢材加工区域、工人生活区六大区域。

(1) 物资设备存放区：在洞口中间放置空压机及变压器。

(2) 办公停车区：设置大型机械停放区、小型汽车停放区、办公室、物资储备库及卫生间。

(3) 安全检查区：设置检查室、值班室、监控室及应急仓库，检查室大门左侧设置发光二极管(light emitting diode, LED)显示屏，检查室内设置人员实名制认证设备及安全讲台，施工人员经班前安全教育后进行实名认证通过实名制通道方可进入隧道，监控室内设置监控大屏，监控隧道掌子面、二衬及隧道洞口，应急仓库主要存放隧道应急救援物资。

(4) 迎检区：主要用于迎检及举办洞口标准化施工观摩会。隧道洞口安装污水处理设备，通过多介质过滤器去除水中的悬浮或胶态杂质。隧道内水流通过洞内一侧排水沟经污水处理设备处理后排入自然水系。

① 施工便道：隧道施工便道利用 S208 省道—邦略采石场场内道路通至现场，在红线范围内修建临时便道至各隧道施工位置。

② 施工用水：大庙互通桥位区有一条自然沟渠通过，此水质经外委检测其水质合格，可供施工使用。

③ 施工用电：隧道用电在 ZK42＋522.492 左侧 101.357 m 位置设置两台 800 kV・A 变压器统一供电，1 台 300 kW 发电机备用。

(5) 钢筋加工区域：本项目钢筋均采用集中加工，统一配送方式。根据隧道、桥梁分布情况结合道路运输影响，定设 2 个钢筋厂。

① 第一处 1＃钢筋厂位于 K43＋300 大庙互通区内，建筑面积 2 000 m^2(20 m×100 m)，主要配送金屏山隧道至大庙互通段结构物，共计加工钢筋 1.5×10^4 t。

② 第二处 2＃钢筋加工厂位于预制梁场内，主线路基 K45＋500 位置，建筑面积 3 000 m^2(25 m×120 m)，主要配送寨子顶隧道至项目终点段结构物，共计加工钢筋 2.7×10^4 t(不包含彭家岩互通百岁溪大桥及 12 座匝道桥)。

采用普通轻型钢结构大棚全封闭施工，大棚矢高 9 m，配置 2 台 10 吨龙门吊，钢筋加工采用数控加工设备。厂区内按功能划分为钢筋存放区、钢筋加工区、半成品存放区、展示区，各区域划分明确并悬挂明显标识。厂区道路宽 4～5 m。

(6) 工人生活区：因全线线路较长，需建设一处工人生活区方便现场管理，通过对施工现场周边环境的调查，通过租赁和自建对比分析，选取租用方式。试验室、一工区集中设置位于大庙村，拟租用原渝合城际铁路建设项目部，总面积约 3 000 m^2，位于主线 K43＋300 主线左侧 100 m。现有彩钢板房局部破损经简单整修后便可使用。

（二）施工进度计划

1. 施工组织顺序

(1) 左洞：ZK41＋129～ZK42＋480 纵坡－2%、长 1 351 m。右洞：K41＋150～K42＋535 纵坡－2%、长 1 385 m。

(2) 左洞从出口（ZK42＋480）向进口方向掘进，右洞从出口（K42＋535）向进口方向掘进。

(3) 施工测量→修筑洞外环向截水沟→洞口路堑开挖、边仰坡防护→洞口施工→超前支护（洞口段及Ⅴ级围岩地段）→开挖→通风→出碴→初期支护→监控量测→施作防水层→二次衬砌浇注→水沟、电缆沟施作→洞内路面施工→隧道内装及机电设施安装。

2. 施工计划

金屏山隧道计划开竣工日期：2021 年 4 月 20 日开始，2023 年 1 月 18 日结束。总工期 644 天（开始时间以实际开工日期为准）。

三、总体方案

(1) 隧道施工遵照“短进尺、弱爆破、强支护、勤监测、强通风、快封闭、紧衬砌”的原则，施工过程中开展超前钻探和物探等方法进行超前预测预报，掌握开挖面前方地质构造、煤层赋存情况，避免有害气体异常涌出。

为了保证进洞安全，制定了超前管棚、施工套拱的进洞方式。施工中采用先超前加固地层，然后进行施工开挖，以防坍塌；严格隧道施工开挖工序，减少对围岩的开挖扰动；对于超挖空洞、塌方地段需回填密实。

(2) 暗洞均采用新奥法施工，采用机械开挖＋爆破开挖的方式，隧道洞内围岩较差区段等应尽量采用机械开挖，瓦斯工区爆破作业开挖采用煤矿用电雷管和煤矿许用炸药，由专业队伍进行爆破作业。S5b 型衬砌段采用双侧壁导坑法；S5c 型衬砌段采用单侧壁导坑法；S4b 围岩破碎段采用环形开挖留核心土法开挖。在隧道掘进过程中，地质条件发生变化时，开挖方法应根据围岩情况进行相应调整，

(3) 初期支护喷射混凝土采用湿喷工艺。钢架、网片、锚杆、小导管、连接钢筋等洞外加工厂统一加工。钢架安装、网片安装采用无焊接工艺，控制瓦斯隧道洞内用火。初期支护紧跟开挖面及时施工，及时封闭，并根据对围岩的支护量测的变化规律，确定二次衬砌的施作时间。

(4) 仰拱施工时设置仰拱栈桥，整幅一次浇筑成型。二次衬砌在围岩和初期支护变形基本稳定后施作，混凝土罐车运输，泵送入模。混凝土浇筑采用混凝土溜槽分层逐窗浇筑技术，确保二衬混凝土密实无空洞。

(5) 本隧道严格按低瓦斯隧道的要求进行组织施工，加强瓦斯的监测和管理，采用自动监控和人工检测相结合的瓦斯监控模式，对隧道重点部位进行全面实时瓦斯监控。穿煤及瓦斯处置按照动态设计、动态施工的原则进行，具体方案为：首先距煤层 100 m 时，采用不少于 2 种物探方法，初步查明煤层与隧道的空间位置关系，然后在物探基础上，开挖掌子面距离煤层 100 m 之前，开始实施超前地质钻探，确定煤层准确位置，掌握其赋存情况及瓦斯情况。根据煤层赋存情况及瓦斯状况采取相应处理措施，并增设瓦斯段复合式衬砌。

(6) 施工期间，通风采用压入式通风方式。采取双机、抗静电、阻燃风管进行 24 h 不间断通风，在隧道内一定位置架设射流风机辅助增大风流速度，加快瓦斯排放的能力，稀释瓦

斯并防止局部积聚。施工中所有电气设备均为煤矿用防爆型，实行专用变压器、专用开关、专用线路供电、风电闭锁和瓦电闭锁，以确保隧道施工安全。

(7) 考虑到岩土问题不确定性，实际工程地质的复杂性，在施工过程中将强化施工安全措施，编制隧道塌方应急预案、瓦斯爆炸应急预案、岩溶、采空区的应急预案、涌水突泥应急预案，明确责任和突发事件的处置措施，确保施工安全。

(8) 隧道监控量测工作贯穿全过程，并将监控量测工作纳入正常施工工序，以指导设计与施工，实现信息化施工。

第二节　金屏山隧道出口明洞及洞口专项施工要点

一、截水沟施工

隧道截水沟主要功能是对山顶冲积水顺进行拦截，使水流通过截水沟汇入自然水沟排走。

1) 测量放样

由测量人员根据设计图纸相关设计参数，用全站仪放出截水沟的位置中轴线，并测出相应标高。再用石灰或线绳拉出截水沟轮廓线，并标示出相应的挖坑深度。并经监理工程师验收合格后才能进行下一道工序。

2) 沟槽开挖

(1) 金屏山隧道出口表层岩土体主要为素填土及强风化页岩，因此采用人工配合机械开挖，自卸车进行弃土运输，开挖至距设计尺寸 20 cm 时用人工挖掘修整。

(2) 基础开挖完成后应就平面位置、开挖面高程、开挖尺寸、开挖坡度等项目自检，自检合格后报监理工程师进行验收，合格后进行下一道工序。

(3) 沟槽检验合格后，先用木桩每 10 m 一处钉好汇水标高，挂好结构尺寸线，根据基础厚度进行水沟沟底整平处理。

3) 模板安装

模板采用竹胶板，用方木加固牢靠，模板架设应平顺，模板接缝采用发泡胶充填确保接缝严密，相邻模板间不得有错台，为防止模板上浮和跑模影响混凝土施工和浇筑质量，沿模板底在基底纵向每 50 cm 打设 ϕ20 mm 固定钢筋，然后使用方木将模板支撑稳固，模板使用前表面必须清理干净并涂刷脱模剂，并经监理工程师验收合格后才能进行下一道工序。

4) 混凝土浇筑

截水沟采用 C20 混凝土浇筑，分两次浇筑成形(底板和沟身)，浇筑时设置溜槽使混凝土由混凝土运输车缓慢流入水沟沟槽内；混凝土振捣时，要振捣均匀，振动棒应保持与模板 10～20 cm 间距，振捣完成后派专人进行收面。

5) 拆模养生

在水沟混凝土浇筑施工完成应立即用土工布进行覆盖，在第 2 d 后即可拆除模板进行养生，养生采用土工布覆盖养生，养生周期 7 d。

6) 注意事项

(1) 距仰坡 5 m 以外开挖截水沟，截水沟必须与地表水系接通；

(2) 截水沟开挖以机械为主，人工配合修整，修整完成后立即施工截水沟，避免雨水冲刷。

二、边坡开挖及支护

1) 测量放样

洞口开挖前，先进行测量放线，放出隧道中线和开挖边界线，并用白灰做好标记。

2) 边仰坡开挖

(1) 金屏山隧道出口边坡开挖基本以清理回填素土为主，边坡坡率及防护形式与洞外路基保持一致，不影响进洞的前提下尽量不扰动原始边坡。

(2) 边仰坡开挖采用挖掘机进行，自卸车进行运输。依据设计要求，边、仰坡从上至下分层进行坡面防护，边开挖边施工防护，每次开挖高度控制 3 m 以内，严禁一次开挖成型。

(3) 边坡开挖之前，在专人指挥下，由挖机按设计坡度进行第一次初挖，并由挖机自行开挖出工作平台，方便后续边坡刷坡；工作平台开挖过程中指挥人员随时观察周边施工情况，保证施工安全。

(4) 在工作平台开挖完成后，由现场施工人员指挥挖掘机进行开口线开挖施工，先预留 20 cm 边坡土，由挖机进行初期开挖，初挖出边坡形状，采用坡度尺随时进行量测坡度。

(5) 初期开挖完成后，再由挖机进行精细开挖，严格按照开口灰线下斗开挖，当挖机所有斗齿准确落在开口灰线上即斗齿线与开挖灰线重合时，才指挥挖机下斗开挖，挖机陆续开挖过程中，挖机司机平稳操作，由专人指挥随时随地进行坡度测量，进行纵向分段开挖，确保边坡平顺，并经监理工程师验收合格后才能进行下一道工序。

(6) 边坡、仰坡上对隧道洞口、线路形成威胁的浮石、危石要清除，坡面凹凸不平需整修平顺，施工期间实行不间断观测和防护。开挖边仰坡时，随挖随支护，加强防护，随时监测、检查山坡稳定情况，开挖的土石方，废弃的土石方采用自卸汽车运至弃土场，边坡、仰坡上方不堆置弃土、石方。

3) 边仰坡防护施工

隧道边仰坡坡面采用喷锚混凝土防护、拱形骨架防护及锚杆框架梁防护 3 种方式，明洞段临时边坡采用 1∶0.75 锚喷混凝土支护，永久边坡、仰坡采用原采石场刷坡坡面，采用拱形骨架支护，左洞边坡坡率为 1∶0.75、1∶1.5，采用拱形骨架护坡防护，右洞边坡坡率为 1∶0.75、1∶1、1∶1.25，采用锚杆框架梁防护。

(1) 喷锚混凝土防护。锚杆采用 ϕ20 mm 砂浆锚杆，布设间距按 150 cm×150 cm，长 400 cm，按梅花形布置，ϕ8 mm 钢筋网，间距 20 cm×20 cm，喷射平均厚度 15 cm，采用 C25 喷射混凝土。

① 初喷：边仰坡开挖完成后，对边仰坡坡面上的松动岩石及松土进行清理，并用高压风清理坡面上的其他杂物，同时喷洒少量水，使坡面有一定的湿度。初喷采用湿喷机械手进行，厚度为 7 cm，喷射过程由下而上进行，喷嘴与受喷面保持垂直，同时与受喷面保持 0.6～1.2 m 的间距，喷射机工作压力应控制在 0.1～0.15 MPa。坡面如存在较大凹洼时，结合初喷进行找平。喷射混凝土的回弹料不得再次用于施工，一律作废品处理。混凝土喷射厚度采用标记钢筋进行控制。

② 钻孔：钻孔平台采用 ϕ48 mm×3.5 mm 的焊接钢管通过锻铸铁扣件连接搭设而成，脚手架采用双排立杆，立杆纵距 1.5 m，横距 1.2 m，步距 1.8 m，在底部 20 cm 处设置扫地杆，按照要求设置纵向剪刀撑，剪刀撑斜杆与地面倾角宜在 45°～60°；脚手板采用竹串片脚手板，设置在 3 根小横杆上，根据作业层脚手板搭设的需要，可在两立杆之间等间距设置增设 1～2 根横向水平杆，其最大间距不大于 750 mm，并在脚手板两端 8 cm 处用铁丝箍绕 2～3 圈固定。脚手板应平铺、满铺、铺稳，靠墙一侧的脚手板离墙的距离不应大于 15 cm。拐角处两个方向的脚手板应重叠放置，避免出现探头及空挡现象，并按规定设置挡脚板。

钻孔前根据设计要求 150 cm×150 cm 梅花形布置定出孔位，做出标记。施工时采用手风钻机进行施工。孔位允许偏差为±15 mm，孔深允许偏差±50 mm，钻头直径应大于锚杆直径 15 mm。

③ 锚杆埋设：锚杆埋设前，先对锚孔进行检查，孔位、孔深、沿直度、孔径、方向必须合格。同时应用高压风、水清孔，使孔干净无积水残渣，此外要检查锚杆钢筋、直径、长度符合设计要求，锚杆端头应加工螺纹长度不小于 10 cm；锚杆孔打设及验收完成后进行灌浆，锚杆砂浆应拌和均匀，随拌随用，已初凝的砂浆不得使用。灌浆完成后将砂浆锚杆放入孔内，锚杆外露 8～10 cm，并及时安装止浆塞、垫板及螺母。

④ 钢筋网制作：洞口临时支护钢筋网由 ϕ8 mm 钢筋制成，钢筋网在加工场按设计规格成片进行制作，网格尺寸允许偏差为±10 mm。制作前进行校直、除锈及油污等，确保施工质量，点焊而成，焊接严格按相关规程操作，做到牢固且不伤钢筋。钢筋网与砂浆锚杆绑扎或焊接，钢筋网格尺寸 20 cm×20 cm，安装时预留搭接长度不小于一个网格宽度(20 cm)。

⑤ 钢筋网成品存放：制作成型的钢筋网片必须轻抬轻放避免产生变形。钢筋网片成品远离加工场地，堆放在指定的成品堆放场地上，底部采用 10×10 cm 方木做支垫，摆放整齐，篷布覆盖，避免受潮，防止锈蚀和污染。

⑥ 钢筋网挂设：加工好的钢筋网片，绑扎固定于先期施工的锚杆之上，再把钢筋片焊接成网，钢筋网片随坡面起伏铺设，钢筋网片之间搭接长度为 1 个网格长度(20 cm)。

⑦ 复喷：复喷施工要求与初喷一致，喷射混凝土施工时，在喷射混凝土板上，切割制取边长 10 cm 立方体试块，留样 3 组，每组 3 个试块，1 组进行同条件养护 7 d，其余两组在标准条件养护 28 d。

⑧ 施工注意事项：a. 锚杆孔内灌浆应饱满密实；b. 锚杆孔宜与岩层主要结构面平行，锚杆垫板应与基面密贴；c. 锚杆安装允许偏差应符合：锚杆孔距允许偏差为±10 cm，锚杆孔深允许偏差为±3 cm；d. 锚杆应平直、无损伤，表面无裂纹、油污、颗粒状或片状锈蚀；e. 钢筋网在初喷一层混凝土后铺挂，且保护层厚度不小于 10 mm；f. 钢筋网随喷面起伏铺设，与受喷面的间隙一般不大于 30 mm，与锚杆连接牢固；g. 喷射时，减小喷头至受喷面的距离，并调整喷射角度；h. 喷射中如有脱落石块或混凝土块被钢筋网卡住时，及时清除后再喷射混凝土。

(2) 拱形骨架施工。拱形骨架基本参数：拱圈高度为 3 m，护坡每隔 13.6 m 设一道沉降缝，缝内用沥青麻絮填塞，填塞深度不小于 10 cm，拱形骨架内采用三维网植草绿化。

① 测量放样：按照边坡坡度、基础高程等数据设固定的样板挂线，清刷表面松散土层及浮土，填补坑凹并拍实使坡面平整，并由施工人员用白灰洒出开挖线，确保坡脚的顺畅性及

整体线型的圆顺性，经测量监理工程师认可后方可进行下一步施工。

② 混凝土基座：基座设计为C20混凝土，坡比1∶0.75，基础底宽62.5 cm，顶宽37.5 cm，高50 cm；坡比1∶1.5，基础底宽79 cm，顶宽54 cm，高50 cm。首先进行基础开挖，再进行基座混凝土浇筑，最后采用原土对沟进行回填。浇筑时，必须放线，支设模板，以保证坡面平整。

③ 开挖骨架"槽"：骨架基槽采用人工开挖的方法，基槽开挖时应注意几何尺寸位置的准确。放线定出主骨架位置，骨架间中线距离为3.4 m，人工用铁锹、十字镐根据测量所放骨架沟槽线挖"槽"，急流槽主骨架沟宽92 cm，开槽深度为垂直坡面以下55 cm，普通骨架沟宽52 cm，拱顶骨架宽46 cm，开槽深度为垂直坡面以下30 cm；按设计尺寸开挖骨架"槽"，槽底整平，槽边修齐。基坑开挖的断面尺寸符合设计要求，基坑开挖完成并报监理工程师检查合格后，方可进行下一道工序。

④ 镶边石安装：对已加工好的C20预制块镶边石，通过小型施工车辆运至现场，混凝土预制块出现啃边，掉角现象时，不允许使用。预制块应嵌入地表30 cm，高出地面8 cm，顶面应带线安装，预制块之间应采用M10砂浆砌筑，完成后，对预制块周边的地基进行夯实处理。

为保证镶边石砌体的整体强度，防止砌体渗水漏水，避免冲蚀，应及时进行勾缝。采用M10砂浆进行勾缝，勾缝应嵌入到砌缝隙内不小于2 cm，严禁勾"假缝"。砌体砂浆凝固之后即开始养生，养护期限视温度而定，一般不少7 d。砌体在养生期内，应保温，一般应洒水养护，砌体养护时，应用草袋覆盖，也可以用沿线土覆盖，养生期后再将土清除。

⑤ 培耕植土：耕植土厚度为15 cm，培植耕植土要草灌结合，选用根系发达的植被草籽。施工时要避开阴雨天气，避免雨水冲刷。

⑥ 三维网挂设：拉伸网采用三维土工垫混播草籽，挂设采用ϕ8 mm钢筋制成的"U"形固定钉进行固定，间距1 m。

(3) 锚杆框架梁防护。

① 框架梁基槽开挖。开挖框架梁基槽：框架梁基槽采用人工开挖的方法施工，基槽开挖时应注意几何尺寸位置的准确。放线定出框架梁中心线位置，采用人工用铁锹、十字镐根据测量所放框架梁沟槽线挖"槽"，开槽深度为垂直坡面以下20 cm，宽度为30 cm。开挖完成后要进行槽底整平，槽边修齐，保证基槽开挖的断面尺寸符合设计要求，基坑开挖完成并报监理工程师检查合格后，方可进行下一道工序。

② 锚杆钻孔。

a. 孔前按设计立面图要求，测放出锚杆孔位，孔位误差不得超过±50 mm。测定的孔位点，埋设半永久性标志，严禁边施工边放样。竖梁的具体长度可根据实际边坡高度确定，但锚杆的位置须按等分坡面的长度进行放样，其间距可适当调整。

b. 施工平台采用ϕ48 mm搭设，平台立杆与坡面垂直，并用锚杆与坡面固定。锚杆孔钻进施工采用MG－80锚杆钻机钻孔成孔，根据坡面测放孔位，准确安装固定钻机，并认真进行机位调整，钻机安装要求水平、稳固，施钻过程中应随时检查，确保锚杆孔开钻就位纵横误差不得超过±50 mm，钻孔倾角允许误差位±3.0°。钻机安装要求水平、稳固，施钻过程中应随时检查。

c. 钻进过程中对每个孔的地层变化，钻进状态(钻压、钻速)、地下水及一些特殊情况做好现场施工记录。如遇塌孔缩孔等不良钻进现象时，须立即停钻，及时进行固壁灌浆处理(灌浆压力 0.1～0.2 MPa)，待水泥砂浆初凝后，重新扫孔钻进。

d. 钻孔孔径不得小于 90 mm、孔深不得小于 7 m。为确保锚杆孔直径，要求实际使用钻头直径不得小于设计孔径。为确保锚杆孔深度，要求实际钻孔深度大于设计深度 0.2 m 以上。

e. 钻进达到设计深度后，不能立即停钻，要求稳钻 1～2 min，防止孔底尖灭、达不到设计孔径。钻孔孔壁不得有沉渣及水体黏滞，必须清理干净，在钻孔完成后，使用高压空气(风压 0.2～0.4 MPa)将孔内岩粉及水体全部清除出孔外，以免降低水泥砂浆与孔壁岩土体的黏结强度。除相对坚硬完整之岩体锚固外，不得采用高压水冲洗。若遇锚孔中有承压水流出，待水压、水量变小后方可下安锚筋与注浆，必要时在周围适当部位设置排水孔处理。

f. 锚杆孔钻孔结束后，须经现场监理检验合格后，方可进行下道工序。孔径、孔深检查一般采用设计孔径、钻头和标准钻杆在现场监理旁站的条件下验孔，要求验孔过程中钻头平顺推进，不产生冲击或抖动，钻具验送长度满足设计锚杆孔深度，退钻要求顺畅，用高压风吹验不存明显飞溅尘碴及水体现象。同时要求复查锚孔孔位、倾角和方位，全部锚孔施工分项工作合格后，即可认为锚孔钻造检验合格。

③ 锚杆安装。

a. 锚杆杆体采用 ϕ32 mm 的螺纹钢筋，锚杆除孔口 0.5 m 范围设置 1 道定位器之外，其余部分每隔 1.5 m 设置 1 道定位器。制作完整的锚杆经监理工程师检验确认后，应及时存放在通风、干燥之处，严禁露天堆放。锚杆在运输过程中，应防止钢筋弯折、定位器的松动。安装前，要确保每根钢筋顺直，除锈、除油污，安装锚杆体前再次认真核对锚孔编号，确认无误后再用高压风吹孔，人工缓慢将锚杆体放入孔内，用钢尺量测孔外露出的锚杆长度，外漏长度为 25 cm。锚杆安装完成后尾端防腐采用刷漆、涂油等防腐措施处理。锚杆端头 4 根 ϕ16 mm 钢筋与锚杆钢筋焊接，并与框架梁钢筋进行焊接固定。

b. 锚杆注浆料为 M30 水泥砂浆，注浆作业从孔底开始，实际注浆量一般要大于理论的注浆量，或以孔口不再排气且孔口浆液溢出浓浆作为注浆结束的标准。如一次注不满或注浆后产生沉降，要补充注浆，直至注满为止。注浆压力为 0.2～0.4 MPa，注浆量不得少于计算量，压力注浆时充盈系数为 1.1～1.3。注浆材料宜选用水灰比 0.45～0.5、灰砂比为 1∶1 的 M30 水泥砂浆。注浆结束后，将注浆管、注浆枪和注浆套管清洗干净，同时做好注浆记录。

④ 框格梁钢筋安装。

a. 在施工安置框架钢筋之前，先清除框架基础底浮碴，钢筋绑扎先施工竖梁，并在纵横梁接点处预留横梁钢筋，竖梁形成后，再施工横梁。

b. 在进行钢筋制作安装，钢筋接头需错开，同一截面处钢筋接头数量不得超过钢筋总根数的 50%，且有焊接接头的截面之间的距离不得小于 1 m。因锚杆无预应力，锚杆尾部不需外露，只需将锚杆尾部与竖梁钢筋相焊接成一整体，若锚杆与箍筋相干扰可局部调整箍筋的间距。

c. 为确保钢筋保护层厚度(设计 5 cm)，在钢筋绑扎完成后设置保护层垫块，垫块布置间距为 1 m。

⑤ 模板安装。

a. 模板采用 1.2 cm 厚的竹胶板，根据设计图所示，框架梁截面为宽×厚＝0.3 m×

0.3 m。

b. 根据框架梁截面将模板用木工锯加工成形，模板外侧用截面 5 cm×5 cm 的长方木加固。

c. 模板安装时，竖梁正面模板自地面高度每隔 3 m 预留宽 40 cm、高 50 cm 的混凝土操作窗口。横梁只关底模和外侧模，顶模不关，留做混凝土操作窗口。

d. 用 3 mm 厚的铁皮预先加工成 0.3 m×0.3 m 的长方形结合 2 cm 厚泡沫板布置在伸缩缝处模板处，并固定牢固。根据现场实际情况，按照设计每隔 10～15 m 设置一道伸缩缝。

e. 模板安装按 0.4 m 间距用 ϕ20 mm 对拉螺杆连接，模板拼装要求稳固、严密，不漏浆，以保证混凝土的施工质量；模板内侧应涂刷脱模剂，模板拼装时严格按照设计图纸尺寸作业，垂直度、轴线偏差、标高均应满足技术规范规定。

f. 模板安装完成自检合格再报监理工程师检查验收，验收合格后方可进行混凝土浇筑作业。

⑥ 混凝土浇筑

模板检验合格后进行混凝土浇筑。混凝土应自下而上分层浇筑、分层振捣，用插入式振捣器振捣，浇筑上层时应插入下层 5 cm，混凝土要求振捣充分，不漏振，以保证混凝土的密实度。混凝土浇筑要连续进行，中间因故间断不能超过前层混凝土的初凝时间，混凝土浇筑到顶面，应按要求修整、抹平。框架分片施工，横梁每 10～15 m 设置一道伸缩缝，缝宽 2 cm，以沥青麻絮填塞。锚杆端头应埋入框架梁中，与框架纵梁钢筋焊接相连。

⑦ 拆模养生

拆模及混凝土养生：混凝土达到强度的 50%即可拆模板，模板拆除时要小心按顺序拆卸，防止撬坏模板和碰坏结构，并注意对系梁各边角的保护。混凝土浇筑后要及时覆盖养生，经常保持混凝土表面湿润，确保混凝土后期强度。

⑧ 框格间绿化

框架梁框格间采用挂铁丝网植草进行绿化，铁丝网采用 ϕ12 mm 的钢钉进行固定，钢钉长 35 cm，布置间距为 60 cm，铁丝网挂设完成后进行培耕植土进行绿化。

三、套拱、管棚施工

（一）套拱施工

明挖段开挖至暗挖段拱顶开挖轮廓线高度时，垂直下挖至设定的上半断面底部，临时喷射混凝土封闭暗洞掌子面。由测量人员测放出洞口位置，同时标记出大管棚及套拱的位置。明洞衬砌外设 70 cm 厚、2 m 长 C30 混凝土套拱，套拱段分台阶分段开挖，适当调整分段长度，尽量减少开挖，依据套拱轮廓线开挖出套拱模板支架安装及加固作业空间，便于后续套拱模板特别是底模的安装、支撑加固。

1. 拱架制作与安装

（1）套拱拱架采用 I20b 工字钢，纵向间距 60 cm，拱架在钢筋加工厂按 1∶1 比例放出大样进行加工，拱架分段制作。用工字钢弯曲机加工成型，然后将架立钢板和连接钢板焊接于拱架上。加工好的拱架在大样上进行试拼装，控制其平面翘曲度在允许范围之内（±2 mm），焊接采用双面焊，焊缝厚度不小于 5 mm。

（2）安装时先由测量人员用全站仪放出隧道中线及工字钢的拱架拱脚位置，拱架的拱脚应坐落于混凝土基础上，然后将拱架逐段进行拼接，拱架要垂直于隧道中线，竖向不倾斜，平面不错位、不扭曲，上下、左右允许误差±50 mm，倾斜度不得大于±2°，工字钢间距为60 cm，共计4榀。每榀拱架间用纵向 ϕ20 mm钢筋连接，环向间距为1 m。

2. 导向管的安装

导向管采用 ϕ133 mm×4钢管，导向钢管每根长2 m，共设计49根，按40 cm间距焊接在钢拱架外侧，采用 ϕ14 mm钢筋固定在拱架上，防止浇注混凝土时产生位移。安装前用全站仪在型钢骨架上定出孔口管安装位置，用水准尺坡度板设定孔口管倾角，用前后差距法设定孔口管的外插角，使导向管在考虑纵坡后外插角为2°。

3. 安装模板

套拱模板采用20 cm×5 cm木板，加固体系采用 ϕ20 mm钢筋，环向间距为0.6 m，纵向间距为0.5 m，底部采用 ϕ48 mm钢管进行支设加固，钢管支设于预留洞口土体平台，钢管间距约1.5 m，钢管以基底牢固处做支撑点，下部采用木板垫实。混凝土浇筑孔两侧及中部共留置3个，预留窗口大小满足料斗放料及振捣棒振捣，模板两侧对称位置留置，加固完成后方可进行混凝土浇筑。

4. 浇筑混凝土

混凝土采用拌和站集中拌制，罐车运至施工现场，吊车和料斗配合浇筑套拱，先浇筑两拱脚直墙段，然后左右两侧对称浇筑剩余部分，浇筑过程中要严格进行振捣，振捣遵循快插慢抽的原则，插入下层混凝土50～100 mm，振捣棒与侧模应保持50～100 mm的距离，当混凝土停止下沉，不再冒出气泡，表面呈现平坦、泛浆无漏振，代表振捣到位。

5. 拆模、养生

为保证混凝土表面不出现裂纹，浇筑完成后及时覆盖土工布洒水养生；当混凝土强度达到5 MPa后，方可拆除外侧模板；混凝土强度达到90%后才能拆除底模，拆模使用机械配合人工进行，拆除的模板应及时清理，以备下次使用；拆模后继续养生，养生周期应为7 d。

6. 套拱施工注意事项

(1) 套拱基础必须稳定，保证地基承载力不小于300 kPa。保证管棚施工过程中套拱不偏移、不下沉，必要时增加临时支撑。并对拱顶进行监控量测，对量测数据及时上报，保证管棚施工安全。

(2) 混凝土套拱作为长管棚导向墙必须在明洞外轮廓以外施作，须严格放线、定位测量，保证开挖施工净空，二衬(明洞)净空及厚度。

(3) 孔口管作为长管棚导向管，安装平面位置、倾角、外插角的准确度直接影响管棚质量。焊接固定它前需用全站仪以坐标法在工字钢架上定出其平面位置，用水准尺配合坡度孔口管倾角，用前后差距法测定孔口管外插角，孔口管外插角，量测钢管钻进的偏斜度。

(二) 管棚施工

套拱混凝土达到100%强度时，才能实施管棚钻孔工作，长管棚采用 ϕ108 mm×6 mm热轧无缝钢管，环向间距40 cm，共49根，仰角2°。

1. 测量放样

测量放样出隧道设计轮廓线，从设计中线位置向两边，按40 cm的间距标出管棚的位置。

2. 安装钻机

(1) 钻机平台采用洞口填土整平作为作业平台。

(2) 钻机定位：钻机要求与已设定好的孔口管方向平行，必须精确核定钻机位置。用全站仪和钻杆导向相结合的方法，反复调整，确保钻机钻杆轴线与孔口管轴线相吻合。

3. 钻孔

(1) 为了便于安装钢管，钻头直径采用 ϕ120 mm。

(2) 岩质较好的可以一次成孔。

(3) 钻机开钻时，应低速低压，待成孔 10 m 后可根据地质情况逐渐调整钻速及风压。

(4) 钻进过程中经常用测斜仪测定其位置，并根据钻机钻进的状态判断成孔质量，及时处理钻进过程中出现的问题。

(5) 钻进过程中确保动力器、扶正器、合金钻头按同心圆钻进。

(6) 认真做好钻进过程的原始记录，及时对孔口岩屑进行地质判断、描述，作为洞身开挖时的地质预测预报参考资料，从而指导洞身开挖。

(7) 钻进时如产生坍孔、卡钻等现象，需进行注浆后再重新钻进。

4. 清孔验孔

(1) 用潜孔钻进行反复扫孔，清除浮碴，确保孔径、孔深符合要求，防止堵孔。

(2) 用高压风从孔底向孔口清理钻碴，清孔过程中产生的粉尘采用雾炮降尘处理。

5. 安装管棚钢管

(1) 钢管在专用的管床上加工好丝扣，丝扣加工完成后要进行检查，不得存在烂丝，断丝的情况。导管四周钻设孔径 10 mm 注浆孔，靠孔口 2.5 m 处的棚管不钻孔，作为止浆段，孔间距 15 cm，呈梅花形布置。管头焊成圆锥形，便于入孔。

(2) 棚管顶进采用装载机和管棚机转动顶进相结合的工艺，即先钻大于棚管直径的引导，然后用挖机在人工配合下顶进钢管。

(3) 钢管接长时套丝要拧紧，不得存在外漏丝头，不得出现松动，接长钢管要满足受力要求，相邻钢管的接头应前后错开。管棚钢管采用 3 m、6 m 两种长度进行组合，确保同一横断面内的接头数不大于 50%，相邻钢管接头至少错开 3 m。

6. 注浆

(1) 安装好有孔钢花管、放入钢筋笼(根据开挖地质情况选用)，安装止浆阀后，止浆阀安装后对其密闭性进行检查，检查合格后对孔内注浆，浆液由高速制浆机拌制。

(2) 注浆材料：注浆材料为 P.0425 水泥浆，水灰比 1∶1。

(3) 采用注浆机将砂浆注入管棚钢管内，初压 0.5～1.0 MPa，终压 2 MPa，持压 15 min 后停止注浆。

四、明洞施工

管棚施工完成后，再进行洞口明洞施工，其施工主要内容为：明洞段仰拱施工→边墙基础施工→明洞衬砌施工→防水层施工等。

仰拱混凝土采用组合钢模板人工立模浇筑，边墙及拱部混凝土施工采用 12 m 长整体液压衬砌台车做内模，外模采用组合钢模板结合木模板。首先施工明洞仰拱(包括填充混凝土)、边墙基础钢筋混凝土，拆模并进行施工缝凿毛，同时绑扎明洞结构钢筋，然后施作边墙和拱部混凝土，混凝土由两侧对称浇筑注，拱墙混凝土一次整体浇筑成型；待混凝土强度达到设计强度、拱墙背后按设计完成防水层后。

（一）仰拱及填充施工

（1）仰拱开挖：仰拱开挖采用挖机与人工配合施工，挖机挖除时预留 20 cm 以上人工修整，以免造成基底围岩的破坏。人工清理完成后，通知试验室做地基承载力试验，基地承载力设计要求不小于 300 kPa，如基底承载力达不到设计要求时，通知监理及设计进行变更处理、制定处理方案。

（2）钢筋加工及安装：仰拱钢筋集中在钢筋厂加工，现场焊接绑扎成形，仰拱钢筋绑扎前先进行初喷，初喷厚度 7 cm。钢筋下料长度严格按照设计尺寸进行，弯曲半径及弧度要符合设计要求。钢筋现场焊接绑扎时，钢筋间距偏差不得大于 10 mm，钢筋网长宽偏差不得大于 10 mm，环向 ϕ25 mm 主筋焊接接头要错开至少 88 cm，纵向 ϕ12 mm 水平筋焊接接头要错开至少 50 cm；仰拱钢筋安装完成后，安装堵头模板，预埋止水带，报监理工程师验收合格后进行下一道工序。

（3）浇筑仰拱混凝土：仰拱混凝土采用自拌混凝土，混凝土罐车运输至现场，采用溜槽入模。混凝土浇筑时应分层振捣密实，采用插入式振捣棒振捣。混凝土初凝后及时洒水养护，养护期不少于 7 d。

（4）仰拱填充施工：仰拱填充前对仰拱表面杂物、积水进行清理干净，随后安装模板堵头模板及侧模，报监理工程师验收合格后进行混凝土浇筑，浇筑工艺与仰拱混凝土一致。

（5）注意事项：① 仰拱衬砌施工缝要与仰拱回填施工缝错开布置，错开最小距离为 0.5 m；② 仰拱填充混凝土不得侵入两侧水沟及电缆槽。

（二）明洞二衬施工

二衬台车为液压自动收支模板，长 12 m，外边净宽 15.4 m，净高 8.45 m，模板台车按照隧道净空周边加大 5 cm，预留出变形量和施工误差，预防衬砌侵入隧道净空。加工后运到现场进行拼装，拼装过程中及时修整模板的平整度和模板间的错台，模板如有孔洞及时修补。模板台车内设上下扶梯和工作平台，并在工作平台四周设置扶手，确保施工人员安全；模板台车应安装刹车装置。

模板台车拼装完成后应对模板表面进行彻底打磨，清除锈斑，涂油防锈，对模板板块拼缝进行焊联并将焊缝打磨平整，防止使用过程中模板翘曲变形而影响混凝土外观质量，拼装打磨完成后检查验收，仔细检查模板的弧度、平整度、模板间的错台、构件间连接的牢固性。

模板台车验收合格后行进至明洞位置，根据测设的中心线就位，主要控制模板平面位置和拱顶高程，以及支撑的牢固性。

（1）台车就位：测量组精确放出拱墙设计中心线，并测量标高，二衬台车行驶到指定位置，人工调整台车位置并固定，进行中线、水平及衬砌净空的复测校核。模板台车内轮廓要大于隧道净空设计轮廓 3 cm 预留误差量，预留误差量是考虑到未凝混凝土的荷载作用会使模板台车轨底枕木受压沉降变形，模板台车定位实际是确定轨道的铺设位置。轨道铺设应稳固，其位移和沉降量均应控制在 20 mm 内，有必要时可直接用刚性垫块支撑模板台车底横梁。

（2）钢筋安装：钢筋集中在钢筋加工厂制作，现场绑扎成形。钢筋下料长度严格按照设计尺寸进行，弯曲半径及弧度要符合设计要求。钢筋现场焊接绑扎时，钢筋间距偏差不得大于±10 mm，环向 ϕ25 mm 主筋焊接接头要错开至少 1 m，纵向 ϕ12 mm 水平筋焊接接头要错开至少 1 m。钢筋保护层为 9.5 cm，采用砂浆垫块控制，砂浆垫块强度与设计混凝土强度一致。钢筋网层间距采用限位钢筋控制，限位钢筋按 2 m×2 m 间距进行布置，与主筋采用焊接进行固定。

(3) 外侧模板安装：外侧模板安装前先架设好环形钢筋围檩骨架，并与内撑钢筋进行焊接，固定好钢筋围檩，而后再铺设 5 cm 厚的木模，木模在紧挨钢筋围檩的位置使用木工钻机钻小孔利用铁丝将其捆绑固定，最后将所有钢筋围檩布置上，钢筋围檩 ϕ25 mm 间距 0.4 m，钢筋围檩在同一截面上的接头不超过 50%，应相互错开，围檩钢筋的脚点固定焊接在结构钢筋上。外模安装完成后进行止水带预埋，安装堵头模板。

(4) 明洞洞身衬砌：明洞洞身衬砌采用 C35 钢筋混凝土，混凝土采用拌和站集中供应，采用混凝土罐车运输至现场，混凝土浇筑时要分层对称浇筑，严禁从单侧浇筑到顶，以免对台车形成偏压造成跑模。混凝土振捣采用插入式振捣棒和附着式平板振动器共同振捣，振捣时振捣棒尽量避免碰触模板和钢筋，严禁碰触预埋件，以免造成预埋件偏位。当混凝土达到拆模条件后，及时移动台车，并对混凝土进行洒水养护，养护期不少于 7 d。

(5) 浇筑控制重点：混凝土施工配合比、混凝土振捣、左右侧混凝土浇筑高度控制在 1 m 以内，防止模板台车变形、移位。边墙衬砌混凝土浇筑时，使用插入式振捣器进行振捣，每侧浇筑 30 cm 后进行振捣，拱部采用附着式振捣器进行振捣，严格控制混凝土浇筑高度。

(三) 防水层施工

(1) 明洞及洞门防水层采用 1.2 mm 厚 EVA(ethylene-vinyl acetate copolymer，乙烯-乙酸乙烯共聚物)防水板结合土工布(两布一膜)外加 2 cm 厚砂浆保护层组合防水方式。

(2) 铺设防水板之前，先对明洞洞身衬砌混凝土表面进行处理，局部不平整处采用打磨或砂浆磨平的方式处理。处理完成后，铺设 350 g/m^2 无纺土工布，无纺土工布铺设时留有一定松弛度，避免回填施工时土工布被损坏。

(3) 铺设防水板，防水板拼接采用热缝合双缝焊接，搭接宽度不小于 100 mm，严格控制热缝合机的温度和速度，保证焊缝质量。焊缝应严密，单条焊缝的有效焊接宽度不应小于 12.5 mm，焊接完成后采用充气法检查焊缝质量，充气压力在 0.25 MPa 保持 15 min 后，压力下降小 10%即为合格。

(4) 焊接前应将待焊接处擦拭干净，焊接时应避免漏焊、虚焊、烤焦或焊穿。防水板铺设时每次应比本次衬砌长度长 1 m 左右，以便与下一环的防水层连接，同时防水层接缝应与混凝土接缝错开至少 1 m，有利于防止施工缝渗水；然后再铺设一层 350 g/m^2 无纺土工布，最后施工 2 cm 厚的水泥砂浆。

(5) 防水层施工完成后，在明洞外侧拱脚处设置纵向排水管，排水管基座采用 C30 混凝土浇筑成型，排水管安装完成后需覆盖 3～5 cm 碎石滤层。

五、端墙施工

金屏山隧道出口左右洞均采用端墙式洞门，墙高 13.4 m，洞门端墙采用现浇 C30 混凝土浇筑，洞门端墙墙体与明洞衬砌之间采用两排 ϕ20 mm 钢筋连接，钢筋长度 80 cm，环向布置间距 50 cm；端墙墙体表面采用人工装饰石做墙面装饰。

(一) 洞门墙基础开挖

根据已放样的基坑开挖边线及高程控制点，使用挖掘机配合人工开挖。开挖至接近标高时，宜保留 50 cm 的厚度，在基础砌筑前再挖除。基坑开挖应跳槽开挖，基坑开挖后，应采取排水措施，以免积水。

（二）洞门墙基底处理

洞门墙基坑开挖完成后进行地基承载力检测，承载力不应低于 300 kPa，若地基承载力不满足设计要求，需联系设计进行地基处理。

（三）洞门墙基础施工

平面位置和标高正确无误后，方可进行基础施工，基础模板采用竹胶板，模板如有缝隙，应用海绵条或双面胶填塞严密，模板内应涂刷脱模剂（不得使用废机油等油料），经检查符合设计及施工要求后方可进行混凝土浇筑，浇筑混凝土前模板内的杂物积水应清理干净。混凝土浇筑时，混凝土分层浇筑厚度不宜超过 30 cm 且自由倾落高度不得超过 2 m，当倾落高度超过 2 m 时，应通过溜槽下落。浇筑时采用插入式振捣器振捣，振捣不能漏振和过振。

（四）洞门墙身施工

(1) 隧道洞门墙身需分段浇筑，在分段交接处需凿毛并预留连接钢筋确保整体性，墙身模板采用定型钢模板，模板采用对拉杆进行固定，对拉杆外设 PVC 管进行包裹，避免拉杆无法拔出，同时配置 ϕ48 mm×3.5 mm 钢架管横、竖龙骨加固，并配以大号蝶形卡紧固，对拉螺杆按 1 000 mm×500 mm 的间距布置，模板安装接缝不得漏浆；在浇筑混凝土前，模板应涂刷脱模剂，模板内不应有积水，模板之间粘贴双面不干胶带进行堵缝，以减小模板缝防止漏浆，以保证混凝土面的外观质量。

(2) 洞门墙施工作业平台采用 ϕ48 mm×3.5 mm 的焊接钢管通过锻铸铁扣件连接搭设而成，脚手架采用多排立杆，立杆纵距 1.5 m，横距 1.2 m，步距 1.8 m，在底部 20 cm 处设置扫地杆，按照要求设置纵向剪刀撑，剪刀撑斜杆与地面倾角宜在 45°～60°；脚手板采用竹串片脚手板，设置在 3 根小横杆上，根据作业层脚手板搭设的需要，可在两立杆之间等间距设置增设 1～2 根横向水平杆，其最大间距不大于 0.75 m，并在脚手板两端用铁丝箍绕 2～3 圈固定。脚手板应平铺、满铺、铺稳，靠墙一侧的脚手板离墙的距离不应大于 15 cm。拐角处两个方向的脚手板应重叠放置，避免出现探头及空挡现象，挡脚板高度 25 cm。

(3) 浇注混凝土使用插入式振动器时，混凝土振捣密实，振捣过程中快插慢抽，无漏振，移动间距不应超过振动器作用半径的 1.5 倍；与侧模应保持 50～100 mm 的距离；插入下层混凝土 50～100 mm；每一处振动完毕后应边振动边徐徐提出振动棒；振捣密实的标志是混凝土停止下沉，不再冒出气泡，表面呈现平坦、泛浆，混凝土的浇注应连续进行，如因故必须间断时，其间断时间应小于前层混凝土的初凝时间或能重塑的时间，当需要超过时应预留施工缝。

(4) 混凝土浇筑完后进行洒水养护，养护时长不小于 7 d。模板拆除时，将对拉杆拔出，再用 1∶2 水泥砂浆堵塞拉杆孔。在强度达到 70%以上时方可进行下一段墙身的砌筑。

(5) 洞门端墙浇筑完成后按照设计要求对洞门墙进行装饰，装饰工作完成后进行支架拆除，支架拆除应遵循先支后拆，后支先拆的顺序，拆时严禁抛扔。不允许用猛烈的敲打和强扭等方法进行支架拆除。

（五）明洞回填施工

(1) 明洞回填：当洞身混凝土达到设计强度、防水层施工完成后，方可进行明洞回填；碎石土回填前先进行底部 6 m 高的 M7.5 浆砌片石砌筑回填，剩余上部采用碎石土进行明洞洞顶回填。

(2) 浆砌片石砌筑：明洞下部 6 m 高部分采用 M7.5 浆砌片石回填，砌筑所用片石采用不易风化的岩石，选择表面平整、尺寸较大的片石，在使用前用水冲洗干净，浆砌片石所需的水泥、砂、水等原材料质量符合施工规范要求，检验合格后，并经监理工程师确认后使用，砂的最大粒径不超过 5 mm，砂浆强度达到设计要求；砌筑前应先将片石浇水湿润，表面如有泥土、水锈必须清洗干净，以实现和砂浆的较好黏结。砌体采用挤浆法分层、分段砌筑，分段位置宜设在沉降缝或伸缩缝外，分层水平砌筑，砌块应大面朝下，互相咬合，上下砌缝应互相错开 7～8 cm，砌缝应饱满；砌筑上层砌块时，应避免振动下层砌块。砌筑工作中断后恢复砌筑时，已砌筑的砌层表面应加以清扫和湿润。

(3) 碎石土回填：回填高度不大于 5 m，拱顶回填土应对称分层夯实，每层厚度不得大于 0.3 m，两侧回填土面高差不得大于 0.5 m，回填采用小型振动夯实机夯实，回填土回填至拱顶以上时应分层满铺填筑，洞顶填土不少于 150 cm，压实度不得小于 90%，边墙背后超挖部分采用 C15 混凝土回填，施工时应严格控制材料及施工质量。

(4) 植草绿化：洞顶回填绿化采用人工培耕植土的方式进行，耕植土厚度为 15 cm，培植耕植土要草灌结合，选用根系发达的植被草籽。施工时要避开阴雨天气，避免遭到雨水冲刷。

第三节　金屏山隧道(合川端)洞身开挖及支护专项施工要点

一、超前地质预报

超前地质预报以隧道详勘资料为基础，超前钻探为主，结合物探、洞内地质素描、弹性波法、地质雷达、等进行综合超前地质预报。开挖施工前由第三方检测机构提前进行超前地质预报，并出具报告，现场收到报告后根据报告建议进行组织施工。

二、超前支护

(一) 设备选型

超前小导管采用 YT28 风枪进行钻孔(相关技术参数见表 8.1)，用 GL90－100 注浆机进行注浆作业。

表 8.1　YT28 风枪技术参数

科　目	参　数	科　目	参　数
质量/kg	26	长度/mm	661
活塞直径/mm	80	活动行程/mm	60
气压/MPa	0.5	条件下耗气量/(L/s)	≤57
冲击频率/Hz	≥39	气管内径/mm	25

（二）钻孔

小导管和锚杆采用 YT28 风枪或者锚杆钻机进行钻孔，钻孔角度 10°～15°。

（三）超前小导管安装

暗挖隧道超前支护结构采用小导管、大管棚配合边墙系统锚杆及地表预注浆加固地层，小导管规格选用 ϕ42 mm×4 无缝钢管，S5b 围岩长度为 4.5 m，S5c 围岩长度为 4 m；管壁每隔 150 mm 交错钻眼，孔眼直径 ϕ8 mm，外插角 10°～15°，注浆浆液选用水泥浆液。超前支护在拱部 120°范围内，S5b 纵向间距为 3 m，S5c 纵向间距为 2.8 m。

初期支护喷射混凝土时应注意预留出靠近岩面的那榀拱架（该拱架根据小导管的环向布置根数及间距相应在拱架上开孔）不要被混凝土覆盖；钻孔时应使用孔眼较管径大 20 mm 以上，孔钻好后，进行吹眼，后再将钻杆换钎尾，将导管贯入孔中，外露 20 cm，以便连接注浆管，并将小导管周围空隙封堵严实。

（四）超前小导管注浆

1. 注浆参数

安装钢管后用 GL90－100 注浆机（防爆型）进行注浆作业，注入水泥浆液，当地下水压力较大时则压注水泥-水玻璃浆液，水泥浆水灰比 1∶1（质量比），水泥浆与水玻璃体积比 1∶0.5，水玻璃浓度 30 波美度，注浆压力 0.5～1 MPa，注浆参数及注浆量根据现场试验按实际情况确定，合理调整。单根导管注浆量等于注浆断面积、注浆管长度和围岩空隙率的乘积，为了避免串浆，采取分序施工或对串浆孔同时注浆。

2. 注浆结束标准

(1) 注浆压力逐步升高，达到设计终压（1 MPa）时继续注浆 10 min。

(2) 实际注浆量与设计注浆量大致接近，注浆结束时的进浆量，宜在 20～30 L/min。

3. 注浆效果检查

隧道注浆段的注浆孔全部注完后，必须要进行注浆效果检查和评价，不合格者应补钻孔注浆，检查方法如下：

(1) 对注浆过程中的各种记录资料综合分析，注浆压力和注浆量变化是否合理，是否达到设计要求。

(2) 根据注浆前后地层声波速度的大小对比来判断浆液填充的密实程度。

(3) 亦可以从隧道的挖掘情况直接检查注浆质量，修正注浆参数。

（五）施工要点

(1) 小导管或锚杆安设后，用塑胶泥封堵孔口及周围裂隙，必要时在小导管附近及工作面喷射混凝土，以防止工作面坍塌。

(2) 隧道的开挖长度小于小导管的注浆长度，预留部分作为下一次循环的止浆墙。

(3) 注浆前进行压水试验，检查机械设备是否正常，管路连接是否正确，为加快注浆速度和发挥设备效率，采用群管注浆（每次 3～5 根）。

(4) 注浆过程中要随时观察注浆压力及注浆泵排浆量的变化，分析注浆情况，防止堵管、跑浆、漏浆。做好注浆记录，以便分析注浆效果。

(5) 导管不得侵入隧道开挖界内，相邻的钢管不得相撞或立交。

(6) 注浆顺序由拱脚向拱顶进行。

(7) 为保证注浆效果，必要时在孔口处设置止浆塞。

三、洞身开挖施工

(一) 隧道洞身段施工

隧道暗洞衬砌结构按新奥法原理,采用复合式支护结构形式。根据设计要求,本标段隧道各级围岩(含横通道)的衬砌结构形式主要有Ⅴ级围岩、Ⅳ级围岩和Ⅲ级围岩三种结构形式,针对各级围岩拟定相应的开挖及施工方式,详细叙述如下:① 隧道洞口及明洞段采用明挖法施工,主要采用机械开挖方式,对于局部围岩较好区段可采用爆破开挖;② 隧道洞内主要采用爆破开挖,对于围岩较差区段等应尽量采用机械开挖,以避免爆破震动对围岩造成破坏;③ 分离式隧道主洞Ⅴ级围岩段、紧急停车带Ⅴ级、Ⅳ级围岩采用环形开挖核心土法开挖;④ 分离式隧道主洞Ⅳ级围岩采用三台阶法施工;⑤ 分离式隧道主洞Ⅲ级围岩区段采用上下台阶法开挖。

下面将简单介绍环形开挖留核心土法、三台阶开挖法和上下台阶开挖法。

1. 环形开挖留核心土法开挖

环形开挖留核心土法适用于 S5b、S5c 衬砌段和 S4b 围岩破碎段开挖。

1) 施工方法

(1) 开挖断面 1,施作 1 部初期支护,开挖核心土。

(2) 滞后 1 部一段距离交错开挖 2、3 部,施作初期支护,开挖核心土。

(3) 滞后 3 部一段距离交错开挖 4、5 部,施作初期支护,开挖核心土。

(4) 开挖 7 部,及时封闭初期支护。

(5) 施作仰拱衬砌及仰拱回填Ⅷ级围岩段。

(6) 整体模筑二次衬砌。

环形开挖留核心土法施工示意图、平面图分别见图 8.1 和图 8.2,其开挖尺寸表见表 8.2。

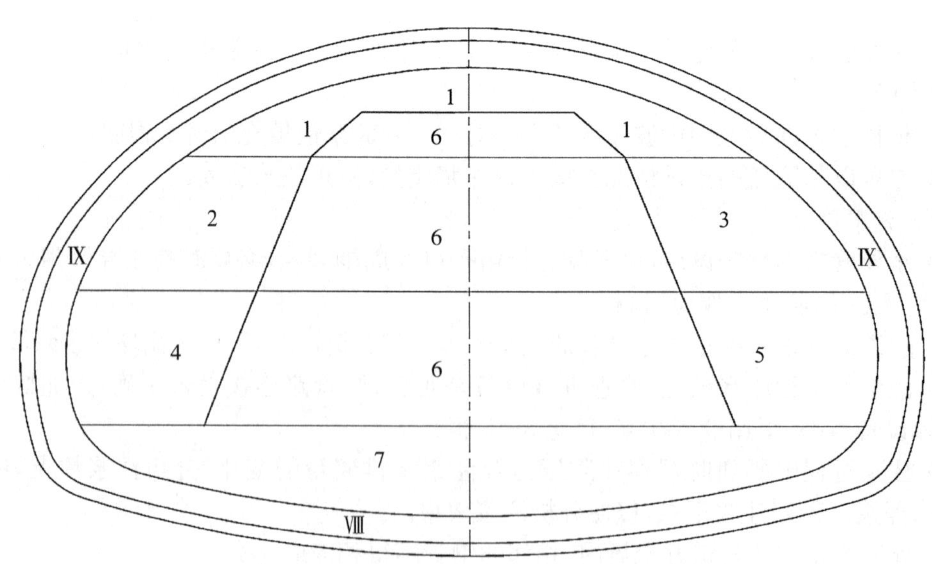

Ⅸ、Ⅷ—围岩段;1、2、3、4、5、6、7—施工的各个部分。

图 8.1 环形开挖留核心土法横向施工示意图

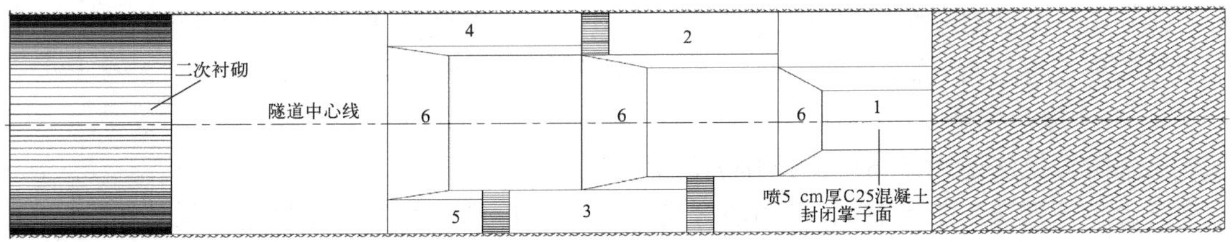

1、2、3、4、5、6—编号分别指施工的各个部分。

图 8.2　环形开挖留核心土法平面图

表 8.2　环形开挖留核心土法开挖尺寸表　　(单位：m)

围岩等级	开挖台阶	每循环进尺	台阶高度	左右侧台阶错开长度
S5b	上台阶	0.6	3	—
	中台阶	0.6	2.8	5
	下台阶	0.6	2.8	5
S5c	上台阶	0.7	3	—
	中台阶	0.7	2.8	5
	下台阶	0.7	2.8	5

2) 施工注意事项

(1) 隧道施工应坚持“管超前、严注浆、短开挖、强支护、勤量测、早封闭”的原则。环形开挖每循环进尺，Ⅴ级围岩为 1 榀钢架间距，Ⅳ级围岩为 2 榀钢架间距，中下台阶每循环进尺为 2 榀钢架间距。留核心土长度以 3～5 m 为宜，核心土面积不小于断面面积的 50%。

(2) 开挖方式均采用弱爆破或人工开挖(或机械)，爆破时严格控制炮眼深度及装药量。

(3) 要认真加固拱脚、施作锁脚锚杆，若拱脚处围岩软弱破碎时，可采取必要的措施，如：注浆加固、增加锁脚锚杆、扩大拱脚、增加垫板等，确保钢拱架的稳定。扩大拱脚是指扩大钢架单元拱脚基础及采取在钢架单元外侧焊接斜撑，扩大上部钢架拱脚及垫板增大地基承载力，然后分部进行支护形成支护整体，开挖后，在钢架拱脚落底处安装 50 cm×50 cm 的 C30 混凝土垫块，减小支护的下沉速度和下沉量，拱脚 1 m 以上喷混凝土至设计厚度后，采取人工开挖的方法进行扩大拱脚施工，大大降低了对围岩的二次扰动，复喷拱脚处混凝土至设计厚度，打设长 4.5 m 的 ϕ42 mm 锁脚锚杆，注浆固结拱脚处围岩，大大提升了基底的承载能力，随后辅以临时仰拱的横向支撑，约束了支护体系的收敛，是不良地质围岩开挖及支护行之有效的措施。

(4) 当地下水量总水量小于 15 m^3/h 但个别孔出水量大于 3 m/h 时，采用普通注浆法注浆，当地下水涌水量总水量有 2/3 孔满水且总水量大于 15 m^3/h 时，先喷射混凝土封闭开挖面，然后打孔、插 PVC 管引排；超前注浆采用水泥-水玻璃双液浆，注浆分一序、二序间隔跳孔灌注，注浆结束后待凝期间，上部台阶应暂停开挖。

(5) 应注意开挖过程中初期支护结构及核心土的稳定性。

(6) 复合式衬砌段在施工时，须按有关规范及标准图的要求，进行监控量测，根据监控量测的结果进行分析，确定灌筑二次衬砌的时机及调整支护参数。

2. 三台阶开挖法

三台阶开挖法适用于 S4b、S4c 围岩段开挖。

三台阶开挖法施工示意图、平面图分别见图 8.3 和图 8.4，其开挖尺寸表见表 8.3。

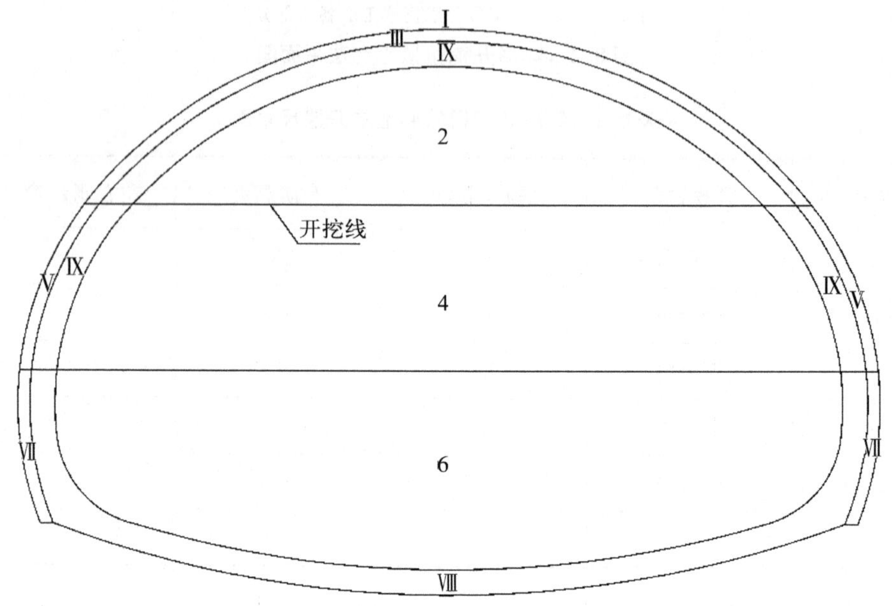

Ⅰ、Ⅲ、Ⅴ、Ⅶ、Ⅷ、Ⅸ—不同的围岩段；1、2、4、6—施工的各个部分。

图 8.3　三台阶法横向施工示意图

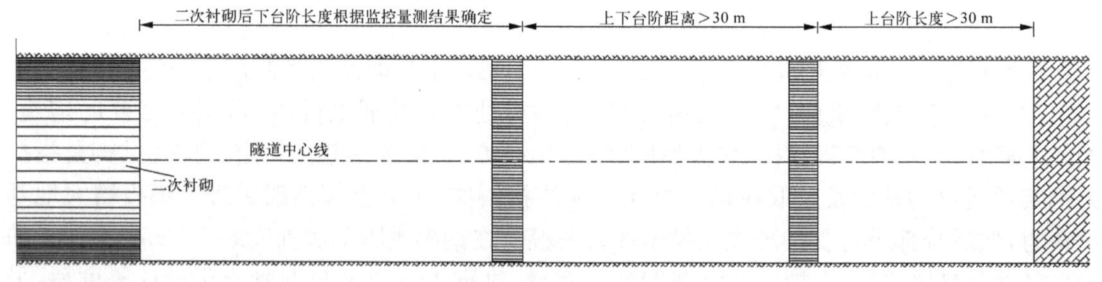

图 8.4　三台阶法平面图

表 8.3　三台阶法开挖尺寸表　　(单位：m)

围岩等级	开挖台阶	每循环进尺	台阶高度	左右侧台阶错开长度
S4b	上台阶	1.8	3	—
	中台阶	1.8	2.8	5
	下台阶	1.8	2.8	5

续　表

围岩等级	开挖台阶	每循环进尺	台阶高度	左右侧台阶错开长度
S4c	上台阶	2	3	—
	中台阶	2	2.8	5
	下台阶	2	2.8	5

1）施工顺序

（1）上台阶开挖。

（2）上台阶初期支护。

（3）中台阶开挖。

（4）中台阶初期支护。

（5）下台阶开挖。

（6）下台阶初期支护。

2）开挖注意事项

（1）应根据围岩条件和初期支护钢架间距确定台阶上部开挖循环进尺，上台阶每循环开挖支护进尺Ⅴ级围岩不应大于1榀钢架间距，Ⅳ级围岩不应大于2榀钢架间距。台阶下部断面一次开挖长度与上部断面相同，且不得大于1.5 m。

（2）上中下台阶之间距离尽可能满足机具正常作业，并减少翻碴工作量；当顶部围岩破碎，需支护紧跟时，可适当延长台阶长度。

（3）施工亦应先护后挖，宜采用超前锚杆或超前小钢管辅助施工措施。开挖应尽量采用微震光面爆破技术。

（4）初期支护应紧跟开挖面；上台阶施工时，钢架底脚宜设锁脚锚杆和纵向槽钢托梁以利中下台阶开挖安全。中下台阶在上台阶喷射混凝土强度达到设计强度的70%后开挖。

（5）隧道两侧的沟槽及铺底部分应和下台阶一次开挖成型。

（6）台阶分界线不得超过起拱线，上台阶长度不得大于30 m。

3. 上下台阶开挖法

上下台阶法适用于S3a围岩段开挖施工，S4c围岩完整段，根据围岩稳定情况，经论证后可采用上下台阶法。

上下台阶法施工立面图、平面图分别见图8.5和图8.6，其开挖尺寸表见表8.4。

表8.4　上下台阶法开挖尺寸表　　（单位：m）

围岩等级	开挖台阶	每循环进尺	台阶高度	左右侧台阶错开长度
S4c	上台阶	2	5	—
	下台阶	2	4.43	5
S3a	上台阶	3	5	—
	下台阶	3	4.43	5

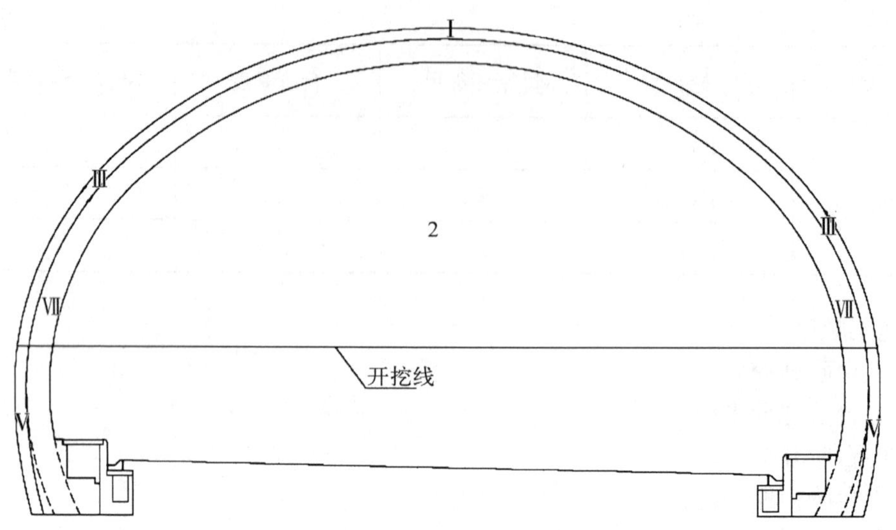

Ⅰ、Ⅲ、Ⅴ、Ⅶ—不同的围岩段;1、2—施工的部分。

图 8.5　上下台阶法施工方案立面图

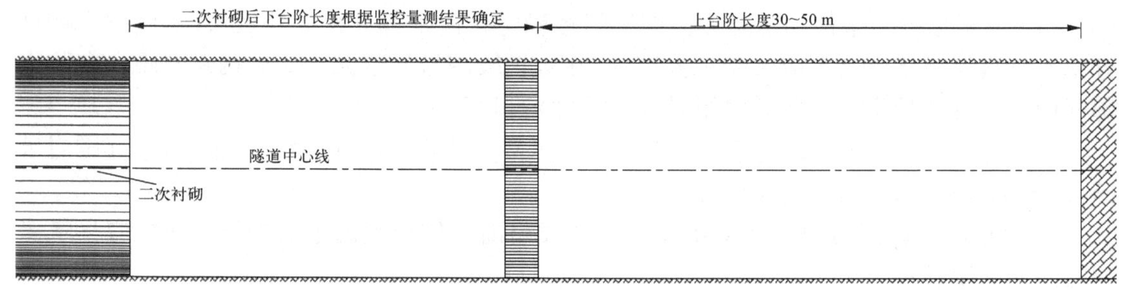

图 8.6　上下台阶法开挖施工方案平面图

1）施工顺序

(1) 上台阶开挖。

(2) 上台阶初期支护。

(3) 下台阶开挖。

(4) 下台阶初期支护。

2）开挖注意事项

(1) 应根据围岩条件和初期支护钢架间距确定台阶上部开挖循环进尺,上台阶每循环开挖支护进尺Ⅳ级围岩不应大于 2 榀钢架间距,Ⅲ级围岩不应大于 3 m。台阶下部断面一次开挖长度与上部断面相同,且不得大于 1.5 m,单侧开挖不超过 15 m。

(2) 上下台阶之间距离尽可能满足机具正常作业,并减少翻碴工作量;当顶部围岩破碎,需支护紧跟时,可适当延长台阶长度。

(3) 施工亦应先护后挖,宜采用超前锚杆或超前小钢管辅助施工措施。开挖应尽量采用微震光面爆破技术。

(4) 初期支护应紧跟开挖面;上台阶施工时,钢架底脚宜设锁脚锚杆和纵向槽钢托梁以利下台阶开挖安全。下台阶在上台阶喷射混凝土强度达到设计强度的 70%后开挖。

(5) 隧道两侧的沟槽及铺底部分应和下台阶一次开挖成型。

(6) 台阶分界线不得超过起拱线,上台阶长度不得大于 30 m。

(二) 洞身开挖

1. 机械开挖

液压破碎锤已经成为液压挖掘机的一个重要作业工具,也有人将液压破碎锤安装在挖掘装载机或轮式装载机上进行破碎作业。液压破碎锤是依靠液力驱动油缸活塞往复运动,活塞下行时高速冲撞破碎头钎杆,抵在岩石上的钎杆尖头处形成强大的冲击震动力,经多次冲击震动,钎杆尖头强行挤入岩石形成扩张力破裂岩石。

2. 爆破开挖

围岩开挖方法实际过程根据围岩揭露情况及超前地质预报,较坚硬段围岩辅以弱爆破,爆破时严格控制药量。开挖平台一律使用自制整体移动式操作平台。爆破孔采用风动凿岩机,一字形合金钻头,采用湿式钻孔,孔径 ϕ40 mm,炮孔间距及数量由专业爆破单位根据围岩情况动态调整,爆破采用煤矿许用炸药和煤矿许用电雷管,起爆电源必须使用防爆型起爆器,每次爆破完成后通风 15 min,由瓦检员、安全员及爆破员进行盲炮排查。出碴用侧翻式装载机或挖掘机装车,10～15 t 自卸汽车运至弃碴场,凿顶及危石排除用反铲挖掘机施作。

(三) 出碴

隧道洞内出碴采用无轨运输方式。

(1) 出碴车辆必须处于完好状态,制动有效,严禁人料混载,不准超载、超宽、超高运输。

(2) 洞内应加强通风,洞内作业环境应符合职业健康标准。

(3) 提前考察弃碴场,核对设计位置,及时完善手续;弃碴场应先挡后弃,做好排水,防止污染。

(4) 洞内运输的车速不得超过:机动车在施工作业地段单车 10 km/h;机动车在非作业地段单车 20 km/h,会车时 10 km/h。

(5) 车辆行驶中严禁超车。

(6) 在洞口、平交道口及施工狭窄地段设置“缓行”标志,必要时应设专人指挥交通。

(7) 凡停放在接近车辆运行界限处的施工设备与机械,应在起外缘设置低压红色闪光灯,组成显示界限,以防运输车辆碰撞。

(8) 在洞内倒车与转向时,必须开灯鸣号或有专人指挥。

(9) 洞外卸碴地段应保持一段的上坡段,并在堆碴边缘内 0.8 m 处设置挡木。

(10) 路面应有一定的平整度,并设专人养护。

(11) 出碴车辆、挖掘机、装载机、洞内值班用小型车辆等移动设备采用小型移动式检测设备,若检测浓度超标,则通知监控中心,立即停止施工,加强通风,稀释瓦斯浓度,如果浓度不能持续降低,增开一台备用通风机,加大通风量,通过监控室之内的自动监控软件将通风机之外的所有设备全部同时强制性熄火停工。在瓦斯浓度降低到安全允许值之内再进行施工。

四、初期支护施工

(一) 初喷

(1) 初喷前清理浮石、岩屑、杂物、粉尘;遇开挖面水量大时,采取措施将水集中引排,并根据实际情况调整混凝土配合比,增加水泥用量,再喷射混凝土。

（2）初喷前对设备进行检查和试运转；在受喷面、各种机械设备操作场所配备充足照明及通风设备。混凝土喷射前，在拱顶及拱腰位置处设置与喷射混凝土厚度一致的钢筋头，作为喷射厚度控制标志。

（3）喷射混凝土中的石子最大粒径不宜大于 12 mm，骨料级配宜采用连续级配。

（4）喷射时，送风之前先打开计量泵，送风后调整风压，使之控制范围为 0.5～0.7 MPa，若风压过大，粗骨料碰围岩后会回弹；风压小，喷射动能小，都将导致回弹量增大。以混凝土回弹量小、表面湿润有光泽、易黏着为依据来控制喷射压力。

（5）喷射方向与受喷面垂直、等距喷射；若受喷面被钢架、钢筋网覆盖时，可将喷嘴稍加偏斜，但不宜小于 70°。

（6）一次喷射厚度不宜超过 20～50 mm，过大会削弱混凝土颗粒间的凝聚力，使喷层因自重过大而大片脱落，或使拱顶处喷层与围岩面形成空隙；过小，则粗骨料容易弹回。分次喷至设计厚度，两层喷射的时间间隔为不小于 30 min。影响喷层厚度的主要原因是速凝剂作用效果和气温。

（7）为提高工效和保证质量，喷射作业应分片进行。为防止回弹物附着在未喷岩面上影响喷层与岩面间的黏结力，按照从下往上施喷，呈“S”形运动；喷前先找平受喷面的凹处，再将喷头以螺旋形缓慢均匀移动，保证混凝土层面平顺光滑。

（8）喷射混凝土紧跟开挖掌子面进行，当围岩破碎、稳定性差时，一般采用小药量的松动爆破，初喷。初喷完成后，方可进行钢筋网、钢拱架、系统锚杆等施工。

（二）钢筋网

1. 钢筋网制作

钢筋网的加工全部集中在钢筋加工场内进行，采用全自动网片成型机加工，加工完成后运输至施工现场人工安装。

钢筋网片加工前首先检查钢筋表面是否有油渍、漆污、铁锈等，确保全自动网片成型机的钢筋表面整洁、干净。加工时设置加工平台，用于控制网格尺寸，加工完毕后的钢筋网片应平整，钢筋表面无削弱钢筋截面的伤痕。Ⅴ级围岩钢筋网间距为 20 cm，Ⅳ、Ⅲ级围岩钢筋网间距为 25 cm。

2. 钢筋网挂设

钢筋网初喷施工完毕进行，人工铺设贴近岩面，有钢支撑时，将钢筋网点焊在两榀钢支撑的外弧上。

（1）挂网在岩面初喷混凝土进行。

（2）钢筋网使用前应清除锈蚀。

（3）钢筋网随受喷面的起伏铺设，与受喷面的间隙不得超过 50 mm。

（4）钢筋网的喷混凝土保护层厚度不得小于 2 cm。

（5）钢筋网的搭接长度为 24 cm。

（6）采用双层钢筋网时，第二层钢筋网应在第一层钢筋网被混凝土覆盖后铺设。

（7）钢筋网与钢架连接牢固，在喷射混凝土时钢筋不得晃动。

（三）钢架支撑

1. 钢架加工

（1）型钢钢架采用冷弯机加工，钢架加工弧度根据隧道开挖设计轮廓线及预留变形量确定。

(2) 焊接好的节段,用红油漆注明编号,若节段自身不对称时,要在两端标明上或下。钢架由各单元钢构件拼装而成,工字钢焊接在 Q235 钢板上,各钢板之间用螺栓连接,螺栓孔中心间距公差不超过±0.5 mm。螺旋采用 M24×75 mm、M20×75 mm。

(3) 将焊好的节段进行试拼,螺栓要上紧,要求沿隧道周边轮廓误差不大于 3 cm,平面翘曲小于 2 cm。

(4) 钢架加工的焊接部位不得有假焊、漏焊现象,焊缝表面不得有裂纹、焊瘤等缺陷。加工好的钢拱架各单元应明确标准类型和单元号,并分单元堆放,堆码高度不得大于 1 m。

2. 钢架安装

(1) 架设钢架时由测量组精确定出拱架所在里程点的中线、法线和高程,以保证进洞方向的准确性。

(2) 拱脚下松碴或虚碴应清除,采用预制混凝土垫块支垫牢靠。为保证钢拱架施工稳定,应在拱架下方用混凝土垫块进行稳定。

(3) 加强对钢架的锁脚固定措施。由于采用分部开挖方法时,拱部钢架安装后,钢架暂时不能全断面封闭成环,同时土质隧道拱部钢架无法坐落在坚实的基岩上,因此,拱部钢架必须采取锁脚措施,将钢架两底脚牢固锁定,以防止钢架下沉或两底脚回收,钢架锁脚采用 4 根 $L=4.5$ m 的 $\phi42$ mm 锁脚锚管(L 指长度)、$L=4$ m 的 $\phi20$ mm 药卷锚杆或 $L=3.5$ m 的 $\phi20$ mm 药卷锚杆锁定,压注水泥浆液进行锚固,如地质较差时,采用加长锁脚锚管(杆)长度和再增设一根锁脚锚管(杆)以加强钢架的稳定。

(4) 相邻两榀钢架之间必须用直径 20 mm 的纵向钢筋连接,连接钢筋间距 1 m,内、外交错布置,连接钢筋应与钢架焊接牢固。

(5) 严格控制钢架垂直度(小于 2°)、安装间距、与喷射混凝土结合情况等。

(四) 复喷

复喷混凝土施工工艺与初喷混凝土相同,初喷(厚 2 cm 以上)、锚杆、钢筋网、钢架、复喷(二喷、三喷)等作业可以连续进行,直到达到设计要求。架设好钢架后,迅速用喷射混凝土封填,使之发挥支护能力。围岩较完整、稳定时间较长时,初喷、锚杆、钢筋网等施工后即可进行开挖作业,待下一循环初期支护时间再复喷,可将设计厚度的喷层厚分两到三次完成,由于每层间隔为一循环时间,每层因爆破产生的裂纹在下一次喷混凝土时被填充,而新喷层距掌子面渐远,所受的爆破振动亦越小,使喷混凝土层的支护能力更强。

(五) 系统锚杆

1. 中空注浆锚杆

在混凝土复喷完成后按设计间距及时施作径向中空注浆锚杆,然后注水泥浆。按设计要求,在开挖面上准确画出需施设的锚杆孔位,进行钻孔。检查导管孔达到标准后,安装锚杆并按设计比例配浆,采用电动注浆机注浆,注浆压力符合设计要求;一般按单管达到设计注浆量作为结束标准。当注浆压力达到设计终压不少于 20 min,进浆量仍达不到注浆终量时,可结束注浆,并保证锚杆孔浆液注满。在综合检查判定注浆质量合格后,用专用螺帽将锚杆头封堵,以防浆液倒流管外。

1) 施工准备

锚杆施工应在混凝土复喷后及时进行。锚杆施工准备工作包括:检查锚杆的材料、类型、规格质量以及性能，并准备好钻孔机具。

2）钻孔

钻孔前根据受喷面情况及设计要求布置孔位，并做出标志用以钻孔；钻孔应圆而直，其孔径孔深按设计施工；钻孔方向应尽量与岩层主要结构面垂直；孔距误差不宜大于15 mm，孔深误差不宜大于±50 mm。

3）锚杆安装

中空注浆锚杆长度、间距根据不同围岩调整，呈梅花形布置。安装前必须清除孔内粉尘，将中空注浆锚杆装好锚头后插入锚杆孔，再安上止浆塞、垫板、螺母，临时固定锚杆。

4）注浆

通过快速注浆接头将锚杆与注浆机连接，注浆前先进行压水试验，检查机械设备是否正常，管路是否连接正确，并应润滑注浆管路；水泥砂浆应搅拌均匀，随拌随用；注浆达到设计注浆量和注浆压力时即可结束注浆。注浆过程中随时观察注浆压力，分析注浆情况，做好注浆记录。

中空注浆锚杆采用水泥砂浆，水灰比为1∶1，标号不低于M20，掺加0.5%～1%的早强减水剂，5%的膨胀剂。技术要求：锚杆锚固拉力不低于100 kN。

浆液灌注饱满，水泥液体强度达到5.0 MPa后，锚杆末端戴上垫板，然后拧紧螺母。锚杆安装后不得随意敲击，其端部不得悬挂重物。

2. 药卷锚杆

药卷锚杆流程图如图8.7所示。

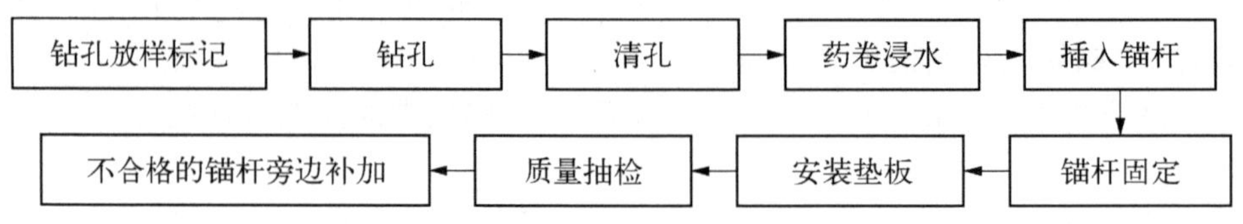

图8.7 药卷锚杆施工流程图

其施工注意要点有以下方面：① 涌水地段锚杆施工时，如孔内流水，则在附近另外钻孔，施作锚杆；②“药卷”在水中浸泡，保证水泥吸足水分，但不能过久；③ 安装时，用锚杆的杆体将“药卷”匀速地顶入锚杆安装孔，边顶边转动杆体，使“药卷”水泥在杆体周围均布密实，但不可过搅；④ 若使锚杆安装后立即起作用，可在水泥中加速凝剂，也可在水泥中加水泥微膨胀剂。

五、仰拱开挖支护

（一）仰拱开挖

（1）仰拱使用仰拱栈桥施工，在仰拱栈桥下方采用钢筋进行锚固，保证仰拱栈桥的稳定性。

（2）仰拱采用人工配合机械全断面分段分层开挖、清底，若岩层较硬可采用松动控制爆破，爆破时严格按交底打眼装药，尽量少装药，减少对围岩及初期支护的震动。边墙处尽量用风镐或人工开挖以减少震动；仰拱采用钻爆法开挖时应注意两侧边墙拱脚处附近不要钻设炮眼，拱脚处欠挖部分采用风镐凿除，以免松动边墙钢架，为了控制超欠挖，应加强仰拱开挖标高的测量工作及加强装药量的控制。如产生超挖，超挖部分采用同等级混凝土进行回填。

(3) 分段开挖长度不超过 3 m，隧底开挖后应及时核对隧底地质情况，发现与设计不符时及时反馈至相关部门，并严格按有关部门批准的处理方案进行处理。

(二) 仰拱支护

(1) 施作前应清除隧底虚碴、淤泥、积水和杂物，超挖部分应采用同级混凝土回填（Ⅴ级围岩采用 C25 喷射混凝土回填，Ⅳ级围岩采用 C30 混凝土进行回填，当Ⅳ级围岩位于洞口前 200 m 时采用 C35 混凝土进行回填）。

(2) 仰拱开挖和仰拱初期支护应衔接紧密，要先施作混凝土垫层（初喷混凝土），再安装仰拱钢架，然后喷射混凝土或采用模筑混凝土。

(3) 初支完成 2～3 个循环后，及时施作仰拱衬砌。

(4) 仰拱底无初期支护层时，要先施作混凝土垫层，便于进行仰拱钢筋安装及安装模板等作业。

六、施工注意事项

(一) 喷射混凝土施工要点及注意事项

(1) 支护紧随开挖面及时施作，以控制围岩变形和减少围岩暴露时间。

(2) 水泥采用普硅水泥，水泥标号不低于 42.5 级，使用前做强度复查试验。

(3) 细骨料中的含水量要每班检查、测试。

(4) 喷射混凝土的用水采用清洁的饮用水，pH 值不小于 4。

(5) 喷射设备需连续均匀混料并喷射。混料设备要严格密封，以防外来物质侵入。

(6) 空压机要能适用于所选用的喷射设备，并具有足够的气压和流率，且可以保持连续优质作业。喷射机的工作风压严格控制范围为 0.5～0.7 MPa，从拱部到边墙脚，风压由高变低。保证喷头处的压力在 0.1～0.15 MPa。

(7) 喷射混凝土的回弹物不得重复利用，所有回弹料均从工作面清除。

(8) 喷射混凝土料要确保密实填充钢支撑内的空隙及钢支撑与围岩之间的空隙。

(9) 喷射混凝土作业时的气温不得低于 5℃。

(10) 漏水地段先用塑料管将水引出，并根据实际情况调整混凝土配合比，增加水泥用量，再喷射混凝土。

(11) 喷射混凝土作业需紧跟开挖面时，下次爆破距喷混凝土作业完成时间的间隔，不得小于 4 h。

(二) 钢筋网施工要点及注意事项

(1) 钢筋网格尺寸应符合设计要求。

(2) 铺设钢筋网按照以下要求执行：钢筋网在初喷混凝土 4 cm 以后铺挂，且保护层厚度不得小于 2 cm；砂层地段应先加铺钢筋网，沿环向压紧后再喷射混凝土；钢筋网应随初喷面的起伏铺设，与受喷面的间隙一般不大于 3 cm，与锚杆（锚杆安装 3 d 后）或其他固定装置连接牢固。

(3) 开始喷射时，应减小喷头至受喷面的距离，并调整喷射角度，钢筋网保护层厚度不得小于 4 cm。

(4) 喷射中如有脱落的石块或混凝土块被钢筋网卡住时,应及时清除后再喷射混凝土。

(三) 钢拱架施工要点及注意事项

(1) 钢架应按设计位置安设,钢架之间必须用钢筋纵向连接,并要保证焊接质量。拱架安设过程中当钢架与围岩之间有较大的空隙时,沿钢架外缘每隔 2 m 应用混凝土预制块楔紧。

(2) 钢拱架的拱脚采用纵向托梁和锁脚锚管等措施加强支承。

(3) 钢架应尽可能多地与锚杆露头及钢筋网焊接,以增强其联合支护的效应。

(4) 喷射混凝土时,要将钢架与岩面之间的间隙喷射饱和达到密实。

(5) 喷射混凝土应分层次分段喷射完成,初喷混凝土应尽早进行"早喷锚",复喷混凝土应在量测指导下进行,即"勤量测"的基本原则,以保证喷射混凝土的复喷适时有效。

(6) 型钢钢架应采用冷弯成型,钢架加工的焊接不得有假焊,焊缝表面不得有裂纹、焊瘤等缺陷。

(7) 每榀钢架加工完成后应放在水泥地面上试拼,周边拼装允许误差为±3 cm,平面翘曲应小于 2 cm。

(8) 钢架应在初喷混凝土后及时架设,各节钢架间以螺栓连接,连接板必须密贴。

(9) 钢架安装前应清除底脚下的虚碴及杂物,钢架底脚应置于牢固的基础上。

(四) 锚杆施工要点及注意事项

(1) 锚杆体及附属结构的内外表面不得有裂缝、折叠、轧折、离层、结疤和锈斑等缺陷,存放及使用中材料内外表面必须除去油污。

(2) 锚杆孔深度及直径与杆体相匹配,锚杆杆体露出岩面长度不大于喷层厚度。

(3) 锚杆安装的数量,砂浆的强度、配合比符合设计要求。锚杆使用的原材料进场要有质量合格,检验项目及检验指标必须符合检验要求。施工前要进行工艺试验。

(4) 锚杆孔径、深度、孔距和锚杆插入长度要符合设计和规范要求。

(5) 锚杆垫板与孔口混凝土密贴,并随时检查锚杆头的变形情况,及时紧固垫板螺帽。

(6) 安装前检查锚杆体钻头的水孔是否畅通,若有异物堵塞,及时清理。锚杆体安装入设计深度后,用水和空气清孔,直至孔口反水或反气。注浆料由杆体中孔灌入,上仰孔设置止浆塞和排气孔。

(7) 锚杆类型、布置及安装数量符合设计要求。锚杆钻孔保证直线,并与其所在部位的岩层主要结构面垂直。砂浆锚杆采用的砂浆强度等级、配合比符合设计要求。药卷锚杆设置垫板,垫板与基岩面密贴。锚杆灌浆饱满,锚固力不低于设计或规范要求。

第四节　金屏山隧道洞身衬砌专项施工要点

隧道衬砌遵循"仰拱超前、拱墙整体衬砌"的原则,初期支护完成后,为有效地控制其变形,仰拱尽量紧跟开挖面施工,仰拱填充采用栈桥平台以解决洞内运输问题,并进行全幅一次性施工。仰拱施作完成后,利用多功能台车人工铺设防水板,绑扎钢筋后,采用液压整体式衬砌台车进行二次衬砌,采用拱墙一次性整体浇筑施工,最后完成整体施工。混凝土在洞外采用拌和站集中拌和,混凝土搅拌运输车运至洞内,泵送混凝土浇筑,插入式振动棒配合附着式振捣器振捣。

一、施工准备

（一）隧道初支断面净空测量

在隧道二衬施工之前，先由测量组对隧道初支断面净空进行测量，对隧道净空进行检查，完成后将测量成果上报。提前对侵陷部分进行处理，处理完成后进行复测，并经监理检查合格后方进行下一道工序。

根据施工坐标及测控中心提供的导线点，做好定位放线及水准点的引测并复核，将测量报告提交监理工程师审查。

（二）初支面处理

(1) 初支基面集中漏水部位进行注浆堵水，渗水部位施作防水砂浆刚性防水层或堵漏灵，做到无滴水、漏水、淌水、线流或泥沙流出，保证基面干燥、清洁。

(2) 自拱顶向两侧将基面外露的钢筋头、铁丝、锚管、排管、锚杆等尖锐物切除锤平，并用砂浆抹平顺，不得出现尖锐物。

(3) 对基面凹凸不平处修凿及用砂浆抹平顺，平整度不大于 3 mm。

(4) 初支面处理完成后，并经检查验收合格后，方可进行下一道工序施工。

二、仰拱衬砌施工

（一）钢筋作业

1. 钢筋加工

钢筋的形状及尺寸要完全按设计图纸加工，不得任意改动，尤其不能将闭合的箍筋断开。弯钩长度必须保证箍住环向钢筋和纵向钢筋，钢筋安装必须在模板放线后进行，钢筋的加工、安装应严格按照图纸、规范要求进行。

钢筋采用在钢筋加工场集中加工，钢筋的堆放采取支垫，分类堆放。有锈蚀的钢筋下料前进行除锈处理，调直后再使用。钢筋加工必须经质检员现场检验合格后才能出场。

2. 钢筋安装

仰拱二衬钢筋的制作与安装应符合设计和规范要求。两侧二衬边墙部位的预埋钢筋伸出长度应满足与二衬环向钢筋绑扎连接的要求，且将接头错开，使同一截面的钢筋接头数不大于总数的 50%。仰拱二衬钢筋的绑扎必须保证两个间距的要求，即两层层距和单层钢筋间距，可以制作钢筋定位架来控制钢筋间距与两排之间的排距。层间距通过定位钢筋来确定。钢筋的加工应严格按照图纸、规范要求进行。

(1) 使用卡具控制间距。在纵向钢筋上采用油漆提前做好标准间距标识，安装时再借助自制标准卡具确保间距均匀，同时注意相邻钢筋接头顺序。安装前为保证仰拱钢筋位置准确、上下垂直、间隔均匀，可按截面尺寸设纵向钢管做托架，作为架立、固定钢筋位置，并按设计间距画出主筋安装控制点，钢筋依次逐条安装。

(2) 定位钢筋控制层间距。为确保仰拱钢筋安装的整体性，充分利用标准的层间连接构造钢筋准确控制仰拱两层钢筋的间距，保证钢筋环向位置的准确性，按 2～3 m 增设定位钢筋，安设定位钢筋有利于整环钢筋顺利安装，将内外层的定位钢筋按设计位置固定，可确保层间距满足设计要求。

(3) 绑扎按照先外圈,后内圈;先主筋,后连接筋、箍筋的顺序施作。主筋要进行预弯加工处理,确保安设的圆顺度;主筋要与支撑拱架的主筋处于同一圆面上,纵向成一条线,横向处于同一法线上。外层主筋安装结束后根据内外层钢筋间距逐根安装内层钢筋,之后是纵向连接筋及箍筋的安装。

(二) 模板安设

仰拱采用弧形模板一次成型,与仰拱填充分开浇筑,确保施工质量。仰拱端头超出仰拱填充端头 50 cm,仰拱端头设置防水中埋式止水带,设置仰拱与填充错台(50 cm),更有利于仰拱及填充防水,防止仰拱底部水直接冒出至路面,避免翻浆冒泥病害,提供仰拱自防水能力。

为了保证混凝土质量、外观、尺寸和平整度要求。模板表面要求光滑、平整、顺直,连接处要密封不漏浆、不错位,并采取加固措施。项目部对模板进行自检,自检合格并经监理工程师检查同意后方能进行下道工序的施工。模板在安装前,模板内侧清理干净后涂抹脱模剂或新机油,不得使用废机油。

(三) 混凝土施工

(1) 仰拱混凝土施工前,基础面要清洗干净,无积水杂物及虚碴,无较大的超挖,当有超挖的时候必须按规范要求采用同级混凝土回填,经检查合格后,才能浇筑混凝土。

(2) 仰拱混凝土施工应使混凝土配合比准确,由项目集中拌和站统一供应,采用混凝土运输罐车运输到场,到场后需对混凝土坍落度进行检测,确保混凝土工作性满足设计配合比要求。

(3) 仰拱衬砌浇筑长度根据现场实际情况调整,每循环浇筑混凝土不超过 6 m,施工时横向接缝止水带安装质量要保证,两侧边墙弧形倒角处振捣密实,确保混凝土的质量。仰拱混凝土采用泵送浇筑,禁止仰拱和填充层一次施工。

(4) 采用插入式振捣器振捣混凝土,混凝土振捣应及时进行,全覆盖不留死角。插入式振动棒在混凝土中移位时,应竖向缓慢拔出,不得在混凝土浇筑仓内平拖。泵送下料口应及时移动,不得用插入式振动棒将下料口处堆积的拌合物推向远处,振捣时间宜为 10~30 s。

(5) 为控制混凝土浇筑过程中模板上浮,两侧混凝土浇筑应在满足混凝土连续浇筑的前提下放缓。

(6) 收面时为保证混凝土表面平整度要求,加强振捣提浆,进行人工抹平。

(7) 脱模后须及时进行养护,养护时间不得小于 7 d,洒水频次以保持混凝土表面湿润为准。

(四) 填充混凝土浇筑

隧道仰拱填充混凝土应及时施作,尽早使支护闭合成环,整体受力,确保支护结构稳定,待初期支护全断面施作完成后,开挖并灌筑仰拱混凝土及部分填充。

1. 仰拱表面处理

仰拱混凝土终凝以后立即进行其表面处理,施工缝处的水泥砂浆薄膜、松动石子或松弱混凝土层应凿除,并应用水冲净、湿润,使其表面形成新鲜清洁有一定石子外露起伏不平的麻面。

2. 混凝土施工

(1) 测量放样,根据设计要求安装模板,在填充混凝土顶部采用木制盖模,同时在端头采用钢模,钢管和方木支撑加固,确保模板稳定牢固和尺寸准确。

(2) 仰拱上的填充层混凝土施工应使混凝土配合比准确,由项目集中拌和站统一供应,采用混凝土运输罐车运输到场，到场后须对混凝土坍落度进行检测，确保混凝土工作性满足设计配合比要求。

(3) 仰拱填充不得与仰拱混凝土同时浇筑，浇注前应清除仰拱表面的杂物和积水。收面时为保证混凝土表面平整度要求，加强振捣提浆，进行人工抹平。

(4) 脱模后需及时进行养护，养护时间不得小于7 d，洒水频次以保持混凝土表面湿润为准；达到行车条件的混凝土强度由试验室通过同条件试件试验确定。

三、防排水施工

隧道防排水遵循以“防、排、截、堵相结合，因地制宜、综合治理”为原则，达到防水可靠、排水畅通，经济合理，施工方便的目的。隧道建成后形成完善的排水系统，达到“动态无压排水”，洞内无渗漏水、预留洞室不渗水、路面不冒水的要求，保证结构和设备的正常使用和行车安全。

(一) 基面处理

在要铺设防水板的范围内将突出的钢筋头、尖角状的碎石清除，必要时用砂浆抹平；对凹凸过大的部分也用砂浆抹平，或凿掉凸出部分，对渗水点用砂浆堵塞抹平，保证工作面的平整、干燥。初期支护面处理按下列图示方法处理。

(1) 钢筋网等凸出部分，先切断后用锤铆平并抹砂浆，见图8.8。

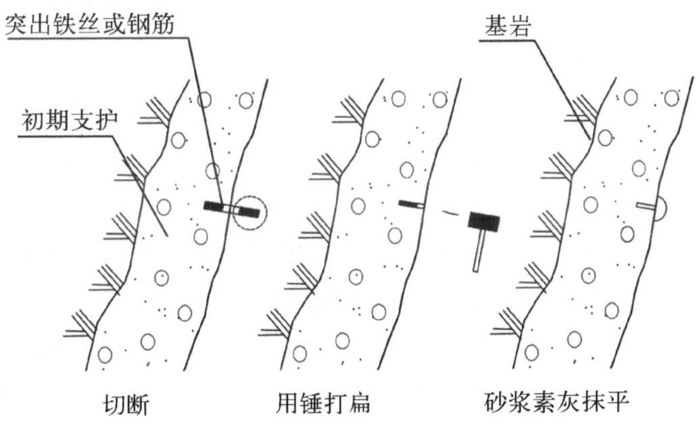

图8.8　初期支护面状况一处理示意图

(2) 有凸出的注浆钢管头时，先切断，并用锤铆平，后用砂浆填实封平，见图8.9。

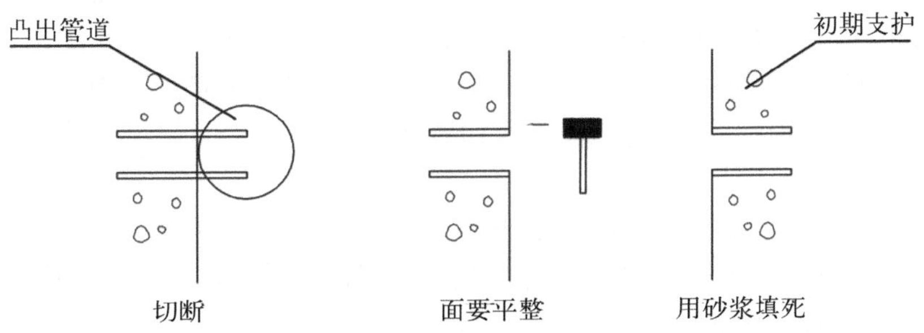

图8.9　初期支护面状况二处理示意图

(3) 锚杆有凸出部位时,螺头顶预留 5 mm 切断后,用塑料帽遮盖处理,见图 8.10。

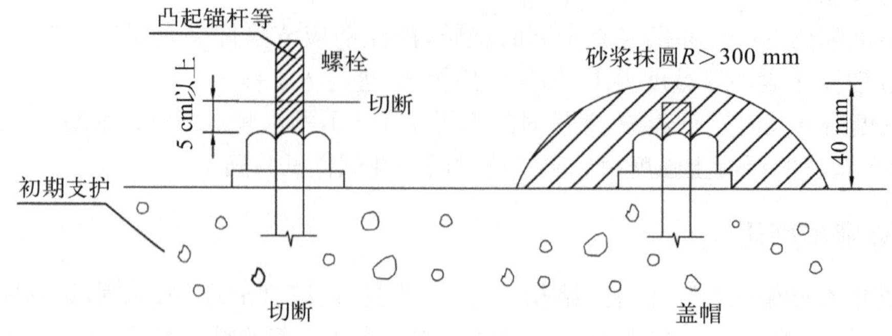

R—砂浆抹圆半径。

图 8.10 初期支护面状况三处理示意图

(4) 初期支护表面渗漏水处理。初期支护表面有少量渗漏水时,在渗漏水处进行浅孔局部注浆,用早强型水泥浆液,注浆后表面抹防水砂浆;局部注浆不能奏效时,对个别大的漏水点可采用排水盲管或半圆管将水引入排水沟;当初期支护喷射混凝土表层出现明显集中渗漏水情况时,应采取注浆止水措施。

(5) 通过补喷或凿除混凝土使初期支护表面平整圆顺。

初期支护表面应平整,无空鼓、裂缝、松酥,并用喷混凝土(或砂浆)对基面进行找平处理。平整度符合式(8.1)要求:

$$D/L \leqslant 1/6 \tag{8.1}$$

式中:D—基面相邻两凸面凹进去的深度;L—基面相邻两凸面间的距离($L \leqslant 1$ m)。

(二) 衬砌背后防水施工

初期支护与二次衬砌之间铺设 1.2 mm 厚的 EVA 防水卷材,在卷材与喷射混凝土之间铺设一层 350 g/m^2 的无纺土工布作为缓冲层,隧道侧壁纵向排水盲管采用 ϕ125 mmHDPE (high density polyethylene,高密度聚乙烯)双壁打孔波纹管,隧道横向排水支管采用 ϕ125 mmHDPE 无孔双壁波纹管,隧道环向盲沟采用 ϕ50 mm 打孔波纹管。

1. 土工布施工

(1) 铺设方法:土工布挂设采用隧道挂布台车从隧道拱顶纵中心线向两侧下垂铺设,使土工布垫层的横向中心线与喷射混凝土的纵向中心线相重合。然后用热熔垫片与水泥钉固定,水泥钉长度不得小于 50 mm。垫片环向布置间距拱部为 50 cm,拱腰为 70 cm,边墙为 100 cm;纵向布置间距为 125 cm,且靠近防水板边缘位置 40 cm。

(2) 土工布挂设长度不够,需要搭接长时,用靠近拱部土工布将下部土工布压紧搭接,搭接长度为 5 cm,并使土工布与喷混凝土表面密贴,铺设的土工布应平顺、无隆起、无皱褶。

2. 防水板施工

(1) 铺设方法:防水板挂设采用隧道挂布台车从隧道拱顶纵中心线向两侧下垂铺设,固定时沿环向从一侧到另一侧将防水板与热熔垫片一焊接,不得漏焊,铺设完成的防水板应平顺、无隆起、无皱褶,松弛度适中。

(2) 防水板挂设长度不够,需要接长时,可采用自动焊机焊成双焊缝或冷粘法(一般围岩采用双焊缝,瓦斯段落采用冷粘法),搭接长度为 10 cm。

3. 防水层破损的检查

(1) 防水板挂设完成后,检查有无焊穿、假焊和漏焊,焊缝表面是否平整光滑,有无皱褶,测量焊缝宽度(1.5 cm)与搭接宽度(10 cm)。

(2) 当采用双焊缝时,采用充气法进行检测,充气 0.25 MPa,保持 15 min,压力下降 10%以内即为合格。不合格时查找是否存在漏焊位置进行修补。

(3) 在防水层施工过程中,发现防水层破损处,必须立即作出明显的记号,以便逐个把破损处修补好。

4. 防水板保护

(1) 洞内堆放材料、工具应远离已经铺好防水板的地段。

(2) 防水板施工时严禁吸烟,严禁钢筋焊接作业,防水板的保管和施工场所应有防火、禁止吸烟的标志,并配置灭火设备。

(3) 挡火板的支撑物在接触到塑料防水板处必须加设橡皮垫层。

(4) 采用钢筋混凝土衬砌时,要对钢筋头部进行防护,避免损伤防水板;绑扎钢筋和衬砌台车就位时,要采取保护措施防止碰撞和刮破塑料板。

(5) 二衬钢筋安装时不得直接接触防水板,接触位置采用混凝土垫块隔开。

(6) 衬砌浇筑中应特别注意振捣引起的防水板破坏,避免振捣棒直接接触防水板,插入式振动棒变换位置时应竖向缓慢拔出,不得在仓内平拖,发现损伤应立即修补。

(7) 在浇筑衬砌混凝土时,应在混凝土输送泵口处设置防护板,防止混凝土直接冲击防水板。

(8) 二次衬砌中预埋件与防水板间距不小于 5 cm,以防止损坏防水板。

5. 防水层破损修补的具体要求

(1) 补丁不得过小,离破损边沿不得小于 7 cm。

(2) 补丁要剪成圆形,边沿不能有正方形、长方形及三角形等的尖角。

除此以外,进行施工时还需注意如下事项。

(1) 隧道侧壁纵向排水盲管采用 ϕ125 mmHDPE 双壁打孔波纹管,纵向排水管沿隧道两侧全隧贯通。隧道横向排水支管采用 ϕ125 mmHDPE 无孔双壁波纹管,横向排水管按照 6 m/道进行设置,在局部地下水丰富地段适当加密。

(2) 隧道环向盲沟采用 1～3 根 ϕ50 mm 打孔波纹管,按照 6 m/道设置,在水量大的地段间距适当加密。波纹管的根数根据水流大小确定,小股状水流处 1～2 根,集中大股水一般设 3 根。

(3) 盲沟自上而下铺设,盲沟身不得侵入二次衬砌,否则应凿槽埋设。

(4) 环向盲沟与纵向盲沟的连接,纵向盲沟与横向排水管的连接均采用塑料三通管连接,接头处外裹无纺布,横向排水管应尽量设在环向盲沟处,以便环向盲沟里的水能迅速排入纵向排水沟。

(5) 隧道地下涌水通过纵横盲沟和横向排水管汇入纵向边沟排出洞外;隧道路面清洗及消防水通过路缘边沟排出洞外。

(三) 施工缝、变形缝施工

1. 施工缝、变形缝设置位置

二次衬砌的沉降缝设置背贴式橡胶止水带＋中埋式橡胶止水带。设置位置如下:① 在围岩对衬砌有不良影响的硬软岩分界处；② 明洞衬砌与洞内衬明洞与暗洞界面；③ 衬砌变化界面；④ 在连续围岩中每 50 m 应设沉降缝一道；⑤ 围岩条件较差的浅埋段以及洞身断层破碎带等衬砌段落处；⑥ 车行横通道、人行横通道在加强段与正常段之间设置沉降缝。

2. 止水带施工

中埋式止水带采用有止水带固定功能的端头模板进行施工。

二衬钢端模为自加工定型模板，分为 A1、A2 两部分，A1 为靠近衬砌内轮廓线部分，A1 端头模板采用“轨道”连接于二衬模板台车侧板边沿，并将 A1 与 A1 之间用螺栓连接固定，宽度至中埋式止水带位置；A2 为靠近初支轮廓线部分，A1 与 A2 之间采用螺栓连接，且 A2 与 A2 之间采用螺栓连接，A2 与初支面空洞部分采用木模堵塞，并采用斜撑对端头模板进行整体加固，如图 8.11 和图 8.12 所示。

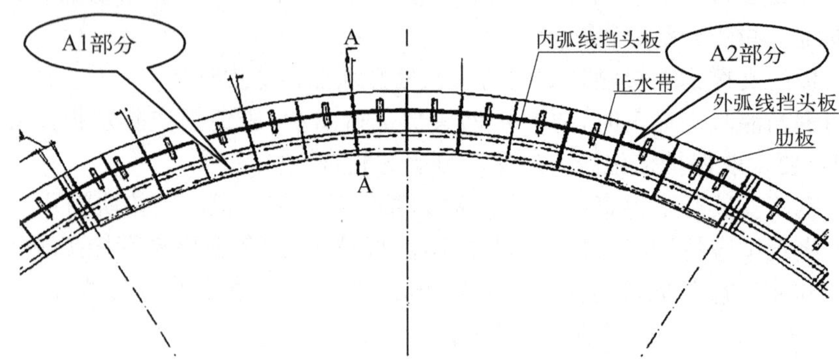

图 8.11　二衬端头钢模板正面示意图

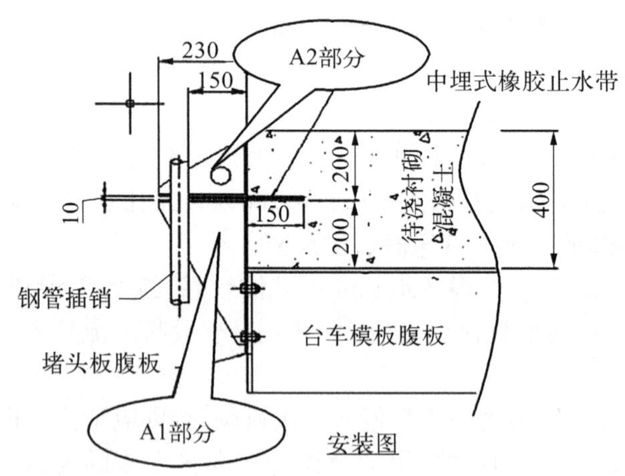

图 8.12　二衬端头钢模板侧面示意图(单位：mm)

隧道止水带施工步骤如下：① 施工时，先就位二衬台车，安装背贴止水带；② 安装钢端模 A1 部分，将中埋止水带铺在 A1 端模板外缘，止水带一侧靠近 A1 端模板上的螺栓孔，一侧外露于二衬台车内侧(浇筑混凝土段)，外露的一侧止水带需加固；③ 待中埋止水带安装固定后，将 A2 端头模安装到 A1 端头模外侧，对超挖部位采用模板进行封堵，并采用斜撑对端头模板进行整体加固。

隧道止水带施工控制要点如下。

(1) 检查待处理的施工缝附近 1 m 范围内围岩表面不得有明显的渗漏水，如有则采取必要的拦堵(防水板隔离)和引排措施。

(2) 止水带按断面环向长度截取止水带，使每个施工缝用一整条止水带，除材料长度原因外只允许有左右两侧边基上部两个接头，且要将搭接位置设置在大跨以下或起拱线以下边墙位置。

(3) 止水带接长可采用热硫化连接或冷粘法，搭接长度不得小于 10 cm，冷粘法接长时黏结剂涂刷应均匀并压实。

(4) 安装中埋式止水带时，应确保位置正确、固定牢靠，其中间空心圆环应与施工缝的中心线重合。止水带安装方向与衬砌端头模板正交。

(5) 止水带处混凝土表面质量应达到宽度均匀、缝身竖直，环向贯通，填塞密实，外表光洁。

(6) 浇注混凝土时，注意在止水带附近振捣密实，但不得碰止水带，防止止水带走位。止水带施工中泡沫塑料对止水带进行定位，避免其在混凝土浇筑中发生移位。

(四) 水汽分离装置

(1) 隧道区未见明显煤层，但在 K41＋180～K41＋540、ZK41＋160～ZK41＋520 段落在钻探孔中揭露有少量煤线，隧道施工开挖至煤系地层区(三叠系须家河组 1、3、5 段地层)，或揭露到与煤系地层相通的裂隙时，可能导致裂隙段聚集的有毒有害气体泄漏，进入洞室，故在瓦斯隧道内设置水气分离装置。

(2) 隧道穿越瓦斯段及前后各 50 m 采用沿衬砌外轮廓满铺防水层，以隔绝瓦斯渗入隧道，瓦斯段隧道水气分离装置、纵向瓦斯排放管均采用不打孔的 HDPE 波纹管，纵向瓦斯排放管敷设在隧道拱顶，纵向排放管沿隧道纵向全长布置，由瓦斯段落处引至较近的洞口外，沿仰坡敷设，管口高于洞顶 5 m。

(3) 瓦斯段衬砌每隔 30 m 设置一处水气分离装置，将地下水向下排入中心水沟(或路缘边沟)，将瓦斯气体向上排入洞顶纵向瓦斯排放管。

(4) 水气分离装置设置距离：瓦斯段长度小于 30 m 的，在瓦斯段起终点各设置 1 处即可，瓦斯段长度大于 30 m 的，除了在瓦斯段起终点各设置 1 处外，中间每隔 30 m 设置一处，瓦斯突出处适当加密并引出洞外排放瓦斯。

(5) 地下水的排放路径：纵向盲沟→水气分离装置→洞内中心水沟(或路缘边沟)。

(6) 瓦斯等有害气体的排放路径：纵向盲沟→水气分离装置→纵向盲沟→瓦斯排放管排入大气。

(7) 水气分离装置采用直弯头、三通管连接。安装连接的纵向瓦斯排放管注意不堵塞、不漏气。

四、衬砌钢筋加工及安装

当各监测项目的位移速率明显收敛，围岩基本稳定，已产生的各项位移，已达预计总变形量的 80%～90%，周边位移速率小于 0.1 mm/d，或拱顶下沉速度小于 0.07 mm/d 时方可施作二次混凝土衬砌。隧道二次衬砌采用整体式液压衬砌台车施工。混凝土采用自动计量的拌和站集中供应，搅拌运输车运送，混凝土输送泵泵送入模。混凝土 C35 混凝土及 C30 钢筋混凝土二次衬砌(隧道前200 m采用C35混凝土,剩余段落为C30混凝土)。衬砌施工时拱顶预埋注浆管,每模板台车范围内预留孔不少于4个。

(一) 钢筋加工

钢筋的形状及尺寸要完全按设计图纸加工,不得任意改动,尤其不能将闭合的箍筋断开。弯钩长度必须保证箍住环向钢筋和纵向钢筋,钢筋安装必须在模板放线后进行,钢筋的加工、安装应严格按照图纸、规范要求进行。

钢筋采用在钢材加工场集中加工,钢筋的堆放采取支垫,分类堆放。有锈蚀的钢筋下料前进行除锈处理,盘圆调直后再使用。钢筋加工必须经质检员现场检验合格后才能出场。

(二) 钢筋安装

拱部及边墙衬砌钢筋安装前需准确控制拱脚边墙预埋钢筋位置,抓好二衬钢筋准确就位的源头。绑扎钢筋的作业台架就位后,根据模板台车的长度确定出钢筋固定断面,标出定位点,由钢筋工在定位点处搭设固定钢筋的骨架。施工中要求同一截面钢筋接头数不大于50%,两相邻接头错开距离不小于1 m。

箍筋斜向交叉钩在环向钢筋外侧,箍筋间距按照环向30 cm,纵向25 cm,呈梅花形布置。

1. 使用卡具控制间距

在纵向钢筋上采用油漆提前做好标准间距标识,安装时再借助自制标准卡具确保间距均匀,特别是与仰拱、底板预留钢筋连接段需严加控制,同时注意相邻钢筋接头顺序。

安装前为保证洞身钢筋位置准确、上下垂直、间隔均匀,可在作业台车上按洞身截面尺寸设纵向钢管做托架,作为架立、固定钢筋位置,并按设计间距画出主筋安装控制点,钢筋依次逐条安装。

2. 限位钢筋控制层间距

为确保拱部及边墙衬砌钢筋安装的整体性,准确控制拱部及边墙衬砌两层钢筋的间距,保证钢筋环向位置的准确性,按2 m×2 m间距设置限位钢筋,限位钢筋布置在环向钢筋与纵向钢筋交叉位置,并进行焊接固定,当限位钢筋与箍筋冲突时,不设置箍筋。

3. 钢筋的安装与绑扎

将钢筋预弯后,首先安装定位处的拱墙钢筋,后以定位处的钢筋为模型,加密进行其他钢筋的绑扎。绑扎按照先外圈,后内圈;先主筋,后连接筋、箍筋的顺序施做。主筋要进行预弯加工处理,确保安设的圆顺度;主筋要与支撑拱架的主筋处于同一圆面上,纵向成一条线,横向处于同一法线上。外层主筋安装结束后根据内外层钢筋间距逐根安装内层钢筋,之后是纵向连接筋及箍筋的安装。

4. 保护层的控制

拱部及边墙衬砌钢筋安装完成后,按中线标高进行轮廓尺寸检查,合格后于内层钢筋挂设混凝土垫块(混凝土垫块用衬砌同级混凝土预制),呈梅花形布置,安装数量保证4个/m^2,垫块与衬砌台车模板密贴,以确保混凝土浇筑后钢筋净保护层厚度(5 cm)。

(三) 施工注意事项

(1) 安装时拱部尽量避免设置接头,不得已需要设置的要先连接好后再安装,整个安装顺序遵循:从下至上、先外层后内层、先主筋后连接筋、最后箍筋。

(2) 骨架制作时既要根据钢筋定尺长度,也要考虑施工中为控制主筋保护层厚度放大对弧长的调整。

(3) 要求主筋纵向间距、分布筋环向间距、内外层横向间距、保护层厚度符合设计要求。

(4) 二次衬砌与边墙仰拱钢筋相互错开，相邻两根钢筋要求接头处错开 100 cm，且同一断面的接头数量不得超过总根数的 50%。同一受力钢筋的两个搭接距离不小于 1 500 mm。

(5) 主筋绑扎时保证不扭曲，连接钢筋不出现弯曲现象，支撑箍筋与主筋绑在一起，不能与连接钢筋绑扎，以至造成钢筋外观不合格。

(6) 绑扎时要注意避免钢筋将防水板戳漏。

(7) 环向受力筋与纵向分布筋每个节点均要绑扎。

(8) 箍筋连接点设置在环向受力筋与纵向分布筋的交叉连接处，均需要进行绑扎固定。

(9) 内外层受力钢筋之间的限位钢筋要与环向受力钢筋进行焊接。

(10) 二衬钢筋采用焊接时，焊缝长度要单面焊不小于 10 d，双面焊不小于 5 d，各规格钢筋焊缝长度如表 8.5 所示：

表 8.5　钢筋焊缝长度统计表　　(单位：cm)

序　号	钢筋直径	焊缝长度	
		单面焊	双面焊
1	ϕ22 mm	22	11
2	ϕ25 mm	25	12.5
3	ϕ28 mm	28	14

五、衬砌模板台车就位加固

衬砌台车由具有合格资质的生产厂家按照隧道施工图纸加工制造，衬砌台车就位时采用全站仪定位，确保断面尺寸准确无误。每 10 循环台车前进行一次交底，每浇筑一循环台车混凝土前要进行检查，避免位置错误造成返工，发现错误必须立即进行整改。

当施工至加宽段时，先进行跳过，待全部二衬施工完成后，将台车退回至加宽段进行改装，并验收合格后进行加宽段二衬施工。

(一) 台车纵向移动

(1) 顶升油缸收缩，台车整体下降至纵移系统纵向滑移轮座落至地面上且平移滑座悬空，使纵移系统的滑移轮座生根，台车处于悬空状态。

(2) 纵向滑移油缸收缩拉动主门架下纵梁在纵向滑移轮座的滚轮上移动，整个台车往前移动。

(二) 台车横向移动

(1) 顶升油缸收缩，台车整体下降至横移系统横向滑移轮座落至地面上且纵移滑座悬空，使横移系统的滑移轮座生根，台车处于悬空状态。

(2) 横向滑移油缸收缩拉动主门架下纵梁在横向滑移轮座的滚轮上移动，整个台车左右移动。

（三）台车就位加固

纵向滑移油缸收缩到零行程后，顶升油缸伸出至平移滑座落至地面生根且纵向滑移轮座悬空，纵向滑移油缸伸出拉动纵向滑移轮座前移，直至油缸满程，台车顶升完成。

（四）台车控制标准

（1）严格控制轨道中心距，允许误差±1 cm。

（2）轨面标高比隧道路面中心高 15 cm，允许误差±1 cm。

（3）台车就位时，先调顶模中心标高，然后由顶模支撑梁上横向丝杆调整台车中线符合要求。最后由侧向丝杠电动调节边模张开度，调整到位后放下翻转模和底脚斜撑丝杠加固。

（五）安装挡头模板

根据衬砌厚度制作端部挡头模板，采用高分子端头封堵模板。端头模板与止水带同时安装，止水带经模板上的专用螺栓紧固，防止混凝土施工导致止水带位置变化，可以精确牢固地固定中埋式橡胶止水带和背贴式止水带，并能保证止水带随拱的弧度和平整度；竖向螺杆与斜向螺杆的三角形支撑组合解决了以往堵头必须采取辅助支撑加固的难题。

端部的挡头模板能保证设计衬砌厚度，并可适当调整以适应其不规则性；挡头模板结构能保证衬砌环接缝榫接，以保证接头处质量，增强其止水功能。顶部留有观察小窗口，以观察封顶混凝土情况。

（1）堵头板根据台车弧度环形布置，相互之间采用螺栓连接。

（2）堵头板设置有径向调整结构，可根据不同衬砌厚度对中埋式止水带实现准确定位。

（六）预留洞室及预埋件

隧道内有大量预埋件或预埋洞室，施工时利用木模板加工成与洞室尺寸相同的模型，二衬台车就位后将模型紧贴台车，背后用混凝土条支撑固定，待拆模后及时拆除洞室模板。二衬混凝土浇筑前应要求技术人员绘制全断面范围内的预留预埋设施平面展开图，准确标识每个预留预埋件的桩号，做好技术交底工作，对整个隧道内的预留、预埋件尺寸、位置分类进行详细交底。

六、衬砌混凝土浇筑

（一）混凝土浇筑

（1）混凝土拌制前，必须对集料含水率进行检测，对施工配合比、含水率进行相应的调整。

（2）泵送混凝土前采用按设计配合比拌制的水泥浆润滑管道。

（3）混凝土采用混凝土搅拌运输车运输，并在浇筑前检测坍落度。

（4）混凝土直接入泵仓，输送管尾端设软管控制管口与浇筑面的垂距混凝土不得直冲防水板板面或模板板面流至浇筑位置，垂距控制在 1.5 m 以内。

（5）混凝土由下至上分层、左右交替、对称浇筑。每层浇筑高度、方向根据搅拌能力、运输距离、浇筑速度、洞内气温和振捣等因素确定。边墙部位混凝土采取埋管式浇注，由液压泵直接顶压入模，挤压顶升式浇注。拱部先采取退出式浇注，最后用压入式封顶。为防止浇筑时两侧侧压力偏差过大造成台车移位，两侧混凝土浇筑面高差宜控制在 50 cm 以内，同时合理控制混凝土浇筑速度。

（6）施工过程中，输送泵连续运转，泵送连续浇筑，宜避免停歇造成“冷缝”，间歇时间超过规范要求时，按施工缝处理。

(7) 对混凝土性能、坍落度及捣固方法进行有效控制，以减少反弧段气泡，有效提高衬砌混凝土表面质量。

(8) 二衬混凝土采用二衬台车自动分仓系统浇筑，混凝土浇筑按照纵向分段、水平分层、两侧对称的原则进行浇筑。

混凝土浇筑前，先泵送 2 m^3 砂浆，润滑泵车、泵管，切记不能将砂浆浇筑到二衬结构中。混凝土到场后先进行坍落度、入模温度检测，复核要求后方可将混凝土送入泵车施工。

混凝土浇筑从线路底端向高端依次浇筑，先将混凝土调至底端料斗泵送放料。混凝土沿横向溜槽、竖向溜管滑溜至各分仓溜槽，通过分仓溜槽衬砌台车。混凝土入仓后开启振捣器振捣。

混凝土浇筑至距离左 1-1，左 1-2，右 1-1，右 1-2 仓口 20 cm 位置时，停止混凝土浇筑，关闭该 4 个槽口。将混凝土移至线路纵向高端料口，按照以上步骤完成第一层混凝土高端部位浇筑。

第 1 层混凝土浇筑完成后，再将混凝土移至底端料斗，按照步骤③完成第 2 层混凝土浇筑，依次施作第 3 层混凝土浇筑。

三层窗口浇筑完成后，再将混凝土移至拱顶接口，依次从底端向高端进行拱顶混凝土浇筑。

(9) 当挡头板上观察孔有浆溢出，即标志封顶完成。

(二) 拆模、养生

(1) 根据混凝土试件强度试验，确定拆模时间。不承受外荷载的拱、墙混凝土强度达到 2.5 MPa 以上及时拆模。

(2) 拆除模板时清除模板表面黏结的混凝土，在下一板台车就位前，喷涂脱模剂，台车收缩拆模后，台车行走同前第八章第四节第五大点的“衬砌模板台车就位加固”一致。

(3) 在拆模前用高压水枪冲洗模板外表面，拆模后喷淋混凝土表面，以降低水化热。

(4) 养生时间要求：拆模前用水冲洗模板外表面，拆模后洒水养护，养护期不少于 7 d。

(三) 施工注意事项

(1) 复合式衬砌施工时，二次衬砌施作时间，应在围岩和初期支护变形基本稳定并具备以下条件时进行：隧道周边变形速率有明显减缓趋势；水平收敛(拱脚附近)小于 0.2 mm/d，拱顶下沉小于 0.1 mm/d；施作二次衬砌前的总变形量，已达预计总变形量的 90%以上。

(2) 混凝土浇筑前应复查台车模板中线、高程、仓内尺寸是否符合设计要求；台车及挡头模板安装定位是否牢靠；模板接缝是否填塞紧密；脱模剂是否涂刷均匀；止水带、止水条安装是否符合设计及规范要求。

(3) 输送泵接头是否密闭，机械运转是否正常。

(4) 混凝土严格按试验室提供的配合比计量配料，混凝土的运输设备保证混凝土在运输过程中不发生离析、漏浆、严重泌水及过多损失坍落度现象。

(5) 灌筑混凝土要水平分层对称地进行，当混凝土超过隧道衬砌的拱部以后，混凝土排出管末端应埋在混凝土中，以保证填充完全。

(6) 混凝土灌注要保持连续性，如因故中止，超过允许时间应按工作缝处理。

(7) 混凝土浇筑及时振捣，采用插入式振捣器和附贴式振捣器搭配使用，振捣时避免振动头与模板面接触，也不允许振动钢筋。

(8) 衬砌前对隧道初支断面进行复测，保证初支断面不侵线前提下方能组织二衬施工。

(9) 台车就位后还要在低侧后轮加设木楔，木楔后面加设夹轨器防止木楔脱落发生意外。

(10) 根据《重庆市高速公路施工标准化指南》(CQJTG/T E02—2021)的要求，二衬施工每 500 m 时要对台车全面校验一次。

七、拱顶注浆施工

利用地质雷达扫描仪对施工完成后的二衬进行检测，判断二衬背后有无空洞现象。如存在空洞现象，则采用拱顶注浆方式进行处理。拱部混凝土衬砌浇筑时，拱顶必须预留注浆孔，注浆孔间距应不大于 3 m，且每模板台车范围内的预留孔不少于 4 个。

拱顶注浆施工方法：

(1) 钻孔：将自行式简易平台推至注浆位置，就位稳定，对预留注浆孔进行清理、修补，确保注浆孔圆顺、规则。

(2) 安设连接套管：连接管与预留管及注浆管连接。接风管、水管到达注浆位置，安设注浆设备进行注浆试验有无漏浆漏水，确保注浆过程顺畅。

(3) 砂浆的拌制：砂浆必须具有良好的可灌性，水灰比控制在 0.6～0.8 之间，固结后有一定的抗压、抗拉强度，砂浆的拌制严格按照试验室出具的配合比拌制，不得在注浆过程中随意加水。

(4) 注浆：衬砌混凝土强度达到 100%后即可进行注浆作业，注浆压力大于 1 MPa，注浆结束标准以达到注浆压力 2.0 MPa，恒压 5～10 min。以不进浆或相邻管口有浆液流出为标准，若发现注浆不饱满即进行第二次注浆直至孔口饱满为止。

(5) 检测：注浆完成后对该段注浆效果进行检测，检测方法雷达扫描，若有脱空继续注浆，若无脱空说明注浆效果达到标准。

(6) 注浆过程质量控制要求：① 注浆用原材料进场必须经过检验，检验合格后方可使用；② 浆液严格按照配合比拌制，不得随意调整配合比；③ 浆液强度必须符合设计要求，按照规范要求留置空压试件；④ 注浆必须保证回填密实，每段注浆完成后，采用雷达扫描法检验；⑤ 注浆现场由试验人员跟班指导，以处理施工中出现的问题，并确定注浆效果；⑥ 浆液搅拌一定要均匀，不得有结块现象；⑦ 注浆完成注意器械的保养和清洁。

第五节　金屏山隧道突泥处置施工要点

涌水突泥是较为常见的隧道施工问题，对隧道内置结构搭接及墙体承重会产生较大的影响。一般来说，隧道内部施工时，均会设定防护栏、承重辅助架等，对涌水突泥问题进行预防，一定程度上降低了事故发生概率，对存在安全隐患的位置做出定向的标记，提醒施工人员做好保护。但是，这种传统的涌水突泥处理方式覆盖面较小，自身的针对性与稳定性较差，防护较难达到预期的效果。

不仅如此，当前的涌水突泥处理结构多为单向的，处理效率低，致使隧道工程的建设进度受到不同程度的影响，增加工程防护工作的压力。为此，本节结合具体的隧道工程，构建更为灵活、多变的涌水突泥处理结构，从多个角度进一步扩大当前的处理范围，对特殊区域进行双向防护处理，最大程度降低事故的发生概率，同时减小涌水突泥处理过程中的误差，营造更加稳定的隧道施工建设环境，为后续相关技术的发展及优化奠定坚实的基础。

（一）突泥反压回填

对掌子面突泥采用洞碴进行反压回填，反压长度不小于 8 m，设置观测桩进行稳定性观测，回填稳定后采用超前水平钻对溶腔探明，同时利用反压土体为超前水平钻孔铺好平台，并进行警戒维护。

（二）前方溶腔探明

在 K41＋890 处地掌子面布置钻孔，根据钻孔揭露溶腔和填充物的情况，因前期施工过程中已对超前探孔主要位于掌子面正前方，均未探到溶洞，推断岩溶发育于拱顶附近，故在突泥位置布置 6 个超前钻探孔，探查侧面岩溶发育情况。

（三）径向注浆

溶腔大部分为非充满状态，为保证运营安全，对 K41＋890～K41＋900 段溶腔内充填物先注浆加固，注浆采用 ϕ42 mm×4 mm 小导管径向注浆，径向注浆孔间距 2 m×2 m，采用梅花形布置。

（四）临时钢支撑施工

K41＋895～K41＋915 段在现有初期支护结构基础上，增设临时 I20b 钢拱架，工字钢纵向间距 70 cm。

1. 钢架加工

(1) 型钢钢架采用冷弯机加工，加工完成的节段用红油漆注明编号，若节段自身不对称时，要在两端标明上或下。钢架由各单元钢构件拼装而成，工字钢焊接在 Q235 钢板上，各钢板之间用螺栓连接，螺栓孔中心间距公差不超过±0.5 mm。螺旋采用 M24 mm×75 mm。

(2) 将焊好的节段进行试拼，螺栓要上紧，要求沿隧道周边轮廓误差不大于 3 cm，平面翘曲小于 2 cm。

(3) 钢架加工的焊接部位不得有假焊、漏焊现象，焊缝表面不得有裂纹、焊瘤等缺陷。加工好的钢拱架各单元应明确标准类型和单元号，并分单元堆放，堆码高度不得大于 1 m。

2. 钢架安装

(1) 架设钢架时由测量组精确定出拱架所在里程点的中线、法线和高程，以保证进洞方向的准确性。

(2) 拱脚下松碴或虚碴应清除，采用预制混凝土垫块支垫牢靠。为保证钢拱架施工稳定，在拱架下方用混凝土垫块进行稳定。

(3) 钢架的锁脚固定措施：钢架拱腰和拱脚处设置锁脚锚管将钢架两底脚牢固锁定，以防止钢架下沉或两底脚回收，钢架锁脚每处采用 2 根 $L=4.5$ m 的 ϕ42 mm 锁脚锚管锁定（L 为长度），压注水泥浆液进行锚固，如地质较差时，采用加长锁脚锚管（杆）长度和再增设一根锁脚锚管（杆）以加强钢架的稳定。

(4) 相邻两榀钢架之间必须用直径 20 mm 的纵向钢筋连接，连接钢筋间距 1 m，内、外交错布置，连接钢筋应与钢架焊接牢固。

(5) 严格控制钢架垂直度(小于 2°)、安装间距 70 cm。

3. 钢架拆除

在溶洞处置完成后,监控量测拱顶沉降及周边收敛趋于稳定时,并经监理工程师同意后,方可进行临时钢支撑拆除,拆除时按照安装顺序进行逆序施工,逐榀拆除。

(五) 超前地质预报

K41+890 继续向前施工过程中,应采用物探和超前地质钻孔。物探采用长距离 TSP 和短距离地质雷达相结合的方法,相互印证。超前地质钻孔一方面针对物探异常区域进行验证,一方面在掌子面均匀布孔,数量不少于 5 个,特殊情况可酌情增加,靠近开挖轮廓线的钻孔设置 10°~20°外插角,查明掌子面正前方和隧道周边 5~10 m 范围围岩情况,同时也可以达到对前方地下水进行预排放的目的。超前地质钻孔各循环间搭接长度不小于 5 m。现场收到报告后根据报告建议组织施工。

(六) 超前支护

因掌子面附近已开挖段落岩溶发育,设计洞内管棚工作洞室易诱发更多不确定因素,因此采用不开挖,在初期支护内实施管棚的方法,随着掘进的进行,逐步对侵限管棚切割再实施初期支护的方法进行。

K41+893~K41+895 为洞内管棚工作室,由于此处管棚工作室长度仅为 2 m,空间不能满足管棚施作,因此不采用管棚进行超前支护。

1. 超前小导管

施作洞内套拱前,在 K41+895~K41+891 段设置 6 m 长的 ϕ42 mm×4 mm 的超前小导管,纵向间距为 2 m。

1) 钻孔

小导管采用 YT28 风枪或者锚杆钻机进行钻孔,K41+895~K41+891 段 6 m 长的超前小导管第 1 环钻孔角度 10°~20°,第 2 环钻孔角度为 20°~30°,主洞超前小导管钻孔角度 10°~15°。

2) 超前小导管安装

小导管规格选用 ϕ42 mm×4 mm 无缝钢管,长度为 4.5 m,管壁每隔 150 mm 交错钻眼,孔眼直径 ϕ8 mm,注浆浆液选用水泥浆液。

钻孔时使用孔眼较管径大 20 mm 以上,孔钻好后,进行吹眼,后再将钻杆换钎尾,将导管贯入孔中,外露 20 cm,以便连接注浆管,并将小导管周围空隙封堵严实。

3) 超前小导管注浆

(1) 注浆参数。

安装钢管后用 GL90-100 注浆机(防爆型)进行注浆作业,注入水泥浆液,当地下水压力较大时则压注水泥-水玻璃浆液,水泥浆水灰比 1∶1(重量比),水泥浆与水玻璃体积比 1∶0.5,水玻璃浓度 30°Bé,注浆压力 0.5~1 MPa,注浆参数及注浆量根据现场试验按实际情况确定,合理调整。单根导管注浆量等于注浆断面积、注浆管长度和围岩空隙率的乘积,为了避免串浆,采取分序施工或对串浆孔同时注浆。

(2) 注浆结束标准。

注浆压力逐步升高,达到设计终压(1 MPa)时继续注浆 10 min。

实际注浆量与设计注浆量大致接近,注浆结束时的进浆量,宜在 20~30 L/min。

(3) 注浆效果检查。

隧道注浆段的注浆孔全部注完后，必须要进行注浆效果检查和评价，不合格者应补钻孔注浆，检查方法如下：

对注浆过程中的各种记录资料综合分析，注浆压力和注浆量变化是否合理，是否达到设计要求。

根据注浆前后地层声波速度的大小对比来判断浆液填充的密实程度。

亦可以从隧道的挖掘情况直接检查注浆质量，修正注浆参数。

2. 洞内套拱施工

1) 测放与标记

测量人员测放出洞口位置，同时标记出大管棚及套拱的位置。套拱厚度 70 cm，长 2 m。

2) 拱架制作与安装

(1) 套拱拱架采用 I20b 工字钢，纵向间距 50 cm，拱架在钢筋加工厂按 1∶1 比例放出大样进行加工，拱架分段制作。用工字钢弯曲机加工成型，然后将架立钢板和连接钢板焊接于拱架上。加工好的拱架在大样上进行试拼装，控制其平面翘曲度在允许范围之内(±2 mm)，焊接采用双面焊，焊缝厚度不小于 5 mm。

(2) 安装时先由测量人员用全站仪放出隧道中线及工字钢的拱架拱脚位置，拱架的拱脚应坐落于混凝土基础上，然后将拱架逐段进行拼接，拱架要垂直于隧道中线，竖向不倾斜，平面不错位、不扭曲，上下、左右允许误差 ±50 mm，倾斜度不得大于 ±2°，工字钢间距为 50 cm，共计 4 榀。每榀拱架间用纵向 ϕ20 mm 钢筋连接，环向间距为 1 m。

3) 导向管的安装

导向管采用 ϕ133 mm×4 mm 钢管，导向钢管每根长 2 m，共设计 30 根，按 40 cm 间距焊接在钢拱架外侧，采用 ϕ14 mm 钢筋固定在拱架上，防止浇筑混凝土时产生位移。安装前用全站仪在型钢骨架上定出孔口管安装位置，用水准尺坡度板设定孔口管倾角，用前后差距法设定孔口管的外插角，使导向管在考虑纵坡后外插角为 5°。

4) 安装模板

套拱模板采用 20 cm×5 cm 木板，加固体系采用 ϕ20 mm 钢筋，环向间距为 0.6 m，纵向间距为 0.5 m，底部采用 ϕ48 mm 钢管进行支设加固，钢管支设于反压回填的土体平台，钢管间距约 1.5 m，钢管以基底牢固处做支撑点，下部采用木板垫实。混凝土浇筑孔两端及拱部共留置 5 个振捣窗口，预留窗口大小满足泵管放料及振捣棒振捣，模板两侧对称位置留置，加固完成后方可进行混凝土浇筑。

5) 浇筑混凝土

混凝土采用拌和站集中拌制，罐车运至施工现场，采用混凝土输送泵将混凝土泵送至套拱内浇筑，先浇筑两拱脚直墙段，然后左右两侧对称浇筑剩余部分，浇筑过程中要严格进行振捣，振捣遵循快插慢抽的原则，插入下层混凝土 50～100 mm，振捣棒与侧模应保持 50～100 mm 的距离，当混凝土停止下沉，不再冒出气泡，表面呈现平坦、泛浆无漏振，代表振捣到位。

6) 拆模、养生

为保证混凝土表面不出现裂纹，浇筑完成后及时洒水养生；当混凝土强度达到 5 MPa 后，方可拆除外侧模板；混凝土强度达到 90%后才能拆除底模，拆模使用机械配合人工进行，拆模后继续养生，养生周期应为 7 d。

3. 管棚施工

套拱混凝土达到 100%强度时，才能实施管棚钻孔工作，长管棚采用 ϕ108 mm×6 mm 热轧无缝钢管，仰角 5°。

1）安装钻机

（1）钻机平台利用反压填土整平作为作业平台。

（2）钻机定位：钻机要求与已设定好的孔口管方向平行，必须精确核定钻机位置。用全站仪和钻杆导向相结合的方法，反复调整，确保钻机钻杆轴线与孔口管轴线相吻合。

2）钻孔

（1）为了便于安装钢管，钻头直径采用 ϕ120 mm。

（2）岩质较好的可以一次成孔。

（3）钻机开钻时，应低速低压，待成孔 10 m 后可根据地质情况逐渐调整钻速及风压。

（4）钻进过程中经常用测斜仪测定其位置，并根据钻机钻进的状态判断成孔质量，及时处理钻进过程中出现的问题。

（5）钻进过程中确保动力器、扶正器、合金钻头按同心圆钻进。

（6）认真做好钻进过程的原始记录，及时对孔口岩屑进行地质判断、描述，作为洞身开挖时的地质预测预报参考资料，从而指导洞身开挖。

（7）钻进时如产生坍孔、卡钻等现象，需进行注浆后再重新钻进，地质破碎采用跟管钻进。

（8）根据现场实际围岩状况，钻孔若无法成孔，现场管棚采用跟管施工工艺。

跟管施工工艺技术原理：管棚施工中用管棚钢管代替钻杆，在钢管前安装钻头，管棚钢管间采用丝扣连接，使用定向钻机将棚管依次打入土体（土石层）中。钻进过程中使用导向钻头调节钻进角度，使棚管按设计轨迹钻进完成钻孔。棚管打至设计长度后，为加强管棚刚度和强度，在管棚内安装三角钢筋骨架，钢筋骨架安放完成后立即向管内注浆。

3）清孔验孔

（1）用潜孔钻进行反复扫孔，清除浮碴，确保孔径、孔深符合要求，防止堵孔。

（2）用高压风从孔底向孔口清理钻碴，清孔过程中产生的粉尘采用雾炮降尘处理。

4）安装管棚钢管

（1）钢管在专用的管床上加工好丝扣，丝扣加工完成后要进行检查，不得存在烂丝、断丝的情况。导管四周钻设孔径 10 mm 注浆孔，靠孔口 2.5 m 处的棚管不钻孔，作为止浆段，孔间距 15 cm，呈梅花形布置。管头焊成圆锥形，便于入孔。

（2）棚管顶进采用装载机和管棚机转动顶进相结合的工艺，即先钻大于棚管直径的引导，然后用挖机在人工配合下顶进钢管。

（3）钢管接长时套丝要拧紧，不得存在外漏丝头，不得出现松动，接长钢管要满足受力要求，相邻钢管的接头应前后错开。管棚钢管采用 3 m、6 m 两种长度进行组合，确保同一横断面内的接头数不大于 50%，相邻钢管接头至少错开 3 m。

5）注浆

（1）管棚安装完成后，插入钢筋笼，钢筋笼采用 4 根 ϕ20 mm 主筋，均匀环形布置，箍筋 ϕ10 mm 钢筋，间距 50 cm，用钢板将管口封堵并预留 ϕ40 mm 进浆孔并设止浆阀，然后对孔内进行注浆，浆液用专用制浆机拌制。

（2）注浆材料：注浆材料为 P.0425 水泥浆，水灰比 1∶1。

（3）采用注浆机将砂浆注入管棚钢管内，初压 0.5～1.0 MPa，终压 2 MPa，持压 15 min 后停止注浆。

6）洞内套拱及管棚拆除

（1）待溶洞处理完成后，且监控量测数据显示围岩趋于稳定时，可对洞内套拱采用拆除，凿除过程中暂停套拱以内施工，撤离所有施工人员及机械设备，采用警戒线拉出 15 m 警戒范围，严禁人员随意进出。并在施工过程中持续进行监测，如发现数据异常或突变时及时通知施工人员撤出洞内。

（2）拆除采取自拱顶向两侧分段凿除，先采用人工套拱另一侧管棚进行割断，再对工字钢连接节点处混凝土进行切缝，凿出工字钢，并进行割断，随后采用破碎锤分段凿除，直至侵限套拱部位全部凿除。考虑凿除过程中粉尘会影响施工视线，现场配置洒水车或雾炮进行降尘。拆除后的套拱废料采用自卸车清运出洞内。管棚随着开挖进尺，对侵限管棚进行割除。

（3）套拱拆除过程中，配备 2 名专职指挥人员，负责指挥破碎锤凿除，并做好周边初支稳定情况观察，如发现出现裂缝、掉块等情况时，立即撤离洞内，并重新进行监控量测，并通知上级参建单位重新制定处置措施。

（七）洞内突泥的处理

具体施工注意要点如下。

（1）因现场发生突泥发生时采取紧急措施进行弃土反压，反压回填至 K41＋914，距 K41＋890 掌子面 24 m，对洞内突泥进行边清理，边监控处置，每次清理长度 7.5 m 且务必在白天进行清理。

（2）进洞清理前将洞内施工人员全部撤离，将洞口进行封闭，严禁无关人员进洞，对进洞人员进行安全教育及交底，对机械设备进行检查保养，进洞人员务必做好安全防护措施，配备对讲机。为防治溶腔内存在承压水，在清理过程中出现涌水事故，进洞人员需穿上救生衣，在车辆驾驶室配备救生圈并在洞内配备救生筏。

（3）清理过程中只允许一台装载机及一台出碴车进洞清理，同时，安排一名带班人员在突泥体前 30 m 处进行指挥，同时观察突泥体是否有异常情况。一旦发现存在异常情况，带班人员应立即发出警报提醒装载机及出碴车及时撤离，其本人也应在发出警报后立即向洞口撤离，洞外人员应时刻准备接应洞内人员及机械。

（4）在清理突泥时出碴车应停在突泥体前方 10 m 处进行装载，装载机每次装斗后应观察突泥体 1 min，未发现异常现象方可继续装载，在整个清理过程中机械不可熄火。同时，出碴车应倒车进洞，并且应注意逃离通道，机械之间不能互相阻碍撤离，方便出现事故时迅速撤离。

（5）每清完 7.5 m 后，应在突泥体左右侧初支面喷上红漆以便观察突泥体的位移变形情况，监控观察时间 6～8 h，若突泥体未发生较大位移变形，可继续对突泥进行清理，清理过程一致。

（6）岩溶隧道洞内突泥的清理次数取决于多种因素，如突泥的规模、性质、地质条件、施工条件，以及处理方案等，因此需要根据具体情况来确定，并可能需要多次清理和动态调整施工方案。在处理此类问题时，应确保人员安全，并遵循专业人员的指导，采取合适的处理技术和方法。

（八）洞身开挖

K41＋890～K41＋860 段施工时，采用机械开挖、人工辅助开挖。

1. 施工方法

如图 8.13 和图 8.14 所示，K41＋890～K41＋860 段洞身开挖施工方式如下：

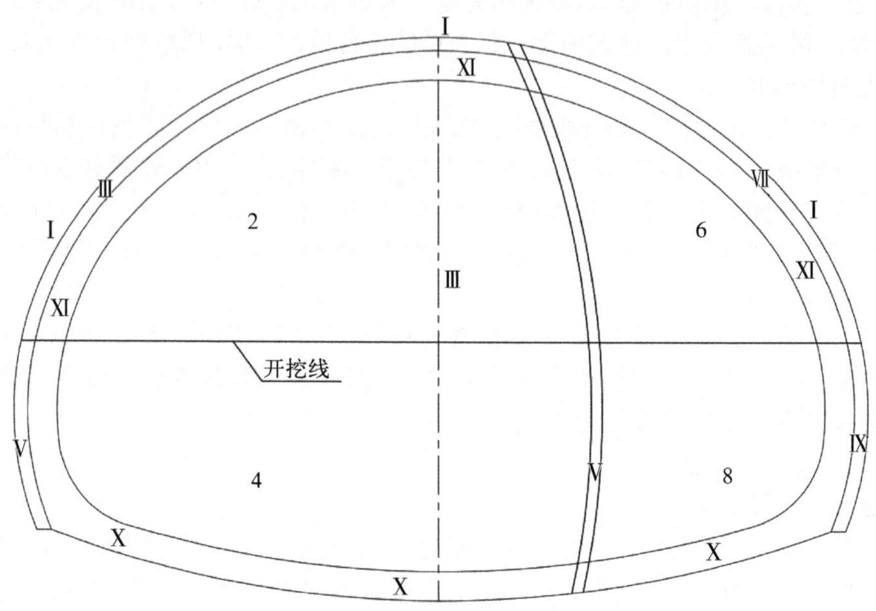

2、4、6、8—断面；Ⅰ、Ⅲ、Ⅴ、Ⅸ、Ⅹ、Ⅺ—施工的部分。

图 8.13 CD 法施工立面图

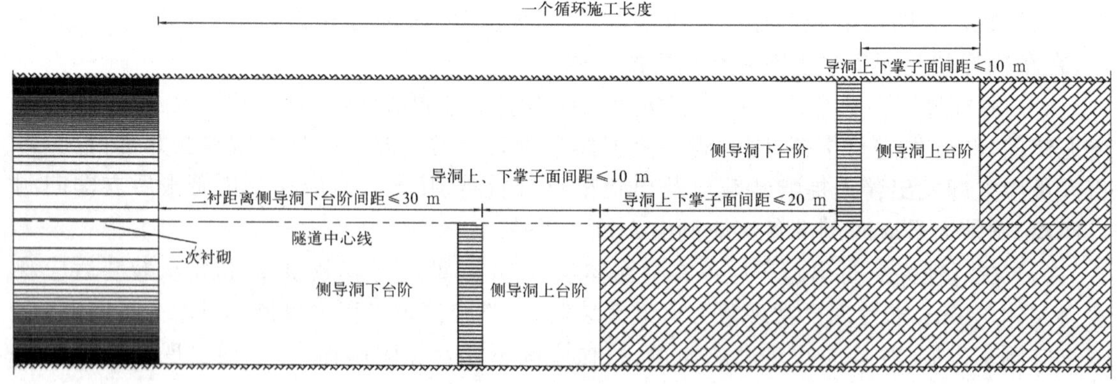

图 8.14 CD 法施工平面图

① 主洞超前小导管注浆预支护Ⅰ；② 开挖先行导坑上半段面 2；③ 施作先行导坑上半段面初期支护Ⅲ（含侧壁临时支护）；④ 开挖先行导坑下半断面 4；⑤ 施作先行导坑下半段面初期支护Ⅴ（含侧壁临时支护）；⑥ 开挖后行导坑上半段面 6；⑦ 施做后行导坑上半段面初期支护ⅦⅨ；⑧ 开挖后行导坑下半断面 8；⑨ 施做后行导坑下半段面初期支护Ⅸ（含拆除

侧壁临时支护)；⑩ 施作仰拱二次衬砌、仰拱填充Ⅹ；⑪ 施作全断面模筑二次衬砌Ⅺ。

2. 围岩洞身开挖

围岩开挖方法实际过程根据围岩揭露情况及超前地质预报，较坚硬段围岩辅以弱爆破，爆破时严格控制药量。开挖平台一律使用自制整体移动式操作平台。爆破孔采用风动凿岩机，一字形合金钻头，采用湿式钻孔，孔径 ϕ40 mm，炮孔间距及数量由专业爆破单位根据围岩情况动态调整，爆破采用煤矿许用炸药和煤矿许用电雷管，起爆电源必须使用防爆型起爆器，每次爆破完成后通风 15 min，由瓦检员、安全员及爆破员进行盲炮排查。出碴用侧翻式装载机或挖掘机装车，10～15 t 自卸汽车运至弃碴场，凿顶及危石排除用反铲挖掘机施作。

3. 出碴

隧道洞内出碴采用无轨运输方式。

(1) 出碴车辆必须处于完好状态，制动有效，严禁人料混载，不准超载、超宽、超高运输。

(2) 洞内应加强通风，洞内作业环境应符合职业健康标准。

(3) 提前考察弃碴场，核对设计位置，及时完善手续；弃碴场应先挡后弃，做好排水，防止污染。

(4) 洞内运输的车速不得超过：机动车在施工作业地段单车 10 km/h；机动车在非作业地段单车 20 km/h，会车时 10 km/h。

(5) 车辆行驶中严禁超车。

(6) 在洞口、平交道口及施工狭窄地段设置“缓行”标志，必要时应设专人指挥交通。

(7) 凡停放在接近车辆运行界限处的施工设备与机械，应在起外缘设置低压红色闪光灯，组成显示界限，以防运输车辆碰撞。

(8) 在洞内倒车与转向时，必须开灯鸣号或有专人指挥。

(9) 洞外卸碴地段应保持一段的上坡段，并在堆碴边缘内 0.8 m 处设置挡木。

(10) 路面应有一定的平整度，并设专人养护。

(九) 初期支护

K41＋860～K41＋890 段按 S5a 型衬砌支护，主要参数为：初期支护采用 I22b 工字钢，间距 50 cm；系统锚管为 ϕ42 mm×4 mm 小导管，二次衬砌采用 65 cm 厚 C30 钢筋混凝土结构，超前支护为双层小导管。K41＋860 往小里程方向根据围岩情况再确定支护参数。详细施工工艺参照“金屏山隧道(合川端)洞身开挖及支护专项施工要点”实施。

(十) 二次衬砌

K41＋890～K41＋905 段现场已按照 S5c 型结构施工完毕初期支护，从结构耐久性考虑，二次衬砌钢筋间距由原来的 20 cm 调整为 15 cm，厚度不变。K41＋860～K41＋905 段环向排水管加密，调整为 2 m/道。K41＋860～K41＋890 段按 S5a 型衬砌支护，详细施工工艺参照“金屏山隧道洞身衬砌专项施工要点”实施。

(十一) 监控测量

(1) 洞内未施作二次衬砌段落，分别在初期支护的拱顶、两侧拱腰及拱脚处设置沉降、收敛观测点，每日测量 2～3 次。测量项目及要求见表 8.6，施工监测断面布置见如图 8.15 所示。

表 8.6　测量项目及要求表

<table>
<tr><th colspan="2" rowspan="2">项目名称</th><th rowspan="2">方法及工具</th><th rowspan="2">布　置</th><th colspan="4">测试时间</th></tr>
<tr><th>1～15天</th><th>16天～1个月</th><th>1～3个月</th><th>3个月以上</th></tr>
<tr><td rowspan="3">应测项目</td><td>地质及支护状态观察</td><td>岩性、结构面产状及支护裂缝观察和描述;地质罗盘</td><td>开全长度挖后及初期支护后进行</td><td colspan="4">每次爆破后及初期支护后</td></tr>
<tr><td>周边位移</td><td>各种类型收敛计或测钎</td><td>5～10 m一个断面(Ⅴ级围岩);10～30 m一个断面(ⅣⅤ级围岩)每断面2～3对测点</td><td>1～2次/天</td><td>1次/2天</td><td>1～2次/周</td><td>1～3次/月</td></tr>
<tr><td>拱顶下沉</td><td>水平仪、水准仪或测杆</td><td>5～10 m一个断面(Ⅴ级围岩);10～30 m一个断面(ⅣⅤ级围岩)每断面2～10对测点</td><td>1～2次/天</td><td>1次/2天</td><td>1～2次/周</td><td>1～3次/月</td></tr>
</table>

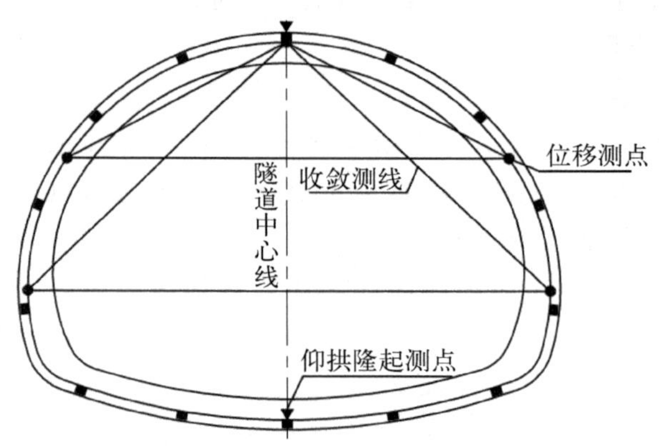

图 8.15　施工监测断面布置图

(2) 观测数据应及时处理,存在异常的应及时预警。

参考文献

[1] 陈骏骏.岩溶隧道涌突水灾害风险评价研究[D].长春：吉林大学,2016.
[2] 陈帅.岩溶隧道施工期防高压突水灾害厚度及成灾机制研究[D].重庆：重庆交通大学,2023.
[3] 成胜,许模.云南丘北地区某隧道隧址区岩溶发育特征及涌水量预测[J].地下水,2022,44(5)：7-9+283.
[4] 成志宏.复杂地质条件隧道施工技术[M].北京：中国铁道出版社有限公司,2020.
[5] 邓勇.岩溶区高速铁路隧道修建技术[M].北京：中国铁道出版社有限公司,2019.
[6] 樊展望.特长隧道施工中涌水突泥处理技术研究[J].江西建材,2023(9)：224-225+228.
[7] 冯伟.富水岩溶隧道渗流特征及岩溶防治技术研究[D].淮南：安徽理工大学,2022.
[8] 高军.高速铁路岩溶地质隧道灾害机理与预测整治关键技术[M].武汉：中国地质大学出版社,2016.
[9] 谷崇建.岩溶区大断面隧道突泥突水的防治技术[J].工程建设与设计,2017(1)：102-104.
[10] 顾湘生,刘坡拉.铁路岩溶工程地质勘察技术[M].武汉：中国地质大学出版社,2012.
[11] 郭佳奇.岩溶隧道防突层安全厚度研究[M].徐州：中国矿业大学出版社,2017.
[12] 韩行瑞.岩溶工程地质学[M].武汉：中国地质大学出版社,2020.
[13] 胡广磊.高风险岩溶隧道施工安全控制研究[D].济南：山东大学,2010.
[14] 李杰科,付立勇.广西喀斯特岩溶区隧道溶洞处治技术探讨[J].西部交通科技,2019(11)：74-77.
[15] 李结全.岩溶地区地铁隧道盾构掘进安全控制技术研究[D].南宁：广西大学,2018.
[16] 李献民,李志双,史向群.山岭隧道施工安全技术研究丛书　隧道施工规范化管理控制[M].北京：中国铁道出版社,2022.
[17] 李新明,张春龙,桂磊.喀斯特地貌岩溶发育区隧道施工安全技术研究[J].中国安全生产科学技术,2021,17(S2)：74-79.
[18] 廖烟开,李瑞林,等.综合超前预报技术在某岩溶瓦斯隧道中的应用[J].山西建筑,2021,47(20)：156-159.
[19] 林振华.隧道岩溶施工处理技术[J].广东土木与建筑,2020,27(4)：49-52.
[20] 刘晓蕾.岩溶隧道围岩稳定性及其处治技术研究[D].重庆：重庆交通大学,2015.
[21] 刘新福,等.岩溶隧道安全施工与灾害防治研究[M].北京：中国铁道出版社,2014.
[22] 刘旭斌,申翔宇,闵新皓.基于超前地质预报的大型岩溶隧道处理技术[J].现代隧道技术,2022,59(S1)：881-891.

[23] 路为. 隧道岩溶突涌水机理与治理方法及工程应用[D]. 济南：山东大学，2018.
[24] 孟庆锋，周腾飞. 填充型岩溶隧道施工处治措施探讨[J]. 工程建设与设计，2022(24)：153 - 155.
[25] 彭友勤，陈正聪，王波，等. 高速公路隧道穿越岩溶区承压充填型溶洞的施工方法[J]. 云南水力发电，2023，39(2)：171 - 175.
[26] 彭宇肸，曹俊，等. 阻水富水构造山区岩溶隧道施工特大型涌水问题分析[J]. 交通科技，2023(4)：93 - 96+102.
[27] 宋战平，綦彦波，等. 岩溶隧道施工关键技术及工程应用研究[M]. 西安：陕西科学技术出版社，2013.
[28] 汪黎黎，黄梦昌. 岩溶隧道施工全过程风险管控措施[J]. 西部交通科技，2021(2)：111 - 114.
[29] 王清标. 岩溶隧道安全施工技术[M]. 北京：中国建材工业出版社，2014.
[30] 王祖帮. 高压富水岩溶地层隧道施工技术分析[J]. 人民交通，2018(9)：70 - 71.
[31] 吴昱芳. 公路隧道工程施工安全风险评估方法及应用研究[D]. 南宁：广西大学，2021.
[32] 奚魏征，潘屹. 黄香湾隧道穿越岩溶段安全风险评估及风险控制措施[J]. 工程建设与设计，2019(09)：250 - 252.
[33] 邢绍川. 富水岩溶隧道施工技术研究[D]. 北京：北京交通大学，2015.
[34] 杨刚. 岩溶地段隧道施工安全管理关键措施研究[J]. 价值工程，2022，41(32)：28 - 30.
[35] 杨平. 岩溶富水地层隧道施工处治技术研究[J]. 工程建设与设计，2018(19)：198 - 200.
[36] 张鑫. 岩溶富水公路隧道施工地质灾害及其全过程风险管控研究[D]. 重庆：重庆交通大学，2019.
[37] 张玉石. 溶洞对贵阳轨道交通工程隧道安全影响研究[D]. 贵阳：贵州大学，2019.
[38] 张震宇. 隧道施工[M]. 成都：电子科技大学出版社，2019.
[39] 郑杰. 超大溶洞快速判识及隧道施工风险评价[D]. 西南交通大学，2022.
[40] 周晋. 山区隧道岩溶处理技术研究[J]. 工程建设与设计，2019(6)：111 - 112.
[41] 周松川. 大断面软弱围岩隧道突泥涌水风险评估及控制措施[J]. 广东公路交通，2017，43(04)：88 - 94.
[42] 竺维彬，黄辉，等. 岩溶区地铁土建工程风险防控技术[M]. 长沙：中南大学出版社，2020.